콜드 스타트

기업 가치를 결정짓는
네트워크의 과학

콜드 스타트

앤드루 첸 지음 | 홍경탁 옮김

알에이치코리아

일러두기

– 페이스북은 2021년 메타로 사명을 변경했으나 원서 출간 시기와 맥락 이해를 고려
하여 이 책에서는 페이스북으로 통일, 표기했다.

서론

2015년 12월의 어느 금요일 저녁이었고, 사무실은 북적이고 있었다. 마켓가 1455번지, 우버의 샌프란시스코 본부는 거대한 단색 회랑으로 둘러싸여 있었는데, 축구장 두 개 면적에 환한 LED 조명, 경량목, 콘크리트, 강철로 만들어진 건물이었다. 사무실은 저녁 8시에도 여전히 사람들로 가득했다. 직원들은 책상에 앉아서 말없이 이메일을 작성하거나 화상회의에 참여하여 활기차게 토론을 벌이고 있었다. 누군가는 난관에 봉착한 까다로운 운영상의 문제를 해결하기 위해 화이트보드에 그림을 그렸고, 즉석에서 머리를 맞대기도 했다. 서로 짝을 이루어 돌아다니며 일대일 회의를 하거나 치열하게 토론을 벌이는가 하면, 상대의 말을 묵묵히 듣기만 하는 이도 있었다.

 어디를 보든 우버의 글로벌한 규모와 우버를 이끄는 직원들이

선배에게 물려받은 세계 각국의 특징이 고스란히 드러났다. 천장에는 화려한 만국기가 걸려 있었고, 회의실 스크린을 통해 상파울루, 자카르타, 두바이 등 멀리 떨어진 지역에서 일하는 동료들과의 화상회의가 열렸는데, 때로는 동시에 여러 도시에서 참여하기도 했다. 여기저기 흩어져 있는 평면 TV에서는 대도시, 지방, 도시 등으로 구분된 지표가 흘러나오고 있어 직원들이 회사의 경영 현황을 모니터할 수 있었다. 전 세계의 문화가 회의실 이름에도 스며들어 입구 가까운 곳부터 아부다비와 암스테르담으로 이어져 마지막은 빈, 워싱턴, 취리히로 끝났다.

우버를 처음 보면 단순한 앱처럼 보일지도 모른다. 어쨌든 핵심은 뭔가를 누르면 차를 탈 수 있다는 사실이다. 하지만 비즈니스를 유지하기 위해서는 지극히 단순해 보이는 우버 인터페이스의 이면에 복잡하고 글로벌한 운영이 필요했다. 이 앱은 도시와 국가를 대표하는 소규모 네트워크로 구성된 방대한 전 세계 네트워크를 갖추고 있었다. 각각의 네트워크는 때를 가리지 않고 언제든 경쟁자들에 맞서 시작되고, 확장되고, 방어되어야 했다.

네트워크, 수요와 공급, 네트워크 효과, 업계를 형성하는 네트워크의 거대한 힘을 본능적으로 이해하게 된 것은 우버에 있을 때 내가 맡은 역할 때문이었다. 상상했겠지만 우버가 제공하는 경험은 기복이 있어서 '로켓선rocketship'과 '롤러코스터roller coaster'가 하나로 합쳐진 것 같았다. 나는 그 경험을 '로켓코스터rocketcoaster'라고 부른다. 로켓코스터는 하나의 아이디어에서 작은 스타트업으로, 10년도 채 되지 않아 직원 2만 명이 넘는 거대한 글로벌 기업으로 성장한 회사를 소개하기에 적절한 표현이다.

전 세계 곳곳을 통제하는 우버의 운영 방식은 복잡하고 치열했다. 그리고 대부분의 명령과 통제는 샌프란시스코에 있는 우버 본사에서 내려왔다. 본사 메인 플로어의 가운데에는 유리와 금속의 반짝이는 표면으로 만들어진 워룸War Room(전략회의실)이 있었다.

많은 사람에게 그 공간은 풀리지 않는 미스터리였다. 워룸은 일반적인 회의실이 아니었기 때문에 우버가 운영하는 도시 이름을 따서 회의실 이름을 짓는 관행을 따르지 않았다. 다른 방처럼 회의를 예약할 수 없었고, 때로는 보안 요원들이 참석했다. 기업마다 '워룸'이라는 개념이 있다. 대개 제품에 문제가 생겼을 때 긴급하게 문제를 해결하기 위해 생산팀이 임시로 사용하는 회의실을 말한다. 상황이 종료되면 그곳은 곧바로 일상적인 용도로 전환된다. 아마도 우버의 워룸은 우버만의 고유한 필요에 따라 임시로만 사용할 수는 없었던 것 같다. 우버의 워룸은 하루 종일 운영될 수 있도록 지어졌다. 임시가 아닌 용도가 분명한 거대한 방으로, 짙은 색 나무로 된 벽과 다수의 평면 TV, 10여 명이 모여서 회의하기에 적당한 테이블과 별도의 소파가 갖추어져 있었다. 빨간색 디지털시계가 싱가포르, 두바이, 런던, 뉴욕, 샌프란시스코의 시간을 알리고 있었다. 우버의 국제적인 행적을 고려하면, 주목할 만한 일종의 긴급 상황이 전 세계 어딘가에서 거의 언제나 벌어지고 있었고, 워룸은 그러한 일을 처리하는 곳이었다.

2015년 겨울, 우버의 고향 샌프란시스코에서 비상사태가 발생했다.

저녁 7시에 시작해서 밤늦게까지 이어질 긴급회의가 북미 챔피언십 시리즈NACS(North American Championship Series)라는 이름으로 모두의 일정에 추가됐다. NACS는 운영, 제품 로드맵, 미국과 캐나다 등 최상위 시장의 경쟁전략 수립과 관련된 문제를 다루는 회의를 돌려 말하는 명칭이었다. 이 회의는 우버의 CEO 트래비스 캘러닉(회사 내부에서는 그를 'TK'라고 부른다)이 도시별로 전반적인 비즈니스를 리뷰하는 것이 핵심 메커니즘이었다.

10여 명의 임원과 리더로 구성된 소규모 집단이 회의에 참석했다. 거기에는 나와 재무 및 제품 담당 부서장, 지역총괄관리자RGM(Regional General Manager)가 포함되어 있었다. RGM은 우버에서 가장 큰 팀을 운영했다. 운전기사와 승객에 관여하는 도시의 현장운영 팀이 속한 곳이었다. RGM은 매출과 손실, 수천 명의 인력관리 팀원의 노력에 책임을 지는 시장의 CEO로 여겨졌고, 가장 까다로운 문제에 늘 가장 가까이 있었다. 나는 우버의 운전기사를 책임지고 채용하는 운전기사 증원팀Driver Growth Team을 대표하여 그 회의에 참석한 것이었다. 전체 비즈니스에서 가장 희소성이 큰 자원인 만큼 우버는 이 문제에 많은 노력을 기울이고 있었다. 운전기사 추천 프로그램에만 수억 달러를 쏟아부었고, 유료 광고에 10억 달러 가까이 지출했다. 우버라는 네트워크에 운전기사를 추가하는 것은 비즈니스를 성장시킬 수 있는 가장 중요한 수단 가운데 하나였다.

주간 NACS 회의는 익숙한 한 장의 슬라이드와 함께 시작했다. 도시와 해당 도시의 핵심 지표를 표로 나타내 상위 24개 시장의 추이를 보여주었다. 각각의 행은 서로 다른 도시를, 각각의 열은 매출과 총 이동 거리의 주별 변화를 나타냈다. 또한 운전기사가 충분하지 않아 승객이 추가적인 요금을 부담해야 하는 탄력요금제를 적용한 승차 비율 등의 운영률도 포함되어 있었다. 요금이 너무 비싸면 승객은 우버를 떠나 경쟁 서비스를 찾게 될 것이었다. 우버의 가장 큰 시장인 뉴욕, 로스앤젤레스, 샌프란시스코는 각각 수십억 달러의 연간 총매출을 기록하며 늘 상위권에 있었고, 샌디에이고와 피닉스 같은 소도시는 바닥권에 머물렀다.

TK는 회색 티셔츠와 청바지, 빨간 스니커즈 차림으로 화면과 가장 가까운 곳에 앉았다. 수치를 보자마자 자리에서 벌떡 일어나더니 화면 가까이로 걸어갔다. 눈살을 찌푸리며 수치를 뚫어지게 바라보았다. "좋아……." 그는 잠시 말을 멈추더니 이내 이어갔다. "그런데 왜 샌프란시스코에서는 수치가 저렇게 급증했지? 그리고 로스앤젤레스에서는 더 많이 증가하고 있는데 그 이유가 뭔가요?" TK는 워룸 이곳저곳을 왔다 갔다 하기 시작했고, 질문의 강도는 갈수록 높아졌다. "지난주에 회원 추천이 줄어든 거 보셨나요? 퍼널funnel을 통과할 때 전환율은 어떻게 바뀌나요? 이번 주에 대규모 행사, 그러니까 콘서트 같은 행사가 있었나요?" 방에 있던 사람들은 서로 질문에 답을 해주고 또 질문을 던지기도 하면서 대화에 끼어들기 시작했다.

네트워크의 네트워크

그때가 입사 첫해였다. 많은 기업에서 주간평가를 하지만, 우버는 달랐다. 먼저 각 도시에 관해 논의할 때 디테일의 수준은 나를 놀라게 했다. 샌프란시스코의 경우 도시를 가로세로 10킬로미터로 나누어 중심부와 이스트베이, 페닌슐라로 구분했다. 이들은 고위임원들이었지만, 깊이 있는 분석과 그 세밀함은 믿기지 않을 정도였다. 이것은 수요와 공급이 마리나 지구나 금융 지구처럼 사람들이 자주 찾는 지역을 발 빠르게 차선을 바꿔가며 목적지에 도착하는 능력(다른 교통수단의 서비스는 그러한 능력이 대개 형편없었다)에 달려 있는, 복잡하면서도 범위가 아주 작은 지역을 다루는 우버 같은 기업에 반드시 필요한 조건이었다.

주간평가 상황판에서 각각의 줄은 하나의 도시를 나타냈다. 하지만 이들 도시보다 중요한 것은 각각의 도시가 전 세계적인 우버 네트워크에서 자양분을 공급받아, 보호를 받으면서 성장해야 하는 하나의 개별적인 네트워크라는 점이었다. 아주 작은 지역 네트워크 수준에서 지수를 논하는 것은 우버의 DNA에 깊이 각인되어 있었다. 우버에서 몇 년 동안 근무하면서 전사적으로 정하는 허황된 목표치에 관해 듣는 일은 거의 없었다. 그러한 지수들은 대개 무의미한 것으로 간주되었고, 토론은 항상 각각의 개별적인 네트워크 사이의 역학관계를 중심으로 이루어졌으며, 각 네트워크는 마케팅 예산 증가, 운전기사와 승객에 대한 인센티브, 상품 개선, 현장 운영지원 등을 통하여 서로 독립적으로 운영될 수 있었다.

북미 챔피언십 시리즈 회의는 각각의 네트워크와 글로벌 네트워크의 건강 상태를 전반적으로 평가하기 위한 자리이자 우버 매출의 대부분을 차지하고 있는 20여 개 도시의 회계를 파악하기 위한 중심 수단이었다. 그뿐만 아니라 기본단위까지 한 걸음 더 들어가 네트워크를 두 부분으로 나누어 승객 측(수요)과 운전기사 측(공급)이 모두 건강하며 서로 균형을 이루고 있다는 것을 확인하는 일은 중요했다. 공급이 너무 많아지면 승객의 승차는 감소할 것이다. 너무 줄어들면 운전기사들은 오프라인으로 되돌아가 밤 늦게까지 일하게 될 것이다.

슬라이드는 계속 이어졌다. 나를 포함한 우리 북미 챔피언십 시리즈 팀원 몇 명은 며칠 동안 한 가지 가설에 매달렸다. 운영팀은 지난 몇 주 동안 우리의 미국 주요 경쟁사인 리프트Lyft의 운전기사 추천이 크게 증가했고, 이에 따라 운전기사들이 대거 교체되었다고 보고했다. 운전기사 추천은 일반적으로 추천인에게 250달러를 주고 추천을 받은 친구가 운전기사로 등록을 하면 그도 250달러를 받는 구조로 이루어져 있다. 휴가철이 되어 수요가 급증하면 샌프란시스코, 로스앤젤레스, 샌디에이고를 중심으로 서부 해안의 주요 경쟁시장은 운전기사 공급에 큰 차질을 빚고 있었다. 승객들에게는 끔찍한 경험이었다. 승차를 수락하기까지 걸리는 시간은 평소보다 훨씬 길었고, 20분이 넘게 걸린 적도 있었다. 승차를 취소하는 경우는 더 많았다는 의미다. 이 승객들이 경쟁사의 가격과 서비스 수준을 확인하고 그곳에 예약을 했을지도 모를 일이었다. 승차를 취소하게 되면 우버의 운전기사들은 화가 날 것이다. 이미 몇 분을 운전해서 가고 있었기 때문이다. 지나치게 자주 열받는 일이 생기면 차라리 잠을 더 자는 게 낫겠다는 생각이 연쇄적으로 들면서 경쟁사로 옮기게 될지도 모른다.

TK는 제시된 가설을 보자 점차 열이 오르기 시작했다. "이건 좋지 않아, 좋지 않아." 그는 한숨을 크게 내쉬었다. 무엇이 올바른 해결책이었을까? 수년에 걸쳐 이런 네트워크를 운영한 경험으로 볼 때, 한 가지 해결책을 통해 시장의 여러 측면이 빠르게 균형을 찾을 가능성이 높았다. 적절한 해결책은 공급 측(운전기사)부터 기반을 키워 예상 도착 시간과 취소율을 낮추는 것이었다. 이는 운전기사에게 인센티브를 지급하라는 뜻이었다. "우리가 샌프란시스코, 로스앤젤레스, 샌디에이고에서 750달러의 보너스를 준 적이 있었나?"

지금까지 이렇게 많은 액수를 줬던 적은 없었다. 하지만 샌프란시스코, 로스앤젤레스, 샌디에이고에는 변화가 절실했다. 이 도시들은 경쟁이 치열해서 공급을 늘려 빠르게 다시 균형을 잡아야만 했다. TK는 방을 둘러보다 잠시 숨을 멈춘 다음 자신이 던진 질문에 답을 했다. "그 정도면 사람들의 관심을 끌 만할 거야. 사람들 눈에도 띌 거고!" 미소를 띠고 고개를 끄덕이면서 말했다.

그렇게 빠르게 인센티브를 해결책으로 내놓은 기업은 없었다. 2014년 우버는 미국에서 괜찮은 성적을 거두었다. 새롭게 진출한 중국 비즈니스에서 일어난 경쟁으로 인해 믿기 어려울 만큼 주행 거리가 크게 증가하는 동시에 심각한 손실이 발생하는 동안 미국 시장에서는 우버의 현금 흐름이 플러스로 돌아섰다. 우버는 10억 달러에 가까운 돈을 대부분 인센티브에 써가며 중국의 승차 공유 경쟁사인 디디와 잔인한 싸움을 벌였다. 우리는 예상 도착 시간을 보여주는 방식을 개선하는 것에서 승객이 취소하지 못하게 하는 방안까지 여러 아이디어를 논의했다. 인센티브를 쓰지 않고 다양한 네트워크를 재조정하는 다른 방법들이 제시됐다. 인센티브는 강력한 도구이지만, 유일한 도구는 아니다. 대화는 진전 없이 제자리걸음이었고, TK가 좌절하는 모습이 눈에 띄게 늘어났다.

TK가 다시 방을 돌아다니기 시작했다. "이보게들, 우리 네트워크가 무너지고 있어. 출혈을 막아야 한다고…… 지금 당장 말이야!" 그는 손뼉을 치며 말했다. "다른 일을 하다가 다시 전략을 세워보자고. 그런데 이 이메일은 주말 동안 처리해야 해. 누가 이걸 도와주겠나?" 이러한 결단력은 이와 같은 상황에서 번갯불처럼 신속한 대응으로 치열한 경쟁(플라이휠, 사이드카, 하일로 등 지금은 사라진 많은 기업들) 속에서 버텨낸 세월에 의해 드러났다. 우버 팀은 빠르고 정확하게 지역 도시 네트워크의 건강 상태를 감시하고 대응했다. 그렇게 하면 다음 단계에서 할 일이 분명해졌다.

RGM은 인센티브를 지급하는 데 합의했다. 나는 팀원들(운전기사 추천 프로그램의 상품·엔지니어링 측면을 책임지고 있다)과 인센티브의 구조와 액수에 변화를 주기 위하여 작업을 시작했다. 우리는 월요일 전까지 변화를 모두 적용하려고 전념을 기울였고 회의에서 나온 여러 후속 조치의 기한을 눈여겨보았다. 그리고 다음 주에 다시 한번 사람들을 소집하기로 했다. 금요일 밤 10시가 가까워진 시각이었고, 이 회의를 준비하느라 이른 아침부터 많은 이가 일을 했기 때문이었다. 나는 걸어서 샌프란시스코의 헤이스 밸리에서 얼마 떨어지지 않은 집으로 퇴근했다. 그리고 하루를 마감하는 '넷플릭스 보다가 이메일 보내기' 루틴을 시작했다.

이것이 나의 북미 챔피언십 시리즈 첫 경험이었다. 그리고 이 회의는 곧 금요일 오전 중에 열리는 주간 보고로 바뀌었다. 하지만 때로는 화요일 오후 9시나 일요일 오후 2시로 일정이 잡혔는데, 그래야만 모든 사람이 참석할 수 있었기 때문이다. 북미 챔피언십 시리즈는 우버에서 내가 담당했던 하나의 업무일 뿐이었지만, 얼마 지나지 않아 네트워크 효과를 만들고 확장하기 위해서 어떻게 생각해야 하는지에 대해 가장 교육적인 역할을 담당하게 되었다. 여러 해 동안 나는 우버의 가장 큰 시장을 운영했던 이 중요한 팀에서 일하는 행운을 누렸다. 매주 다른 일이 일어났다. 북미 챔피언십 시리즈 회의에서 우리는 웨스트코스트의 네트워크 재조정에서 매출을 늘리기 위한 상품 특성의 우선순위 조정, 새로운 지역 서비스 개시까지, 그 사이에 해당하는 모든 문제에 대하여 매번 민첩하게 주제를 바꾸었다.

내가 합류했을 때 우버는 이미 본궤도에 올라 있었지만 세계적으로 800곳이 넘는 시장에서 1억 명 이상의 활성 사용자, 총매출 500억 달러까지 사업을 성장시킨 팀을 바로 눈앞에서 볼 수 있었다. 그것은 믿을 수 없을 만큼 놀라운 경험이었다. 그리고 나는 거기서 우리가 했던 일에 자부심이 있었다. 그것은 저절로 일어난 것이 아니라 전 세계적으로 수백여 곳의 시장에서 네트워크의 역학관계를 처리하기 위해 열심히 일하는 수만 명의 사람이 있었기

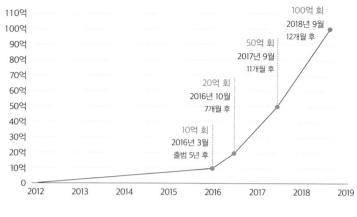

110억
100억
90억
80억
70억
60억
50억
40억
30억
20억
10억
0

100억 회
2018년 9월
12개월 후

50억 회
2017년 9월
11개월 후

20억 회
2016년 10월
7개월 후

10억 회
2016년 3월
출범 5년 후

2012 2013 2014 2015 2016 2017 2018 2019

도표 1 | **연도별 우버 운행 횟수**

때문이었다. 그리고 우리는 그들만의 강력한 네트워크 효과를 구축한 무시무시한 지역 경쟁업체들과의 경쟁에서 어렵게 온갖 교훈을 얻을 수 있었다. 나는 운 좋게도 이른바 하키스틱 곡선(몇 년만에 10배 이상 성장할 때 나타나는 휘어진 곡선)을 그리기 시작하던 우버의 초고속 성장기에 함께할 수 있었다.

우버에서 보낸 시간은 잊을 수 없는 경험이었다. 스타트업 규모에서 수만 명의 직원과 수백만 명의 고객, 수십억대 매출 규모로 성장하는 모습을 볼 수 있었다. 나는 0에서 출발한 신상품이 급속도로 확장하여 시장을 지배하는 것을 보았다. 그것은 지금까지도 매주 대화를 나누는 친구를 포함하여 평생을 함께할 친구들을 만나게 해준 참교육의 여정이었다. 하지만 2018년 나는 회사를 옮기게 되었다. 우버는 몇 년 동안 격동의 시기를 보내면서 책임자들이 모두 바뀌었고, 그 결과 과거 기업가 정신을 우선시하던 모습과는 멀어지게 되었다. 나는 그 반대편 길로 가고 싶었기에 인생의 다음 장에서는 제 뿌리로 돌아가기로 했다. 하지만 이번만큼은 벤처투자자로서 다가올 미래의 상품을 개발하는 데 참여하게 되었다.

근본적인 질문들

2018년 우버를 떠난 후 앤드리슨 호로위츠Andreessen Horowitz에서 벤처투자자로 새로운 경력을 시작했다. 기업가 출신인 벤 호로위츠와 마크 앤드리슨이 2009년 설립한 이 회사는 출범 당시 에어비앤비, 코인베이스, 페이스북, 깃헙, 옥타, 레딧, 스트라이프, 핀터레스트, 인스타그램 등의 스타트업에 연달아 투자를 하며 주목을 받았다. 머리는 좋지만 사회성이 부족하고 집착이 강한 '너드' 문화의 인기를 토대로 한 이 회사는 오랫동안 전문적인 현장 운영의 철학을 중시해온 실리콘밸리의 창업자들과 임원을 고용했다. 그 팀은 회사를 숫자를 기반으로 한 축약어인 'a16z'라고 부르기 시작했다. 이는 소프트웨어를 개발할 때 'internalization'을 i18n으로 짧게 줄여 쓰는 것과 같은 기이한 관행을 따른 것이었다. a16z의 문화에 나는 완벽하게 적응했다.

이번에는 투자자로 스타트업에 다시 합류하면서 샌프란시스코만에서 10여 년에 걸쳐 쌓아올린 관계와 지식의 네트워크를 활용하고자 했다. 우버가 있기 전부터 나는 사용자의 증가, 지수, 바이럴 마케팅 같은 주제에 대한 1000편에 가까운 에세이를 발표했다. 그 과정에서 '그로스 해킹growth hacking'과 '바이럴 루프viral loops' 같은 첨단산업에서 쓰는 용어를 대중화하기도 했다. 이처럼 수십만 명이 읽는 내 블로그와 우연이라는 자연의 산물 덕분에 나는 기업가와 개발자의 커뮤니티와도 친분을 나누게 되었다. 나는 조언자이자 엔젤투자자로서 드롭박스, 틴더, 프론트, 엔젤리스트 등 수십여 곳의 스타트업에 도움을 주고 있다. 우버에서의 경험과 함께 이러한 모든 것이 벤처투자자로서의 내 경력을 시작하는 데 토대가 되었을 터였다.

새로운 역할을 맡게 되면서 모든 게 달라졌다. 나는 샌프란시스코의 혼잡한 중심부에 있는 우버의 사무실 대신 스탠퍼드대학 가까이에 있는 목가적인 사무실로 출근했다. a16z 사무실은 문화와 독창성이 결합되어 있다. 복도에는 라우션버그, 리히텐슈타인 등의 현대미술 작품이 늘어서 있고, 회의실 이름은 스티브 잡스, 그레이스 호퍼, 에이다 러브레이스, 윌리엄 휼렛 같은 발명가나 기업가의 이름에서 따왔다. 업무도 우버의 일상적인 업무와는 전혀 딴판이었다. 승차 공유처럼 한 분야를 아주 깊이 파고드는 것이 아니라 범위가 극도로 넓었다.

나는 매일 기업가들과 만나서 그들의 새로운 아이디어에 관해 이야기를 나누었다. 어떤 해에는 수천 건의 스타트업 아이디어를 만났을지도 모르겠다. 그들 가운데 다수는 새로운 종류의 소셜 네트워크, 협업 도구, 마켓플레이스, 기타 새로운 상품으로 이 책에 어울리는 사례들이다. 스타트업과의 대화는 첫 번째 피치first pitch

에서 시작한다. 이것은 중요한 회의로, 기업가들은 자기소개와 함께 상품을 보여주면서 자신의 전략에 대해 두루 이야기한다. 잘될 경우 마침내 수백만 달러에서 수억 달러에 이르는 투자를 받을 수 있는 큰돈이 걸린 문제다.

이들 프레젠테이션에는 기술 용어가 많이 등장한다. 네트워크 효과network effects, 플라이휠Flywheel, 바이럴 루프, 규모의 경제, 닭이 먼저냐 달걀이 먼저냐, 선점자 우위 등등. 이들은 피치 회의에 많이 나오는 유행어와 용어다. 대부분 화살표와 우상향하는 차트가 가득한 다이어그램을 들고 온다. '네트워크 효과'라는 용어는 거의 상투적인 문구가 되었다. 까다로운 질문에 재치 있게 응수하게 해준다. "만일 경쟁자가 뒤를 쫓아온다면 어떻게 하죠?" "네트워크 효과에 의해 해결될 겁니다." "왜 이 상품은 계속해서 빠르게 성장할까요?" "네트워크 효과 때문입니다." "왜 X사 대신 여기에 투자해야 하죠?" "네트워크 효과가 일어나니까요." 모든 스타트업이 네트워크 효과에 대한 소유권을 주장한다. 그리고 이는 성공한 기업들이 갑자기 등장하는 이유에 대한 표준적인 설명이 되고 있다.

하지만 이러한 토론과 피치에도 불구하고 나는 갈수록 혼란스러워졌다. 그리고 나만 그런 것도 아니었다. '네트워크 효과'를 비롯한 개념들은 자주 사용되고 있었지만 그 아이디어에는 깊이가 없었다. 네트워크 효과가 정말 일어났는지 아닌지 입증할 만한 지표가 없었다.

스타트업과 일하며 샌프란시스코만 지역에서 15년을 살면서

'네트워크 효과'라는 말을 수천만 번은 들었다. 때로는 커피를 마시면서 회의를 하거나 투자자와 토론을 할 때 네트워크 효과라는 말을 들었지만 늘 피상적인 수준에서 논의되었다.

그런데 어떻게 어떤 말을 수천만 번 들으면서도 아직까지 그 개념을 이해하지 못할 수가 있을까?

네트워크 효과가 이해하기 쉬운 개념이었다면, 어떤 기업에는 네트워크 효과가 있고 어떤 기업에는 네트워크 효과가 없는지 합의에 이르렀을 것이다. 네트워크 효과가 실제로 일어난다는 것을 입증하기 위해 우리는 그 수가 얼마인지 알아냈을 것이다. 그리고 어떻게 하면 네트워크 효과가 발생하고 발전하게 되는지 조금씩 알게 되었을 것이다. 하지만 우리는 아직 그 단계에 이르지 못했다. 나는 그 점이 크게 걱정된다. 오늘날 기술의 지평에서 네트워크 효과는 중대한 주제가 되었기 때문이다. 이러한 이유로 나는 이 책을 쓰게 되었다.

나는 조사를 시작하며 이 책을 써나가기 시작했다. 네트워크의 역학관계에 대한 내 이해도가 기술 산업의 핵심을 파악하기에 용인하기 어려울 정도로 얄팍하다는 것을 알게 되었기 때문이다. 네트워크 효과는 내가 우버에서 직접 겪었던 것이지만 깊고 미묘한 차이를 표현할 수 있는 어휘와 토대가 내게는 부족했다.

업계 전문가들과 그 외 사람들 사이에는 격차가 존재한다. 구체적인 네트워크 상품을 다루는 전문가들은 그러한 특정 영역 내부의 메커니즘을 개선하는 데 집중한다. 승차 공유 분야에서는 승객들의 대기 시간 단축, 가격 인상, 주문형 수송 수단에만 적용되는 특별한 어휘와 개념 등 승객과 운전기사를 중심으로 논의가 진행됐다. 업무용 채팅 도구에서 중요한 것은 채널과 찾아보기, 공지와 플러그인이다. 두 상품 카테고리 모두 네트워크 효과가 나타나고 있고 양방향으로 사람들을 연결하고 있었지만, 중요하지 않아 보인다. 상품 카테고리와 무관하게, 네트워크 효과에 관해 말하기 위한 일련의 보편적인 개념과 이론이 있어야 한다.

우리는 기본에 답을 할 수 있어야 한다.

실제로 네트워크 효과란 무엇인가? 네트워크 효과는 여러분의 비즈니스에 어떻게 적용되고 있나? 나의 상품에 네트워크 효과가 일어나는지 어떻게 알 수 있나? 또 네트워크 효과가 일어나지 않는지 어떻게 알 수 있나? 네트워크 효과가 일어나기 어려운 이유는 무엇인가? 그리고 어떻게 하면 네트워크 효과가 일어나는가? 전술적 수준에서 네트워크 효과는 어떻게 비즈니스 지수에 영향을 미치는가? 멧커프의 법칙은 실제로 옳은가, 아니면 다른 무언가를 전략에 적용해야 하는가? 우리의 네트워크는 실패할까, 아니면 성공할까? 경쟁사에는 네트워크 효과가 일어나고 있는가, 있다면 그들과 경쟁하는 가장 좋은 방법은 무엇인가?

스타트업에 관한 조언에는 '중요한 것은 훌륭한 상품을 만드는 것'이라는 말이 있다. 결국 애플은 그것을 한 것이다. 하지만 상품을 올바른 방식으로 출시하는 것이 왜 그토록 중요한 것일까? 내 상품을 인플루언서나 고등학생, 혹은 열정적인 기술기업(B2B일 경우)에게 보여주는 것이 왜 그리 중요할까? 중요한 것이 상품이라면 말이다. 상품을 출시하는 올바른 방법은 무엇일까, 또 그것을 확장하는 일련의 절차는 무엇일까?

어떻게 하면 내 상품에 네트워크 효과를 구축할 수 있을까? 어떻게 하면 네트워크 효과가 시작되었는지 알 수 있을까? 그리고 네트워크 효과가 방어를 할 만큼 강한지 어떻게 알 수 있을까? 어떻게 하면 바이럴 성장, 리인게이지먼트reengagement, 방어 가능성 defensibility 등을 비롯한 바람직한 효과를 성취하기 위해 최적화해야 하는 적절한 지수를 선택할 수 있나? 상품에 어떤 특성이 있어야 네트워크 효과가 커질 수 있을까?

사기꾼, 스패머, 트롤이 나타나기 시작하는 때는 언제이고 어떤 조치를 취하는 것이 믿을 만한가? 번성하고 있는 대규모 네트워크의 부정적인 영향을 방지하기 위해서 과거 다른 네트워크들은 무엇을 했나? 더 일반적으로 말하자면, 이미 작동 중인 네트워크를 계속해서 확장하려면 어떻게 해야 하는가? 특히 포화, 경쟁 등 부정적인 역학관계가 나타났을 때는 어떻게 해야 하는가?

네트워크가 형성된 두 상품이 경쟁할 때 무슨 일이 벌어지는가? 한쪽이 다른 쪽을 이기는 이유는 무엇일까? 대규모 네트워크가 소규모 네트워크에 무릎을 꿇었던 이유는 무엇인가? 낯선 지역 및 제품군에서 새로운 네트워크를 시작하려면 어떻게 해야 하나, 특히 경쟁이 치열한 시장이라면?

이들은 우리가 네트워크 효과에 대해 물을 수 있는 가장 기본적인 질문이다. 그리고 그 답을 찾으려 할 때 (책에서든 온라인에서든) 높은 수준의 전략들이 많이 있긴 하지만 이는 모두 실행 가능하고 실용적인 통찰의 수박 겉핥기일 뿐이다. 가장 좋은 생각은 현장에서 경험을 쌓은 스타트업과 대기업의 운영자에게서 나왔다.

드롭박스, 슬랙, 줌, 링크드인, 에어비앤비, 틴더, 트위치, 인스타그램, 우버 등을 만들었던 창립자와 그 팀을 인터뷰하기 시작했다. 세상을 다 가지려는 듯한 공동창립자와 소수의 사람만 모여 있던 초창기 시절에 대해 질문했다. 또한 수백 년에 걸친 기간 동안 있었던 행운의 편지chain letters, 신용카드, 전신망telegraph network 등의 성공과 그 성공이 비트코인, 라이브 스트리밍, 업무 협업 도구 등의 현대적인 혁신과 연관이 있는 역사적인 사례를 조사했다. 이 모든 과정에서 이 책의 토대를 형성하는 풍부한 정량적인 데이터와 정성적인 데이터가 드러났다.

사람들은 동일한 아이디어와 개념을 반복하고 있었고, 그러한 아이디어와 개념은 다수의 분야에서 순환하고 있었다. 소셜 네트워크 기업에서 일하면서 경력을 쌓은 사람과 이야기를 나누고 그들이 가지고 있는 아이디어들이 시장에서도 똑같이 적용될 수 있다는 것을 알게 될 수도 있을 것이다. 이와 유사하게 우버에서 지낸 시간 덕분에 승객과 운전기사의 네트워크에서의 역학관계를 이해할 수 있었다. 그 역학관계는 유튜브와 유튜브의 창작자와 시청자의 양방향 네트워크 같은 상품에 대한 내 관점에 영향을 미쳤다. 줌에서는 회의 주최자와 참석자 사이의 네트워크라고 볼 수 있을 것이다. 이러한 수십 가지의 순환하는 테마가 업계 전반에 퍼지고 있다. 그것이 B2B이든 소비자 상품이든 관계없이 말이다.

네트워크 효과에 대한 최고의 길잡이

이 책은 수백 편의 인터뷰에서 나온 최종 결과물이자 3년간의 연구를 집대성한 것이다. 또한 투자자와 운영자로서 20년에 가까운 경험의 총합이다. 기술업계 내부의 현기증 날 만큼 넘쳐나는 지식과 핵심적인 개념을 가져와 네트워크의 탄생과 중간, 끝의 맥락에서 네트워크의 틀을 적용한다. 이 틀이 바로 사례와 함께 설명하고 있는 이 책의 주요 내용이며, 여러분 자신의 상품을 위한 실현 가능한 로드맵을 제공할 핵심 프레임워크다.

이는 중요한 주제다. 나는 네트워크 효과(네트워크 효과를 일으키는 방법 및 확장하는 방법)가 실리콘밸리에서 성공하는 비결 중하나라고 이해하게 되었다. 전 세계적으로 10억 명 이상의 활성 사용자를 보유한 소프트웨어 상품은 단지 수십여 개에 불과하다. 그리고 그들 중 다수는 고유한 전문지식을 가지고 있는 창립자, 임원, 투자자의 계보를 공유하고 있다. 이러한 지식은 수십 년에 걸쳐 기술 커뮤니티에서 소셜 네트워크, 개발자 플랫폼, 급여 네트워크, 시장, 업무용 앱 등을 만들면서 차례차례 발전해왔다. 이 엘리트 인재 커뮤니티는 상품 카테고리를 바꿔가면서 이러한 지식을 모두 통합하여 협력하고 교류한다. 나는 이것을 직접 목격했고, 책을 쓰면서 진행한 창립자 및 전문가와의 인터뷰에서 이들 개념의 상호연결성을 더 깊이 있게 설명하고 있다.

네트워크 효과의 기초적인 이론을 바탕으로 이러한 교훈을 받아들여 네트워크를 핵심으로 하는 상품에 a16z의 벤처캐피털을 집중하면서 개인적으로도 투자하고 있다. 나는 사람들을 연결해 주는 것이(그 목적이 의사소통이든, 사교든, 일이든, 상품 판매든) 상품의 핵심인 새로운 스타트업에 완전히 사로잡혀 있었다. 이제 이 업계에 들어온 지 3년이 지났고 4억 달러가 넘는 돈을 20여 곳 이상의 시장, 소셜 애플리케이션, 영상 및 오디오 등의 스타트업에 투자해왔다. 나는 내가 네트워크 효과에 대해 배운 것을 업계 전반에 걸쳐 광범위하게 적용할 수 있다는 것을 알게 되었다. 새로운 소셜 오디오 앱을 구축하려는 클럽하우스Clubhouse를 비롯하여, 작가가 독자를 상대로 프리미엄 뉴스레터를 출간하여 수익을 올릴 수 있도록 지원하는 서브스택Substack은 물론이고 비디오게임, 음식 배달, 에듀 테크 등에도 두루 적용되고 있었다.

내 목표는 네트워크 효과에 관한 결정판, 즉 상품의 종류에 관계없이 적용하기에 충분히 실용적이면서 구체적인 책을 쓰는 것이다. 내 상품이 상품의 여정에서 어느 단계에 있는지, 그 상품을 앞으로 나아가게 하려면 어떤 노력이 필요한지 알아내기 위해 핵심적인 프레임워크를 이용할 수 있어야 한다. 나는 네트워크 효과를 만들어내고 확장하는 근본적인 방법에서 네트워크 효과를 활용하는 최선의 방법을, 유행어와 지금까지 쓰인 높은 수준의 사례 연구를 뛰어넘어 실용주의자의 관점에서 네트워크의 전 생애를 설명하려고 노력했다.

핵심적인 프레임워크의 첫 번째 단계는 '콜드 스타트 문제'라고 불린다. 이는 사용자가 없는 초기 단계에서 모든 상품이 마주하는 문제다. 아주 추운 날 많은 사람이 겪는 일을 설명하는 말에서 이 용어를 빌려 왔다. 추운 날에는 차에 시동을 걸기가 어렵지 않은가? 마찬가지로 네트워크가 처음 시작될 때 콜드 스타트 문제가 나타난다. 소셜 네트워크에 교류를 할 만큼 충분한 사용자가 없다면 모두 떠나버린다.

모든 동료를 설득하지 못하는 업무용 채팅 상품은 채택되지 않는다. 충분한 구매자와 판매자가 없는 시장에 팔리지 않는 상품은 몇 달 동안 쌓여 있을 뿐이다. 이것이 콜드 스타트 문제이며, 빠른 시일에 극복하지 않으면 새로운 상품은 도태되고 만다.

이는 모두 소프트웨어 엔지니어, 디자이너, 기업가, 투자자 등 독자 여러분을 설득하기 위한 것이다. 아마도 여러분은 내가 이 책에서 언급하는 기업들과 파트너 관계를 맺고 있을지도 모르겠다. 혹은 기술이 여러분의 업계를 네트워크의 형태로 재창조하고 있는 모습을 보고 있을지도 모르겠다. 네트워크 효과는 기술 분야에서 아주 강력하고 치명적인 힘이다. 전반적인 경제의 형태가 바뀌면서 네트워크 효과를 이해하는 것은 갈수록 중요해진다.

그렇다면 네트워크 효과란 대체 무엇일까?

차례

1부

네트워크
효과

NETWORK
EFFECTS

1
네트워크
효과란 무엇인가

WHAT'S A NETWORK EFFECT?

보통 네트워크 효과는 다수의 사람이 어떤 제품을 소중히 여길수록 제품이 더욱 가치 있어지면서 어떤 일이 일어나는지를 설명하는 말이다. 이것은 단순한 정의다. 이 정의는 나중에 나오는 장에서 더 깊이 살펴볼 테지만, 하나의 시작점으로서는 충분하다. 우버의 경우 점점 많은 사용자가 앱을 쓸수록 승객을 A점에서 B점까지 빠르게 데려다줄 사람을 찾을 가능성이 커질 것이다. 또한 운전기사가 운행 사이의 시간을 채우기 쉬워져 돈벌이가 커진다는 의미다. 우버 같은 모바일 앱들은 네트워크 효과가 발생할 수 있지만 사실 이러한 힘의 대표적인 사례는 훨씬 일찍 나타났다. 실제로 100년도 더 전에 처음 생긴 기술 상품을 예로 드는 것은 교육적인 측면에서 효과적이다. 놀랍게도 우리는 여전히 그 상품을 매일 사용하고 있다. 바로 전화기다.

1908년 미국에서 9000만 명에 가까운 사람들에게 할당된 전화기는 500만 대 이하였다. 이 전화기들은 대부분 미국전화전신회사 American Telephone & Telegraph Company에 의해 작동되었다. 전화기는 여전히 새로운 기술로 불과 몇십 년밖에 되지 않았지만, 최초로 실용적인 전화기를 발명하여 특허를 낸 알렉산더 그레이엄 벨이 창립한 회사는 계속 번성하고 있다. 오늘날 우리는 미국전화전신회사의 현대적인 명칭인 AT&T를 알고 있다.

당시 회장이던 시어도어 베일은 연례 보고서에 비즈니스에 대한 남다른 설득력과 통찰이 담긴 철학적인 논평을 써넣었다. 1900년 AT&T 연례 보고서에서 베일은 현대적인 표현을 사용하지 않고 네트워크 효과의 핵심 개념에 대해 말한다.

전화선과 연결되지 않은 전화기는 장난감도 아니고 과학기구도 될 수 없다. 그것은 세상에서 가장 쓸모없는 것이다. 그 가치는 다른 전화기와의 연결에 달려 있으며, 연결의 수에 따라 증가한다.[2]

궁극적으로 네트워크의 힘에 대한 베일의 관찰은 전화 네트워크나 소셜 네트워크 또는 업무 중 사용하는 채팅 플랫폼에 동일하게 적용될 수 있다. 직관적으로 베일의 서술은 타당하다. 친구, 가족, 동료, 유명 인사 등 아는 사람들이 같은 앱을 사용하지 않는다면 네트워크의 쓸모는 크게 줄어들 것이다. 혹은 전혀 쓸모가 없어질 수도 있다. 여러분이 아는 사람들의 사진을 보고 싶다거나 동료들이 최근에 작성한 문서에 접근한다거나, 나와 어울리는 사람을 만나고 싶더라도 말이다.

베일의 서술에서 미묘하지만 중요한 점은 이중성이 작용하고 있다는 것이다. 첫 번째는 물리적인 상품인 전화기, 두 번째는 전화기를 서로 연결하는 데 도움을 주는 사람과 물리적인 선의 네트워크다. 이들을 서로 구별하지 않고, '네트워크 상품networked product'의 형태처럼 함께 부르는 경우가 많은데, 이는 구별해야 한다. 성공적으로 네트워크 효과가 나타나려면 상품과 네트워크가 모두 필요하다. 그것은 미국전화전신회사 시절에는 사실이었고, 오늘날에도 마찬가지다. 우버에게 '상품'은 사람들이 휴대전화에서 실행하는 앱이다. 그리고 '네트워크'는 어느 때나 운전이나 승차를 하기 위해 우버에 접속해 있는 모든 활성 사용자를 일컫는다. (이 경우에 물리적인 선은 없다!)

요즘 사용하는 말에서 상품은 일반적으로 소프트웨어로 이루어진 반면 네트워크는 일반적으로 사람으로 구성돼 있다.

이런 아이디어들이(상품과 네트워크의 이중성, 규모가 큰 네트워크일수록 긍정적인 이득이 발생한다) 결국 컴퓨터와 소프트웨어의 시대로 길을 이끌 것이다.

10억 사용자 클럽

네트워크 효과에 대한 베일의 발표 이후 수십 년이 지난 뒤, 혁신은 전화기에서 소프트웨어로 옮겨 갔다. 근 10년 동안 소프트웨어 는 세상을 집어삼키고 있으며, 그 영향력은 10억 달러 단위로 추 정된다.

세상에서 가장 큰 소셜 네트워크는 하루에 활성 사용자가 20억 명이 넘는다. 소비자들은 수백만 명의 개별 창작자들과 기업, 미 디어 배급 채널media property 등이 업로드하는 영상을 하루에 10억 분 이상 시청한다. 화려한 도심지의 고층빌딩에서든 떠들썩한 카 페에서든 우리의 전문 인력은 수십억 달러 규모의 클라우드 소프 트웨어 산업을 기반으로 구축된 협업과 파일 공유를 위한 소프트 웨어를 실행한다. 세계에서 가장 큰 호텔 체인(매년 1억 일 이상 숙 박을 할 수 있는 시설을 갖추고 매년 예약 건수가 10억 건이 넘는)은 사 실상 호텔을 전혀 소유하고 있지 않다. 대신 자신이 사는 집을 명 단에 올리고 묵을 곳을 찾는 여행객들을 끌어들이는 개인들의 방 대한 네트워크를 구축했다. 이 모든 것은 외딴 마을이나 도심지 에 사는 사람들이 사용하는, 전 세계 20억 개의 스마트폰에서 실 행되는 수백만 개의 앱을 출시한 개발자들이 만든 앱을 통해 이뤄 진다.

이들은 세상에서 가장 강력한 기술기업이며, 기술 산업에서 가 장 강력한 시장의 힘인 네트워크 효과로 통합되어 있다.

네트워크 효과는 우리 주변에 가장 널리 알려져 있는 다수의 성공적인 기술 상품에 다양하게 내재되어 있다. 이베이, 오픈테이 블, 우버, 에어비앤비 같은 상품은 구매자와 판매자로 구성된 시 장 네트워크 사례들이다. 드롭박스, 슬랙, 구글 워크스페이스는 팀원과 동료들 사이의 네트워크에서 구축한 업무협업상품이다. 인스타그램, 레딧, 틱톡, 유튜브, 트위터는 콘텐츠 창작자와 소비자(그리고 광고주)로 구성된 네트워크다. 안드로이드와 iOS 같은 개발자 생태계 덕분에 소비자들은 앱과 앱을 만든 개발자를 찾아 가격을 지불할 수 있었다.

실제로 '10억 사용자 클럽'에 가입한 기업들을 살펴보자. 애플은 iOS 기기를 사용하는 사용자가 16억 명이다. 반면 구글은 30억 명이고 페이스북은 28억 5000명이 소셜 네트워크와 메시지 앱을 사용하고 있다. 마이크로소프트는 15억 개 이상의 기기에서 윈도가 돌아가고 있으며, 거기에 오피스를 사용하는 10억 명이 더 있다. 중국의 기술 생태계에는 위챗, 틱톡, 알리페이 등의 브랜드를 앞세운 기업들이 각각 10억 명 이상의 사용자를 보유하고 있다. 이들은 엄청난 규모에 이른 극소수의 기술 상품이며, 아니나 다를까 거의 대부분 네트워크 효과를 활용하고 있다.

이들은 모두 색다른 가치 제안, 목표 고객, 비즈니스 모델을 가진 매우 다양한 상품이다. 그럼에도 모두 공통적인 DNA를 공유하고 있다. 이 기업들에는 네트워크 효과가 발생했기 때문에 사람들이 많이 사용할수록 유용해진다. 전신과 전화기가 결국 전 세계 수십억 명의 사람들을 연결했던 것처럼 이 상품들도 구매와 판매, 협업, 소통 등을 수행한다.

소프트웨어가 이런 식으로 사람들을 연결하면 네트워크 효과라는 용어는 '네트워크network'와 '효과effect'로 나누어 정의할 수 있다.

'네트워크'는 상품을 상호작용하는 데 사용하는 사람들로 정의

된다. AT&T의 경우 네트워크는 말 그대로 가정 사이를 이어주는 전화선으로 구성되어 있다. 디지털 시대 유튜브라는 네트워크는 창작자가 올린 콘텐츠와 그것을 보는 시청자, 그 중간에서 영상을 추천하고 태그와 피드를 통해 소비자에게 적절한 영상을 보게 해 주는 소프트웨어 플랫폼이다. 우리가 좋아하는 상품과 서비스를 판매하는 판매자 혹은 앱 개발자, 유명 인사, 작가, 친구 등이 네트 워크에 있을 때 그 네트워크를 향한 호감도가 올라간다. 즉 우리 를 비롯한 수백만 명의 소비자들이 네트워크에 있어야 순환이 일 어나므로 청중뿐만 아니라 고객 기반의 참여가 중요하다.

이러한 네트워크는 사람과 사람을 연결할 뿐 실질적인 자산은 소유하지 않는다는 점에서 상식에 반한다. 에어비앤비는 방을 소 유하지 않으며, 주인은 자유롭게 그들이 가지고 있는 공간을 다른 네트워크에다 올린다. 그 가치는 손님을 주인과 연결하는 데 있 다. 애플은 앱 스토어에 앱을 등록하는 개발자들을 소유하지 않는 다. 유튜브는 창작자나 영상물을 소유하지 않는다. 즉 네트워크가 근본적인 자산을 소유하지는 않지만 연결을 중요시하면서 전체 생태계는 지속된다. 가치는 모든 사람을 하나로 모으는 데 있다. 그게 바로 마법이다.

네트워크 효과에서 '효과'는 상품을 사용하는 사람이 많아지면 서 그 상품의 가치가 어떻게 커지는지를 설명한다. 때로는 가치의 증가가 많은 참여 혹은 빠른 성장을 나타낼 수 있다. 하지만 대조 라고 생각할 수도 있다. 처음에는 말이다. 유튜브에는 영상물이 하나도 없었고, 시청자나 창작자도 유튜브의 가치를 전혀 몰랐다.

하지만 오늘날 유튜브는 20억에 가까운 활성 사용자들이 하루에 영상물을 10억 분 이상 시청하는 플랫폼이다. 그리고 이로 인해 창작자와 시청자 사이에, 또 시청자들 사이에 관계가 형성된다. 다른 이들이 네트워크를 사용하는 시간이 길어짐에 따라 사람들이 네트워크에 머물고 네트워크를 사용하는 시간도 길어진다.

이러한 정의를 고려할 때, 어떤 상품이 네트워크 효과를 갖는지 어떻게 알 수 있을까? 만일 네트워크 효과가 나타난다면 얼마나 강할까? 이는 간단한 질문을 통해 알 수 있다. 먼저 그 상품에는 네트워크가 있는가? 그것은 상업이나 협업, 의사소통, 혹은 경험의 핵심에서 나오는 다른 무언가를 위해 사람과 사람 사이를 연결하는가? 둘째, 새로운 사용자를 끌어들이는 능력, 혹은 사용자를 더 오래 머물게 하는 능력, 수익을 창출하는 능력이 네트워크가 성장하면서 더욱 강해지는가? 사용자는 다른 사용자들이 없을 때 머무는 시간이 짧아지는 콜드 스타트 문제를 접하게 되는가? 주목해야 할 것은 이러한 질문들에 대한 답을 예, 아니요의 이분법으로 할 수는 없다는 점이다. 그 사이에는 수많은 다양성이 존재한다. 네트워크 효과를 연구하는 것이 재미있는 이유다.

네트워크 효과는 차례차례 전반적으로 가장 가치 있고 중요한 기업이 되어가고 있는 지구상 최대의 기술기업 중 일부에게 필수적이다. 이들 10억 사용자 기술기업들을 보면 매우 야심적이라고 생각할지 모른다. 아마도 그들은 네트워크 효과의 도움을 받아 그 뒤를 잇는 위대한 스타트업을 만들고 싶은 기업가일지도 모른다. 아니면 이들 거대기업의 생태계에 속해 있어서 동기유발과 전략에 대해 더 잘 이해해야 할 수도 있다. 또는 네트워크 효과의 영향을 받는 분야에서 경쟁하려는 더 규모가 큰 기존 기업일 수도 있다. 어떠한 동기가 있든 이들 상품 사이의 잠재된 역학관계(시작은 어떻게 하고, 성장과 확장, 경쟁은 어떻게 할 것인가)를 이해하는 것은 중요하다.

이러한 힘의 역학관계를 이해하려고 노력하지 않는 기업들에게 교훈이 될 만한 이야기가 많다. 이 책의 후반부에서 인스타그램이 어떻게 앞서 시작했던 사진 스타트업들과의 경쟁에서 살아남았는지 살펴볼 것이다. 또한 전사적 소프트웨어enterprise software (역사적으로 영업이 주도하며 관계를 중시하는 범주)는 직장 내에서 채택되기 위해 어떻게 네트워크 효과를 이용하는 신상품에 의해 새로운 모습으로 다시 태어났는지 웹엑스와 줌, 구글 워크스페이스와 오피스의 예를 살펴본다. 기술 산업이 성장하면서 그에 따라 네트워크 효과의 힘도 커지고 있다.

오늘날 새로운 기술 상품 출시는 어마어마한 도전이다

거대 기술기업들이 네트워크 효과를 이용하여 가장 높은 수준까지 오르려 할 때 신제품을 출시하는 것은 좋지 않다. 기술 생태계는 신제품에 대하여 노골적으로 적대적이다. 경쟁은 치열하고, 복제품은 만연하며, 마케팅은 효과가 없다.

그 점을 고려하면 신제품을 출시하는 팀들은 새로운 네트워크 상품의 장점을 숙고하고 신제품을 만들어 출시할 수 있는 지식과 기술을 마스터해야 한다. 네트워크 효과의 역학은 신제품이 돌파구를 마련할 수 있는 하나의 경로를 제공한다. 신제품은 많은 경우 입소문과 바이럴 성장viral growth을 이용하여 새로운 사용자를 끌어들일 수 있기 때문이다. 그뿐만 아니라 네트워크의 폭과 밀도가 커지면서 참여를 높이고 사용자 이탈을 줄인다. 이러한 유형의 서비스가 성공하면 규모가 큰 기존 기업들은 따라잡기 어렵다. 이러한 기법들은 변함이 없다. 신제품을 위한 환경이 비협조적이라면 그 시간은 특히 중요하다. 신제품을 위한 환경이 비협조적인 이유는 무엇 때문일까? 우리는 이제 모바일 앱, 서비스형 소프트웨어, 웹 플랫폼 등을 최소한의 방어력으로 주목을 빼앗기지 않도록 막아내는 주목의 제로섬 시대에 살고 있다.

2008년 아이폰 앱 플랫폼이 불과 500개의 앱으로 출범한 사실과 새로운 스타트업에게 활짝 열려 있던 그 생태계를 떠올려보라. 아이폰의 홈 스크린은 거의 비어 있었다. 새로운 사용자들을 불러 게임, 생산성 도구, 사진 공유 앱(그리고 손전등 앱과 방귀 소리 앱) 등을 설치하게 했다. 개발자들은 수월하게 경쟁력을 갖출 수 있었다. 줄 서기 혹은 지하철 타기보다 흥미롭거나, 회사에서의 지루한 회의보다 재미있는 활동을 경험할 수만 있으면 됐다.

10년 뒤 몇백 개의 앱으로 출발한 앱 스토어에는 이제 수백만 개의 앱이 모두 고객의 주목을 받기 위해 경쟁하고 있다. 결과적으로 앱 개발자들은 치열한 경쟁에서 헤어나지 못하고 있다. 좋은 앱, 유용한 앱으로는 충분치 않다. 사용자들을 참여시키기 위해서는 몇 년에 걸쳐 최적화된 다른 중독성 강한 앱들에게서 적극적으로 시선을 빼앗아야 한다. 애플 앱 스토어와 구글 플레이스토어에 있는 수백만 개의 앱 사이에서 벌어지는 제로섬 게임인 셈이다. 이제 판매 차트의 순위는 거의 바뀌지 않으며, 대부분 규모가 큰 기존 제품들이 순위를 지배하고 있는 것도 놀라운 일이 아니다.

당혹스러운 것은 과거에 비해서 새로운 스타트업들이 판매 순위에 오르는 데 유리한 점이 많아졌다는 것이다. 적어도 소프트웨어를 구축하는 문제에서는 확실히 유리한 점이 많아졌다. 오늘날에는 10년 전만 해도 표준이었던 사유proprietary 소프트웨어(오픈소스 소프트웨어와 반대되는 개념으로 저작권 소유자의 예외적 법적 권한을 인정하는 소프트웨어를 말한다 – 옮긴이)를 사용하지 않고 오픈소스 소프트웨어를 사용하여 구축하는 커뮤니티가 계속해서 늘어나고 있다. 또한 자체적인 데이터센터를 이용하는 대신 아마존 웹서비스AWS나 애저Azure 같은 새로운 클라우드 플랫폼을 이용할 수도 있다. 새로운 사용자를 끌어오기 위해 TV 광고 같은 전통적인 채널에 터무니없는 광고료를 지출하는 대신 클릭 수만큼 지불하는 합리적인 광고를 이용할 수 있다. 상당한 분량을 기업에 맞게 작업하는 대신 미리 제작된 서비스형 소프트웨어를 이용할 수 있다. 효율적으로 해외 배급을 할 수 있는 앱 스토어가 있어서 말 그대로 수십억의 신규 사용자에게 다가갈 수 있다. 이 모든 것은 훌륭해 보이지만 나에게만 그런 게 아니라 경쟁자에게도 그렇게 보인다. 요즘 대부분의 상품은 기술적인 리스크가 낮지만(상품을 만들기 위해 엔지니어링 면에서 수행할 수 없기 때문에 고장이 나지 않는다는 뜻이다), 방어력도 일반적으로 낮다. 무언가가 작동하면 다른 사람들도 빠르게 따라갈 수 있다.

소프트웨어를 만드는 것이 쉬워지기는 했지만, 제품을 성장시키는 것은 쉽지 않다. 네트워크형 상품들은 또한 사용자들이 잠재 고객에게 알리게 하는 방식으로 신규 사용자를 끌어들이는 데 큰 장점이 있다. 이것이 중요한 이유는 잠재 고객을 대상으로 하는 마케팅 채널이 매우 경쟁적으로 변하고 있기 때문이다. 앱과 앱 개발자의 수가 적었던 스마트폰 출시 초기에 모바일 광고와 추천 마케팅referral program은 효과적이고 저렴했다. 구글과 페이스북 같은 현대적인 광고 플랫폼은 경매를 기반으로, 같은 타깃 고객층에게 접근하기 위해 서로 높은 가격을 제시한다. 따라서 경쟁사가 적을수록 좋긴 하지만 예상대로 이런 상태가 지속되지는 않는다. 앱들이 효과적으로 수익화하는 방법을 알게 되면서 벤처 투자 자금이 시스템 구축에 투입되자 광고 경매는 갈수록 경쟁이 심해졌다. 이전에 광고가 상영되던 채널의 단가는 높아졌다. 채널이 오래되고 고객들은 거기에 익숙해지면서, 클릭은 줄어들고 반응률은 내려갔다.

네트워크 효과는 경쟁이 치열하고 방어막이 약한 산업에서 유일한 방어막 역할을 할 수 있다. 인스타그램이 '스토리'나 '사라지는 사진 메시지' 같은 스냅챗의 기능을 몇 달 안에 복제할 수 있을지는 모르지만 수백만 소비자의 습성까지 바꾸어 전환하는 것은 어렵다. 더 큰 경쟁사들은 많은 경우 제품을 복사할 수 있지만 네트워크를 차지하기는 어렵다. 소프트웨어를 만들기 위해 필요한 기술적인 노력은 이제 상대적으로 잘 알려져 있으며, 나아가 복잡성과 그에 따른 비용을 제한할 수 있는 단순성을 강조하는 경우가 많다.

이러한 역학관계들은 소비자 대상 스타트업 섹터(네트워크 효과가 언제나 중요했던 시장, 통신, 소셜 네트워크 내부에 있는)에서 시작했지만, 직장에서 사용하는 소프트웨어에도 스며들었다. 지식 노동자들은 갈수록 가정에서 사용하는 앱처럼 기업용 소프트웨어도 '그냥 작동한다it just works'가 되기를 바라고 있다. 이는 개인들에게 선택되어 네트워크 효과와 함께 기업 네트워크 내부에 확산된 소프트웨어로 인해 기업이 '소비자화'되어가고 있다는 것을 의미한다. 나는 나중에 줌, 슬랙, 드롭박스를 비롯한 이 분야의 선구자들에 대해 이야기할 것이다. 이들 중 다수는 그 어느 소비자 스타트업 평가에 못지않을 만큼 수십억 달러의 성과를 올렸다.

위에 나오는 이유들(사용자들의 주목을 제약하는 것, 격렬한 경쟁, 신규 사용자들에게 접근하는 것이 제한된 마케팅 채널, 네트워크 기반의 경쟁사들, 불투명한 미래의 애플리케이션 플랫폼)은 모두 산업에 큰 부담이 되고 있다. 많은 것이 걸려 있기 때문이다. 신제품이 네트워크 효과를 활용하여 이와 관련한 생태계를 만들게 되면 주변 생태계에 피해를 줄 수 있다. 기술로 인하여 산업 전반이 재창조되면서 전체적인 기회는 계속해서 커지고 있다. 기술은 우리 일상에 더 많이 스며들 것이다. 이러한 두 가지 부담(하나는 경쟁에서, 다른 하나는 막대한 시장의 기회에서 온다)이 교차하게 되는 곳에서는 기술 분야에서 일어나는 네트워크 효과의 영향에 더 현명하게 대처해야 한다.

1908년 이후 전화기와 네트워크 효과의 개념, 오늘날에도 영향을 미치는 그들의 중요성에 대해 이야기했지만 우리의 이해를 공식화하는 데 도움이 될 한 가지를 빠뜨렸다. 바로 1990년대 후반에 있었던 닷컴 열풍이다. 네트워크 효과는 세기의 전환기에 이미 알려져 있었지만 네트워크 효과에 대한 우리의 현대적인 개념은 몇십 년 전 인터넷 시대가 열리면서 출발했다.

2
간단한 역사

A BRIEF HISTORY

닷컴 열풍

1995년 웹이 태동하던 무렵, 수백만의 소비자들이 전화 인터넷 접속 방식으로 처음 인터넷을 경험하기 시작하면서 세계 최초의 상업용 웹 사이트가 등장했다. 이 웹 사이트들은 학계의 연구원들이 아니라 스타트업에서 만든 것으로 기술 주도적인 번영의 시대로 우리를 이끌었다. 1995년부터 나스닥 지수는 400퍼센트 상승했으며, 야후, 넷스케이프, 이베이, 아마존, 프라이스라인 등 수십여 스타트업이 기업공개를 했다. 오늘날에도 이들 중 다수의 기업은 여전히 볼 수 있으며 가치가 수십억 달러에 이른다.

1996년 닷컴 열풍이 최고조에 이르렀을 때, 2000만 명의 사용자만이 인터넷에 접속했고, 대부분 다이얼업 모뎀을 거쳐야 했다. 시어도어 베일이 1900년대 초에 네트워크의 가치가 연결의 수에 있다는 통찰을 얻었을 때 미국전신전화회사의 전체 네트워크는 수백만 대의 전화기로 구성되어 있었다. 요즘 네트워크의 크기는 수십억의 단위로 측정된다.

이러한 초기의 작은 수치에도 불구하고 이들 스타트업의 잠재적인 비즈니스 가치에 대한 기대감은 어마어마했다. '승자독식', '선점자의 이점', '하키스틱 곡선' 등 닷컴 시대의 새로운 용어들이 널리 퍼지기 시작했다. 한 스타트업이 (구매자와 판매자를 혹은 사용자와 사용자가 만든 콘텐츠를 연결해주는) 최초이자 최대의 네트워크가 되었다면 그 스타트업을 막을 기업은 (이론적으로) 없다. 그 기업은 사용자들에게 더 많은 가치를 제공하고, 경쟁기업을 매수할 것이다. 혹은 산업을 지배했을 것이다. 한 세기 전에 AT&T가 그랬던 것처럼 말이다. 최고 전성기 때 AOL의 가치는 2240억 달러가 넘었고 세계에서 가장 가치가 높은 기업 중 하나였다는 사실은 전혀 놀랍지 않다.

물론 나중에 돌이켜보면 이 모든 것이 약간 멍청한 짓처럼 보인다. 그래서 '닷컴 열풍'은 흔히 '닷컴 버블'이라고 불린다. 상태가 좋지 않은 다수의 스타트업이 이러한 발상에 기반하여 너무 일찍 기업공개를 했고, 몇 년 뒤 자금이 바닥나자 파산하고 말았다.

그러나 닷컴의 사고를 지배했던 그러한 발상들은 사라지지 않았다. 기술 산업에서는 여전히 승자독식 시장과 선점자 우위에 관해서 이야기한다. 실제로 이러한 발상들은 근거 없는 믿음이며,

잘못된 개념이라는 사실이 입증되었다. 현실을 직시하라. 1등에게 돌아가는 이점은 크지 않다. 승리하는 스타트업은 대개 나중에 진입한 기업이기 때문이다. 승자는 보통 독식하지 않으며, 대신 다수의 다른 네트워크 제품들과 다른 지역 및 고객층을 놓고 싸움을 벌여야 한다. 그렇다면 왜 네트워크 효과에 열광하는 것일까? 문헌을 뒤지다 보면 닷컴 시대에 인기 있었던 한 가지 주요 이론에서 네트워크 효과에 관한 결함이 많은 관점을 부끄러운 줄도 모르고 제시하고 있다. 그 이론은 멧커프의 법칙 Metcalfe's Law이다.

멧커프의 법칙

기존의 문헌을 읽어보면 얼마 지나지 않아 멧커프의 법칙이 네트워크 효과 연구에서 중추적인 역할로 등장한다. 멧커프의 법칙은 닷컴 열풍에서 대중화되어 당시 스타트업의 어마어마한 가치평가를 정당화하는 데 사용되었다. 베일의 말과는 달리 멧커프의 법칙은 노드가 많아질수록 커지는 네트워크의 가치에 대한 (간단하긴 하지만) 정량적인 설명을 제공한다. 멧커프의 법칙은 다음과 같이 정의된다.

> 호환이 되는 통신기기의 시스템적인 가치는 기기의 수의 제곱에 비례하여 증가한다.[3]

분명히 말해서, 사용자가 그 이면에 네트워크를 갖춘 앱에 가입할 때마다 앱의 가치는 n^2에 비례하여 증가한다. 그 말은 네트워크에 노드가 100개인데, 200개로 두 배 늘린다면 그 가치는 두 배 이상으로 커진다는 뜻이다. 즉 네 배가 된다.

초창기 컴퓨터 네트워킹의 선구자인 로버트 멧커프가 1980년대에 최초로 공식화한 이 이론은 네트워크의 가치를 연결된 기기(팩스, 전화기 등)의 수에 기반한 수학적인 함수로 정의한다. 이는 원래 인터넷 이전의 컴퓨터 네트워킹 프로토콜인 이더넷Ethernet을 팔던 멧커프의 경험에서 유래한 것이다.

1990년대 말 새로운 인터넷 '닷컴' 기업들이 업계에 등장하는 상황에서 '선점자'의 가치평가를 정당화하여 기업의 가치를 높이는 데 멧커프의 법칙을 언급하는 경우가 많아졌다. 이 모델을 신뢰한 비즈니스적인 결과는 상당히 컸다. 이 말은 1990년대의 닷컴 스타트업들이 세상에서 가장 큰 새로운 네트워크를 구축하고 있으며 그 가치는 기하급수적으로 커지고 있다는 뜻일 터였다. 초기에, 그리고 빠르게 매수하라. 이들 스타트업의 가치는 폭발적으로 커질 것이다.

그러나 나중에 뒤돌아 생각해보면 멧커프의 법칙이 인터넷 웹사이트를 구축하는 데 적용되어야 하는 이유는 분명하지 않다. 멧커프의 법칙은 이베이의 구매자와 판매자에 대해 어떻게 생각해야 하는지 말해주지 않는다. 이베이의 구매자와 판매자는 '호환이 되는 통신기기'와 같은 뜻으로 사용된 것일까? 이베이는 멧커프가 처음 생각했던 개념이 이더넷에서 나온 것처럼, 컴퓨터 네트워킹 기술과 같은 뜻으로 사용된 것인가? 닷컴 열풍의 열기에서 멧커프의 법칙은 중요하지 않았다. 이 '법칙'은 사용자가 늘어갈수록 비선형적으로 커지는 웹 사이트의 가치로 재포장되었고, 논의의 기본적인 토대가 되었다.

멧커프의 결점

여기에서 이 책 읽기를 그만두더라도 네트워크 효과를 말할 때 주로 참고하는 높은 수준의 전략적 사고는 거의 다 흡수할 수 있다. 나는 몇 가지 역사적인 사실을 다루었고, 몇몇 용어를 정의했으며, 대규모 네트워크가 소형 네트워크를 박살내는 사례연구와 멧커프의 법칙에 대한 정의와 전략적 의미를 덧붙였다. 하지만 이러한 강력한 힘을 이용하여 창조하고, 확장하고, 경쟁하려는 기업들에게는 이 정도의 지식이 충분하기는커녕 많이 부족할 것이다. 다가오는 분기별 로드맵에 들어갈 네트워크 효과에 관련된 전략을 계획해야 하는 프로덕트 매니저, 엔지니어, 디자이너, 임원에게는 가당치도 않을 것이 분명하다!

아무런 경험도 없는 상태에서 네트워크 상품을 실제로 만들어본 적이 있는 사람이라면 누구나 안타깝지만 멧커프의 법칙은 지독하리만큼 네트워크와 관련이 없다고 말할 것이다. 당시에는 시대를 앞서갔으나 발전이 없었다. 멧커프의 법칙에는 맨 처음 누구도 내 상품을 이용하지 않을 때 해야 할 일 같은, 네트워크를 구축하는 중요한 단계들이 빠져 있다. 사용자 참여의 질이나 다수 네트워크의 다면성(이를테면 구매자와 판매자)도 고려되어 있지 않다. '활성 사용자'와 방금 회원 가입한 사람의 차이점이나 지나치게 많은 사용자가 네트워크에 몰려들면서 품질이 저하된 상품의 경우도 마찬가지다. 이는 '노드가 많을수록 좋다'는 단순한 모델을 뛰어넘는다. 멧커프의 법칙은 현실의 혼란과 무질서 상태의 테스트를 벗어나지 못하는 단순하고 학문적인 모델이다.

미어캣의 법칙

멧커프의 법칙에 오류가 있다면 대안은 무엇일까? 더 좋은 이론을 제시하는 것은 이 책의 목적 중 하나다. 나는 그 답을 동물의 개체 수에 관한 수학에서 찾은 듯하다. 그 이론은 미어캣 연구에서 시작한다. 맞다, 다들 한 번쯤은 보았을 테지만, 〈라이온 킹〉에서 멧돼지 품바와 함께 등장하는 티몬이 미어캣이다.

　네트워크 효과를 이해하는 데 도움이 되는 이론은 시애틀에 위치한 워싱턴대학교에서 보냈던 내 대학생 시절에서 유래한다. 대학교 4학년 때 나는 생태계 연구의 근본을 이루는 수학, 특히 가장 많은 개체를 차지하고 있는 식물과 동물에 관한 수학 과목을 다수 수강했다. 특히 네트워크 효과가 무엇인가에 도움이 된 것은 (미어캣이나 정어리, 벌, 펭귄 같은) 사회적 동물에 관한 수학이었다.

미어캣의 수학

미어캣은 완벽한 예시다. 아프리카 남부 지방에 사는 고도로 사회적인 동물이며 30마리 혹은 50마리씩 무리지어 함께 살아가는데, 그러한 집단을 떼 혹은 무리라고 부른다. 미어캣은 무리 안에서 노는 것을 좋아한다. 포식자가 다가오는 모습이 보이면 작은 뒷다리로 일어난 다음 복잡한 소리를 내 무리에게 알린다. 미어캣은 포식자가 공중에서 오는지, 육상에서 다가오는지, 이 포식자의 위험도가 높은지 중간인지 낮은지 알리기 위해 짖거나 휘파람 소리를 낸다. 이는 그들이 속한 집단을 지속하는 데 도움이 된다.

이러한 역학관계는 1930년대 시카고대학교 교수이자 미국 생태학의 선구자인 워더 클라이드 앨리가 최초로 관찰했다. 그는 논문 〈동물의 집단화에 관한 연구: 클로이드 실버에 대항하는 금붕어의 집단 방어〉[4]에서 금붕어가 집단에 있을수록 더 빠르게 성장하며, 수분 독성에 저항할 수 있다는 사실을 관찰했다. 새들이 함께 모여 있으면 포식자가 혼동하기가 쉬워서 포식자를 방어할 수 있고, 미어캣은 서로 위험에 경고를 해주는 것처럼, 금붕어도 동일한 역학관계를 공유한다. 이것은 생물학에서 중요한 개념이 되었다. 동물이 더 안전하고 따라서 궁극적으로 하나의 개체처럼 빠르게 성장하는 티핑 포인트('앨리의 한계점Allee threshold'이라 불리는)가 있다는 개념을 최초로 담아냈기 때문이다. 바꿔 말해 앨리의 개체 수 곡선은 생태계 버전의 네트워크 효과를 설명한다.

어느 미어캣 집단에 위험을 서로 경고해줄 미어캣의 수가 충분

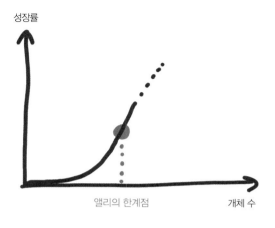

성장률

앨리의 한계점

개체 수

도표 2 | **앨리의 한계점**

치 않다면 이 집단에 있는 미어캣 개체들은 포식자에게 붙잡힐 가능성이 커진다. 그리고 나면 그들의 역학관계는 순환관계가 된다. 미어캣의 수가 줄어들어 스스로 방어할 힘이 훨씬 더 작아지고 개체 수는 더욱 줄어든다. 미어캣은 앨리의 한계점의 영향을 받는 동물 개체군이다. 이 개체군은 0으로 수렴하는 경향이 있다.

여기서 찾을 수 있는 기술 상품에 대한 은유는 명확하다. 만일 메신저 앱의 사용자가 너무 적다면 일부 사용자들은 그 메신저 앱을 삭제할 것이다. 그리고 사용자 기반이 감소하면 사용자들이 떠날 가능성이 커지고, 결국 사용자의 활동이 없어지면 네트워크는 붕괴할 것이다. 이것이 페이스북이 마이스페이스 사용자를 빼앗아 가기 시작했을 때, 또한 소비자들과 앱 개발자들이 블랙베리에서 구글이나 애플의 스마트폰으로 이동했을 때 마이스페이스에게

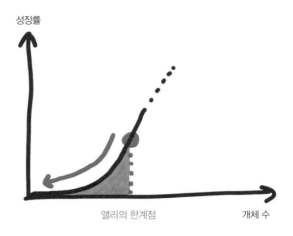

도표 3 | 앨리의 한계점이 충족되지 않으면 붕괴로 이어진다

벌어졌던 일이다.

　반면에 건강한 미어캣 무리가 있다면 어떻게 될까? 계속 성장하고 번식하여 아마도 규모가 큰 미어캣 무리를 이룰 것이다. 앨리의 한계점을 넘어선다면 미어캣 무리의 건강과 안전은 유지되고 계속 성장할 것이다. 미어캣은 더 많아질 것이고, 포식자들이 이따금 한두 마리의 미어캣 개체를 잡아간다 해도 전체적인 개체 수가 한계점 위에 머문다면 미어캣 무리는 계속해서 성장할 것이다.

　하지만 그것이 영원히 지속될 수는 없다. 한정된 개체만 생계를 유지할 수 있는 자원(이를테면 미어캣이 가장 좋아하는 벌레와 과일) 때문이다. 개체 수가 증가하면서 환경에 근거한 자연적인 한계(흔히들 수용력이라고 한다)가 찾아온다. 미어캣이나 금붕어 같은

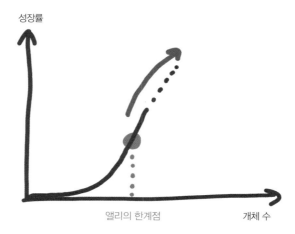

성장률

앨리의 한계점

개체 수

도표 4 | 앨리의 한계점을 지나 성장하기

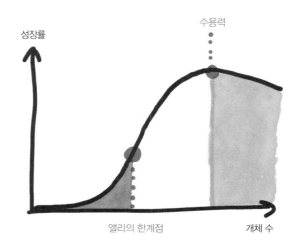

수용력

성장률

앨리의 한계점

개체 수

도표 5 | 개체 수 과잉 상태일 때의 수용력

사회적 동물의 경우, 개체 수 과잉 상태가 오면 수평으로 유지되다가 티핑 포인트에 도달한 뒤 빠르게 성장하여 포화 상태에 다다른 다음 다시 떨어지게 된다.

기술 산업 분야에서 이것에 대한 네트워크 효과 버전은 너무나 많은 사용자로 인한 '과잉수용'이 나타날 때 생긴다. 통신 앱의 경우 너무 많은 메시지가 오기 시작할지도 모른다. 사회적인 상품의 경우 피드에 콘텐츠가 너무 많거나 마켓플레이스에 상품이 너무 많아 적절한 수를 찾아내 상품을 진열하는 것이 일이 되기도 한다. 스팸 감시, 알고리즘 피드 등 여러 아이디어를 적용하지 않으면 네트워크는 금세 사용할 수 없게 된다. 하지만 올바른 기능을 추가하여 검색을 지원하고 스팸을 방지하고 사용자 인터페이스 내부에서 관련성을 높인다면 사용자를 위한 수용력이 커질 것이다.

개체(와 네트워크)가 붕괴할 때

바다에서 물고기를 한꺼번에 너무 많이 포획하면 정어리와 참치를 비롯한 생선들이 불과 몇 년 만에 자취를 감출 수 있다. 네트워크 효과를 이용하는 기술 상품도 같은 방식으로 시작된다. 친구들이 떠나가면서 상품의 유용함이 줄어들기 시작하고, 한번 티핑 포인트 아래로 떨어지게 되면 완전한 붕괴가 온다.

이러한 발상의 생태학적 버전은 내가 사는 샌프란시스코에서 남쪽으로 한 시간 정도 떨어진 지역에 가보면 분명하게 알 수 있다. 그곳은 캘리포니아주 몬터레이라는 아름다운 소도시로, 미국을 대표하는 작가 존 스타인벡의 고향으로 알려져 있지만 물고기가 잘 잡히는 지역으로도 유명하다. 1900년대 초 낚시가 산업화되면서 정어리 통조림 공장 거리에 '캐너리 로Cannery Row'라는 어울리는 이름이 붙었다. 어업 시장은 매년 정어리 수십만 톤을 포획하기 시작했다. 정어리가 기껏해야 수십 그램 나가는 작은 물고기라는 것을 감안하면, 어업이 가장 활발할 때는 매년 대략 50억 마리 규모였다는 말이다.

어업은 성공을 거뒀고 도시민 수만 명의 생계를 책임졌다. 그런데 갑자기 모든 것이 멈추었다. 1950년대의 어느 해가 되자 이상하게도 정어리들이 자취를 감춰버렸다. 사람들은 이듬해까지 물고기가 돌아오기를 인내심을 가지고 기다렸지만 돌아오지 않았다. 그다음 해에도 마찬가지였다. 또 그다음 해에도 똑같았다. 정어리들이 사라져버린 것이다. 초기의 정어리 어획량은 거의 8억 톤에 이르렀다. 그런데 불과 몇십 년 만에 17톤으로 무너져내리고 말았다.[5]

남획과 동물 개체의 복잡한 역학관계가 결합되어 몬터레이 어업의 종말을 불러온 것이었다. 통조림 공장들은 모두 문을 닫았다. 오늘날 옛 공장들은 스타인벡을 기리는 훌륭한 관광지 역할은 물론, 몬터레이만 수족관의 해양생물 연구소로도 활용되고 있다. 지금도 몬터레이 정어리의 흥망성쇠를 기록한 표지판과 차트가 전시된 옛 통조림 공장을 살펴볼 수 있다.

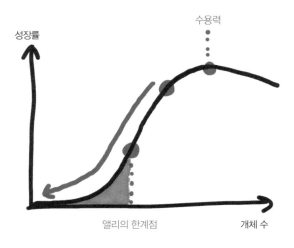

도표 6 | 앨리의 한계점 아래로 붕괴

정어리 무리에서는 네트워크 효과가 나타난다. 그리고 앨리의 곡선은 네트워크가 어떻게 허물어져 붕괴할 수 있는지 생각하는 데 유용하다. 정어리 떼의 성장이 느리거나 혹은 줄어드는 상태에서 스스로 자급하는 개체군으로 변환할 때 '앨리의 한계점'을 넘어가는 것이 중요한 것처럼, 정어리를 더욱 공격적으로 포획하면 한계점을 넘지 못하게 할 수 있다.

정어리들이 사라지듯이 기술 상품의 네트워크 역시 붕괴할 수 있다. 친구들이 사용하지 않는 메신저 앱을 왜 사용하겠는가? 텅 빈 앱을 열어만 보다가 결국 삭제할 것이다. 네트워크가 붕괴되면 매우 빠른 시간 내에 네트워크 효과는 사라지고 만다.

우버의 앨리 곡선

나는 워싱턴대학교에서 수리생태학에 대한 앨리 교수의 이론을 연구했지만, 대학 때 배운 것이 대부분 그렇듯 졸업하자마자 잊어버리고 말았다. 몇 년 뒤에 나는 샌프란시스코에 있는 우버 본사의 화이트보드 앞에 서서, 도시에 더 많은 운전기사를 추가하는 것이 승객의 경험을 어떻게 바꾸는지 시각화하려고 애쓰고 있었다. 더 많이 생각해보고 더 많이 스케치하면 할수록 익숙한 곡선이 나타나기 시작했다.

어떤 도시에 운전기사의 수가 극소수라면 차가 올 때까지 시간이 오래 걸릴 것이다. 이런 경우를 ETA Estimated Time of Arrival (예상 도착 시간)가 높다고 한다. 결과적으로 전환율은 낮아진다. 누가 30분씩 기다려서 차를 타겠는가? 따라서 운전기사가 수십 명이 되기 전까지는(이 사례에서는 50명이라고 해보자) 사용자들에게 우버의 가치는 0에 가깝다. 사람들은 우버 앱을 거의 사용하지 않을 것이고, 운전기사들도 계속 일하려고 하지 않을 것이다. 그리하여 전체 네트워크는 스스로 붕괴하고 말 것이다.

하지만 일단 한계점을 지나면 일이 잘 풀리기 시작한다. 승객들은 15분 안에 차를 탈 수 있게 된다. 약간 불편하기는 하지만 그래도 이용할 수 있는 수준이다. 시간이 10분 혹은 5분까지 줄어든다면 상황은 훨씬 좋아질 것이다. 즉 운전기사들의 네트워크가 커질수록 더 편리해진다. 도시의 승차 공유 네트워크에서 전형적인 네트워크 효과가 나타나기 시작한다!

하지만 결국 네트워크의 가치는 정체기를 맞는다. 운전기사의 수가 늘어나도 수익이 늘어나지 않는다. 운전기사의 수가 많아지는 것에 대한 수확체감이 존재하기 때문이다. 운전기사가 4분, 2분, 혹은 즉시 올 수 있는가는 더 이상 중요하지 않다. 열쇠를 집에 두고 나왔는데 기사님 도착 시간에 늦지 않으려고 뛰쳐나가야 하는 것도 사실 어느 정도의 불편이 있기 때문이다. 너무 빨리 오는 것이 오히려 불편이 되기도 한다.

이를 곡선으로 나타내면 다음과 같은 모습이 될 것이다.

익숙한 그림인가?

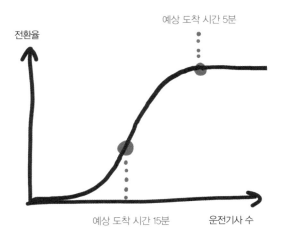

도표 7 | 운전기사 수에 근거한 우버의 전환율

미어캣의 법칙 vs. 멧커프의 법칙

사회적 동물을 지배하는 미어캣의 수학은 인간에게도 적용된다. 결국 인간은 서로 사진을 공유하고, 소장할 가치가 있는 운동화를 판매하며, 공공 프로젝트를 공유하고, 저녁 식사비를 나누어 내며 서로 연결하는 사회적 동물이다. 인간의 네트워크는 사냥이나 짝 짓기보다는 음식과 데이트 등으로 서로 연결된다.

근본적으로 동일한 역학관계가 인간 집단과 미어캣 무리를 하나로 만든다. 그리고 두 종을 타가수분할 수 있는 방법은 많다. 소셜 네트워크에서 관계를 형성하기 위해 최소한의 인원이 필요한 것처럼 미어캣 무리 역시 마찬가지다. 메신저 앱이 계속해서 성장하다가 결국 시장이 포화에 이르면 동물 무리의 성장은 더뎌지고 환경은 과밀한 상태가 되기 시작한다. 용어는 다르지만 핵심 개념과 수학은 동일하다.

앨리의 효과 → 네트워크 효과

앨리의 한계점 → 티핑 포인트

수용력 → 포화

이어지는 장에서는 비즈니스에서 사용하는 언어(네트워크 효과, 티핑 포인트, 시장 포화)를 사용하긴 하지만 기본적인 아이디어들이 앨리 교수와 그의 생태계 수학 모델 덕분이라는 사실을 설명할 것이다. 생태학자들은 수 세기에 걸쳐 동물이 얼마나 빠르게 성장하고, 언제 과밀화가 되는지 그리고 그 복잡한 역학관계를 예측하기 위해 동물 개체군 모델을 만들었다. 나는 네트워크 효과를 이용하여 어떻게 기술 상품을 출시하고, 확장하고, 그 상품의 시장을 지킬 것인지 설명하기 위해 그러한 아이디어를 빌려 올 것이다.

이 아이디어들은 기술 상품이 네트워크 효과가 있는지 혹은 없는지에 관한 흔한 개념보다 풍부한 이론적인 기반을 제공한다. 기술 산업은 더 세분화되고 정확한 어휘를 만들 수 있다. 이러한 어휘들은 다음 수준의 분석을 이용하여 구체적인 개념과 지수가 궁극적으로 제품 전략에 연결될 수 있게 하는 데 필요하다.

업계에 필요한 것은 관련 개념과 어휘를 하나로 묶는 통합 프레임워크다. 이 프레임워크가 바로 '콜드 스타트 문제'의 핵심이다.

3
콜드 스타트
이론

COLD START THEORY ←

프레임워크

이 책에서 설명하는 중앙 프레임워크는 네트워크 효과를 생각하는 새로운 방법이다. 이 방법은 단계별로 나누어져 있고 단계마다 고유한 과제와 목표, 모범사례가 포함되어 있다. 내 목표는 단지 한 네트워크가 성장하고 진화하면서 일어나는 일을 설명하는 것뿐만 아니라, 실질적인 조치를 취하고 다음 단계로 나아갈 수 있는 힘을 주는 방법을 제시하는 것이다.

나는 이 프레임워크를 네트워크 효과를 구축하는 데 가장 중요한 단계의 이름을 따서 '콜드 스타트 이론Cold Start Theory'이라고 부를 것이다.

콜드 스타트 이론은 모든 상품팀이 네트워크 효과의 힘을 완전히 이용하기 위하여 거쳐야 하는 일련의 단계를 포함한다. 곡선은 시간에 따른 네트워크의 가치를 나타내며, 뒷부분이 처진 에스 형태다.

다섯 가지 주요 단계가 있다.

1. 콜드 스타트 문제
2. 티핑 포인트
3. 이탈 속도
4. 천장
5. 해자

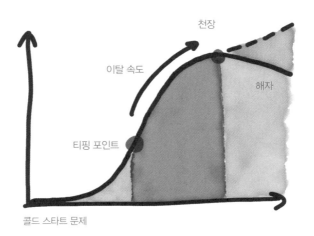

도표 8 | **콜드 스타트 프레임워크 5단계**

먼저 단계별로 프레임워크를 설명하고 이어서 자세한 내용을 설명할 것이다.

1. 콜드 스타트 문제

새로운 네트워크들은 대부분 실패한다. 새로운 영상 공유 앱이 출시되었는데 초기에 다양한 콘텐츠가 없다면 사용자들은 오래 머물지 않는다. 마켓플레이스와 소셜 네트워크 등 다른 소비자 상품도(B2B 상품마저) 마찬가지다. 사용자들은 자신이 원하는 사람이나 물건을 찾지 못하면 가입을 해지한다. 이는 자기 강화적인 파괴 고리로 이어진다. 다시 말해서 대부분의 경우 스타트업들이 그토록 사랑하는 네트워크 효과는 실제로 그들에게 해가 된다. 나는 이것을 '반네트워크 효과anti-network effect'라고 부른다. 이러한 관계는 전적으로 파괴적이다. 특히 기업이 활동을 시작하는 초기 단계에서 그러하다. 콜드 스타트 문제를 해결하려면 올바른 사용자와 콘텐츠가 동일한 시간대에 동일한 네트워크에 있어야 한다. 시작 단계에서 거기까지 해내기는 쉽지 않은 일이다.

이것이 바로 콜드 스타트 문제이며, 이 문제를 해결하기 위해 일련의 사례를 찾아봤다(위키피디아의 왕성한 콘텐츠 창작자들, 신용카드의 발명, 줌은 어떻게 킬러 상품을 출시할 수 있었나 등). 이와 같은 사례연구를 통해 '원자 네트워크atomic network'(즉 안정적이고 자력으로 성장할 수 있는 가장 작은 네트워크) 구축에 집중하는 어떤 시도에 대해 생각한다. 예를 들어, 줌의 화상회의 네트워크는 두 사람만 있으면 가능하지만, 에어비앤비가 안정화되기 위해서는 시장에서 임대가 가능한 수백 건의 임대 물건이 있어야 한다. 나는 모든 네트워크 효과의 핵심에 있는 제품 아이디어와 많은 스타트업에서 특징으로 꼽은 유사성을 살펴볼 것이다. 또한 초기 네트워크에 처음부터 있어야 할 가장 중요한 사용자들은 누구이고 그 이유는 무엇인지 질문해본다. 원하는 대로 성장할 수 있게 하려면 초기 네트워크의 씨앗을 어떻게 뿌려야 하는 걸까?

2. 티핑 포인트

최초의 원자 네트워크를 구축하는 데는 어마어마한 노력이 필요하지만, 분명한 점은 네트워크 하나만으로는 충분하지 않다는 것이다. 어떤 시장에서 성공하려면 시장으로 확장할 수 있는 수많은 네트워크를 구축하는 것이 중요하다. 이를 위해서는 어떻게 해야 할까? 많이 구축하기만 하면 되는 걸까? 다행히도 한 가지 중요한 역학관계가 드러나기 시작한다. 네트워크가 성장하면서 각각의 새로운 네트워크는 점점 빠르게 움직이기 시작하고, 그리하여 전체 시장을 훨씬 수월하게 공략할 수 있다. 이것이 이 프레임워크의 두 번째 단계인 '티핑 포인트'다. 나는 틴더를 예로 들어 서던 캘리포니아대학교에서의 초기 출시가 어떻게 주변 다른 대학의 문을 열게 했는지 설명할 것이다. 이것은 로스앤젤레스 같은 도시와 더 큰 지역 그리고 (인도와 유럽을 포함하여) 전체 시장으로 이어졌다.

네트워크 론칭을 도미노를 쓰러뜨리는 것으로 생각해보자. 네트워크를 론칭할 때마다 다음 도미노를 쓰러뜨리기는 훨씬 수월해지고, 결국 그 무엇도 막을 수 없을 만큼 가속도가 붙게 된다. 하지만 이 모든 것은 맨 처음에 시작된 하나의 작은 성공 때문이다. 이러한 이유로 대부분의 성공적인 네트워크 효과가 도시 및 기업, 캠퍼스를 따라 성장하는 모습을 볼 수 있다. 사스SaaS(Software as a Service) 상품은 직원들이 파트너 회사 및 컨설턴트와 제품을 공유하면서 기업 내부에서 성장(상륙과 확장)하기도 한다. 이때 시장은 티핑 포인트에 도달한다.

3. 이탈 속도

드롭박스나 슬랙, 우버 같은 기업이 확장하면 네트워크 효과가 작용해서 다음 단계는 수월해질 것처럼 보인다. 하지만, 사실은 그렇지 않다. 오히려 이 시기는 기술기업들이 수천 명의 직원을 채용하고 야심적인 신규 프로젝트를 시작하고 상품은 계속해서 빠른 성장을 유지하려고 애쓰는 때다. '이탈 속도Escape Velocity'라고 불리는 이 단계는 네트워크 효과를 강화하고 성장을 지속하기 위하여 미친 듯이 일에만 집중하는 시기다.

이 단계는 네트워크 효과의 고전적인 정의가 들어맞지 않는다. 나는 네트워크 효과를 하나의 단일한 효과가 아니라 근본적으로 다른 세 가지 힘으로 재정의할 것이다. 그중 '획득 효과Acquisition effect'는 네트워크를 이용하여 비용을 줄이고, 바이럴 성장을 통해 효율적으로 사용자를 유치하는 것을 말한다. '참여 효과Engagement effect'는 네트워크에 사용자가 늘어나면서 상호교류가 늘어나는 것이다. 마지막으로 '경제적 효과Economic effect'는 네트워크가 성장하면서 수익화와 전환율이 향상되는 것이다.

이러한 힘들이 어떻게 작용하는지 이해한다면 시스템에 빠르게 동력을 공급할 수 있다. 예를 들어 획득 효과는 다른 사람을 네트워크에 초대할 수밖에 없게 하는 바이럴 성장과 긍정적인 초기 사용자 경험에서 힘을 얻는다. 페이팔의 바이럴 추천 프로그램이나 링크드인의 추천 서비스는 획득 효과의 이면에서 동력을 증가시키는 전술의 사례다.

참여 효과는 네트워크가 성장하고 사용자의 참여가 증가하면서 제 모습을 드러낸다. 이는 사용자의 '참여 순위'가 올라가는 것으로 발전할 수 있다. 또한 사람들에게 동기부여와 마케팅 커뮤니케이션, 신상품의 기능을 통하여 새로운 유스 케이스를 소개함으로써 가능해진다. 우버는 공항 이용, 저녁 외식, 출퇴근 등 사용자의 수준을 상향 조정해서 이를 구현했다.

마지막으로 직접적으로 상품의 비즈니스 모델에 영향을 미치는 경제적 효과는 시간이 흘러 네트워크가 성장하면서, 주요 수익화 흐름에서 발생하는 전환과 사용자당 매출을 늘림으로써 개선될 수 있다. 예를 들어 슬랙 같은 상품의 경우 기업 내부의 팀들이 수용하면서 유료 고객으로 전환할 가능성이 크다. 주문 제작 의상과 총을 판매하는 포트나이트 같은 게임은 게이머의 친구들이 함께 게임을 하려고 가입을 하면서 수익성이 좋아질 것이다.

이러한 것들이 모두 더해져 네트워크에 수십억 사용자들이 몰려들게 할 동력을 제공한다.

4. 천장

네트워크 효과에 관한 수많은 서사에서 어떤 상품이 티핑 포인트에 이른다면 동화 같은 이야기의 결말일 것이다. 하지만 회사의 내부 운영자들에게서는 다른 이야기를 듣게 될지도 모른다. 빠르게 성장하는 네트워크는 성장을 원하는 동시에 해체를 바라기도 한다는 것이다. 그리고 양쪽 모두 어마어마한 힘들이 팽팽하게 맞서는 상태다.

이것은 네트워크가 최고점을 찍고 성장이 교착상태에 빠졌을 때 나타난다. 이는 시장 포화로 인하여 고객 확보 비용이 급증하고 바이럴 성장이 둔화되기 시작하면서 다양한 힘에 의해 나타난다. 이와 유사하게, 시간이 갈수록 사용자들이 진부한 마케팅 채널을 외면하면서 결과적으로 사용자 유치 감소와 참여율을 저하시키는 '엿 같은 클릭률의 법칙Law of Shitty Clickthroughs'이 있다. 사기 범죄, 과밀화 현상, 콘텍스트 붕괴context collapse 등은 네트워크가 성장하고 시간이 오래될수록 자연스럽게 나타나는 현상이다. 이외에도 네트워크가 성장할수록 수많은 부정적인 힘들의 규모가 커진다.

현실 세계에서 상품이 급하게 성장하여 정점에 다다랐을 때 문제점을 해결해주면 또 다른 성장 요소가 등장하기도 한다. 그때 또 다른 정점이 찾아온다. 그런 다음 다시 순환할 때 각각의 문제는 갈수록 다루기가 복잡해지는 경우가 많다.

초기 인터넷 시절 폭발적인 인기를 끌었던 유즈넷 토론장의 붕괴, 이베이 미국 시장의 성장 둔화, 나이지리아 왕자 사기 사건의 원인 등 둔화된 성장기를 겪고 있는 주요 상품들에 대한 일련의 사례연구를 살펴볼 것이다. 이들 각 사례는 수월하게 처리되기도 하지만 시간이 흐르면서 네트워크를 파괴하는 경우도 있다. 해결책을 찾기란 쉽지 않다. 성공한 상품은 원래 정도의 차이만 있을 뿐 다양한 스팸 광고와 트롤이 따르기 마련이다. 이들은 완전히 해결되기보다는 관리되어야 하는 문제다.

5. 해자

이 프레임워크의 최종 단계에서는 네트워크와 상품이 성장 단계를 지나면서, 경쟁자를 물리치기 위해 주로 네트워크 효과를 이용한다. 네트워크 효과가 유일한 해자(브랜드, 기술, 파트너십 등 도움이 되는 것들)는 아니지만 기술 부문에서 가장 중요한 해자인 것만은 분명하다.

하지만 한 가지 문제가 있다. 경쟁자를 물리치기 위해서 네트워크 효과를 사용하는 일은 신중해야 한다. 동일한 범주에 속한 모든 사람이 동일한 역학관계를 이용할 수 있기 때문이다. 모든 협업 업무는 사용자가 유입되면 네트워크 중심의 바이럴 성장, 더 높은 고착성, 강력한 수익화를 활용할 수 있다. 시장, 메신저 앱 등도 마찬가지다.

이러한 관계는 '네트워크에 기반한 경쟁'이라는 고유한 형태의 경쟁 구도를 형성한다. 경쟁은 단지 더 좋은 기능이나 실행력에 관한 것뿐 아니라 한 상품의 생태계가 다른 상품의 생태계에 어떻게 위협이 되는가에 관한 문제가 된다. 에어비앤비는 윔두라는 강력한 경쟁자가 엄청난 자금과 수백 명의 직원, 이론상으로는 국내 시장에서 끌어올 수 있는 더 많은 견인력과 함께 등장했을 때 이 문제를 접했다. 에어비앤비는 (가격이나 기능 같은 기존의 경쟁 요인이 아니라) 네트워크의 품질과 네트워크 효과의 확장을 놓고 유럽의 경쟁자와 싸워야 했다.

한 카테고리에 있는 상품들은 모두 동일한 형태의 네트워크 효과가 나타날 가능성이 크기 때문에 경쟁은 동일한 힘을 활용하면서도 비대칭이 된다. 어떤 주어진 시장에서 큰 시장과 작은 시장은 서로 다른 전략을 사용하게 된다. 이것을 다윗과 골리앗의 전략과 비교해서 생각해보라. 갑자기 큰돈을 벌게 된 기업은 대규모 네트워크 내부에 있는 틈새 분야를 공략해 주요 상품의 특징을 이용한 방어력 높은 원자 네트워크를 구축해야 한다. 가능한 경우 더 좋은 생태계와 참여도를 이용할 수 있다. 반면 가장 앞선 기업은 규모를 이용해서 더 높은 수익과 최고의 사용자들을 위한 가치, 빠르게 성장할 것으로 보이는 틈새시장을 재빨리 뒤따라간다. 나는 우버와 리프트, 이베이 차이나, 알리바바, 마이크로소프트의 신상품 끼워팔기 전략을 조사하여 네트워크가 경쟁하는 방법에 대해 더 자세하게 알아볼 것이다.

네트워크 효과 5단계

이것이 콜드 스타트 이론이다. 콜드 스타트 이론은 네트워크 효과 만들기, 확장하기, 방어하기와 더불어 (스타트업 혹은 대기업의) 신상품팀이 업무에 활용할 수 있는 로드맵을 제공하는 것을 목표로 한다.

콜드 스타트 문제는 신상품 출시와 새로운 기업의 출범에 관한 것이므로 기업가들은 처음부터 시작하길 바랄 것이다. 반면 기존 상품에 관한 일을 하는 직원들에게는 중간 단계가 가장 중요할 것이다. 이탈 속도 달성하기와 성장 순환에 대한 최적화는 성공한 상품이 다음 단계로 넘어가려는 일상적인 활동이다.

콜드 스타트 이론은 기술 산업에 속한 기업 중 다수의 집합에 적용된다. 영상 플랫폼, 시장, 업무 협업 도구, 상향식 사스 상품, 소셜 네트워크와 커뮤니케이션 앱 등이 그것이다. 이 책의 여기저기에는 역사적인 사례(쿠폰, 신용카드, 초기 인터넷 프로토콜)에 대한 설명도 나온다. 수백 년 전에 우리가 사용했던 원시적인 형태의 의사소통과 오늘날 우리가 사용하는 현대의 앱 사이에 공통적인 역학관계가 있다는 것은 놀라운 일이다.

그 과정에서 기술 상품을 뛰어넘는 네트워크에 깔려 있는 패턴을 찾아보길 바란다. 저명한 투자자이자 기업가인 내 친구 나발 라비칸트의 관찰처럼 이러한 많은 아이디어가 모바일 앱의 세계를 뛰어넘어 일반화되고 있다.

인간은 네트워크화된 종이다. 네트워크 덕분에 우리는 혼자 해야 하는 일을 여럿이 힘을 합쳐서 하고 있다. 네트워크는 협력의 결과를 나누어 준다. 돈은 하나의 네트워크다. 종교도 하나의 네트워크다. 기업도 하나의 네트워크다. 도로 역시 하나의 네트워크다. 전기도 하나의 네트워크다.[6]

게다가 네트워크를 건설하고 성공적으로 통제하는 것에 대한 대가는 크다.

네트워크는 규칙에 따라 조직화되어야 한다. 사람들이 속임수를 쓰는 사람들에 대항하여 이러한 규칙을 지키게 하기 위해서는 통치자가 필요하다. 그리고 이러한 네트워크의 통치자는 사회에서 가장 큰 권력을 갖게 된다.

콜드 스타트 이론은 이러한 아이디어를 보편적이고 실행 가능한 하나의 프레임워크로 통합하는 것을 목표로 한다. 이를 따라 단계별 도전과 목표를 설명하기 위하여 (예제와 인터뷰, 연구, 우리가 속한 업계에서 탄생한 상징적인 상품에서 발표된 연구 등) 새로운 어휘들을 정리했다.

그 길을 따라가보자. 우리 토론을 위해 나는 아주 중요한 첫 번째 단계이자 이 책의 제목이기도 한 콜드 스타트 문제에서 시작할 것이다.

2부

콜드 스타트 문제

THE COLD START
PROBLEM

4
타이니 스펙

TINY SPECK
←

네트워크 효과를 이용해 신상품을 알리고자 할 때, 첫 번째 단계는 자급자족하는 단일하고 작은 네트워크를 만드는 것이다. 이런 네트워크 하나만 있으면 시작할 수 있다. 하지만 실제로 하나의 네트워크를 만드는 것도 아주 어려운 일이다. 따라서 실패한 상품 (그리고 그 상품의 네트워크) 이야기를 들려주며 이 장을 시작하려고 한다.

스타트업을 설립하고 그 스타트업의 핵심 상품을 더 이상 생산하지 않을 때까지 걸린 시간은 4년 10개월이었다. 회사를 만들어 수천만 달러에 팔아 성공을 경험했던 스타들로 구성되어 있었기에, 모두 제 역할을 해냈다. 신나는 제품 출시와 함께 2년 뒤에는 팡파르를 울리며 사용자들에게 베타 버전을 배송했고, 사용자들과 긴밀하게 협력하며 필요한 기능을 추가하고 버그를 수정했다. 시작하자마자 최고의 투자자들로부터 1700만 달러의 자금을 유치했고, 뛰어난 재능을 지닌 45명의 직원을 채용하여 기발하고 재미있고 즐거운 상품을 만들었다. 이들은 타이니 스펙Tiny Speck이라는 회사였고, 그들이 만들던 상품은 '글리치Glitch'라는 멀티플레이어 게임이었다.

이 게임에 대한 설명만 보면 글리치는 약간 정신 나간 게임처럼 보인다. 글리치는 브라우저에서 할 수 있는 멀티플레이어 게임이었다. 새로운 세계를 꿈꾸는 험바다, 렘, 프렌들리 등 거인 11명의 머릿속에 그 경험이 자리잡게 된다. 등장인물, 배경, 미술 등은 몬티 파이선과 약에 취한 닥터 수스를 합쳐 놓은 듯 난장판이었다. 사용자들은 게임 세상을 이리저리 돌아다니며 주변에 있는 것들을 클릭하고 여우 빗질이나 묘약 만들기, 정원 가꾸기, 공간 이동 같은 능력을 습득했다.

초기 리뷰는 좋지 않았다. AV 클럽은 이렇게 말했다. "게임의 배경이 되는 이야기, 게임 세상이 실제로 존재하길 꿈꾸는 11명의 거인 이야기는 대부분 어처구니가 없다." 사용자 역시 관대하지 않았다. "게임의 디자인이 바뀌는 것에 대하여 출시 전에 대대적으로 광고를 했지만 게임은 끔찍할 정도로 지루했다. 기본적으로 돌아다니고 클릭하는 게 전부다. 나는 친구에게 인터넷 토론 사이트 해커 뉴스의 유저 'dgreensp'의 말을 인용하며, '자기 농장이 없는 농장 가꾸기 게임'이라고 설명했다.

결국 사용자들은 이 게임에 머물지 않았다. 몇 년 뒤 한 인터뷰에서 이 회사의 CEO는 고객이 유지되지 않는 것에 몹시 애석해했다. "회원으로 가입한 사람 중 97퍼센트에 가까운 사람들이 5분을 못 버티고 나가버렸다. 이 게임이 망한 것은 새는 양동이leaky bucket 알고리즘처럼, 들어오는 양보다 유출되는 양이 많았기 때문이다. 그러니까 내 말은, 아주 고전적인 문제라서 엑셀에 넣고 5분만 있으면 이것이 작동하지 않는다는 것을 알게 될 것이다." 물론 멀티플레이어 게임으로서 글리치는 수많은 사람이 그 게임을 실행시킨 다음 서로 채팅만 하고 있어도 재미있었을 것이다. 하지만 글리치는 그러한 사회적 경험을 할 수 있는 만큼의 규모에조차 도달한 적이 없었다.

이는 한 스타트업을 위한 고유한 통찰도 아니고 주목할 만한 성과도 아니다. 수많은 신상품이 기나긴 여정을 거쳐 결국 실패하고 만다. 몇 년 뒤 타이니 스펙은 두 번째 상품을 출시한다. 그 상품의 이름은 슬랙이었다. 여러분 중에는 결말을 아는 사람도 있을지 모르겠다. 이 글을 쓰고 있는 현재 2000만 명이 넘는 활성 사용자들과 100만에 달하는 기업체가 매일 슬랙을 사용하고 있다. 슬랙은 큰 손실을 보게 될 스타트업인 타이니 스펙에서 주식회사 슬랙 테크놀로지Slack Technologies Inc.가 되었다. 슬랙 테크놀로지는 260억 달러를 받고 세일스포스Salesforce에 팔렸다. 슬랙은 그동안 계속해서 8억 달러의 매출을 올렸다. 이 회사의 CEO 스튜어트 버터필드와 공동창립자인 에릭 코스텔로, 칼 헨더슨, 세르게이 무라초프는 스타트업 업계에서 가장 믿기 어려운 행운의 반전을 성공적으로 이루어내고 말았다.

'누구나 다 아는 이름'이라는 위치에 오른 슬랙 같은 상품은 하루아침에 이룩한 성공의 전형이라고 생각하기 쉽지만 네트워크 상품은 그렇지 않은 경우가 대부분이다. 슬랙의 경우 글리치를 창립해서 회사의 거의 모든 자금을 쓰고 직원들을 해고하며 만든 첫 번째 상품을 포기하기까지 거의 4년이 걸렸다. 신상품을 선택하고, 베타 사용자를 찾고, 신상품을 널리 알리고, 팀을 다시 구성하고, 이름을 슬랙으로 바꾸고, 새로운 전략에 대한 자금을 유치하는, 무에서 유로 가는 험난한 여정을 반복하는 데 2년이 더 걸렸다. 이는 '하루아침에 성공'과는 정반대였다. 네트워크 효과를 이용한 상품 구축은 지난한 길이 될 수도 있다는 것을 반복된 사례 연구에서 설명할 것이다. 하지만 성공에는 연구와 반복의 대상이 될 만한 패턴이 존재한다.

슬랙의 사례에서 다음과 같은 질문을 던질 수 있다. 회사에서 공식적으로 슬랙으로 비즈니스를 시작했을 때와 실제로 그 비즈니스가 작동하는 것처럼 보였을 때, 그 사이에 어떤 일이 있었나? 배울 점은 무엇이 있었나? 따라 할 만한 것은 무엇이 있었나?

다행히도 타이니 스펙은 오래전 처음 시작할 때부터 회사를 만들기까지 앤드리슨 호로위츠의 충분한 지원을 받았다. 내 동료 존 오패럴이 그 일을 하고 있었다. 그리고 그는 스튜어트 버터필드와 초기 직원이었던 알리 레일을 통해 나에게 소식을 전해주었다. 다음은 그들이 내게 했던 이야기다.

먼저 2009년으로 되돌아가야 한다. 그때는 아직 글리치를 만들고 있었다. 스튜어트와 공동창립자들은 샌프란시스코와 밴쿠버

(설립자들이 처음에 기반을 두고 있던 곳이다) 등 전국에서 수십 명의 직원을 끌어모았다. 오늘날 우리는 이것을 원격 근무를 둘러싼 더 중요한 예고로서 인식하고 있다. 하지만 이 시점에서 원격 근무는 시작 단계일 뿐이었기 때문에 이런 유형의 업무를 지원해주는 도구도 없었다.

팀의 협업을 위해서 그들은 서로 채팅을 할 수 있는 도구를 사용했다. 그것은 오늘날 우리가 쓰는 것처럼 발전된 형태가 아니었다. 텍스트만 사용할 수 있었다. "/"로 시작하는 재미있는 명령어가 있었는데, 오래전에 사용하던 IRCInternet Relay Chat라는, 핀란드 대학 직원 야르코 오이카리넨이 처음으로 구축한 기술을 바탕으로 했기 때문이었다. IRC는 사용자 친화성이 우선시되지 않았던 인터넷 초기인 1988년에 탄생했다. 따라서 초보자들은 사실상 IRC를 사용하지 않았다. 스튜어트는 훗날 이렇게 설명했다.

IRC는 웹보다 2년 일찍 만들어졌다. 그리고 오래된 만큼 지금은 당연히 표준이라 여기는 수많은 기능이 빠져 있다.[7]

IRC는 찾기 기능이 없었다. 오래된 메시지는 저장하지 않았다. 사람과 채널을 찾는 일은 복잡하고 헷갈렸다. 다양한 IRC 앱 중 한 가지를 다운로드하고, IRC 서버에 연결하고, 해당 채널에 합류해야 했다.

그래서 타이니 스펙 팀은 IRC를 이용하여 채팅 도구를 만들어 오래된 메시지와 사진을 저장하는 기능을 추가하고 대화를 쉽게 찾을 수 있게 했다. 이것은 몇몇 중요한 업무 흐름을 이어 붙인 채팅 도구였고, 처음에 슬랙은커녕 이름 자체가 없었다. 이 서비스는 내부적으로 irc.tinyspeck.com에 호스팅되었으나 그럼에도 매우 유용했는데, 간단한 이미지와 동영상, 서버 로그 등을 공유할 수 있었기 때문이다. 다수의 비기술직 직원들은 IRC에 익숙하지 않아서 회사에서 쓰고 있는 이상한 작은 채팅 앱의 사용법을 교육받았다. 이 이름도 없는 도구(초기 직원인 알리 레일은 무슨 일이든 한다는 뜻에서 '프랑켄툴frankentool'이라고 불렀다)가 팀 전체의 협업을 가능케 했고, 타이니 스펙의 핵심 업무의 일부가 되었다.

글리치가 작동하지 않을 것이라는 사실이 분명해졌을 때 팀에는 새로운 아이디어가 필요했다. 스튜어트와 칼, 공동창립자들은 다음 할 일을 바로 그들 앞에 있는 것(기능적이지만 평범한 내부 도구를 가져다가 재설계하여 누구나 사용할 수 있게 하는 것)에서 찾아보기로 했다. 그러한 도구에는 곧 '라인피드Linefeed'라는 코드 네임이 붙었다. 불과 며칠이기는 했지만. 다음에는 허니컴, 그다음에는 채틀리아이오Chatly.io였고, 다른 이름에 대한 장황한 설명이 이를 대신하기도 했다.

그 상품의 이름이 무엇이 되든 슬랙이 될 상품은 타이니 스펙뿐만 아니라 어느 기업이든 그것을 이용할 수 있도록 아키텍처를 재구성했다. IRC를 이용하지 않고 자체적인 백엔드(사용자가 접근할 수 없는 시스템이나 애플리케이션의 부분)를 이용하여 재구축했다. 대화를 검색할 수 있도록 했고, 사진과 기타 자원을 쉽게 호스팅하게 해주었으며, 대화 내용을 자동으로 백업하여 IRC가 가진 문제점을 모두 해결했다. 이와 같은 주요 특징을 지니고 나서야 '슬랙Slack'이라는 이름이 선택됐다. 그 의미는 '검색 가능한 모든 대화와 지식의 기록Searchable Log of All Conversation and Knowledge'이었다. 일부 임원이 제품의 사용자를 '슬래커Slacker'(게으름뱅이라는 뜻이다ー옮긴이)라고 부르는 것이 이상하다며 반대했지만 얼마 지나지 않아 출시되었다.

두 번째 단계는 친구의 지인을 이용한 사적인 베타 테스트였다. 스튜어트는 개인적으로 아는 사람에게 연락해서 슬랙을 사용하게 했다. 그런 다음 기능을 추가하고 개선하기를 반복했다. 나는 스튜어트에게 기반이 되는 고객을 특정할 때 주의해서 하는지 물었다. 그러자 그가 이렇게 대답했다.

아뇨, 전혀요. 저는 단지 다른 회사에 다니는 친구들에게 우리 제품을 써보라고 설득했을 뿐입니다. 당시 우리 회사는 수요 생성이나 현장 마케팅 등을 담당할 팀이 없었습니다. 저 혼자였죠. 때로 그게 있으면 왜 좋은지 설득하기 위해 수십 번씩 회의를 해야 했습니다.[8]

스튜어트에게는 알디오, 원트풀, 코지 같은 스타트업에 다니는 친구들이 있었다. 결국 45개 기업 모두 테스트에 참여하기로 서명했다. 참여하기로 한 팀들은 스타트업인 경우가 많았다. 다음과 같은 아주 합당한 이유 때문이었다.

기술 신생기업들이 우리 제품을 다른 기업보다 먼저 테스트하기로 한 이유는, 순진한 생각일지 모르지만 소프트웨어가 그들의 삶을 더 낫게 할 거란 믿음이 있기 때문이다. 이들 스타트업은 우리와 마찬가지다(초창기 팀 중에는 슬랙처럼 10명 이하인 기업도 많다).

고객 체험을 담당했던 스튜어트와 알리 레일은 소셜 미디어와 고객 지원 티켓으로 모든 피드백을 사적으로 처리했다. 비록 슬랙이 공식적으로 출시되긴 했지만 스튜어트는 가장 중요한 월 1만 개의 트윗과 8000개의 고객 지원 티켓을 개인적으로 처리해야 했다.

이들 각각의 베타 고객은 원자 네트워크를 형성했다(네트워크 효과를 통제할 수 있는 안정적이고 자급자족할 수 있는 사용자 집단). 일단 원자 네트워크가 베타 테스터 중 한 사람에서 형성되면, 슬랙은 계속해서 사용자를 늘리고, 쓸모가 많아지고, 참여가 늘어나 결국 그들이 일하는 작업 공간에서 벌어지는 사실상의 통신 방법이 된다. 하나의 팀으로 인정받기 위한 최소한의 숫자는 오늘날에도 세 명이다. 세 명이 모이기만 하면 안정적이다. 하지만 50명이 하나의 유기적인 단위(하나의 부서처럼)가 된다면, 혹은 수천 명으로 구성된 하나의 회사가 그 상품에 합류한다면 더욱 좋을 것이다. 그러면 계속 성장하기만 하면 될 것이다.

슬랙 팀은 더 규모가 큰 네트워크에 상품이 테스트되면서 점점 더 많은 것을 얻었다. "슬랙을 점진적으로 더 큰 집단과 공유하는 것이 패턴이었습니다. 우리는 '아, 그토록 좋은 아이디어가 결과적으로는 그다지 좋지 않구나'라고 말하곤 했습니다. 우리는 더 많은 팀을 추가하여 각 단계에서 받은 피드백의 비중을 늘렸습니다." 〈패스트 컴퍼니〉와의 인터뷰에서 버터필드는 말했다.

팀에서는 알디오Rdio와 같이 120명으로 구성된 음악 스트리밍 서비스가 어떻게 한 상품을 이용하고 어떻게 그 상품을 전파하는지(프론트엔드 개발자에서 엔지니어링으로 그리고 회사 전체로) 배웠다. 초창기에는 10명으로 구성된 팀이 가진 채널은 불과 몇 개뿐이었다. 하지만 수백 명으로 구성된 팀은 알디오가 했던 것처럼 하이킹 같은 활동을 위한 채널을 갑자기 네 개 만들었다. 사용자가 채널을 발견할 수 있게 도움을 주는 부분이 문제라는 사실이 드러났다. 대규모 조직일지라도 '팀 디렉토리' 같은 기능을 이용해 어떤 사람이 어느 부서에서 무슨 일을 하는지 알아낼 수 있게 도와줄 수도 있을 것이다. 팀의 규모가 커지려면 성장하게 될 안정적인 원자 네트워크를 형성하기 위해서 설계를 다시 생각해야 한다.

나중에 보게 될 많은 사례처럼 슬랙은 네트워크로 구성된 네트워크다. 대기업 내부에서는 원자 네트워크가 전반적으로 자연적으로 나타나서 스스로 성장하기 시작한다. 스튜어트는 내게 대기업이 어떻게 자신만의 채널을 갖춘 수만 개의 업무 공간을 갖게 되는지 설명했다. 각각의 업무 공간은 업무 단위 혹은 하나의 계열사가 될 수도 있을 것이다. 그리고 각각의 소규모 팀은 독립적으로 부서장과 얼리어답터가 있을 것이고 이들은 상품을 준비하고, 동료들을 초대하고 다른 이들과 대화를 시작할 것이다. 몇 년 뒤 회사가 기업 영업팀을 충원할 때 회사의 여러 부분에 걸쳐 슬랙을 선택했던 대기업들을 대상으로, 회사 전반적인 가격 정책은 물론이고 전사적 보안 기능을 추가하는 대가로 '언제 어디서든' 수용할 수 있는지 물었다. 기업 영업은 출범한 지 몇 년 만에 회사가 빠르게 자리를 잡는 데 중요한 역할을 했다.

바이럴 성장을 통하여 수용을 늘리는 수많은 아이디어는 소비자 제품에서 빌려 온 것이다. 이는 슬랙뿐만 아니라 줌이나 드롭박스 같은 새로운 B2B 제품이 사용되는 시기에도 해당되는 말이다. 이들 기업은 새로운 형식의 '상향식 성장bottom-up'을 이끌었다. 여기서 고객의 기업 내부에서 제품을 수용하게 하는 것의 시작은 개별적인 기여자들이었다. 슬랙은 이러한 시장의 초기 단계부터 함께했다. 하지만 그 내용을 속속들이 이해하는 것은 그 팀이었다. 슬랙의 창립자가 이전에 만들었던 플리커Flickr는 웹 2.0 시대 최대의 사진 공유 사이트 중 하나로 사진에 태그를 달고, 주제와 사건별로 사람들의 콘텐츠를 조직화해서 인기를 끌었다. 스튜어트는 대학 시절 인터넷에서 쓰이던 초창기 소셜 애플리케이션의 전조들을 열성적으로 사용했다. 옛날 스타일의 토론 게시판이었던 유즈넷, 텍스트 기반의 가상 세계였던 MUD/MOO 등이 있었고, IRC 역시 그중 하나였다.

마침내 타이니 스펙은 슬랙 테크놀로지라는 이름으로 리브랜딩을 시작했고, 새로운 주력 상품을 세상에 출시했다. 2013년 8월, 슬랙을 처음 세상에 선보였을 때 새로운 주력 상품을 사용해보기 위해서 8000개 기업이 대기 명단에 서명을 했다. 2주 만에 대기 명단은 1만 5000개로 늘어났다. 이듬해 슬랙의 유료 구독자는 13만 5000명이 되었고, 매일 1만 명이 새롭게 가입했다. 얼마 지나지 않아 활성 사용자는 100만 명을 넘어섰고, 그 후로 200만, 300만 명으로 늘어났다. 스튜어트를 비롯한 공동창립자들은 이제 슬랙에만 집중하며, 2014년 4월에는 재투자를 받아 변화를 마무리했다.

슬랙은 놀랄 만한 스토리를 가지고 있으며, 여러 차원에서 배울 점이 많다. 하지만 이 책의 목적을 위해서는 무명의 IRC 도구에서 라인피드로, 슬랙이 거쳐 온 '무에서 시작하는 것에 관해 생각하는 방법'의 여정을 살펴봐야 한다. 킬러 상품을 인큐베이팅하는 방법, 절실하게 필요로 했던 문제 해결하기, 타이니 스펙이 대규모 기업에서 네트워크의 네트워크를 이어 붙여 개별적이고 안정적인 네트워크를 구축하는 방법 등이다. 이는 콜드 스타트 문제를 해결하는 최선의 사례 중 하나다.

콜드 스타트 소개하기

책의 제목을 첫 번째 단계에서 따온 이유는 당연히 그것이 가장 중요하기 때문이다. 신제품들은 첫 시장 진입에 실패하면 사라진다. 그리고 그들의 네트워크는 시작도 하기 전에 붕괴하고 만다. 슬랙을 비롯한 네트워크 제품은 모두 단 하나의 네트워크에서 출발한다. 이어지는 장들에서는 위키피디아, 오리지널 신용카드, 틴더, 줌 등의 출시에 관한 이야기를 통해 첫 번째 네트워크를 구축하는 방법에 대해 이야기할 것이다.

먼저 내가 '반네트워크 효과'라고 부르는 주요 딜레마를 살펴보자. 네트워크 효과가 모두 강력하고 긍정적인 힘이라는 것은 근거 없는 믿음이며, 사실은 정반대다. 작은 규모의 네트워크는 자연적으로 자신을 파괴하려고 한다. 사람들이 어떤 상품을 보러 갔을 때 그것을 사용하고 있는 지인이나 동료가 아무도 없다면 자연적으로 떠나고 말 것이다. 이 문제를 어떻게 해결할 수 있을까? '원자 네트워크'(충분한 사람이 떠나지 않을 만큼의 최소한의 네트워크)가 답이 될 수 있다.

이러한 네트워크는 그들이 구매자, 판매자, 콘텐츠 창작자, 소비자인지 관계없이 어떤 '측면'을 갖고 있는 경우가 많다. 보통 네트워크의 한쪽 면은 끌어들이기 쉬워 보인다. 이것이 네트워크의 쉬운 면이다. 하지만 초기 네트워크에서 가장 중요한 부분은 열심히 일하는 사람을 끌어와 유지하는 것이다. 일반적으로 커뮤니티에서 대부분의 일을 하는 사람은 소수다. 예를 들어 위키피디아를 만드는 사람들은 사실상 많은 글을 쓰는 소수의 편집자다. 소규모의 운전기사 집단과 우버 사용자의 약 5퍼센트가 승차 공유 시장 안에서 승객 대부분을 실어 나른다. 운전기사들은 수가 많지만 자주 출근하지 않거나 오랫동안 일하지 않기 때문이다. 사람들을 끌어오려면 '어려운 문제를 해결'해야 한다(네트워크의 주요 부분 집합에서 충분히 설득력 있는 상품을 설계해야 한다). 틴더는 네트워크에서 가장 매력적인 사용자들을 대상으로 이것을 해냈고, 나는 이를 대표적인 사례로 들 것이다.

상품은 네트워크의 어려운 측면에 호소해야 할 때도 있지만, '킬러 상품'에서 논했던 바와 같이 가장 성공적인 네트워크 효과 중심의 애플리케이션일지라도 때로는 매우 단순하다. 사람들은 여러 기능 대신 그 앱을 사용했을 때 사람들 사이에 생기는 교류를 중시한다. 줌이야말로 그러한 예다. 비록 많은 잠재적 투자자와 업계 전문가가 너무나도 단순한 상품에 회의적인 태도를 보이긴 했지만, 줌은 네트워크 효과를 활용하는 킬러 상품의 훌륭한 사례다.

콜드 스타트 문제가 해결되면 제품은 꾸준하게 '마술과도 같은 순간'을 만들어낼 수 있다. 사용자들은 그 제품을 열고 구축된 네트워크를 찾는다. 즉 보통 그들이 원하는 것이라면 그게 무엇이든 누구든 찾을 수 있다는 말이다. 네트워크 효과가 나타나고, 사용자들이 나오기 시작하면서 시장은 티핑 포인트에 도달한다.

5
반네트워크
효과

ANTI-NETWORK EFFECTS

슬랙과 같은 성공은 우리를 매혹시킨다. 어느 실패한 게임 스타트업의 이야기와 270억 달러의 투자 회수 여정을 듣는 것은 정말 놀라운 일이다. 그러나 슬랙처럼 성공적으로 시작한 기업들에는 모두 더 많은 실패가 있었다. 그들은 대개 시작하자마자 넘어졌다.

반네트워크 효과는 신규 네트워크를 0으로 몰고 가는 부정적인 힘이다. 업계는 네트워크 효과의 긍정적인 결과에 초점을 맞추는 경향이 있지만, 그 시작에는 네트워크 효과의 파괴적인 힘이 있다. 악순환(선순환이 아니다)에 의해 다른 새로운 사용자가 아직 충분치 않아서 신규 사용자가 이탈하는 악순환이 일어난다. 슬랙의 경우, 많은 동료들이 쓰기 전에 제품을 쓰는 것은 말이 되지 않는다. 우버의 경우 운전기사가 충분히 많아질 때까지는 서비스를 이용할 수 없고, 승차 서비스를 이용하는 사람들이 많아질 때까지 운전기사는 운전을 하지 않으려고 할 것이다. 네트워크를 만드는 첫 번째 단계는 가장 어렵다. 누군가는 이러한 상황을 '닭이 먼저냐 달걀이 먼저냐' 또는 한 커뮤니티를 '부트스트랩' 해야 하는 상황이라고 부를 것이다. 나는 이를 '콜드 스타트 문제'라고 부른다.

스타트업의 성공이라는 고전적인 신화에서는 소수의 젊은 창업자가 열심히 땀을 흘린다. 장소는 아마도 멋진 해안가에 위치한 기술 중심지의 창고 지역 다락방일 것이다. 젊은 창업자들은 킬러 상품을 만든다. 그 상품은 사람들이 서로 소통할 수 있는 새로운 방식을 창조한다. 그것은 커뮤니케이션 앱이나 새로운 문서 공유 방식, 혹은 서비스를 사고파는 새로운 방법이 될 수도 있다. 젊은 창업자들이 이것을 알든 모르든, 그 상품에는 네트워크가 존재하며 따라서 네트워크 효과도 존재한다. 물론 이 신화에서 그들은 그 상품을 세상에 출시한다. 그리고 상품 출시와 동시에 하키스틱 곡선을 따른다. 출판계와 온라인 커뮤니티에서 놀랄 만한 화제를 불러일으키고, 마침내 전 세계에 알려지면서 수백만의 사람들이 사용하게 된다.

이러한 신화는 이 네트워크의 규모가 작고 활동성이 없다는 이야기는 제멋대로 건너뛴다. 처음에는 반짝하고 사람들이 몰려오는 경우가 많긴 하지만 새로움이 사라지면서 소규모의 사람만이 찾아오게 되는 것이 현실이다. 아마도 다시 사람들을 오게 하려고 노력하겠지만, 아니나 다를까 변화는 일어나지 않는다. 사람들은 친구들이 그곳에 나타날 때까지 그 상품을 이용하지 않는다. 미친

듯이 기능을 추가하고 마케팅을 강화하지만, 네트워크는 활성화될 조짐을 보이지 않는다. 그리고 팀은 결국 활주로를 벗어난다. 그들은 콜드 스타트 문제를 해결하지 못했고, 결과는 실패로 돌아간다.

콜드 스타트 문제는 새로운 네트워크가 마주하게 되는 첫 번째 도전이다. 이러한 초기의 도전을 이겨내는 것은 매우 어렵다. 지표들을 보기만 해도 알 수 있을 것이다. 소셜, 커뮤니케이션, 시장과 관련된 수만 개의 스타트업이 있지만, 규모가 크고 독립적인 기업은 불과 수십 개에 불과하다. 새로운 회사를 시작하는 것은 이미 그 자체로 어려운 일이지만 이러한 상품 카테고리에 존재하는 승자독식의 역학관계 안에는 더 큰 어려움이 존재한다.

시장과 관련된 스타트업이 상품의 하부 카테고리에 있다고 해보자. 최근 앤드리슨 호로위츠사의 분석에 따르면, 100곳의 마켓플레이스 스타트업 가운데 네 개의 상위 기업이 총매출의 76퍼센트를 차지하고 있다. 일부 상위권 기업에 막대한 집중 현상이 나타나고 있는 것이다. 소셜 네트워킹이나 협업 도구 같은 카테고리도 마찬가지다. 불과 다섯 손가락 안에 꼽을 만한 상품이 수십억 사용자 집단을 구축한다. 그러나 이러한 카테고리는 여전히 매력적이다. 세계에서 가장 가치가 큰 기업들이 나오고 있기 때문이다. 그리고 그 기업들이 우리가 살고 일하는 기술 산업을 형성하고 있다. 이러한 역학관계를 이해하는 것이 바로 미래를 이해하는 열쇠다.

충분함의 기준

직장에서 처음 슬랙을 사용하게 된 사람에게 동료 사용자가 한 명도 없다면 이는 좋지 않은 경험일 것이다. 하지만 슬랙을 쓰는 동료 한 사람을 마주치게 된다고 그것이 좋다고 할 수 있을까? 두명은? 최소 몇 명이 있어야 좋다고 할 수 있을까? 슬랙의 CEO인스튜어트 버터필드는 이 질문에 다음과 같이 대답했다.

슬랙은 두 사람만 있으면 작동한다. 하지만 제대로 작동하려면 세명이 필요하다. 오랫동안 안정적으로 유지되는 3인 집단, 이것이고객이라고 부를 수 있는 최소한의 조건이다.

슬랙의 사용자들이 서로 관여하는 방식도 중요하다. 회원 가입만으로는 충분치 않다. 서로 잡담하며 보내는 시간도 있어야 한다. 마침내 임계치에 도달하면(슬랙의 경우 약 2000개의 메시지다),사용자들은 그곳에 머무르며 계속해서 그 상품을 이용하게 될 것이다.

"어떤 기업이 우리와 함께했는지 아닌지에 대한 경험을 바탕으로우리는 과거에 2000개의 메시지를 주고받았던 팀이라면 제대로슬랙을 사용해본 것이라고 정했습니다." 버터필드는 말한다."50명 정도의 팀에게 2000개의 메시지가 의미하는 것은 약 10시간의 가치입니다. 10명으로 이루어진 일반적인 팀의 경우 그것은 일주일 정도의 가치를 의미하죠. 하지만 2000개 이상의 메시지를 주고받은 고객은 다른 요인과는 무관하게 93퍼센트 이상이 지금까지 계속해서 슬랙을 이용하고 있습니다."[9]

이 아이디어는 슬랙 이외에도 다양한 제품에 일반화해 적용할 수 있다.

상품에 대한 경험이 좋아질 때까지 여러분의 네트워크에는 얼마나 많은 사용자가 필요할까? 여기에 답하는 방법은 기업들이 참여 지수(y축)를 구하여 네트워크의 크기(x축)를 분석하는 것이다. 우버의 경우, 운전기사가 많을수록 일반적으로 대기시간이 줄어든다. 그리고 대기시간이 줄어들면 사용자는 늘어난다. 결국 차를 타는 데 걸리는 시간이 2분에서 1분으로 줄어들면 어느 시점까지는 수익이 늘지 않는다. 페이스북의 성장에 관한 유명한 격언 "7일에 친구 10명"은 같은 아이디어를 표현한 것이다.

친구들을 더 많이 데려오는 사용자들이 고객 유지율이 높다. 그래서 사람들은 고객 유지율이, 적어도 수확체증이 일어나는 시점에서 최대화하길 바란다. 이러한 분석을 충분히 하면 흥미로운 패턴이 나타날 것이다. 곡선이 구부러진 곳은 실제 사용을 늘리기 위해서 네트워크의 밀도가 얼마나 높아야 하는지 말해준다. 모든 제품에는 수치의 차이는 있지만, 이와 같은 임계치가 있다. 줌 역시 직장 커뮤니케이션 도구이며, 임계치가 낮아 안정된 네트워크를 형성할 수 있다. 줌의 CEO인 에릭 유안은 내게 이렇게 말했다.

두 명만 있으면 됩니다. 한 사람이 다른 사람에게 전화를 해서 대화를 합니다. 이 정도면 두 사람 모두 줌을 계속 유용하게 사용할 수 있습니다.[10]

반면 에어비앤비와 우버는 하나 혹은 두 집단이 주어진 하이퍼로컬 조건과 부합해야 하는 양면 시장이다. 여기서 선택은 매우 중요하다. 수십 가지의 다양한 목록이 보고 싶거나, 도시 인근 지역에서 수많은 자동차를 요청할 수도 있기 때문이다. 결과적으로 훌륭한 상품 경험을 하는 데 필요한 것들이 점점 많아지고 있다. 에어비앤비의 초창기 직원이었던 조너선 골든은 이렇게 말했다.

공동창립자인 네이선 블러차직은 매우 정량적인 사람이며, 리뷰가 100개 달린 300개의 목록이 자신의 회사를 날아오르게 해줄 행운의 숫자라고 확신했다.[11]

우버는 고객을 자신의 차에 빨리 태우는 것, 즉 ETA(예상 도착 시간)에 근거해서 최적화하려고 노력한다. 초기 우버의 임원 중 한 사람인 크리스토퍼 테일러는 그 중요성에 대해서 이렇게 설명한다.

예상 도착 시간은 언제나 시작이 어려웠다. 어떤 지역에서는 15분 이상이 걸렸다. 특히 교외 지역이 그랬다. 또 다른 핵심 지표도 있었다. 도시 전체를 책임지면서 최대한 빠른 시일 안에 예상 도착 시간을 평균 3분 이내로 줄여야 했다.

예상 도착 시간을 충족하지 못하는 경우를 빠르게 줄여나가야 건강한 시장이 될 것이다.[12]

처음 50명의 직원 중 한 명으로 로스앤젤레스에 진출했던 또한 명의 초창기 임원 윌리엄 반스는 초기의 주먹구구식 계산에 대해 이렇게 말한다.

"도로에 있는 수많은 차를 타게 하자"가 전략이었고, 예상 도착 시간과 전환율(승차하기 위해 돈을 지불한 사람의 비율)을 합리적인 수준에 도달하게 하려고 노력했다. 로스앤젤레스 등의 대도시에서는 동시에 15~20대의 자동차를 온라인에 띄우는 것이 목표였다. 로스앤젤레스 진출에는 비용이 엄청나게 많이 들었는데, 당시 우리는 웨스트할리우드에서 그 모든 것을 얻으려고 열심히 일했기 때문이었다.[13]

요구 사항이 많을수록 시작하기는 어렵지만, 장기적으로 제품을 방어하기는 쉬워진다. 우버의 경우 간간이 방어력과 네트워크 효과가 없다는 비판이 제기된 만큼, 오늘날에는 더 이상 같은 방식으로 콜드 스타트 문제를 해결할 수 없는 신생기업에 대해 큰 우위를 유지하고 있다.

개념적으로 한 상품에 임계치가 있다는 것을 이해하면 도움이 되지만, 실질적으로 말하자면 이 지수를 가지고 대체 무엇을 할 수 있을까? 신제품의 경우 아직 판매하기 전일지라도 네트워크의 크기에 대한 가설이 있는 것은 중요하다. 커뮤니케이션 앱은 일대일이 될 수 있고, 따라서 네트워크는 작아진다. 그리고 그에 따라 계획을 세울 수 있다. 콘텐츠 창작자와 시청자, 혹은 구매자와 판매자가 있는 시장에 비하면 이들은 시작하는 데 더 크고 많은 노력이 필요할 가능성이 높다. 초기 네트워크의 크기는 출시 전략을 결정하는 데 도움이 될 것이다.

콜드 스타트 문제의 해결책

콜드 스타트 문제 해결에는 네트워크를 가동하고 사용자 경험이 급속히 개선될 수 있을 만큼 충분한 네트워크의 밀도와 폭을 구축하는 팀이 필요하다. 슬랙의 경우, 회사에 내가 찾고 있는 사람이 슬랙을 사용할 가능성과 그 사람이 답을 할 가능성이 얼마나 될 것인지 생각해볼 수 있다. 네트워크가 작고 밀도가 낮다면 원하는 사람에게 원하는 때에 메시지를 보내지 못할 수도 있고, 자주 사용하지 않기 때문에 빨리 답장을 보내지 않을 수도 있다. 동료들은 당신이 왜 이메일을 보내지 않았는지 궁금해할 것이다.

더 많은 사람을 추가할 때 엉뚱한 사람을 추가한다면, 아직 충분하다고 할 수 없을 것이다. 네트워크에 있는 올바른 사람을 추가해야 한다. 같은 팀에서 일하는 슬랙 사용자 10명이 큰 회사에서 무작위로 선택된 10명보다 낫다. 밀도와 상호연관성이 핵심이다.

마침내 충분히 많은 사용자를 슬랙 네트워크에 추가하면 슬랙은 사무실의 누군가에게 연락하기 위한 필수 수단이 될 것이다. 일대일 메시지를 보낼 수도 있고, 화상회의의 안건을 공유하거나 결과를 요약하는 등 무수히 많은 이용 사례가 나타날 수 있다. 참여율과 유지율, 수익화가 모두 나타날 것이다. 이는 마법이 아니다. 하부 규모의 네트워크에서 작동 중인 네트워크로 여러분을 데려가주는 흑백 스위치가 아니다. 대신 네트워크가 채워지면서 핵심 지표가 점차 개선되는 느낌과 비슷하다.

콜드 스타트 문제에 대한 해결책은 소규모의 적절한 인원을 추가하는 방법을 이해하는 동시에 제품을 적절한 방식으로 사용하는 데서 시작한다. 이러한 초기 네트워크를 순조롭게 출발시키는 것이 중요하다. 그 핵심은 '원자 네트워크', 즉 다른 모든 네트워크를 구축할 수 있는 가장 작고 안정적인 네트워크다.

6
원자 네트워크
: 신용카드

THE ATOMIC NETWORK

네트워크 효과를 보이는 상품의 출시를 조사하다 보면, 대부분 흔하디흔한 이야기 중 하나를 듣게 될 것이다. 그들은 대개 한 도시나 대학 캠퍼스, 혹은 개별 기업의 소규모 베타 테스트에서 작게 시작한다. 슬랙의 이야기처럼 말이다. 처음에 작은 네트워크에 정착만 잘 한다면 시간이 흐르면서 규모는 커지고 마침내 세계를 정복하고야 만다.

자급자족할 수 있는 안정적으로 사용되는 네트워크(원자 네트워크)를 만들 수 있다면 첫 번째 네트워크 가까운 곳에 두 번째 네트워크를 구축할 수 있을 것이다. 그리하여 첫 번째와 두 번째를 구축하면 아마도 10개, 혹은 100개의 네트워크를 구축할 수 있을 것이다. 여러 차례 복사하여 붙여넣기를 하면, 전체 시장을 아우르는 상호연결된 거대한 네트워크를 구축할 수 있다.

오프라인과 온라인 동시에 존재하는 우버 같은 기업들의 경우 도시별 접근은 올바른 전략이다. 하지만 슬랙처럼 그보다 큰 규모의 기업 내부에서 팀별로 성장한 B2B 기업들과 더불어 유대관계가 밀접한 대학 사회에서 성장한 틴더와 페이스북 같은 상품의 역사가 존재한다. 여기에는 한 가지 이유가 있는데, 이 장에서 그 이유를 설명할 것이다. 먼저 지난 세기의 가장 중요한 발명에 대한 이야기로 시작해보자.

최초의 신용카드 출시

원자 네트워크에 대한 한 가지 훌륭한 사례는 기술 산업이 아니라 소비자 금융에서 나왔다. 바로 1958년에 발명된 최초의 신용카드다.

내가 처음 신용카드의 탄생에 관해 알게 된 것은 앤드리슨 호로위츠에서 핀테크를 담당하는 동료 앨릭스 램펠을 통해서였다. 앨릭스는 그 주제를 다룬 어떤 글에서 이렇게 썼다.

신용카드와 직불카드는 내가 보기에는 세계에서 가장 가치가 높은 네트워크다. 공개적으로 거래되는 시가총액이 1조 달러 이상이다. 이 모든 것은 1958년 9월 18일, 캘리포니아주 프레즈노의 작은 도시에서 시작했다.

당시에는 다이너스 클럽 같은 '차지 카드charge card'는 있었지만, 점점 늘어나는 '신용'은 없었다. 소비자들의 경우 신용 한도가 특정 상점(시어스Sears 등)에만 국한되거나 부담스러운 절차를 거쳐야 했다. 대출을 원하면 직접 은행을 방문해야 했다.[14]

신용카드는 시장과 비슷한 몇 가지 이유로 네트워크 효과를 갖는다. 신용카드는 소비자와 상점 및 기타 금융기관을 하나의 다면적인 네트워크로 통합하기 때문이다. 네트워크 혜택을 보는 사람들은 모두, 특히 소비자들은 현금을 들고 다니지 않아도 쇼핑을 할 수 있다. 상점과 은행에도 반가운 소식이다. 네트워크가 커질수록(소비자가 늘어날수록) 신용카드를 사용할 수 있는 곳이 많아진다(네트워크의 효용이 커진다). 이로 인해 상점과 소비자가 새롭게 가입한다.

신용카드를 발명한 뱅크오브아메리카Bank of America가 캘리포니아 주 프레즈노를 최초의 테스트 장소로 선택했던 이유는 프레즈노의 크기(25만 명 정도의 인구는 신용카드 작동을 위한 최소한의 규모를 제공했다)였다. 그리고 또 다른 이유로 프레즈노 가구의 무려 45퍼센트가 뱅크오브아메리카와 업무적으로 관련이 있었다.[15]

이 프로젝트를 이끌었던 뱅크오브아메리카의 조지프 윌리엄스는 세계 최초로 신청하지도 않은 신용카드를 대량 우편으로 보내 성공을 거두었다. 앨릭스는 이렇게 덧붙였다.

9월 18일, 뱅크오브아메리카는 6만 명의 프레즈노 주민에게 뱅크아메리카드BankAmericard를 우편으로 발송했다. 가입 절차는 없었다. 그저 우편함에 카드가 도착해 있었다. 바로 사용할 수 있는 상태로 말이다. 상인에게 부과되는 신용카드 수수료는 6퍼센트로 정해졌고 소비자들은 즉시 사용할 수 있도록 300달러에서 500달러 사이의 크레디트를 받았다. 6만 명에게 발송하게 된 이면에는 번뜩이는 재기가 있었다. 첫째 날, 그야말로 카드를 소유한 사람들이 생겼다. 이로 인해 뱅크오브아메리카는 신용카드 프로그램에 가입하지 않은 모든 상인을 가입시킬 수 있게 되었다. 뱅크오브아메리카는 시어스 같은 대기업이 아니라 신속하게 움직이는 중저가 브랜드인 플로셰임Florsheim 같은 기업에 집중했다. 300곳 이상의 프레즈노 상점이 가입했다.

3개월도 되지 않아 뱅크오브아메리카는 신용카드의 고객 기반을 북쪽에 있는 머데스토와 남쪽의 베이커스필드까지 확장했다. 1년 만에 샌프란시스코, 새크라멘토, 로스앤젤레스가 추가되었다. 처음 프레즈노에 신용카드를 대량 배송한 뒤 13개월이 지났을 때 뱅크오브아메리카는 신용카드 200만 장을 발행했고 상인 2만 명이 이와 관련해 교육을 받았다.

여기서 원자 네트워크의 개념은 즉시 분명해진다. 뱅크오브아메리카는 캘리포니아 전체에 서비스를 제공했지만, 처음부터 주전체를 대상으로 하는 대신 침투율의 정도가 높은 소도시 프레즈노에 집중했다. 거기에 더해 어느 한 순간에 초점을 맞추었다. 뱅크오브아메리카가 모든 신용카드를 같은 날에 발행했기 때문에 지갑 속에 카드를 넣은, 사용할 준비가 된 사람들에게는 티핑 포인트가 나타날 것이었다. 신용카드를 소비자의 손에 쥐여주고 나서 그들은 도심지 골목 소상인들이 모인 특정 구역에 집중했다. 네트워크의 반대편을 완성하기 위해서였다. 이러한 동시적인 움직임이 결합하여 최초의 신용카드 원자 네트워크가 완성되면서 역사상 가장 가치 있는 네트워크 중 하나가 시작되었다.

원자 네트워크

신용카드든, 멀티플레이어 게임이든, 비즈니스 협업 소프트웨어든 '원자 네트워크'는 독자적으로 운영되기 위한 최소한의 단위다. 원자 네트워크가 초기의 반네트워크 효과를 물리치고 궁극적으로 스스로 성장하기 위해서는 충분한 밀도와 안정감이 있어야 한다. 이는 원자에 비유할 수 있을 것이다. 최종적으로 더 큰 네트워크가 구축될 기본 단위이기 때문이다. 하나의 네트워크를 구축하고, 또 하나를 구축한다면 나머지 네트워크도 만들 수 있을 것이다. 이것이 모든 것의 기본 단위다.

슬랙의 경우, 원자 네트워크는 아주 작았다. 임계치는 내 주위에 있는 사람들로 구성된 팀(한 회사에서 10명 이하면 충분할 것이다)이면 충분했다. 그리고 사용자의 참여를 지속하기에 충분한 채팅 활동이 있어야 할 것이다. 제대로 작동하게 하려면 도시 전체의 사용을 이끌어내야 하는 신용카드와 비교해보라. 결국 소매점과 소비자가 임계치를 놓고 서로 약속해야 한다. 그리고 그러한 전략의 일환으로 도심지 상점 구역에 있는 대부분의 상점이 가입해야 말이 된다.

원자 네트워크를 구축하려면 다양한 도구를 뒤섞어야 한다. 슬랙의 강력한 네트워크 론칭은 물론이고, 시장과 소셜 네트워크, 개발자 플랫폼, 수십 가지의 카테고리 등을 아우르는 성공에서 우리는 공통된 주제를 볼 수 있다. 많은 경우 그러한 주제는 직관적이지 않다. 네트워크 상품은 모든 기능을 장착한 상태가 아니라 가장 단순한 형태로 출시되어야 매우 쉬운 가치 제안을 받을 수 있다. 아주 작은 원자 네트워크를 구축하는 데 목표를 두어야 하고, '시장 크기'라는 반대 의견을 무시하고 밀도를 구축하는 데 초점을 맞춰야 한다. 끝으로 론칭할 때는 확장이 불가능하거나 수익이 나지 않더라도 (가속도가 붙을 때까지 어떻게 확장할 것인지에 대해서 걱정하는 대신) '어떻게 해서라도 한다'라는 태도를 지녀야 한다.

슬랙의 전략과 초창기 네트워크 상품에는 초기 원자 네트워크를 형성하는 데 중요한 일련의 단기 부양책이 담겨 있다. 슬랙의 경우에 그러한 단기 부양책은 믿기 어려울 정도로 놀라운 얼리어답터 스타트업 커뮤니티 내의 입소문과 초대받은 사람만 올 수 있는 론칭 행사였다. 몇 가지 유명한 사례가 더 있다. 최초의 페이팔로 사람들을 모이게 했던 5달러짜리 추천 수수료, 마법 같은 클라우드 스토리지 상품을 시험해보려고 두근거리는 마음으로 엄청나게 긴 줄을 서게 한 해커 뉴스에 올라온 드롭박스의 데모 영상, 승차 공유 앱을 통해 원하는 사람에게 소프트아이스크림을 주문하게 해주었던 '우버 아이스크림' 프로모션 등이다. 초창기에는 지역신문과 소셜 미디어가 승차 공유 네트워크를 구축하는 데 도움을 주었던 아이스크림 프로모션을 자주 다루었다. 이러한 부양책은 원자 네트워크를 구축하고 미래의 성장을 시작하는 중요하고 빠른 발전을 가져왔다.

일단 하나의 원자 네트워크가 구축되면 똑같은 방식을 반복해서 간단하게 다른 네트워크를 구축할 수 있게 된다. 슬랙의 경우, 얼리어답터 팀이 정기적으로 상품을 이용하기 시작했고, 그리하여 회사 내부에서 먼저 성장하기 시작했을 것이다. 마침내 전사적으로 유료 고객이 되는 업그레이드가 일어나고, 이를 다시 처음부터 반복한다. 슬랙의 초기 고객들은 스타트업들이었지만 결국 원자 네트워크는 IBM이나 '포천 선정 500대 기업'처럼 규모가 더 큰 기업의 고객 내에서 형성되기 시작했다. 슬랙이 하나의 팀을 유지할 수 있는 밀도 높은 네트워크를 구축할 수 있게 되자 결국 한 기업을 인수할 수 있게 되었다.

틈새 업무를 시작하는 이유

원자 네트워크는 클레이턴 크리스텐슨의 파괴 이론을 상호보완해주는 관점이다. 이 작은 네트워크는 대개 틈새 안에서 성장하여 서서히 시장 전체를 잠식한다. a16z에 함께 있었던 동료 크리스 딕슨은 그 아이디어를 '다음 세대의 거물이 장난감으로 보이기 시작할 것이다'라는 아주 어울리는 제목의 글에서 다음과 같이 요약했다.

파괴적인 기술을 처음 선보일 때 사용자의 니즈에 미치지 못한다면 그저 장난감으로 치부되고 만다. 최초의 전화기는 음성을 1~2마일 정도밖에 전송하지 못했다. 당시 대표적인 통신회사였던 웨스턴 유니언은 주요 고객이었던 사업과 철도에 전화기가 얼마나 유용하게 쓰일지 몰라 전화기를 인수하지 않았다. 웨스턴 유니언은 전화 기술을 비롯한 기반 시설이 얼마나 빠르게 개선될 것인지 예측하지 못했다(기술의 수용은 이른바 상호보완적 네트워크 효과 때문에 대부분 선형적으로 일어나지 않는다). 메인프레임 컴퓨터를 만들던 기업들이 PC(마이크로컴퓨터)를 어떻게 보았는지, 현대의 통신회사들이 스카이프를 어떻게 보았는지도 마찬가지다.[16]

크리스의 말이 옳다고 생각하지만, 나는 이 아이디어를 대상 고객에게까지 확장해보려고 한다. 그 상품은 처음에 장난감처럼 보일 뿐 아니라 파괴 이론에 대한 필연적인 결과로 보일 것이고, 더 작고 더 대상이 명확한 시작점을 선택할수록 어마어마한 이득을 볼 수 있다. 이러한 틈새 네트워크의 시작을 고정한 다음, 원자 네트워크를 구축하고, 여기서부터 키워나간다. 다시 말하자면 다음과 같다.

다음 대박은 틈새 네트워크처럼 보일 것이다.

　네트워크 상품은 장난감처럼 보이는 경우가 많다. 그중에서도 특히 기이한 틈새를 노리는 장난감처럼 보인다. 그렇기에 네트워크 상품들은 쉽게 과소평가된다. 원자 네트워크들은 십대나 게이머들 같은 틈새 고객 사이에서 형성되어 많은 사람의 입에 오르내리는 데 성공하지만 주류에서도 흥미를 불러일으킬지는 아직 알 수 없다. 하지만 네트워크가 구축되면 곧 바뀔지도 모른다. 그러는 사이에 여러분은 대상 고객에서 벗어난다. 하지만 상관없다.
　이런 식으로 신상품을 과소평가하는 것은 기술업계에서 어리석은 예측을 하는 가장 좋은 방법이다. 이러한 이유로 전문가들은 어떤 상품이 동작하지 않는다거나, 재미가 없다거나, 시장 규모가 작다고 말하게 된다(불과 몇 년 지나지 않아서 그들이 틀렸다는 것을 입증하는 상품이 나오게 된다). 이러한 잘못된 예측은 이해할 만하다. 어떤 상품의 네트워크에 여러분, 여러분의 친구, 동료들이 포함되어 있지 않다면 그 상품과 어울리기가 어렵기 때문이다. 접근 가능한 시장은 규모가 작아 보이지만, 내 친구가 가입한다면 그 상품은 나를 위한 것이라는 기분이 들 것이다. 상품의 변화가 필요한 것이 아니다. 중요한 건 사람과 콘텐츠가 관련 있는 지점까지 네트워크를 채우는 것이다.

원자 네트워크를 고르는 방법

원자 네트워크를 론칭하는 첫 번째 단계는 네트워크가 어떤 모습일지 상상해보는 것이다. 나는 이렇게 조언하고 싶다. 첫 번째 원자 네트워크는 아마 생각했던 것보다 훨씬 작고 구체적일 것이다. 사용자가 많은 구역이나 특정 고객이 있는 구역 혹은 도시가 아니라 특정한 시간, 수백 명쯤 되는 조그마한 지역 어딘가일 것이다. 그것은 우리가 '샌프란시스코'나 '뉴욕'으로 자주 불렀던 우버의 네트워크와 비슷했다. 하지만 초창기 우버의 네트워크는 아주 제한된 짧은 순간 — 오후 다섯 시, 5번가와 킹스트리트의 칼트레인 정거장 같은 — 에만 집중됐다. 본부장과 열차 운전 요원들은 내부에서 사용하는 스타크래프트(당시 인기 있었던 실시간 전략 게임)라는 도구를 가지고 있었다. 이를 사용하면 자동차로 문자메시지를 보낼 수 있었고("열차로 가라, 승객이 많이 모여 있다!"), 실시간으로 그들에게 지시를 내릴 수 있었다.

이때 사람들이 꾸준히 승차하기 시작하면 7×7평방마일로 정의된 더 넓은 네트워크로 논의의 초점이 이동할 수도 있다. 그런 다음 이스트베이와 실리콘밸리의 교외 지역을 추가할 수도 있다. 몇 년이 지나면 EMEA Europe, the Middle East and Africa(유럽·중동·아프리카)나 APAC Asia Pacific(아시아태평양) 같은 전국적인 규모 혹은 거대 도시에 대해 이야기할지도 모른다. 하지만 초창기에는 훨씬 집중적인 것이어야 한다. 가장 규모가 작은 집단을 구축하는 것을 목표로 해야 한다.

일반적인 비즈니스 용어는 수백만 명의 집단 위주로 되어 있지만, 새로운 네트워크를 론칭할 때는 적절한 의도를 가지고 적절한 환경에서 적절한 때에 소수의 사람을 집단화하는 데 초점을 맞춰야 한다. 이는 데이팅 앱, 마켓은 물론 직장에서 쓰는 상품에도 해당된다. 실마리는 "체이스 은행 상품팀의 2분기 계획"에서 시작된다.

더 많은 사용자를 포함시키려 할수록 원자 네트워크를 만드는 것은 어려워진다. 전화기, 스냅챗 같은 통신 제품, 화상회의를 위한 줌 같은 상품은 확보되어야 하는 최소한의 규모가 있다. 이러한 상품들은 처음에 시작하기가 훨씬 쉬운데, 이미 네트워크에 존재하는 친구를 찾아서 초대하기만 하면 되기 때문이다. 이들이 사람을 사로잡는 힘이 있고 성장도 빠른 상품이라는 것은 놀라운 일이 아니다. 하지만 단점도 있다. 나한테 쉽다는 건 경쟁자에게도 쉽다는 뜻이기 때문이다. 경쟁자들 역시 사용자 몇 명만 있으면 금방 시작할 수 있다. 그래서 그렇게나 많은 메신저 앱과 채팅 기능이 있는 것이다.

네트워크 크기에 대한 스펙트럼의 반대편 끝을 보자. 워크데이 (재무 HR 관리 프로그램) 같은 제품은 기업 가치가 발생하기 전에 미리 회사가 갖추어야 하는 프로그램이다. 여기서 바이럴 성장 전략은 까다롭다. 한 번에 몇 명의 사용자를 끌고 오는 것만으로는 부족하기 때문이다. 같은 플랫폼에 수백 명의 사용자가 필요하다면 전사적인 조정을 해야 한다. 이러한 환경에서는 기업이 모든 직원에게 사용을 의무화하는 하향식 기업 판매가 더 효과적일 수도 있다.

원자 네트워크의 힘

도시별, 캠퍼스별, 팀별 성장은 놀라울 만큼 강력한 전략이다. 이는 사용자 사이에 다차원적인 네트워크 효과를 강화해주는 밀도 높고 유기적인 연결을 만들어낸다. 사람들의 참여도 늘어난다. 관심 있는 다른 사용자를 찾아낼 가능성이 커지기 때문이다. 어떤 제품의 잠재적 사용자들의 친구와 동료가 모두 같은 서비스를 이용하면 바이럴 성장이 나타난다. 앞서 보았던 뱅크오브아메리카의 신용카드 출시 사례에서 한 번에 한 도시에만 집중한 전략은 고객들이 이 새로운 지불 방식을 수용하는 지역 상인을 찾을 가능성을 높였다. 업계 혹은 지역 전체에 걸쳐 골고루 노력을 기울이는 것과 대조적으로, 네트워크의 활성화된 부분은 빠른 속도로 사라지고 만다. 무작위로 추출한 1000명의 사용자는 같은 회사 내 1000명의 사용자보다 유지율이 낮기 때문이다.

원자 네트워크의 개념은 강력하다. 하나를 구축할 수 있다면 두 개의 네트워크도 구축할 수 있다. 네트워크는 구축하기가 점점 쉬워지는 경우가 많은데, 각각의 네트워크는 다음 네트워크와 연관이 되기 때문이다. 한 기업에서 슬랙이 성공한다면 다른 기업에서의 성공에도 도움이 될 것이다. 직원들이 여기저기 옮겨 다니면서 새 직장에 슬랙을 소개하기 때문이다. 페이스북의 경우, 다른 학교 친구들이 페이스북을 하라고 요구하는 경우가 점점 많아지면서 캠퍼스 진출이 쉬워졌다. 소수의 원자 네트워크를 구축하면, 얼마 지나지 않아 아주 많은 시장에 복사해서 붙여넣을 수 있다.

이 모든 것의 중심에는 한 가지 중대한 질문이 있다. 원자 네트워크를 구축하는 데 필요한 것은 무엇인가? 그리고 왜 그것이 그리 어려운가? 여기에 답하기 위해서 나는 네트워크가 제대로 작동하려면 먼저 만족이 되어야 하는 네트워크의 하부 영역에서 시작할 것이다.

7
하드 사이드
: 위키피디아

THE HARD SIDE
←

초기 원자 네트워크에도 중요하고 놀라운 역학관계가 작용하고 있다. 이 관계는 시간이 흐르면서 계속 커진다. 즉 소수의 사용자가 지나치게 많은 가치를 창출하고, 그 결과 강력한 권력을 차지하게 된다.

이것이 네트워크의 '하드 사이드hard side'다. 이들은 네트워크에서 하는 일도 많고 기여하는 바도 많지만, 그만큼 구하기가 어렵고 붙잡아두기도 어렵다. 소셜 네트워크의 경우, 모두가 소비하는 미디어를 만드는 콘텐츠 창작자가 그 역할을 한다. 앱 스토어의 경우 실제로 상품을 제작하는 개발자들이다. 업무용 앱은 문서와 프로젝트를 작성하고 제작하며 동료들을 불러 모으는 관리자들이 그런 역할을 한다. 시장에서 그 역할을 하는 사람은 하루 종일 상품과 서비스로 사용자를 끌어모으는 판매자와 공급자들이다.

때때로 하드 사이드는 분명하게 드러나지만, 미세한 차이에 따라 달라질 수 있기 때문에 어느 쪽이 하드 사이드인지 깊이 생각해봐야 한다. 예를 들어 대규모 채용 시장은 다른 대부분의 시장과 비교하면 반대다. 고용할 사람을 찾는 기업들(구매자)이 하드 사이드이고, 반대로 인재를 공급하는 쪽은 일반적으로 찾기가 쉽다.

어떤 상품의 네트워크는 편을 가를 수 없다고 생각할 수도 있다. 업계에서는 이들을 메신저 앱이나 소셜 네트워크처럼 일방형 one-sided 네트워크라고 부르기도 한다. 하지만 이러한 경우에도 말을 걸고 모임을 조직하는 활동적이고 외향적인 사용자들이 있고, 그렇지 않은 사람이 있다. 거의 모든 네트워크에는 그런 사람들이 있고 네트워크가 기능하기 위해서는 이러한 하드 사이드가 모두 만족해야 한다. 이들이 작동하면 학계에서 '크로스 사이드 네트워크 효과'(네트워크의 한쪽에 많은 사용자가 몰려 있으면 네트워크 반대편에 이득이 되는 경우)라고 불리는 효과가 나타난다. 우버의 경우, 운전기사가 많으면 가격을 낮추고 이용자를 위해 예상 도착 시간을 줄일 수 있다. 그 결과 승객이 많아질수록 운전기사는 더 많은 돈을 벌 수 있다.

당연한 말이지만 네트워크의 하드 사이드를 관리하여 이들을 만족시키는 것이 원자 네트워크보다 중요하다. 이러한 사용자들의 동기를 이해하기 위해서 역사상 가장 큰 네트워크 상품 중 하나인 위키피디아를 살펴보자.

위키피디아를 세운 자원봉사자들

위키피디아는 인터넷상에서 가장 큰 웹 사이트 중 하나다. 시기에 따라 아마존이나 넷플릭스보다 상위인 8위 혹은 9위에 이르는 경우가 많으며 이베이나 링크드인보다는 순위가 한참 높다. 위키피디아의 월간 페이지 뷰는 180억이 넘고 순방문자는 5억 명 이상이며 어마어마하게 다양한 분야에 걸쳐 작성된 글이 올라와 있다. 위키피디아는 콘텐츠를 찾는 방문자와 글을 작성하는 필자들이 함께 만드는 네트워크 상품이다. 필자들이 지금까지 작성한 글의 양은 엄청나다. 2001년 위키피디아가 설립된 이래 5500만 편의 글이 이 사이트에서 작성됐다. 위키피디아는 자체적으로 그 규모를 종이 백과사전과 비교하여 얻은 몇 가지 사실을 사이트에 올려놓았다.

현재 영문 위키피디아에만 글의 길이와 무관하게 630만 8342편의 글이 올라와 있으며 모든 언어권을 더하면 영문 위키피디아를 훌쩍 뛰어넘는다. 290억 개 단어가 5500만 편의 글에 309가지 언어로 올라와 있다. 영문 위키피디아에만 39억 이상의 단어가 있으며 단어의 수가 120권짜리 영문 브리태니커 백과사전의 90배가 넘는다.[17]

위키피디아의 (5500만 편이 넘는) 글을 소수의 사용자 집단이 작성했다는 것을 알게 되면 놀랄지도 모르겠다. 그냥 소수가 아니라 아주 적은 집단이다. 사용자 수는 수억 명인 데 반해 활발하게 글을 작성하는 사람은 한 달에 10만 명에 불과하다. 그리고 100편이상의 글을 편집하는 소수의 필자 집단은 4000명 정도다. 이는 활발하게 글을 올리는 사람이 차지하는 비율이 전체 독자 중 겨우 0.02퍼센트에 불과하다는 뜻이다.

무엇이 이들에게 동기를 부여하는지 연구할 가치가 있다. 가장 활동적인 편집자 중 한 명인 스티븐 프루잇은 미국 관세국경보호청에서 일하는 공무원이다. 스티븐은 쉬는 시간에 위키피디아를 편집한다. 쉬는 시간이라고 했지만 이는 거의 부업에 가깝다. CBS 뉴스는 2019년 영문 위키피디아를 가장 많이 편집한 편집자로서 그를 취재했다.

스티븐 프루잇은 위키피디아에서 300만 건에 달하는 글을 편집했고, 3만 5000편의 원고를 작성했다. 위키피디아 덕분에 그는 명예뿐 아니라 거의 인터넷의 전설에 가까운 지위를 얻을 수 있었다. 프루잇은 '타임이 선정한 인터넷에서 가장 영향력 있는 사람' 중한 명으로, 영문 위키피디아에 올라와 있는 글 가운데 3분의 1을 직접 편집했다. 이는 자기 자신의 역사에 대한 매혹으로 촉발된 믿어지지 않는 업적이다. 책, 학술지 및 기타 자료를 통해 연구, 편집, 집필하는 데 하루에 세 시간 이상을 쓴다.[18]

스티븐은 이 일을 해서 얼마나 버는 걸까? 결론부터 말하면 한 푼도 벌지 못한다. 자원해서 이 일을 하고 있다. 하루에 몇 시간씩 위키피디아에 글을 써서 올리는 것이 이상하다고 생각하는 사람도 있겠지만 사용자가 만들어가는 제품의 경우 사실상 이러한 상황은 일반적이며 예외라고 할 수는 없다. 우버에는 1억 명에 가까운 승객들이 있지만 운전기사는 수백만 명에 불과하다. 유튜브의 활성 사용자는 20억 명이지만 영상을 업로드하는 사람은 겨우 수백만이다. 문서를 작성하고 발표하는 사람과 단지 보기만 하거나 약간의 수정만 하는 사람에 대해 생각해보라. 이러한 관계는 어디에나 존재한다.

이지 사이드 vs. 하드 사이드

대체 하드 사이드는 왜 있는 것일까? 상품을 판매하는 일이든, 프로젝트를 조직하는 일이든, 콘텐츠를 만드는 일이든 간에 모든 네트워크 상품에는 더 많은 작업이 필요하기 때문에 하드 사이드가 존재한다. 하드 사이드에 있는 사용자들은 작업 흐름이 복잡하고, 경제적인 성과뿐 아니라 지위에 따른 혜택을 기대하며, 비교를 위해 경쟁상품을 써보려고 할 것이다. 그 결과 그들의 기대는 갈수록 높아지고 그들을 고용해서 회사에 계속 남아 있게 하기는 어려워진다.

좋은 소식은 네트워크의 하드 사이드가 어마어마한 가치를 창출한다는 것이다. 극단적으로는 게임 제작사인 밸브Valve가 개발한 스팀 같은 플랫폼을 생각할 수 있다. 스팀 사용자들은 게임을 구입하고 다운로드할 수 있다. 이것은 일종의 이면two-sided 네트워크로, 이 네트워크의 하드 사이드는 게임 개발자들이다. 플랫폼에서 최고의 게임 개발자는 수백만 번 다운로드되며, 수천만 달러의 투자와 수백 명의 인력이 필요한 콘텐츠를 구축할 수 있을지도 모른다. 이에 비해 조금 덜 극단적인 가치 창출의 사례를 생각해보면, 최고의 우버 운전기사는 보통의 운전자들보다 몇 배나 많이 운전을 하지만 콘텐츠나 앱 같은 디지털 상품처럼 그 차이가 엄청나게 크지는 않다. 하지만 양쪽 모두 게임 개발자와 운전기사가 두 서비스의 소비자보다는 더 많은 노력을 쏟아부어야 한다. 소비자들은 일반적으로 네트워크의 이지 사이드이며, 소비자를 유치하여 그 관계를 유지하는 것이 상대적으로 비용이 적게 들고 수월하다.

하드 사이드는 매우 중요하기 때문에 첫날부터 어떤 상품이 어떻게 사용자들을 충족시킬 수 있을지에 대한 가설을 세워보는 것이 필요하다. 신상품이 성공하려면 세부적인 질문에도 답할 수 있어야 한다. 우리 네트워크에서 하드 사이드는 누구이고, 그들은 상품을 어떻게 이용할 것인가? 하드 사이드에 대한 독특한 가치 제안은 무엇인가? (반대로 이지 사이드에 대한 독특한 가치 제안은 무엇인가?) 처음에 어떻게 해서 앱에 관해 듣게 되었나, 또 어떠한 맥락에서 앱에 대해 알게 되었는가? 하드 사이드에 있는 사용자들의 경우, 네트워크가 성장하면서 이전보다 더 자주 돌아오고 더 많이 관계를 맺는 이유는 무엇일까? 새 네트워크가 등장해도 사람들이 여러분의 네트워크에서 떠나지 않으려고 하는 이유는 무엇일까? 이들은 답하기 어려운 질문이고, 사용자들의 동기부여에 대한 깊은 이해를 필요로 한다.

하드 사이드의 동기는 상품 카테고리에 따라 달라진다. 콘텐츠 제작자는 시장 판매자와는 목적이 다르다. 직장 협업 도구를 사용하는 사람들은 또 다른 동기를 가지고 있다. 이러한 다양한 관점을 이해하면 이들을 돕기가 수월해진다.

소셜 콘텐츠 앱의 하드 사이드

콘텐츠 제작자들은 콘텐츠를 제작하고, 공유하고, 소비하는 것을 토대로 하는 다양한 부류의 네트워크 상품에서 핵심적인 역할을 한다. 세계에서 가장 크고 가장 빠르게 성장하는, 월간 사용자가 수십억 명인 상품이 있는데 여기에는 틱톡, 트위치, 유튜브, 인스타그램 등이 포함돼 있다. 앞서 논의한 것처럼 위키피디아도 이 카테고리에 속한다. 콘텐츠 제작자들은 훨씬 큰 규모의 네트워크 사용자 중 극히 일부다.

많은 사람에게 인기가 있었던 글 '창작하는 사람, 통합하는 사람, 소비하는 사람'에서 현재 구글의 부사장인 브래들리 호로위츠는 창작하는 1퍼센트의 사용자와 그 나머지 사람들을 이렇게 묘사한다.

- 사용자의 1퍼센트는 집단을 조직하여 활동하기도 한다(혹은

집단 내부 게시판에서 토론을 한다).

- 10퍼센트의 사용자는 적극적으로 참여한다. 실제로 토론을 시
  작하거나 진행 중인 토론에 반응하여 콘텐츠를 만든다.
- 100퍼센트의 사용자는 앞서 말한 집단의 활동에서 많은 혜택
  을 얻고 있다(눈팅족).[19]

이것은 흔히 '1/10/100의 법칙'이라고 불린다. 이때 참여율이
매우 높은 1퍼센트의 가치가 극단적으로 높다는 것은 전혀 놀랄
일이 아니다. 유튜브와 인스타그램, 기타 콘텐츠 공유 플랫폼에는
상위 20퍼센트의 인플루언서와 콘텐츠 창작자가 결국 대부분의
참여를 이끌어낸다는 '멱 법칙power law'이 존재한다. 이들은 수백
만 명의 팔로워를 끌어오고 수천만의 조회수가 나오는 콘텐츠를
만들어낸다.

이는 무슨 일이 일어났는지를 말해주지만 그 이유는 설명해주
지 않는다. 최근에는 스냅의 CEO이자 공동창립자인 에번 스피걸
이 스냅과 인스타그램, 틱톡의 콘텐츠 창작 피라미드에 관하여 자
신이 이해하고 있는 바를 다음과 같이 설명했다.

피라미드를 하나 상상해보자. 이를테면 인터넷 기술 또는 통신 기
술에 관한 피라미드다. 이 피라미드는 (아주 넓은 의미에서) 자기
표현과 통신을 바탕으로 한다. 그리고 그것이 바로 스냅챗의 진정
한 의미다. 친구와 이야기하기, 그것이야말로 모든 사람이 편하게
할 수 있는 일이다. 그저 느끼는 대로 표현하는 것이다.

피라미드가 점점 좁아지면서 다음 층이 나타난다. 바로 지위다. 소셜 미디어의 원래 구조에서 지위는 매우 중요하다. 내가 무슨 일을 하는지, 내가 인기가 있고 좋아요와 댓글이 많이 달리는 사람이라든지, 뭐 그런 것들을 보여주기 때문이다. 그것은 그의 바탕에 깔린 인간성에 접근하기 어렵게 한다. 그리고 매력의 기반은 점점 좁아진다. 참여하는 주기는 점점 제한적이 된다. 사람들은 일주일에 한 번이나 한 달에 한 번만 멋진 일을 하기 때문이다. 틱톡으로 대표되는 피라미드의 꼭대기에는 진정한 재능이 있는 사람들이 있다. 두 시간 만에 새로 나온 춤을 배우거나, 어떤 이야기를 독창적인 방법으로 재미있게 말하는 법을 생각하는 재능이 있는 사람들이다. 그들은 진정으로 다른 사람을 재밌게 해주기 위해 미디어를 만든다. 내 생각에 그것은 더욱 좁다……[20]

스피걸의 피라미드에서 사람들은 정서적인 욕구(그것이 자기표현이든 지위든 소통이든)를 성취하기 위해서 다양한 형태의 콘텐츠를 만든다. '금세 사라지는 사진'(스냅챗의 기능으로, 사진을 전송하면 10초 후에 사라진다)을 보내는 것은 쉽다. 특히 자기 사진을 계속 보내는 일은 누구나 할 수 있다. 하지만 몇 시간 동안 새로운 틱톡 춤을 배우는 것은 어렵다. 모든 사람이 할 수 있는 일도 아니다. 어떤 네트워크의 하드 사이드가 되기 위해서 해야 하는 일이 어려워질수록 소수의 사용자만 참여하게 될 것이다.

스냅챗의 경우 친구들과의 소통에 대해, 시간이 흐르면서 친구들과의 관계를 깊게 하는 것에 대한 간단한 가치 제안value proposition

이 있다. 그것이 스냅챗의 효용이다. 그러나 다양한 플랫폼에서, 특히 영상이나 사진을 널리 공유하는 앱의 경우 가치 제안은 각자의 지위를 보여준다. 우리의 인스타그램 피드가 여행, 자동차, 콘서트, 운동 등으로 채워져 있다는 것은 놀랄 일이 아니다. 사용자들은 점점 '소셜 피드백 순환'에 중독되어간다. 콘텐츠를 게시하고 다른 사람들은 그것을 보면서 좋아요, 공유, 댓글의 형태로 참여한다. 이러한 피드백이 긍정적이라면 창작자가 더 많은 콘텐츠를 만들어갈 힘이 될 것이다.

소셜 피드백 순환은 핵심적인 개념이다. 창작자/시청자 네트워크는 어디서나 볼 수 있는 네트워크 구조이기 때문이다. 우리는 콘텐츠 공유뿐만 아니라 카테고리에서도 이러한 구조를 볼 수 있다. 우리는 이러한 동기를 와츠앱에서 그룹 채팅을 준비하는 개인, 이벤트 브라이트(미국의 이벤트 및 티켓 관련 사이트) 같은 플랫폼의 이벤트, 이메일 뉴스레터를 발행하려고 하는 작가, 가장 좋아하는 식당을 선정하여 옐프(음식점 리뷰를 비롯해 다양한 리뷰를 볼 수 있다-옮긴이)에 소개하기 좋아하는 리뷰어 등에게서 볼 수 있다. 이러한 플랫폼 안에서 "콘텐츠를 만들었는데 아무도 보지 않는다면, 창작자는 실망할까?"라고 자문해보라. 만일 그에 대한 대답이 '그렇다'라면, 소셜 피드백이 핵심적인 가치일 것이다. 여러 도구의 조합, 청중, 네트워크 상품은 이 네트워크의 하드 사이드, 즉 콘텐츠 창작자 문제를 해결하는 데 필요하다.

콘텐츠 창작자 문제는 하드 사이드의 한 가지 사례일 뿐이다. 시장, 직장 협업 도구, 멀티플레이어 게임과 다른 카테고리 내부에 존재하는 하드 사이드도 있다. 각 동기는 카테고리에 따라 특색이 있다. 시장 판매자들은 매출을 올리는 데 집중하겠지만, 멀티플레이어 게임에서는 지위와 재미에 초점을 맞출 것이다. 메시징과 제품의 기능, 비즈니스 모델을 모두 이러한 소수의 사용자에게 맞추는 것이 중요하다. 이러한 집단이 없다면 원자 네트워크는 붕괴할 것이다. 소셜 네트워크는 콘텐츠 창작자가 없으면 존재하지 못한다. 그리고 판매자 없는 시장은 존재할 수 없다.

위키피디아의 작디작은 하드 사이드

위키피디아 네트워크의 하드 사이드는 아주 작다. 고작 0.02퍼센트에 불과한 의욕 넘치는 사용자들이 나머지 네트워크를 위해 콘텐츠를 발행하는 것이다. 이는 앞서 언급했던 1/10/100 피라미드보다 훨씬 극단적이다. 콘텐츠 창작자를 매혹시켜 계속 관계를 유지하는 것이 가장 중요하다. 창작자들의 적극성은 남다르고 경제적이지 않은 것만은 분명하다. 위키피디아의 편집자들은 돈을 받지 않기 때문이다. 공익을 위한 사업도 아니다. 더 쉽고 간단하게 콘텐츠를 온라인에 게시하는 방법이 있기 때문이다. 그들의 노력을 단지 심심하기 때문이라고 치부하는 것은 너무 안일하고 피상적이어서 그럴 리는 없어 보인다.

그보다는 이 장에서 소개했던 프레임워크를 이용해보자. 인스타그램과 유튜브의 콘텐츠 창작자들과 마찬가지로 위키피디아의 콘텐츠 창작자들도 커뮤니티 자체에 매혹당했을 가능성이 높다. 사회적인 반응, 지위 등 커뮤니티의 역학관계가 그들이 계속 콘텐츠를 발행하도록 힘을 주는 것이다. 위키피디언(그들은 스스로를 이렇게 부른다)은 종합적으로 작성된 페이지를 유지함으로써 어떤 주제에 관한 그들의 전문성을 드러낼 수 있으며, 커뮤니티 내부의 사람들은 그들에게 감사하고 그 진가를 알아볼 것이다. 이것이 지위를 부여한다. 그들은 페이지를 수정하기 위하여 편집을 할 수 있고, 이는 또 다른 형태의 지위와 만족을 제공한다. 거기에는 팀워크와 전우애가 존재한다. 이것이 몇 달, 몇 년에 걸쳐 사람들을 남아 있게 하는 유대감을 형성한다. 왕성하게 활동하는 위키피디언 스티븐 프루잇은 낮에는 평범하게 일을 할지 모르지만, 저녁이나 주말이 되면 세상에서 가장 큰 웹 사이트에서 가장 중요한 필진 중 한 사람이 된다.

단지 위키피디아뿐만 아니라 원자 네트워크를 출시하려는 모든 신제품의 경우, 네트워크의 하드 사이드를 이해하는 것은 중요하다. 이런 중요한 집단이 없으면 원자 네트워크는 순조롭게 출발하는 데 난항을 겪을 것이다. 어쩌면 시작할 때 함께해야 할 가장 중요한 사람들이라고 말해야 할지도 모르겠다. 무엇보다 처음부터 여러분의 제품이 왜 그들의 눈길을 끌 것인지에 대한 논지를 세워놓아야 한다.

8
난제를 해결하라
: 틴더

SOLVE A HARD PROBLEM

첫 원자 네트워크를 만들 때 해결해야 하는 가장 어려운 문제는 하드 사이드를 끌어오는 것이다. 콘텐츠 창작자를 새로운 영상 플랫폼으로, 판매자를 새로운 시장으로, 회사에 있는 프로젝트 관리자를 새로운 워크플레이스 앱으로 끌어들이는 것에 집중해야 한다. 나머지 네트워크는 따라올 것이다. 문제는 그 방법이다.

이에 대한 답은 하드 사이드의 중요한 욕구를 해결해주는 상품을 만드는 것이다. 온라인 데이팅을 보자. 온라인 데이트는 태초부터 인류를 괴롭혀온 짝짓기 문제를 해결하기 위해 발전했다. 데이팅 앱은 네트워크 효과가 중심이 되는 상품으로, 도시별로 성장한다. 네트워크에 합류하는 사람들이 많을수록 짝을 찾을 기회가 많아진다. 하지만 온라인 데이팅이 탄생했을 때부터 그 경험은 대부분 끔찍했다. 하드 사이드의 경우가 특히 심했다.

지나치게 많이 쏟아지는 메시지

온라인 데이팅은 1990년대 초 웹의 시작과 함께 생겨났다. 이는 마치 안내 광고처럼 설계되었다. 남자와 여자가 다수의 프로파일을 훑어보고 관심 있는 상대에게 메시지를 보낼 수 있었다. 매치닷컴Match.com과 제이데이트JDate는 이 분야의 선구자로 자리매김했는데, 결점이 있긴 했지만 그 기능은 하고 있었다. 안내 광고 위주의 설계는 형편없는 상품 체험을 안겨주었다. 인기 있는 회원들, 특히 여성 회원들의 경우 대개 수많은 메시지를 받았기 때문에 답장을 하지 못하는 일이 빈번했다. 바 혹은 클럽에서는 매력적인 남성이나 여성 주변에 대화를 나누려는 사람들이 줄을 서 있는 모습을 보게 되면 단념을 할 수도 있지만, 온라인에는 그런 것을 알 수 있는 신호가 존재하지 않는다. 그래서 결국 모든 사람이 좋은 경험을 하지 못하고 만다. 누구도 답장을 해주지 않을 것 같기 때문이다.

예상했던 대로 우리가 알 수 있는 것은 온라인 데이팅 네트워크에서 하드 사이드는 매력적인 사람들(특히 여성들)이라는 점이다. 몇 년 뒤 이하모니eHarmony와 오케이큐피드OKCupid를 필두로 한 새로운 온라인 데이팅 시대가 온다. 이들은 퀴즈와 매칭 알고리즘을 이용하여 누구와 얼마나 자주 짝을 이룰 것인지 시스템이 결정하게 했다. 그 결과 여성들은 메시지를 덜 받게 되었고, 바라건대 어울리는 상대에게서 받는 메시지는 더 많아졌을 것이다. 더불어 남성들도 답장을 더 많이 받게 되었고, 그리하여 복사하여 붙여넣는 연습 상대가 된 기분이 드는 일이 줄어들었다.

모바일 앱이 폭발적으로 증가하기 시작한 2012년이 되어서야 새로운 세대의 데이팅 앱이 등장했다. 그 대표인 틴더는 네트워크의 하드 사이드까지 혁신했다. 나는 틴더의 공동창립자인 숀 라드와 틴더가 어떻게 이전 세대의 상품을 혁신했는지에 관해 이야기를 나누었다. 그는 새로운 아이디어의 결합에 대해 설명했다.

과거의 데이트 사이트들은 마치 사무실에 있는 것처럼 일을 한다는 기분을 느끼게 했다. 사이트에 가서 낮에는 이메일을 처리하고 퇴근해서 밤에는 메시지를 작성하는 것이다. 직장 동료가 아니라 데이트 상대가 될 사람에게 한다는 것만 빼고 말이다. 틴더는 달랐다. 틴더는 데이트를 재미있게 만들어주었다. 빼곡한 가입 양식을 채울 필요가 없었다. 가입 양식은 시각적이었고, 앞뒤로 스와이핑만 하면 충분했다. 5분이면 가입할 수 있어, 줄을 서서 기다린다거나 하는 도중에도 할 수 있었다. 그것은 일종의 재미였다.[21]

또 다른 문제는 답장을 어떤 식으로 처리하는가였다. 현실에서는 친구를 통해 잠재적인 연애 상대를 소개받거나 선택에 도움이 되는 직장이나 학교 등의 공통점을 갖고 있는 경우가 많다. 온라인 데이팅의 경우 매력적인 회원들이 짝을 찾는 데는 추가적인 정보가 더 필요하다. 틴더는 페이스북과 통합하여 이 문제를 해결했다. 숀은 또한 신뢰를 구축하는 방법을 이렇게 설명했다.

틴더는 먼저 페이스북에 모두 연결하게 하여 공통의 친구가 몇 명인지 보여주었고, 이것이 초반에 신뢰를 만들었다. 또한 가까운 곳에 사는 사람들끼리 짝을 지어주었다(스마트폰에 있는 GPS를 이용했고, 이전에는 없던 기능이었다). 이는 공통의 친구가 있으며 가까운 곳에 살고, 현실에서 만날 수도 있는 유형의 사람들임을 증명했다! 페이스북과의 연동으로 인해 친구들에게 알려지는 게 걱정된다면 절대 친구들에게 알려지지 않도록 할 수 있었다. 친구들이 틴더를 사용할 때도 마찬가지였다. 이 모든 것이 신뢰를 구축했다. 또한 자체적인 메신저 서비스를 제공하여 상대에게 전화번호를 알려줄 필요가 없었다. 서로 대화가 진전되지 않을 시 괴롭힘을 당하지 않을까 걱정할 필요 없이 관계를 끊기만 하면 된다.

그리고 물론 스와이핑은 사람들을 기죽지 않게 해주는 하나의 방법이다. 남성은 여성의 프로필을 보고 절반 정도(정확하게 말해 약 45퍼센트)는 오른쪽(관심이 있다는 뜻)으로 스와이프 하는 반면, 여성들은 자신이 본 프로필의 5퍼센트만 스와이프 했다. 결과적으로 여성은 대부분 자신이 선택한 남자와 짝을 이루었다. 그러나 너무 대화창이 많은 것 같다고 느낀다면 잠시 스와이핑을 멈추고 매칭된 사람들에게 메시지를 보내는 데 집중할 수 있었다. 이 모든 통찰 덕분에 틴더는 네트워크의 가장 중요한 측면에서 훨씬 좋은 경험을 제공하며, 콜드 스타트 문제에서 가장 중요한 장애물 중 하나를 해결했다.

시장의 하드 사이드는 대개 공급에 있다

시장은 판매자를 위주로 돌아가는 경우가 많다. 나는 승차 공유의 하드 사이드를 직접 관리하는 어려움을 직접 봐왔다. 우버의 경우 주어진 모든 시장에서 이른바 파워 드라이버는 공급의 20퍼센트를 차지하지만, 전체 운행 거리의 60퍼센트에 이른다. 이들은 지구상에서 가장 가치 있는 사용자들이다. 그들이 우버 비즈니스의 핵심이기 때문이다.

우버의 운전기사들은 대부분 시장 기업에 동력을 제공하는 더 큰 노동자 집단의 사례일 뿐이다. 시장 기업의 경우, 하드 사이드는 대개 네트워크의 '공급' 쪽에 있으며, 이는 시간과 제품, 노력을 제공하고, 플랫폼에서 수입을 얻기 위해 힘쓰는 노동자와 소규모 사업장을 의미한다. 이들은 디지털 시장을 부업으로 이용하여 수집품을 판매하거나 코칭 세션을 진행한다. 시급제 일자리의 대안으로 이 일을 하는 경우가 많다. 미국에는 이러한 일자리가 거의 8000만 개에 이른다. 이들은 대개 중부지방에 살면서 매년 100퍼센트가 일을 그만두는 소매업종에서 일하며 추가적인 수입을 올리려고 고군분투한다. 시장 스타트업이 이들 집단에 기회를 제공하는 경우가 많다.

콜드 스타트 문제를 해결하기 위해서는 우버가 그랬던 것처럼 먼저 시장에 임계질량만큼의 공급을 해줘야 한다. 이베이 같은 시장의 경우 수집품 판매상과 함께 시작할 수도 있다. 에어비앤비 같은 시장의 경우 사람들이 지낼 방을 몇 개 추가해서 시작하기도 한다. 유튜브 같은 소셜 플랫폼의 경우 영상 창작자들이 공급자가 된다. 깃허브GitHub처럼 소수에게만 알려진 카테고리의 경우 유명한 오픈소스 프로젝트와 핵심 개발자를 데려오는 것이 도움이 될 것이다. 하지만 일단 네트워크에 공급이 이루어지면 이제는 수요(네트워크의 대부분을 차지하는 구매자와 사용자)를 유치해야 한다. 하지만 수요가 잘 돌아가면 다시 공급이 가장 중요해진다. 따라서 작업의 순서는, 적어도 소비자를 직접 대면하는 시장의 경우 '공급, 수요, 공급, 공급, 공급'이 된다. 공급은 초기에 보조금을 통해 네트워크에 들어오기 쉬울지 모르지만, 결국 공급에서 병목현상이 나타날 것이다. 네트워크의 하드 사이드는 정의에 따라 확장하기가 어렵다.

우버는 네트워크의 하드 사이드, 즉 운전기사의 문제를 해결하기 위해 창의력이 필요했다. 바로 운전기사들이었다. 처음에 우버가 중점에 두었던 것은 고급 승용차와 리무진 서비스였다. 이를 위해서는 따로 면허증이 필요했고 상대적으로 논쟁의 여지가 적었다. 하지만 라이벌 앱인 사이드카에서 면허가 없는 일반인 운전기사를 그들의 플랫폼에 채용하는 혁신을 단행하면서 극심한 변화가 일어났다. 이것이 수백만 명의 승차 공유 운전기사를 탄생하게 했던 '피어투피어peer-to-peer' 모델이다. 이 모델은 금세 리프트와 우버가 모방해 즉각 인기를 끌었다. 사이드카의 공동창립자이자 기술 이사인 자한 카나는 그 시작에 대해 이렇게 말했다.

누구나 운전기사로 등록할 수 있으면 당연히 큰 문제가 됩니다. 운전기사가 많으면 가격은 낮아지고 대기 시간은 줄어듭니다. 이 문제 때문에 사이드카에서는 수많은 브레인스토밍을 해야 했습니다만, 질문은 늘 이를 작동하게 하는 규제 프레임워크는 무엇인가입니다. 즉시 회사 문을 닫지 않았던 전례는 어떤 것이 있을까? 방대한 연구 끝에 샌프란시스코에서 여러 해 동안 활동했던 린 브리들러브가 운영했던 호모빌스Homobiles라는 커뮤니티가 우리 질문에 답을 주었습니다.[22]

놀라운 것은 승차 공유 아이디어가 투자자의 자금을 지원받은 스타트업에서 나온 것이 아니라 베이 지역 성소수자 커뮤니티인 호모빌스에서 나왔다는 사실이다. 호모빌스는 이 커뮤니티의 회원인 린 브리들러브가 운영하고 있었다. 승차 공유 서비스는 성소수자 커뮤니티를 보호하고 성소수자 커뮤니티에 봉사하는 것을 목표로 하며, 안전과 커뮤니티를 강조하는 이동 수단(모임, 바, 엔터테인먼트 등을 비롯해서 의료서비스를 받을 수 있게 해주는)을 제공하고 있었다.

호모빌스는 자신만의 틈새시장을 구축했고, 기본적인 사항을 파악했다. 브리들러브는 오랜 시간을 두고 100명의 자원봉사 운전기사를 채용했다. 이들은 문자메시지에 응답했다. 돈을 주고받

긴 했지만, 기부의 형식을 띄고 있었다. 그런 식으로 운전기사는 시간을 보상받을 수 있었다. 이 회사는 우버가 생기기 몇 년 전인 2010년에 시작해서 수년 동안 운영되었고, 1000억 달러 이상의 총매출을 기록하는 산업의 본보기가 되었다. 사이드카는 디지털의 형태로 바뀌었지만, 호모빌스가 제공하는 것을 거의 그대로 따라 하면서 많은 것을 습득했다. 즉 기부를 기반으로 했고, 친구가 차를 태워주듯 승객과 기사가 앞자리에 나란히 앉아 데려다주었다. 거기서 승차 공유 시장이 탄생했다.

밤과 주말

호모빌스와 틴더 이야기에서 핵심적인 통찰은, 네트워크의 하드 사이드가 관련이 되어 있지만 그들의 요구는 해결되지 않을 때 이 문제를 어떻게 찾을 수 있는가다. 답은 취미와 부업에 대해 생각해보는 것이다.

수백만 명의 콘텐츠 창작자, 앱 개발자, 시장 판매자, 시간제 운전기사가 네트워크의 하드 사이드에 동력을 제공한다. 영리하고 의욕이 충만하며 자신을 필요로 하는 곳을 찾아다니는 얼리어답터들, 오픈소스 운동의 이면에서 현대 인터넷을 뒷받침했던 리눅스, 워드프레스, MySQL을 비롯한 수많은 기술을 구축했던 개발자들, 사람들이 원하는 물건을 팔고 사는 일자리와 기업을 만들었던 이베이의 수백만 판매자들이다. 인스타그램이나 유튜브 같은 사진 공유 및 메신저 역할을 하는 제품의 경우 여행과 특별한 행사, 건축물, 아름다운 인물을 비롯한 모든 것을 기록하는 무수한 아마추어 사진가들이 동력을 제공한다.

사람들이 밤과 주말에 하는 일은 세상에서 다 쓰지 못한 시간과 에너지를 나타낸다. 잘 사용하면 이것은 원자 네트워크의 하드 사이드의 기반이 될 수 있다. 예를 들어 승차 공유 네트워크는 근본적으로 예상보다 낮은 차량 사용률에 의존한다. 자동차는 일반적으로 출퇴근 시간이나 다른 목적을 위해 승객을 태우지 못하는 경우를 제외하고는 대부분 비어 있는 상태로 움직인다. 에어비앤비는 손님용 침실이나 별장의 활용도가 낮고 집주인의 시간과 노력이 더해져 있다. 크레이그리스트와 이베이는 사람들이 가지고 있는 '쓰레기'(더 이상 소중하게 여기지 않는 물건)를 그 가치를 알아주는 새 주인에게 팔도록 하는 것을 기반으로 한다.

보통 하드 사이드는 에어비앤비나 틱톡을 계속 사용할 것이다. 수요가 있는 곳이고, 그 결과 플랫폼에 대한 긍정적인 네트워크 효과에서 벗어나지 못하기 때문이다. 하지만 비결은 더 가까이 다가가는 데 있다. 네트워크의 하드 사이드를 나누어 누가 서비스를 받지 못하고 있는지 알아내는 것이다. 때때로 메이크업이나 언박싱 같은 열정적인 콘텐츠 크리에이터의 하위 커뮤니티를 대상으로, 부가적인 쇼핑 콘텐츠를 서비스하는 것이 틈새시장이 될 수 있다. 이는 #무엇이든챌린지를 하는 사람들처럼 상품의 질이 떨어지거나 커뮤니티의 비전문적인 부분이 될 수도 있다. 활용도가 낮은 자산에서 파생된 네트워크의 경우, 매주 새로운 부업을 통해 온라인에서 돈을 벌고 싶은 사람들이 틈새시장을 만들어낼 수도 있다. 어쩌면 틈새시장 같지만 생태계 전체를 뒤바꿔놓을 새로운 플랫폼이 곧 나타날지도 모른다.

사용자 자체로는 그다지 매력적이라고 할 수 없는 영역부터 클레이턴 크리스텐슨의 '파괴적 혁신 이론'을 적용하는 것도 아이디어가 된다. 신제품은 저가형에서 시작하여 '충분히 좋은' 기능을 제공함으로써 시장을 혼란에 빠뜨리고, 거기에서 중간급으로 올라가면서 결국 기존 기업이 있던 핵심 시장으로 진입하는 경우가 많다. 최근에는 정반대의 경향이 나타나고 있다. 우버와 이메일 기업 슈퍼휴먼Superhuman 같은 곳은 반대로 시장의 최상위에서 시작해서 점차 아래로 내려간다.

파괴적 혁신 이론과 네트워크 효과를 결합하면 더욱 말이 된다. 원자 네트워크는 종종 기능 면에서 낮은 수준인 틈새시장에서 시작한다. 하지만 일단 원자 네트워크가 구축되면 네트워크의 하드 사이드는 기꺼이 제품과 서비스를 확장하여 다음 업종으로 넘어간다. 이로 인해 상대편에는 점점 더 높은 수준의 제품이 들어오게 되고, 이는 다시 하드 사이드를 확장하는 자극제가 된다. 그리고 순환이 일어난다! 에어비앤비는 에어베드로 시작했지만 에어베드를 빌려줄 의향이 있는 호스트라면 아파트 전체를 빌려줄 수도 있다. 이는 마켓플레이스에서의 공급이 갖는 잠재적인 특성을 변화시켜 고급 수요층을 끌어들이고 고가의 물건을 들이는 결과를 가져온다. 오늘날 에어비앤비가 호화로운 펜트하우스에서 부티크 호텔까지 매우 다양한 고가의 숙소를 제공하는 것은 놀라운 일이 아니다. 이런 식으로 네트워크 효과는 파괴적인 새로운 업계에서 중요한 역할을 할 수 있다. 시간이 흐르면서 저가형 원자 네트워크가 서서히 고가의 서비스로 확장하는 모멘텀을 생성한다.

데이팅 앱의 하드 사이드

잠시 온라인 데이팅 앱으로 다시 돌아가보자. 네트워크 상품으로 본다면 이들 상품은 양쪽을 로맨틱한 환경에 함께 놓는다. 틴더, 범블, 매치, 이하모니, 핫오어낫HotOrNot 등을 비롯한 여러 데이팅 앱은 아주 먼 옛날부터 인간의 행동으로 존재했던 것들을 반영한다. 아직 짝을 찾지 못한 친구에게 서로의 짝을 소개하는 것은 인간의 오랜 취미였다. 이 서비스를 찾는 수요는 끊이지 않는다. 하지만 성취하기 위해서는 능력이 있어야 한다. 현대에 접어들면서 우리는 알고리즘을 이용하여 짝을 짓고, 즉석에서 수천 명의 사람을 손가락 하나를 이용하여 간편하게 훑어볼 수 있으며, 실시간 메신저를 통해 소통하는 등 데이팅을 디지털화했다.

　중요한 것은 이러한 개선이 가장 매력적인 회원을 네트워크에 끌어들여 나가지 못하게 유지하는 데 도움이 된다는 점이다. 짝짓기 알고리즘은 그들과 비슷한 수준의 매력적인 상대를 찾아주어야 하며, 그들이 훑어보는 프로파일은 상대가 왕자인지 개구리인지 판단할 수 있게 도와주어야 한다. 앱 내부에서 실행되는 메신저는 필요하다면 빠르게 대화를 그만둘 수 있는 선택권을 주는 등 자신의 욕구가 충족되는 경험을 하게 해주어야 한다. 이러한 유형의 기능이 없다면 매력적인 회원들은 떠나고 말 것이며, 그렇게 되면 다른 회원들이 경험하는 수준이 전반적으로 낮아질 것이다.

데이팅 앱(과 모든 네트워크 상품)이 하드 사이드의 가치 제안을 찾아야 하는 반면, 다른 사용자들은 어떨까? 글쎄, 기대 수준이 높겠지만 그들이 원하는 정확한 경험을 하게 해주어야 한다. 바로 킬러 상품을 구축해야 한다.

9
킬러 상품
: 줌

THE KILLER PRODUCT

"처음 줌을 시작했을 때 사람들은 터무니없는 아이디어라고 생각했습니다." 나는 줌의 CEO인 에릭 유안과 줌의 사무실 근처에 있는 산호세 호텔의 한 평범한 식당에서 테이블을 사이에 두고 지중해 음식을 먹으며 수다를 떨고 있었다. 에릭은 초창기 시절을 이렇게 묘사했다.

> 줌은 원래 사스비Saasbee라고 불렸습니다. 사스비를 처음 시작할 무렵 저는 친구들과 엔젤투자자들에게 회사를 설명하는 자료를 보내면서 투자를 부탁했습니다. 많은 사람이 투자를 결심했지만 단지 나와 아는 사람이라는 이유였고 내가 무슨 일을 할 것인지에 대해서는 신경 쓰지 않았습니다. 하지만 자료를 봤다면 그들은 아

이디어가 마음에 들지 않았을 것이고 투자하지 않았겠죠!²³

그러나 그 후 몇 년에 걸쳐 줌의 아이디어는 대단한 것이었다는 점이 드러났다. 아이디어는 매우 중요하다. 앞선 장에서 나는 원자 네트워크를 구축하는 데 초점을 맞추었고 상품의 핵심 아이디어는 직접적으로 다루지 않았다. 네트워크 상품의 아이디어가 좋은지 나쁜지는 어떻게 판단하는가? 왜 초창기 줌의 아이디어는 그토록 불분명했을까?

줌은 2011년에 창립되었다. 10년 뒤 코로나 바이러스가 전 세계를 휩쓸던 2021년, 내가 이 책을 쓰고 있을 당시 줌은 수백만 명의 전문직 종사자의 원격 업무에 필수가 되었다. 순식간이었다. 줌은 2019년 말 일간 미팅 참가자가 1000만 명이었지만 몇 달 후에는 3억 명으로 증가했다. 이로 인해 줌의 가치는 900억 달러로 치솟았다.

나는 우버에서 몇 년간 일하며 에릭과 점심을 먹고 커피를 마시며 그를 처음 알게 되었다. 에릭과 함께 시간을 보내고 싶었던 이유는 제품이 너무나도 인상적이었기 때문이다. 우버는 줌을 이용해 고도로 분산된 글로벌 인력을 관리했다. 내가 어떤 대륙의 어느 사무실에 있더라도(나는 개인적으로 시드니와 암스테르담, 뉴욕, 샌프란시스코에서 시간을 보냈다) 얼마 뒤에 회의실과 전 사원이 모여서 줌 회의를 할 공간이 화면에 나타난다. 그들은 친숙한 파란색 배경에다 회의 일정을 적은 아이패드를 벽에 걸어 놓았다. 이것이 우버 업무 문화의 핵심이다.

그러나 처음에 사람들은 줌의 이면에 있는 개념을 이해하지 못했다. 왜일까? 에릭의 말에 따르면 말 그대로 너무나도 단순해서인 것 같았다. '사용하기 쉬운' 화상회의 제품은 웹엑스나 고투미팅, 스카이프 같은 상품이 이미 평정한 시장에서 분명한 아이디어가 아니었다. 줌은 그 자체로 추가적인 기능이 없었지만 실제로는 가장 중요한 기능이 있었다. "어찌 됐든 작동은 한다"는 것이다.

줌의 가치 제안은 팀 내에서, 또 기업 사이에서 마찰 없는 회의를 가능하게 함으로써 네트워크 효과를 강화했다. 링크 하나만 클릭하면 회의 코드나 전화번호를 입력하지 않아도 참석자들은 입장할 수 있었다. 고품질의 영상이 뜻하는 것은 한 직장에 있는 소수의 사람이 이를 수용하는 데 성공하면 사무실 내에 있는 여러 팀에도 빠르게 확산된다는 것이다. 그보다 줌을 업무에 사용하는 판매사나 컨설턴트의 생태계가 존재한다. 다시 말해 마찰 없는 사용은 네트워크 효과를 더 강력하게 한다. 사용자들을 자신의 네트워크에 끌어들이는 것은 훨씬 쉬워졌고, 참여율은 계속 높게 유지되고 있다. 줌은 킬러 상품과 그 주변에 네트워크를 구축하는 메커니즘을 동시에 가지고 있는 네트워크 플랫폼이다. 그들은 서로가 서로를 강화한다는 점에서 밀접한 관련이 있다.

줌의 단순성을 비교우위라고 생각하기 쉽지만 이런 유형의 단순함은 실제로는 구현하기 어렵다. 고객들은 끝없이 더 많은 특색을 요구하고 경쟁자들은 더 많은 기능을 장착하고 등장한다. 그러나 나는 한 가지 일을 잘하는 것이 네트워크 상품만의 특징이 된다고 생각한다.

줌이 특별한 건 무엇 때문일까? 어떻게 하면 네트워크 상품을 위한 좋은 아이디어를 얻을 수 있을까? 이러한 아이디어들은 기존의 소프트웨어 제품과 어떻게 다를까?

네트워크 상품 vs. 그 외 상품

네트워크 상품은 일반적인 상품 경험과 근본적으로 다르다. 네트워크 상품은 사용자가 서로 함께하는 경험을 가능하게 해주지만, 기존 상품은 사용자가 소프트웨어와 어떻게 상호작용하는지에 중점을 둔다. 네트워크 상품은 사용자가 많아짐으로써 성장하고 성공하여 네트워크 효과가 생기지만, 기존 상품은 더 좋은 기능을 구축하고 더 많은 유스 케이스를 지원하여 성장한다. 그것이 트위터와 줌 같은 상품이 너무 단순해 보여서 처음에는 별것 아닌 것 같아 보이고, 상품이 아닌 '기능'이라고 비판받는 이유다. 이들 상품에서는 하나의 마법 같은 경험을 할 수 있다. 이를 기존 상품과 비교해보면, 기존 상품은 기업에서 소프트웨어를 구입할 때 흔히 '빨간 펜'을 들고 기능이 잘 구현되었는지 꼼꼼하게 검사한 끝에 높은 점수를 받은 소프트웨어가 선택되는 반면, 실제 제품 사용자들이 참여하는 경쟁에서는 지는 경우가 많다.

네트워크 상품들은 한 네트워크에 있는 다수의 욕구 사이에서 균형을 잡아야 한다. 즉 구매자뿐만 아니라 판매자도 고려해야 한다. 콘텐츠 창작자뿐만 아니라 시청자도 고려해야 한다. 그리고 네트워크 상품에서 가장 중요한 기능은 많은 경우 사용자가 서로를 어떻게 찾고 연결하는지를 중심으로 하는 경우가 많다. 사진에 태그를 붙이거나, 권한을 공유하거나, '알 수도 있는 사람' 등의 서비스가 이에 해당된다. 이러한 서비스 덕분에 사용자들은 가장 좋아하는 비디오 게임이나 우리 팀을 위한 적절한 프로젝트 분야를 비롯해 그 플랫폼에 있는 관련자나 콘텐츠와 연결될 수 있다. 이는 기능보다는 어떤 사용자가 네트워크에 있는지에 따라 그 경험의 풍부함과 복잡성이 달라지는, 기존의 소프트웨어에서는 볼 수 없는 개념이다.

기존의 서비스와는 다른 줌의 단순성 덕분에 새로운 원자 네트워크가 모습을 드러냈다. 결국 필요한 것은 두 사람뿐이다. 그리고 이 덕분에 기업이 과거 웨비나와 영업 상담의 용도로 사용하던 화상회의는 주기적으로 하루에 여러 번 하는 것으로 확장되었다. 줌의 단순성은 기업의 네트워크를 성장시키는 능력에 관한 한 강점으로 작용한다. 상품의 개념과 가치가 간단하게 설명 가능하다면 사용자 사이에서의 전파는 쉬워진다. 이는 내가 가장 좋아하는 책 《이기적 유전자》에서 리처드 도킨스가 '밈$_{meme}$'이라는 용어를 만들어 설명했던 것과 매우 유사하다. 여러분은 줌의 링크를 복사해서 붙여넣을 수 있다. 그렇게 쉽다는 말이다.

강력한 네트워크 상품은 밈처럼 들리는 경우가 많다. 아이디어는 한두 가지 주요한 행동을 하게 만들기 때문에 아주 간단해 보인다. 전반적인 상품 경험은 일부 화면에서 몇 가지 집중적인 기능을 통해 일어난다. 예를 들어, 스냅챗은 친구에게 사진을 전송할 수 있게 해준다. 드롭박스는 파일을 동기화하는 마법의 폴더다. 우버는 버튼 하나로 차를 탈 수 있다. 슬랙은 동료를 위한 채팅 상품이다. 유튜브는 동영상을 시청하게 해준다. 이들은 사용하기도 간단할 뿐 아니라 친구나 동료에게 설명하기도 쉽다.

이들은 정말 단순하다는 특징 때문에 기술적 차별성이 없다거나 혹은 다른 상품으로 대체되기 쉽다는 이유로 비판받는 경우가 많다. 특허나 지식재산권을 핵심적인 전략의 일부로 보는 경우는 드물다. 실제로 소비재 스타트업에서 특허 자랑하는 기업인을 만나면 흥미가 뚝 떨어지고 만다. 실수를 할 때도 있다. 정교하면서 단순한 인터페이스는 실제로 기술적인 토대를 깊숙이 숨긴다. 비디오 코덱, 압축 등에 대한 줌의 투자가 그러했다. 이러한 지각은 사실인 경우가 많다. 트위터의 초기 엔지니어링팀은 경험이 부족하다고 비판받는 경우가 많았고 초기에 그 악명 높은 고래가 등장하는 오류 화면이 뜨곤 했다. 스냅챗이나 페이스북은 모두 대학생이 구축한 것이다. 우버 앱은 처음에 멕시코에 외주를 주었기 때문에 나중에 엔지니어들이 회사에 합류했을 때 주석과 소스 코드를 읽기 위해 스페인어 사전을 한 권씩 줘야 했다. 이런 경우, 시간이 흘러 제품의 규모가 확장되고 나서야 엔지니어링팀은 업그레이드된다.

이처럼 급속히 널리 퍼지면서 사용하기 쉬운 상품은 소비자 영역에서 먼저 시작됐지만, 시간이 흐르면서 기업 소프트웨어 환경도 차지했다. 드롭박스 같은 일부 상품은 처음에 소비자 기업을 꿈꾸었으나 직장에서 크게 인기를 끌자 기업 소프트웨어로 전략을 바꾸었다. 슬랙과 같은 소프트웨어들은 소비자 소프트웨어 개발 이력이 있는 기업가에 의해 시작되었다. 최근 a16z가 가장 인기 있는 '상향식bottom-up' 기업 스타트업들을 조사한 결과 대부분 에어비앤비, 우버, 야후 같은 소비자 기업 출신의 창립자에 의해 시작됐음을 알 수 있었다. 소비자 영역에서 성공적인 네트워크 상품을 만들었던 능력이 기업 분야에도 똑같이 적용될 수 있는 것이다.

이처럼 다양한 재주를 많은 곳에 퍼뜨리는 것은 상품에 관한 아이디어와 특징이 여러 분야에 전파되는 데 도움이 된다. 관찰한 바에 따르면 서로 다른 고객 영역과 지역적 특징을 통합하는 '인터넷 소프트웨어 공급 체인'이 존재한다. 한 가지 사례는 이모지emoji의 역사를 통해 그려지는 직선이다. 이모지는 1997년 일본의 휴대전화에서 처음 시작되었고 십대들이 인스턴트 메신저와 SMS에 사용하여 스마트폰을 통해 주류 문화로 자리매김했다. 그리고 이제 '소비자화된consumerized' 슬랙과 같은 기업용 상품에 나타났다. 스냅챗이나 인스타그램 스토리 같은 라이브 스트리밍, 동영상 포맷과 주문형 시장 등은 모두 대규모 소프트웨어 공급 체인의 다양한 지점에 존재한다. 이는 소비자 트렌드의 틈새시장을 기업 및 주류 문화 전반에 걸쳐 연결한다.

줌은 시작부터 이와 같은 소비자 중심적인 특징을 많이 가지고 있었다. 비록 초창기 구성원들이 기업 중심의 세계에서 오긴 했지만, 당시 사스비라고 불렸던 이 회사는 소비자 간 그룹 통화에서도 성공하려는 야망이 있었다. 제품 경험은 아주 단순하게 느껴졌다. 그리고 강력한 기술 기반이 있긴 했지만, 어쨌든 에릭은 웹엑스에서 엔지니어링의 많은 부분을 구축하고 운영했다. 그러나 많은 초기 투자자는 자신들이 보기에 이미 해결된 문제를 가지고 씨름한다는 사실에 투자를 망설였다. 이들 네트워크 상품들 사이에 공통점은 사람들이 서로에게 영향을 미칠 수 있는 새로운 방법을 내놓는다는 것이다. 그리고 시간이 흐르면서 네트워크는 대체 불가능해진다.

바꿔 말하자면, 네트워크 효과가 나타나게 할 수 있는 이상적인 상품에는 두 가지 요소가 결합되어 있다. 먼저 가능하면 상품의 아이디어 자체가 단순해야 하고 누구나 들으면 쉽게 이해할 수 있어야 한다. 그와 동시에 경쟁사가 복제할 수 없는 풍부하고, 복잡하고, 무한한 사용자 네트워크를 통합해야 한다.

물론 줌은 이런 조건을 충족하는 이상적인 사례였다.

네트워크 상품이 공짜를 사랑하는 이유

세계에서 가장 가치가 있는 다수의 상품이 '공짜'를 강조하는 비즈니스 모델을 가지고 있다는 것은 역설처럼 느껴진다. 소셜 네트워크와 커뮤니케이션 앱은 무료free이며, 사스 제품은 프리미엄freemium인 경우가 많다. 시장 기업들이 서비스나 상품을 구매할 때는 반드시 돈을 지불해야 하지만, 훑어보고 사용하는 것은 공짜다. 이는 킬러 상품의 전파 속도에 영향을 미친다는 점에서 공유 DNA의 일부다. 참가자를 위한 줌의 마찰 없는 경험에 대한 에릭의 생각은 가격 정책에까지 확장되었다.

최소한 기본적인 경험은 공짜로 체험해볼 수 있었으면 좋겠다. 그래야 사람들이 줌이 확실히 좋다는 사실을 이해할 수 있다. 처음에는 참가자에 따라 제한적일 수도 있다고 생각했다. 세 명은 공짜로 사용할 수 있을 것이다. 하지만 네 명이 되면 돈을 내야 한다. 이런 방법은 적절하지 않은 것 같았다. 드롭박스의 가격 전략을 연구해보니 놀라웠다. 왜 드롭박스는 1기가가 아닌 2기가가부터 과금하기 시작했을까? 이 문제에 대해 생각해보니 사람들에게 드롭박스를 사용할 시간을 많이 줄수록 최대용량을 모두 사용하고 유료로 이용하기 시작할 확률이 높았다. 줌도 같은 방식을 사용하여 회의 한 번에 40분을 최대치로 제한하고 모든 기능을 경험해볼 수 있게 했다. 해보고 품질이 좋고 마음에 든다면 결국 돈을 지불하게 되어 있다.

심지어 초창기 때에도 이처럼 핵심 상품에서 채택한 판단은 줌의 행보에 큰 영향을 미쳤다. 사용하기 쉬운 앱을 결합하여 빠르게 회의를 시작할 수 있게 한 결과, 설명하기가 간단하고 공짜로 사용할 수 있다는 가치 제안을, 적어도 초기에는 할 수 있었다. 에릭은 고객 유입이 즉시 시작되었다고 언급했다.

베타 버전은 웹 페이지상에서 다운로드 버튼으로 링크가 되어 사용해볼 수 있었다. 하지만 스탠퍼드대학 프로그램 연구회 사람들은 그 제품을 써보더니 구매하고 싶어했다! 나는 아직 뭘 청구해야 할지 몰랐지만 그들은 2000달러짜리 수표를 우리에게 주었다. 그해 크리스마스에 벌어진 일이었고, 나는 아직도 그 수표의 사본을 개인적으로 소장하고 있다.

첫 고객 이후, 바이럴 성장은 이어졌다.

다음 고객은 그 지역의 몇몇 대학이었다. 제품이 고객을 사로잡았고 돈을 지불하겠다고 연락을 해왔다. 그 이후 잠재 고객이 많아졌다. 첫 4년 동안은 마케팅팀이 없었다!

줌을 프리미엄Freemium 비즈니스로 만드는 전략은 네트워크의 성장이 더욱 수월하다는 것을 의미했다. 많은 네트워크 제품에 공짜 사용자층을 제공하는 것은 반복되는 주제다. 일부는 광고를 시청하는 대신 무료로 사용하는ad-supported 방식이었고, 또 다른 곳은 구독을 하면 프리미엄premium 서비스를 사용할 수 있었다(업무용이나 B2B 제품처럼). 그리고 온라인 소액결제를 지원하는 곳도 있다(마켓플레이스, 게임, 라이브 스트리밍 플랫폼 등).

이는 콜드 스타트 문제로 인해 비즈니스 모델에서 반복해서 나타나는 주제다. 고객들에게 직접 과금하는 것이 수익을 창출하는 가장 간단한 방법이지만, 네트워크에 합류하는 모든 새로운 사용자에게 충돌을 만들 수 있다. 원자 네트워크를 구축하는 것만으로도 어려운데, 왜 장벽을 세워서 더 어렵게 하는가? 네트워크를 빠르게 구축할 수 있는 능력이 없다면, 바이럴리티와 같은 성장 채널은 조용해질 것이다. 줌이 공짜 사용자층 없이 모든 사용자에게 요금을 부과한다면 단기적으로는 매출이 증가하겠지만, 마케팅과 판매에 더 많은 돈을 써야 할 것이다.

프리미엄은 줌의 매력과 성장력에서 가장 핵심적인 부분이다. 그리고 줌이 적절한 구성 요소(단순한 주력 상품)를 갖추자 당시 줌의 비즈니스 모델은 수익과 함께 바이럴 성장을 활용하는 비즈니스 모델을 제공했다.

행동과 컴퓨터 플랫폼의 새로운 변화

줌은 세상이 바뀌면서 적절한 순간에 등장한 주력 상품의 한 가지 사례일 뿐이다. 주류로 등장한 화상회의는 광범위한 광대역, 원격 노동, 전문적인 노동 등이 결합한 것으로 모두 전 세계적인 유행병에 의해 가속화되었다. 때로는 고객의 행동이 초기화되는 새로운 컴퓨팅 플랫폼이 등장할 때 세상이 바뀐다. 이는 지난 수십 년 동안 텍스트 기반의 커맨드 라인 인터페이스를 갖춘 개인용 컴퓨터의 도입과 함께 시작되었다. 그 후 얼마 지나지 않아 매킨토시는 그래픽 유저 인터페이스를 세상에 알렸다. 그 후에는 인터넷과 웹 브라우저가 나타났고, 현재 우리가 사용하는 스마트폰이 뒤를 이었다. 미래에는 목소리를 이용한 기기나 AR/VR(증강현실/가상현실), 메타버스 등을 비롯하여 완전히 다른 무언가가 나타날 수 있을지도 모른다.

새로운 기술은 새로운 고객 행동을 불러온다. 손가락을 이용한 '스와이핑swiping'이나 '태핑tapping' 같은, 새로운 제품 아이디어를 고려한 새로운 인터페이스 패러다임이 가능해진다. 이로 인해 대기업과 스타트업 사이에 똑같이 (새로운 기술 변화에 따른 대규모 재설계를 통해) 사람들이 원하는 것을 알아내고 빠르게 다음 주력 상품을 만들기 위한 격렬한 쟁탈전이 벌어진다. 때로 이것은 마이크로소프트 오피스의 데스크톱 애플리케이션이 웹 기반의 구글 워크스페이스, 노션Notion, 에어테이블Airtable 등으로 바뀌어가는 모습처럼 보인다. 이와 유사하게 매치 같은 데이팅 웹 사이트도 틴더처럼 이용하기 쉬운 스와이핑 인터페이스를 이용한 웹 사이트에 포함되며, 플리커는 휴대전화 및 소셜 네트워크와 긴밀하게 통합된 인스타그램으로 대체되고 말았다.

이러한 컴퓨팅의 변화는 우리에게 새로운 주력 상품을 가져다준다. 스마트폰이 고해상도 카메라와 내장된 위치 정보, 앱 스토어와 함께 등장하자, 스냅챗, 우버, 틱톡 등이 큰 인기를 끌었다. 웹이 나타났을 때 우리는 검색엔진, 전자상거래, 시장 등을 볼 수 있었다. 윈도와 매킨토시 컴퓨터의 시대에는 오피스와 데스크톱 출판 등 개인용 컴퓨터를 다양하게 이용하는 방식을 볼 수 있었다. 다시 말해, 새로운 플랫폼이 등장하면 주력 상품을 만드는 기업이 업계에서 가장 가치가 높은 기업이 되는 경우가 많다.

중요한 것은 이러한 새로운 변화가 스타트업에게 어마어마한 기회가 되기도 한다는 점이다. 하나의 플랫폼이 새롭게 태어나면 모두(기존의 대기업이나 신생기업) 다시 시작해야 한다. 그리고 콜드 스타트 문제와 만나게 된다. 예를 들어 웹 사이트에서 모바일로 바뀌면서 사용자 인터페이스는 작은 마우스 포인터를 사용하는 손가락 대신 상대적으로 크고 투박한 손가락으로 작동할 수 있도록 훨씬 작아져야 했다. 카메라, 위치정보, 알림 등 휴대전화만의 고유한 기술을 이용한 새로운 기술은 구현될 수 있었다. 단순히 웹 사이트를 모바일 앱으로 옮길 수는 없었다. 모바일을 우선으로 생각해야만 했다.

줌은 이러한 다양한 기술 트렌드를 따라갔다. 초고속 인터넷의 속도가 급격하게 빨라지면서 화상회의가 널리 사용되자 줌은 큰 이익을 얻었다. IT 부서에서 정해주는 대로 사용하기보다는 사무실에서의 최종 사용자가 채택한 다수의 제품과 함께 직원이 직접 원하는 서비스를 선택할 수 있도록 했다. 간단한 프리미엄freemium 비즈니스 모델에 대한 회사의 결정은 급속 성장을 위해서는 적절한 선택이다. 그리고 2020년 코로나 바이러스가 유행했을 때 줌은 이미 충분히 발전하고 가치 있는 회사였지만, 줌이 폭발적인 속도로 가동할 준비를 마치는 데 도움을 주었다. 줌이 콜드 스타트 문제를 겪고 있던 직장이나 환경이 즉시 서비스로 전환되었다.

물론 주력 상품은 콜드 스타트 문제를 해결하는 데 쓰이는 하나의 요소일 뿐이다. 스탠퍼드대학의 지속적인 교육 프로그램이나 소규모 베이 지역 대학 같은 조직이 독립적으로 제품을 채택할 수 있다는 사실을 알게 되자 줌에게는 재빨리 첫 번째 원자 네트워크를 알아내는 것 역시 중요해졌다. 하나를 선정하면 다른 사람들이 금세 따라오기 때문에 제품을 사용하는 사람들은 자연스럽게 그 제품을 퍼뜨리게 된다. 일단 주력 상품과 첫 번째 원자 네트워크가 구축되면 회사는 '마법의 순간'을 만들기 시작한다.

10
마법의 순간들
: 클럽하우스

어떤 상품이 콜드 스타트 문제를 해결하면 이는 분명하게 드러난다. 실제로 효과가 나타나기 시작하기 때문이다. 회의 시간에 협업 관련 앱을 실행하면 관련 업무가 모두 준비되어 있고, 동료들은 다음 단계에 관한 이야기를 나누고 있다. 소셜 앱을 실행하면 매력적이고 재미있는 콘텐츠가 피드에 올라와 있다. 친구가 벌써 내가 올린 사진에 댓글을 달았다는 알림 메시지가 와 있다. 마켓플레이스 앱에는 마치 모든 것이 있는 듯한 기분이 든다. 어떤 제품을 검색하든 수십 개의 결과를 볼 수 있다. 모두 값싸고 품질도 뛰어나고 같은 날 배송이 가능한 상품들이다.

네트워크가 모두 채워지고, 활성화되고, 사람들이 올바른 방식으로 소통할 수 있다면, 그 상품에 대한 경험은 돋보일 것이다. 이것이 어떤 상품이 핵심 가치(업무, 엔터테인먼트, 데이팅, 게임 등을 위해서 사람들을 연결하는 것)를 전달할 수 있는 '마법의 순간Magic Moment'이다. 아직 콜드 스타트 문제를 해결하지 못한 상품은 초기에는 어떠한 마법도 전해주지 못할 것이다. 많은 경우 네트워크가 텅 비어 있어 유령도시처럼 보일 것이다. 하지만 일단 네트워크가 형성되면, 언제나 마법의 순간이 나타나기 시작한다. 그 상품은 확장할 준비를 마치게 되고, 바로 그때 콜드 스타트 문제가 해결되었다는 것을 알게 된다.

나는 음성 기반의 소셜 앱인 클럽하우스의 초기 사용자로서 이러한 변화를 직접 목격했다. 클럽하우스는 2020년 폴 데이비슨과 로한 세스가 출시했다. 내가 베타 테스트를 하려고 회원 가입을 했을 때는 소수의 사용자밖에 없었다. 공식적으로 나는 #104였다. 클럽하우스는 로그인해서 모두 한 '방room'에서 사람들과 이야기를 나누는 간단한 앱으로 시작했다. 대개 폴이 방에 있었고, 그래서 우연히 이야기를 나눌 수 있었고, 또 다른 사람 몇 명과 잠시 이야기를 나누었다. 그게 전부였다.

초창기 클럽하우스는 콜드 스타트 문제를 해결하지 못해서 앱을 실행하면 비어 있을 때가 많았다. 대화가 활발하지 않았고, 말을 거는 사람도 없었다. 폴조차 일주일 내내 거기 있을 수는 없었다. 당시 클럽하우스는 핵심적인 특징도 없었다. 다른 사용자를 팔로우할 사용자 프로필이나 네트워크도 없었다. 나중에 한번에 소셜 기능이 추가되었고, 여러 방에서 복수의 대화도 가능해졌다.

하지만 마법은 없었다. 가끔 들러서 몇 달 동안 보지 못했던 친구들과 멋진 대화를 하기 시작했다. 어쨌든 그때는 코로나가 전 세계에 유행할 때였다. 로봇 공학이나 비트코인, 기술의 역사를 비롯해 덕후들이 좋아할 만한 주제에 관해 사람들이 잡담하는 것을 듣기만 한 적도 있었던 것 같다. 나는 거기에 중독됐다. 클럽하우스의 회원이 수천 명에 불과할 때 나는 클럽하우스에 a16z의 시리즈 A 투자를 이끌었고, 클럽하우스의 임원이 되었다. 벤처투자자 2년 차 때였는데, 나는 클럽하우스의 가치를 터무니없지만 1억 달러에 가깝다고 평가했다. 직원이 두 명인 때였다.

문을 연 지 1년도 되지 않아 클럽하우스의 사용자는 한 달에 수백만 명씩 늘어나고 있었다. 대규모의 다양한 집단이 모든 지역에서 형성되기 시작했다. 저녁 시간에 습관적으로 앱을 실행할 때마다 들어가고 싶은 많은 방에서 대화가 진행되고 있었다. 어떤 방에는 유명 인사가 몇 명씩 참여하고 있었고, 어떤 방에는 정치 전문가들이 와 있었다. 음성 형태의 새로운 리얼리티 TV 쇼. 또한 스타트업과 기술에 관한 대화가 a16z에서 진행하는 방에서 오갔다. 앱을 실행시킬 때마다 들을 만한 이야기들이 펼쳐졌고, 마법의 순간들이 나타나기 시작했다. 클럽하우스는 금세 20개국이 넘는 곳에서 10위권 안에 들었다. 10억 달러의 가치로 평가받았고, 이내 40억 달러의 가치를 인정받았다. 모두 투자 첫해에 이룬 성취였다.

이것은 정말 놀라운 행보다. 무슨 일이 일어났던 것일까? 더 중요한 것은 왜 그런 일이 일어났던 것일까?

클럽하우스 이야기

2020년 전 세계적으로 유행병이 한창인 가운데 클럽하우스가 문을 연 것은 하나의 사건처럼 보일 수도 있다. 다른 사람과 소통하려는 마음은 우리 인생에서 그 정도로 중요했다. 그러나 순전히 운 때문만은 아니었다. 클럽하우스는 팟캐스팅과 오디오 기기의 트렌드에 열광하는 폴과 로한이 새로운 오디오 앱을 위해 떠올렸던 아이디어 가운데 여러 번 반복했던 것 중 하나였다.

클럽하우스 이전에 음성을 통해 사람들을 연결하는 것에 초점을 맞추었던 다른 앱이 있었다. 몇 년 앞서 로한은 음성으로 친구들의 집단을 연결하는 '폰 어 프렌드Phone-a-friend'라는 앱을 만들려고 시도한 적이 있었다. 그러고는 두 사람이 함께, 비는 시간을 이용해서 안부 전화를 하는 '언캘린더Uncalendar'라는 앱을 만드는 작업에 공을 들였다. 그 후에는 본격적으로 '토크쇼Talkshow'라는 앱을 만들었다. 토크쇼를 이용하면 팟캐스트를 간편하게 제작할 수 있었다. 빠르게 팟캐스트를 시작하고 녹음하고 편집하고 배포할 수 있으며, 이 모든 것이 하나의 앱에서 이루어진다. 토크쇼는 이러한 도구를 모두 모아 놓은 앱이었다. 그러나 팟캐스트는 본질적으로 다루기가 불편하기 때문에 사용하기가 쉽지는 않다. 폴과 로한에게 원하는 결과가 나오지 않았던 이유를 물었더니 이에 대해 다음과 같이 설명했다.

토크쇼는 창작자들에게 너무 큰 부담을 주었다. "토크쇼에 한번

와주세요"라고 말하면 사람들은 토크쇼를 하나의 팟캐스트라고
생각했다. 결과적으로 콘텐츠는 대본을 읽는 것처럼 느껴졌고, 녹
음은 음질이 형편없는 팟캐스트처럼 들렸다. 관객을 사로잡을 만
큼 독특한 콘텐츠도 없었다. 앱은 지나치게 호스트 위주로 되어
있어 팟캐스트를 듣는 곳이 될 것이라는 생각이 들지 않았다.[24]

다시 말해 제품은 완전하지 않았고 팟캐스트 호스트라는 하드
사이드에만 경험을 국한하지도 않았다. 마법의 순간을 느끼게 하
려면 많은 준비와 노력이 필요했다.

폴과 로한은 그 경험에서 많은 것을 배웠고, 스스로에게 다음
과 같은 중요한 질문을 던졌다. 마법과도 같은 어떤 순간을 더 빠
르게 얻으려면 어떻게 해야 할까?

토크쇼와 관련하여 몇 달 동안 일을 하고 나서 두 사람은 근본
적으로 단순화가 필요하다는 사실을 깨달았다. 창작자가 콘텐츠
를 가볍게 제작한 경험이 있는지 확인하려면 이미 그 앱에서 제작
경험이 있는 사람과 함께 콘텐츠를 간단하게 만드는 것이 가장 이
상적일 것이었다. 그렇게 하면 친구를 데려와 동시에 어떤 앱을
만드는 데 투입하는 문제를 피할 수 있다. 클럽하우스는 녹음이
되지 않았다. 그래서 팟캐스트보다는 전화 통화와 가까울 것으로
예상됐다. 이렇게 하면 말할 때 부담이 줄어든다. 또 말하고 싶지
않은 사용자들은 첫날부터 '등을 기대고 듣기lean back and listen'를 할
수 있다. 앱이 출시된 뒤에도 거의 1년 동안 사용자 프로필, 사람
들을 팔로우하는 기능, 방을 찾아내는 피드 등을 추가하는 작업이

이어졌다.

훌륭한 작품을 알아보는 데에는 시간이 필요하다. 클럽하우스도 다르지 않다. 몇 년의 시간이 걸린 하룻밤의 성공이었다.

처음에는 초기 원자 네트워크가 폴과 로한의 친구들인 기술 관련 얼리어답터 사이에서 형성됐다. 그 수는 수천 명이 넘었다. 나는 이 첫 번째 파도의 일부였다. 이들 소수의 집단만으로도 충분해서, 감염병이 전 세계로 퍼지는 동안 기술업계의 친구들은 서로 연결되면서 '마법과 같은 순간들'이 계속 이어졌다. 하지만 클럽하우스를 주류 문화로 이끈 것은 다음 5만여 명의 사람들이었다. 애틀랜타, 시카고, 뉴욕, 로스앤젤레스 같은 엔터테인먼트 및 미디어의 핫스폿을 중심으로 한 흑인 창작 커뮤니티는 2020년 중반부터 대대적으로 네트워크에 합류하기 시작했다. 이 흑인 창작 커뮤니티는 정기적으로 쇼를 공연하는 뮤지션, 코미디언, 인플루언서, 창작자들의 큰 도움을 받았다. 이런 활동의 일부는 a16z가 직접 촉매 역할을 했지만, 많은 부분은 자연적으로 일어난 것이었다. 이로 인해 2020년 말 사용자들이 전 세계적으로 수백만 명으로 늘어났다.

그때까지 클럽하우스 앱을 출시하는 경험은 나뿐만 아니라 전 세계의 수백만 명에게도 마법과 같았다. 클럽하우스는 그 어느 앱보다도 유지율과 참여자 수가 높아지기 시작했다. 인스타그램이나 와츠앱과도 견줄 정도였다.

또한 클럽하우스가 기술 및 소비자 행동의 변화를 이용할 수 있는 시기를 놓치지 않고 출시되었다는 사실을 부인할 수 없을 것이다. 소비자 행동의 변화는 물론 2020년 코로나 바이러스도 형성에 한몫했다. 초기 페이스북 직원이자 나와 가까운 친구인 버바무라카는 클럽하우스의 초기 투자자 겸 자문이다. 그는 클럽하우스의 초창기를 가까이에서 지켜보며 회사를 설립할 때부터 팀과 함께 일했고, 그들이 클럽하우스의 초기 버전에서 폭발적인 출시까지 계속해서 반복하는 모습을 지켜보았다.

오래전 폴을 내게 소개해주었고, 클럽하우스에 대하여 다음과 같은 말을 해준 것도 버바였다.

오디오 콘텐츠의 소비는 이미 모든 사람의 일상이 되었지만, 훨씬 더 커지고 있다. 에어팟, 알렉사 등의 기기와 카플레이CarPlay처럼 자동차에서 실행되는 소프트웨어 덕분에 청취하는 시간이 새롭게 수천만 시간으로 늘어나고 있다. 팟캐스트는 주류 문화가 되어가고 있고, 스포티파이Spotify와 오더블Audible 같은 상품에 끼워 팔리고 있다. 클럽하우스가 문을 열었을 때 초창기 커뮤니티는 마법과 같은 순간들을 어디서나 볼 수 있었다. 클럽하우스는 요리나 집안일, 운전 등을 하면서 참여할 수 있는 오디오 콘텐츠의 수동적 경험의 이로운 점을 모두 취했을 뿐만 아니라, 콘텐츠를 만들기가 100배는 더 수월해졌다. 전화를 하듯 말만 하면 된다. 누구나 말은 하니까! 클럽하우스는 격리된 채 코로나 바이러스와 싸우느라 사람과의 소통이 절실할 때 도착했다. 오디오 콘텐츠, 특히 사람의 목소리는 텅 빈 마음을 채워준다. 클럽하우스는 우리를 함께하게 해주었다.[25]

주력 상품을 적절한 시기에 맞춰 배포했더니 콜드 스타트 문제가 금세 해결됐다.

마법 같은 순간의 반대편

마법의 순간은 좋은 개념이지만 이를 측정할 수 있다면 훨씬 유용할 것이다. 이를 가장 잘 할 수 있는 방법을 들으면 놀랄지도 모르겠다. 마법의 반대편에서 시작하는 것이다. 네트워크에 균열이 일어나는 부분, 바로 거기서부터 문제를 해결하기 시작하는 것이다.

우버에서는 이러한 순간을 제로$_{Zero}$라고 불렀다. 우버에서 제로는 승객이 우버 앱을 실행하여 주소를 선택한 후 승차하기로 했을 때 그 지역에 운전기사가 아무도 없는 상황을 말한다. 이것이 제로다. 네트워크에 있는 다른 사용자들과 상호작용하는 것이 그 상품의 핵심이라면 제로는 그것이 충족될 수 없다는 의미이며, 이는 사용자가 이탈하여 다시는 돌아오지 않을 수도 있다는 뜻이다. 사용자나 목록, 영상 등이 상품을 매력적으로 보이게 하기에 충분치 않다면 그런 일이 일어나는 것이 당연하다.

이것이 우버나 다른 마켓플레이스만의 문제는 아니다. 각각의 상품 카테고리에는 그 카테고리만의 제로가 있다. 위키피디아 같은 직장 협업 도구의 경우 아무도 작성하지 않은 오래되거나 누락된 문서가 여기에 속할 것이다. 슬랙의 경우, 메시지를 전달하고 싶은 사용자가 아직 그 앱에 회원 가입을 하지 않았을 수 있다. 그럴 경우 의욕이 사라져 다시 이메일을 사용할지도 모른다. 소셜 네트워크의 경우 가입했는데 친구가 한 명도 없거나 좋아하는 콘텐츠가 아직 서비스하는 중이 아니라면 그들의 소중한 시선이 다른 곳에서 쓰일 수 있다. 에어비앤비, 옐프, 이베이 등 수요 중심의 상품일 경우, 제로는 잠재적인 고객이 검색한 항목이 나오지 않을 때가 될 수 있다.

제로는 끔찍한 경험이지만, 더 큰 문제는 쉽게 해결되지 않는다는 점이다. 우버 네트워크에서 단지 운전기사를 한 사람 더 늘린다고 해서 제로가 발생하지 않는다고 보장하기는 어렵다. 슬랙에서도 마찬가지로, 동료 한 사람을 더 지원한다고 해서 제로가 사라지지는 않는다. 사람들이 다시는 제로를 경험하지 않도록 보장해주려면 네트워크는 크게 확장되어야 하며, 동시에 활성화되어야 한다! 운전기사들은 승차 요청에 즉각 응답해야 하며, 만약 그들이 적극적으로 앱을 사용하지 않는다면 그것은 요청이 충족되지 않은 것이다. 즉 이는 또 다른 형태의 제로다. 슬랙에서 메시지를 보내면 상대가 실제로 답장을 해야 한다. 가입은 했지만 앱을 설치하지 않으면 이 과정은 이루어지지 않을 것이다.

제로로 인한 실제 비용은 제로를 경험하는 순간 발생하기보다는 그 후에 서서히 파괴적인 효과로 나타난다. 제로를 자주 경험하는 사용자들은 탈퇴하게 되고, 더 큰 문제는 서비스를 믿을 수 없다고 생각하게 된다는 점이다. 사용자가 대거 탈퇴한다면 강력한 네트워크를 유지하기란 불가능하다. 하지만 안타깝게도 새로운 네트워크에는 제로가 많은 것 또한 당연하다. 이러한 파괴력이 해결될 때까지 네트워크는 활동을 시작하기가 어렵다.

제로와 충족되지 않은 요구에 대해 생각하는 것은 우버에서는 너무나도 유용한 개념이었다. 따라서 우리는 그 발생 빈도를 알아보기 위해 도시와 지역별로 나누어 상황판에 붙여놓았다. 나는 상품개발팀에게 네트워크 상황판에 지리적, 상품 카테고리, 혹은 합당한 기준으로 나눌 수 있는 그들만의 평가지수를 개발해보라고 권유했다. 제로를 본 고객의 비율을 그 추이에 따라 보여주면 유용할 것이다. 그 수가 너무 크다면 그 카테고리에 속한 사용자는 반네트워크 효과를 경험하고 있는 것이며 그것은 결코 뚫리지 않을 것이다.

콜드 스타트 문제가 지나간 후

네트워크 상품이 출시일을 확정하면 사용자들은 앱을 사용할 때마다 계속해서 좋은 경험을 할 수 있다. 마법 같은 순간이 가득하면서도 제로는 최소화된다. 이것은 올바른 기능과 올바른 네트워크 사이의 함수다. 두 가지 모두 필요하다. 나는 클럽하우스가 문을 열고 나서 처음 몇 달 동안에 대해 이야기했는데, 너무 일찍 모이긴 했지만 클럽하우스는 여전히 수천 명의 사용자와 상품 기능의 올바른 집합을 필요로 하고 있었다. 이 모든 것을 알게 된 것은 소셜 네트워크와 오디오를 수년간 만지작거려보고 나서였다. 사람들을 연사로서 초대하는 기능 같은 주요 핵심 기능이 남아 있었다면 론칭은 실패했을 것이다. 하지만 지리적으로 먼 곳에 사는 대상 등 적절하지 않은 네트워크를 선택했다면 똑같은 일이 일어났을 것이다. 적절한 상품과 적절한 네트워크가 모두 필요하다.

네트워크 상품이 마침내 마법의 순간을 만들기 시작하면 기분이 정말 좋아진다. 많은 경우 이를 '상품/시장 적합성 Product/Market Fit'이라고 부른다. 마크 앤드리슨은 상품이 그런 상태에 도달했을 때를 다음과 같이 설명한다.

> 적합성이 나타나지 않았다는 것을 언제나 느낄 수 있다. 고객들은 상품에서 전혀 가치를 얻지 못하고, 입소문은 퍼지지 않고, 사용량은 늘어나지 않고, 언론의 리뷰는 '잡담' 수준이고, 판매 주기는 너무 길고, 거래가 성사될 기미가 전혀 보이지 않는다.
> 적합성이 나타나고 있다는 것도 언제나 알 수 있다. 고객들은 상품을 만드는 즉시 구입한다(서버를 추가하는 대로 사용량은 빠르게 늘어난다). 고객들이 지불한 돈은 회사 계좌에 쌓여간다. 최대한 빠르게 판매 부서와 고객지원 부서의 직원을 채용해야 한다. 기자들이 요즘 잘나가는 것에 대한 소식을 듣고 그에 관해 이야기를 나누고 싶다고 전화를 걸어온다. 하버드 비즈니스 스쿨에서 올해의 기업인에 선정되기 시작한다.[26]

물론 그는 적합성에 도달하는 것에 대해 개괄적인 이야기를 하고 싶어했다. 하지만 네트워크 상품의 경우 나는 이러한 설명을 통해 네트워크의 장점을 전하고 싶다(사용자가 다른 사용자를 초대하여 인터넷을 통해 내 상품의 콘텐츠를 공유한다). 트위터나 레딧을 비롯한 소셜 미디어에 대해 검색해보면 우리 상품이 얼마나 좋은지에 대해 이야기하는 충성심 높은 사용자들이 가득하다.

말은 쉬울 것 같지만 결코 그렇지 않다. 콜드 스타트 문제는 일단 네트워크 상품이 첫 번째 원자 네트워크를 구축한 뒤에도 멈추지 않는다. 네트워크가 성장하면서 끊임없이 문제를 해결해야 한다. 원자 네트워크가 번성하고 있다 하더라도, 그와 연결된 네트워크(산업부문, 지리, 인구통계 등 무엇으로 생각하든)는 여전히 콜드 스타트 문제를 해결해야 한다. 회사에 슬랙을 즐겨 사용하는 IT 부서 사용자들이 충분히 많다 하더라도 마케팅팀에서 함께 사용하기에는 모자란 점도 있을 수 있다. 이러한 사용자들은 조직 전반에 걸쳐 충분한 밀도가 네트워크별로 보장되지 않는다면 사용하지 않을 것이다. 일단 누군가 어딘가에 사무실을 얻으면 다른 도시에 있는 동료들이 모여들 것이다. 콜드 스타트 문제는 한 번에 해결되는 것이 아니다. 반복이 중요하다.

그리고 어느 팀이 이러한 독립적인 네트워크 중 한 네트워크를 구축할 수 있게 되면, 곧바로 다른 다수의 네트워크도 구축할 수 있게 될 것이고 이어서 전체 시장을 차지하려고 할 것이다.

3부

티핑
포인트

THE TIPPING
POINT

11
불가능에 도전하다
: 틴더

세계를 정복하기 위해서는 단 하나의 원자 네트워크를 구축하는 것만으로 부족하다. 하나의 네트워크에서 두 개의 네트워크로, 나아가 더 많은 네트워크로 확장해야 한다. 일단 한번 확장하면 우리가 원하는 광범위한 네트워크 효과가 시작된다. 도시별로 일어나기도 하고 팀별로 일어날 때도 있다. 이를 반복할 수 있게 되면 네트워크는 하나의 상품이 전체 시장을 정복할 만큼 빠르게 성장하는 지점인 '티핑 포인트'에 도달할 것이다.

북적이는 통근 시간, 전 세계의 버스, 지하철, 기차에서 친숙한 장면이 동일하게 펼쳐지고 있다. 나란히 선 이십대 젊은이들이 말 없이 자리에 앉아, 헤드폰을 끼고 눈은 휴대전화에 고정돼 있다. 여러분은 그 건너편이나 멀찍이 떨어진 자리에 앉아 있다. 그러나 그들이 무슨 앱을 보고 있는지 확실히 알 수 있다. 엄지손가락으로 특정한 몸짓을 하고 있기 때문이다. 스와이프, 스와이프, 또 스와이프. 그런 다음에는 다른 방향으로 스와이프. 그들은 틴더를 보고 있다. 이동하는 동안 이들 젊은 통근족들은 그 안에서 수십 명의 잠재적 연인을 스쳐 지나갈 수도 있다. 전 세계에서 이런 광경이 반복되고 있고, 이런 활동을 모두 더하면 큰 숫자가 된다. 이 글을 쓰는 동안에도 수천만 명이 틴더에서 하루에 20억 번 이상 스와이프를 하며, 일주일에 백만 번의 데이트를 한다. 규모에 따른 사랑의 모습이다.

틴더는 새로운 상품을 출시하기에는 온라인 데이팅이 좋은 시장이 아니라는 일반적인 견해와는 완전히 다른 사례다. 데이팅 앱들은 시작이 어렵기로 악명이 높고, 확장하기는 더 어렵다. 이 카테고리에는 콜드 스타트 문제가 엄청나게 많다. 데이팅은 아주 좁은 특정 지역에서 벌어지는 사건이다. 같은 도시에 살더라도 같은 동네에서 만나기를 원할 수도 있다. 샌프란시스코에 사는 사람과 오클랜드에 사는 사람을 둘 다 다리를 건너 가운데에서 만나게 해서는 안 된다. 로스앤젤레스에서도 마찬가지로 산타모니카에 사는 사람과 실버레이크에 사는 사람이 만나기는 수월하지 않다. 데이팅 앱이 성공하기 위해서는 네트워크의 밀도가 높아야 한다. 한 시장이 작동한다 해도 확장을 위해서는 한 번에 여러 군데 존재해야 한다. 그럼에도 특정 인구통계학적 분포에서 성공을 거둔다면, 이를테면 사십대 이상의 기독교인이면서 독신들에게 인기를 얻었다면, 이 새로운 인구통계학적 분포에서의 네트워크를 다시 시작해야 한다. 데이팅 네트워크는 태생적으로 이탈률이 높다. 커플이 맺어지면 그들은 함께 행복하게 플랫폼을 떠난다. 따라서 앱이 성공할수록 이탈하는 사람은 늘어난다.

우버에 다니던 시절 나는 틴더의 공동창립자이자 최고경영자인 숀 라드를 소개받았다. 숀은 어떻게 하면 틴더가 전 세계를 대상으로 그 범위를 넓힐 수 있을지 알아내려고 애쓰고 있었다. 이미 인구밀도가 높은 미국 내 도시 지역에서는 성공을 거둔 이후였다. 숀과 나는 금세 친해졌고 나는 틴더의 조언자가 되기로 했다. 틴더의 성장 과정에서 매우 중요한 시기에 나는 로스앤젤레스에 있는 틴더 사무실로 날아가 비즈니스 지수와 상품 전략, 사용자 증가에 대해 썰을 풀었다. 사무실에서 시간을 보내고 나서 우리는 소호 하우스에 가거나 이따금 웨스트 할리우드에 있는 그의 사무실 근처 샤토 마몽에서 술을 마셨다. 그곳에서 틴더의 뒷이야기를 들을 수 있었다. 그 당시 틴더는 사용자가 수백만 명에 달했지만 팀원 수는 틴더의 영향력에 비하면 아주 소규모인 80명에 불과했다.

그 시점에 틴더의 목표는 새로운 대학에 론칭하는 것이 아니었다. 그들은 그 방법을 알고 있었다. 그들의 목표는 전체 시장을 사로잡아 전 세계의 핵심 지역에서 수억 명의 회원을 유치하는 것이었다. 틴더는 티핑 포인트에 도달했고, 온라인 데이팅의 전체 시장은 모바일 우선, 스와이핑을 이용한 유저 인터페이스, 내장 메신저 등 급속도로 틴더의 방식으로 바뀌고 있었다. 곧 틴더는 연매출 10억 달러가 넘는 기업으로 성장할 것이고 시장을 다시 쓸

것이었다. 숀과 대화를 나누면서 나는 지난 10년 사이 엄청난 기술적 성공의 이면에 숨겨진 믿기 어려운 이야기를 들었다.

2012년 USC 캠퍼스

"모든 것은 USC에서 열린 싱글 파티와 함께 시작되었습니다." 2012년 처음 론칭했던 틴더의 초창기를 회상하면서 숀이 말했다.

그 당시 틴더는 정말 단순했습니다. 앱에서 데이팅 프로파일을 연속해서 보여주었습니다만, 처음 론칭했을 때 스와이프는 아직 없었습니다.[27]

당시 사용자 수는 아주 적었고, 몇 명이 모여 잡동사니 같은 팀을 꾸려 앱을 만들었다. 숀 라드, 저스틴 마틴, 조너선 바딘 등 공동창업팀이 매치박스Matchbox라고 부르는 어떤 앱을 만들었다. 틴더는 아니었다. 스와이프가 없는 대신 초록색 하트 버튼을 누르면 '좋아요', 빨간색 엑스 버튼을 누르면 '통과'였다. 앞으로 나아가려면 버튼을 눌러야 했다. 나중에 왼쪽 스와이프와 오른쪽 스와이프가 추가됐다. 당시 iOS 개발자였던 바딘의 아이디어였다. 바딘은 내게 어떻게 스와이핑에 대한 통찰을 갖게 되었는지 설명했다.

책상에 카드 한 벌이 있었는데 코딩을 할 때 종종 카드 게임을 하기도 했어요. 짬이 날 때마다 카드를 만지작거리곤 했는데, 그러다가 어느 날 재미있는 기능을 한번 추가해보기로 한 거죠. 왼쪽으로 스와이프하고 오른쪽으로 스와이프를 하는 게 괜찮아 보였지만, 처음에는 사람들이 이 기능을 주로 사용할 거라고 생각했던 건 아니었죠.[28]

일단 이런 상징적인 제스처가 추가되자, 다시 되돌아가는 일은 없었다.

하지만 문제가 하나 있었다. 상품의 초기 성장 속도가 더뎠다. 숀과 저스틴은 서둘러 주소록에 있는 모든 친구에게 문자메시지를 보냈다. 400여 명이 새로운 앱을 테스트하기 위해 서서히 들어왔지만, 효과는 미미했다. 사용자가 충분하지 않았다. 아주 힘겨운 시기였다. 바로 콜드 스타트 문제였다.

틴더 같은 상품을 출시하는 것은 까다롭다. 적절한 비율로 여러 계층의 사용자를 동시에 끌어들여야 하기 때문이다. 이성애자 버전에서는 남성과 여성으로 구성된 양면 네트워크가 구축되어야 하며 적절한 비율로 정확하게 확장되어야 한다. 적당한 수의 여성과 적당한 수의 남성이 있어야 하고 이들의 관심사, 인구통계, 매력도 등이 비슷해야 모든 사람이 충분히 짝을 이룰 수 있다.

게다가 온라인 데이팅은 일반적으로 바이럴 마케팅을 이용할 수 있는 상품이 아니다. 문화에 따라 조금씩 다르겠지만 여전히 많은 사람이 친구들에게 데이팅 앱을 사용하고 있다고 말하는 데 불편함을 느낀다. 그리고 적절한 상대를 만나면 아이러니하게도 더 이상 앱을 사용하지 않는다. 게다가 친구들에게 애인과 처음에 어떻게 만났는지 이야기해줘야 할 것이다. 이러한 역학관계 때문에 이 카테고리에서는 새로운 상품을 만들기가 까다롭고, 확장하기는 훨씬 더 까다롭다.

이러한 난제에 대한 해답은 여러모로 틴더의 시작점이 되기에 이상적인 서던캘리포니아대학교였다. 로스앤젤레스 남부에 자리잡은 서던캘리포니아대학교 캠퍼스는 넓이가 300에이커에 이르며 1만 9000명이 넘는 학부생이 다니고 있다. 남녀 학생 사교 집단을 중심으로 공동체 활동이 매우 활발하다. 틴더는 대체로 18세에서 21세 사이의 비슷한 연령대, 같은 지역에 같은 학교라는 공통된 환경에 있는, 비슷한 관심사를 가진, 서로 만나고 싶어하는 남녀 학생이라는 소규모 틈새시장에서 출발할 수 있었다.

숀과 저스틴은 모두 USC에 간 적이 있었고, 무엇보다 저스틴의 동생이 당시 그 대학에 다니고 있었다. 그들은 계획을 짰다. 틴더는 저스틴 동생의 인맥에 기대 그의 친구 중 가장 인기 있고 발이 넓은 친구의 생일 파티를 열어주기로 했다. 그리고 그 자리에서 틴더를 홍보할 계획이었다. 파티 당일, USC 학생들은 로스앤젤레스의 호화로운 파티장으로 이동하기 위해 버스를 탔다. 그곳에는 사람들을 끌어모으기 위한 모든 준비가 갖춰져 있었다.

파티에는 한 가지 조건이 있었어요. 먼저 입장하기 위해서는 틴더 앱을 다운로드해야 했죠. 우리는 문지기를 두고 앱을 설치했는지 확인하게 했어요. 파티는 훌륭했고, 성공적이었죠. 그리고 더욱 중요한 것은, 이튿날 파티에 참석했던 사람들이 모두 휴대전화에 새로운 앱이 설치되어 있다는 것을 기억했다는 점이었죠. 매력을 느꼈지만 대화를 하지 못했던 사람들이 떠올랐고, 이것이 두 번째 기회였습니다.

대학 파티 론칭 작전은 효과가 있었다. 이 파티는 당시 틴더 하루 다운로드 횟수 역대 최고치를 기록했다. 나중에는 아무리 봐도 별로 대단치 않은 수치이긴 했지만 말이다. 여기서 중요한 것은 숫자뿐만 아니라 '중요한 인물 500명'이었다. 그들은 USC 캠퍼스에서 가장 사교적이고 가장 인맥이 넓은 집단으로, 모두 같은 시간에 틴더에 접속해 있었다. 틴더가 움직이기 시작했다. 전날 밤에 서로 만났던 학생들이 스와이프를 하고 채팅을 하기 시작하면서 짝짓기가 일어났다. 놀랍게도 이들 중 95퍼센트가 매일 3시간씩 이 앱을 사용하기 시작했다.

틴더 팀은 하나의 원자 네트워크를 구축했다. 그리고 곧 다음 원자 네트워크를 구축하는 방법을 알아냈다. 파티를 또 여는 것이었다. 그리고 다른 학교에 가서 더 많은 파티를 열었다. 네트워크를 만드는 일이 갈수록 수월해졌다. 틴더는 금세 4000회 다운로드에 도달했고 한 달 만에 1만 5000회, 그로부터 한 달 뒤에는 50만 회 다운로드되었다. 처음에는 대학 캠퍼스 론칭을 그대로 반복했지만, 이후부터는 자연스럽게 입소문을 타기 시작했다. 숀과 저스틴을 비롯한 팀원들은 이 작전을 이용하여 급히 전국 캠퍼스 내 남녀 사교 집단을 위해 파티를 개최했다.

2013년 4월이 되자 저스틴은 허핑턴포스트에 대학 캠퍼스 열 군데에서 서비스를 론칭했다고 말했다. "우리는 하향식 톱다운top-down 마케팅에 대한 믿음이 있습니다. 그래서 매우 사교적인 사람들과 만나서 그들의 친구에게 앱을 홍보하게 했습니다. 그때부터 틴더는 성장하기 시작했습니다."[29] 틴더 앱은 위치를 찾는 기능(사용자들은 특정 거리 내에 있는 사람들만 볼 수 있다)을 이용하여 초기 사용자에게 인기 있고 영향력 있는 대학생을 선별해줄 수 있었다. 나중에 틴더 팀은 하나의 단일 시장에서 2만 명의 사용자를 확보하게 되면 앱은 이탈 속도에 충분히 도달하게 되고 그 영역을 완전히 장악할 때까지 성장한다고 믿게 되었다.

틴더가 걸었던 경로를 콜드 스타트 프레임워크에 적용해보면, USC 론칭 파티는 첫 번째 단계에 대한 해결책이었다. 두 번째 단계는 그러한 성공을 캠퍼스에서 캠퍼스로 확장하는 것이었다.

이 두 번째 단계가 바로 티핑 포인트다. 틴더는 반복 성장이 가능한 지점에 도달했다. 일단 하나의 원자 네트워크를 만드는 방법을 알게 되었기에, 두 번째는 그 자리에서 반복할 수 있었다. 이러한 성장 전술은 계속 확장됐고, 틴더 팀은 그 전술을 더 효율적으로 바꾸었다. 밸런타인데이 틴더 파티, 칵테일 틴더 파티, 여학생 사교 파티 등이 있었고, 계속해서 효과가 있었다. 터프츠대학교에서는 론칭을 한 지 1년도 되지 않아 학생 사교 집단의 80퍼센트 이상이 그 서비스에 로그인했고, 전체 대학 인구의 40퍼센트가 가입되어 있었다.

틴더 팀은 대학 내에서 넓은 인맥을 자랑하는 학생들을 대거

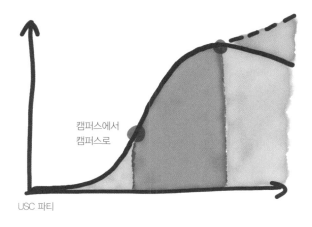

캠퍼스에서
캠퍼스로

USC 파티

도표 9 | **틴더의 확장**

홍보대사로 모집하고, 캠퍼스에서 도시로 그리고 국제적인 지역
으로 확장되기 전까지는 동일한 전략을 실행하게 함으로써 규모
를 키웠다. 인도에서는 대학이 아닌 콜센터에 초점을 맞췄는데,
인도 콜센터의 밀도 높은 커뮤니티는 대학 캠퍼스의 사교 집단과
비슷한 역할을 하고 있었다. 유럽의 경우, 미국인들이 바다 건너
있는 유럽 친구들을 초청했고, 이러한 연결 덕분에 틴더가 론칭할
수 있었다.

틴더의 네트워크는 빠르게 성장했다. 2년도 되지 않아 틴더는
앱 스토어에서 소셜 네트워크 앱 상위 25위권에 포함됐다. 그로부
터 5년 후 틴더는 비즈니스 모델을 찾아냈고, 넷플릭스와 스포티
파이를 제치고 게임 앱이 아닌 앱 가운데 가장 돈을 많이 버는 앱
이 되었다. 틴더는 세계 곳곳으로 퍼져나갔고, 오늘날 사실상 모

든 나라에서 40가지가 넘는 언어로 제공되고 있다.

틴더는 역사적으로 스타트업들을 매우 힘들게 했던 시장에서 불가능에 도전했다. 틴더는 하우어바웃위HowAboutWe, 태그드Tagged, 스피드데이트Speeddate를 비롯한 수십 개의 다른 데이팅 스타트업과 함께 경쟁했다. 그들은 어느 정도 성공을 하기는 했지만 규모를 확장하는 데까지는 나아가지 못했다. 그럼에도 숀 라드와 조너선 바딘, 초기 틴더 팀(이십대에 처음으로 기업인이 된 집단)은 2012년에 그 방법을 알아냈다. 그들은 대학 생일 파티를 반복 가능하고 확장 가능한 노력으로 바꿔놓았다. 그러한 노력은 대학에서 도시로, 전국으로, 전 세계로 범위가 확장되었다.

이를 이용하여 그들은 상징적인 새로운 제품을 만들었다. 보편적으로 인식되는 현대판 연애를 나타내는 몸짓, 즉 스와이프와 함께.

티핑 포인트를 소개하며

틴더의 시작에서 핵심은 USC에서 다른 대학으로, 그런 다음 대도시 지역을 접수한 뒤 반복 가능한 전략을 발견했다는 것이다. 이는 시장이 우리 이론에 나오는 두 번째 단계인 티핑 포인트에 도달했다는 뜻이다. 이 지점은 가고 있는 방향으로 가속도가 붙기 시작하는 곳이다. 이때는 각각의 원자 네트워크를 한 번에 하나씩 론칭하기보다 전체 시장을 공략하는 데 집중해야 한다. 다음 몇 장에서는 링크드인, 인스타그램, 레딧의 사례와 함께 쿠폰에서 예시를 살펴볼 것이다.

티핑 포인트에 관해 논하기에 앞서 유명한 전략에 대해 알아보자. '초대받은 사람만Invite-only' 전략은 대규모 네트워크에서 바이럴 성장을 통해 사람들을 끌어들이려고 할 때 자주 사용된다. 시장을 차지하기 위한 또 다른 방법은 '도구 보러 왔다가 네트워크에 빠지다Come for the tool, Stay for the network' 전략이다. 드롭박스를 예로 들어보자. 처음에 드롭박스는 파일 백업이나 업무용 컴퓨터와 가정용 컴퓨터 사이에 파일을 동기화하기 위해 사용됐다. 이것은 도구다. 하지만 결국 사용자의 체류 시간이 길어지면서 더 발전된 형태의 예들이 등장했다. 동료들과 폴더를 공유하는 것이다. 이것은 네트워크다. 그리고 그것이 효과가 없다면 어떤 상품은 '유료 론칭paying up for launch' 전략에 따라 네트워크를 구축하기 위해 언제나 돈을 쓸 수 있다. 마켓플레이스처럼 거래와 관련 있는 네트워크 상품의 경우 수요와 공급 측에 수백만 달러의 지원금을 써서 활동을 장려할 수 있다. 다만 그 대상은 소셜 네트워크에 콘텐츠를 제공하는 창작자, 승차 공유에서 돈을 벌고 있는 운전기사 등 다양할 것이다. 네트워크의 하드 사이드가 아직 활성화되지 않았다면 그 간극은 '플린트스토닝Flintstoning' 기법을 이용하여 스스로 채워 넣을 수 있다. 레딧에서 했던 것처럼, 결국 확장을 위해 자동화 및 커뮤니티 기능을 추가할 때까지 링크와 콘텐츠를 입력하게 하는 것이다.

이러한 전략들은 모두 엄청난 상상력이 필요하다. 이 장 마지막에서는 우버의 핵심 정신인 '언제나 저돌적으로Always Be Hustlin''(창의력과 분산된 팀워크로 지역화된 전략을 가지고 있다)를 소개하려고 한다. 때때로 다섯 번째나 백 번째 네트워크를 추가하는 데는 상상력과 사용자의 제품 참여도, 전술 변화 등이 필요하다. 티핑 포인트라는 목표를 달성하려면 광범위한 네트워크의 네트워크를 구축할 수 있도록 팀이 유동적이어야 한다.

12
초대받은 사람만
: 링크드인

"죄송하지만 이 앱에 등록하려면 초대를 받아야 합니다." 이런 메시지를 보고 기분 좋을 사람은 한 명도 없을 것이다. 새로운 사용자가 절실하게 필요할 때, 특히 콜드 스타트 단계에서 이런 메시지는 딱 봤을 때 적절하지 않아 보일지도 모른다. 우리 상품을 써보려고 하는 사용자를 왜 마다한단 말인가?

그러나 이러한 제약은 이른바 '초대받은 사람만 가입'이라는 상품 출시 전략의 핵심이다. 실제로 지메일, 링크드인, 페이스북 등 수많은 네트워크 상품에서 효과가 있었다.

초대받은 사람만 제품을 쓰게 하는 전술을 과장 광고의 방법 중 하나로 지지하는 사람도 있다. 흥미로운 신상품이 될 가능성이 있을 때 사람들로 하여금 소셜 미디어를 통해 친구들에게 초대장을 구할 수 있는지 물어보게 할 수 있기 때문이다. 사용자가 늘어나는 것을 통제할 수 있는 하나의 방법으로 초대장이 가치 있다고 말하는 사람들도 있다. 그래서 본격적으로 시장에 나가기 전에 버그를 수정하고 상품의 인프라를 확장할 수 있다고 말한다. 옳은 말이다. 하지만 그들은 네트워크 효과가 있는 상품에서 초대가 갖는 가장 중요한 의미를 놓치고 있다. 초대 메커니즘은 복사해서 붙여넣기와 비슷하다. 먼저 네트워크를 선별하고 사람들에게 초대장을 보내면 네트워크는 자동으로 이를 반복해서 복사할 것이다.

정확히 똑같은 일이 링크드인에서 일어났다. 2002년에 처음 설립된 링크드인은 전문직 사용자들 사이에서 어떻게 확산될 수 있을지 고민해야 했다. 당시 소셜 네트워킹과 전문적인 환경을 결합하는 것은 논란의 여지가 있었다. 주로 젊은 대학생에게 적용되는 사교적인 특징이 전문직 환경에서 적용될 수 있을지 명확하지 않았다. 사람들은 친구에게 사진을 공유하고, 자신의 상태를 업데이트하고, 초대장을 보내지만 과연 직장 동료들에게도 그렇게 할까? 게다가 일자리를 찾는 데 쓰이기도 하는 웹 사이트에서 사적인 프로필을 만들고 싶어할까? 당시 대다수는 아니라고 대답했지만 7억 명에 가까운 사람들이 사용자 등록을 했고 그 결과 260억 달러의 대출을 마이크로소프트에 안겨주었다. 내가 보기에 우리는 예스라고 대답할 수 있었다. 처음에는 그렇게 분명하지 않았다.

나는 링크드인의 공동창립자이자 초기 CEO인 리드 호프먼과 함께 그들이 GTM go-to-market 도전에 대해서 어떤 생각을 했는지 이야기했다. 리드는 모든 면에서 링크드인의 상징이다. 어떻게 해서 친구들과 멘토들을 링크드인으로 데려올 수 있었는지 초창기에 관한 이야기를 들려주는 리드에게는 사람들과 어울리기 좋아하는 친화력과 카리스마가 있었다.

우리는 개인적인 대화를 하며 금세 서로 친해졌다. 영상통화를 하면서 그의 뒤로 보이는 벽을 통해 그가 범고래 조각을 만들고 있다는 것을 곧바로 알아챘다. 나중에 들어보니 리드는 코로나 바이러스를 피해 임시로 내 고향인 시애틀 부근의 산후안 제도로 이주한 상태였다. 그곳은 내가 어린 시절 가장 좋아하던 장소였다. 리드 역시 그곳을 무척 좋아했다. 태평양 북서부 지역에 관해 서로 이야기를 나누면서 우리는 본격적인 주제인 링크드인의 초창기 시절로 돌아갔다.

리드는 아주 초기부터 전문직 네트워크에 관해 거미줄 같은 연결망이 있는 것은 사실이지만 위계질서가 있다는 것 역시 사실이라고 생각했다. 리드는 링크드인의 초창기 네트워크를 다음과 같이 설명했다.

전문직 위계질서의 가장 위에는 빌 게이츠 같은 사람이 있습니다. 그는 자신이 처리할 수 있는 것보다 훨씬 더 많은 소개 요청을 받고, 그를 아는 모든 사람이 빌 게이츠에게 누군가를 소개해주고 싶어할 것입니다. 출시 당시, 링크드인은 빌 게이츠와 같은 사람들에게는 말이 안 되는 일이었을 겁니다. 하지만 계속 열심히 일하는 중간 계층의 성공한 사람들이 존재합니다. 이들은 소개 요청을 많이 받지는 않지만 실제로 만남을 이끕니다. 진짜 효과가 나

타나는 곳은 중간 계층입니다.[30]

위계질서의 중간층에 있는 초기 네트워크에 씨를 뿌리기 위해, 상품은 초대장 있는 사람만 가입할 수 있게 설계되었다.

링크드인 론칭 첫 주에 직원과 투자자는 원하는 만큼 초대장을 보낼 수 있었지만 웹 사이트에 등록할 수는 없었습니다. 우리는 계획적으로, 연결하는 데 시간이 걸리길 바라는 성공한 중간층 전문직과 함께 씨를 뿌렸습니다.

초대장을 보낸 인재 계층 외의 다른 인재 계층은 물론이고 상품 포지션도 적절해야 한다. 리드에 따르면, 중요한 것은 링크드인이 한 번도 스스로를 '구직' 상품이라고 명시한 적이 없다는 점이다. 이것이 우려가 되는 이유는 동료들이나 상사가 볼 수 있을 경우 어떤 사이트에서 눈에 띄는 것은 구설수에 오를 가능성이 있기 때문이다. 따라서 그 사이트는 피하는 것이 안전하다. 링크드인은 직업 네트워킹 서비스로서 더 유연한 포지셔닝을 받아들였다. 프로필이 있고, 사람들과 연결이 되고, 물론 새 일자리를 찾을 수도 있었지만 그것은 단지 많은 기능 가운데 하나였다. 이 말인즉슨 누군가 링크드인 초대장을 받는다면 회원 가입을 하고 다른 사람들을 초대할 가능성이 높다는 뜻이다.

링크드인은 첫 주부터 폭발적으로 성장세를 보였다. 초대장이 있어야만 가입할 수 있는 기능 때문이었다. 처음에는 창업 멤버들

의 주소록을 대상으로 초대를 했지만, 그 후로는 합류한 이들이
자신의 주소록에 있는 사람들을 초대하기 시작했다. 이것이 현재
사용 중인 복사하여 붙여넣기 메커니즘이다. 링크드인에서 선별
한 네트워크로 그들의 주력 상품에 가입할 수 있는 초대장을 보내
고, 생각이 비슷한 사람들과 함께 네트워크가 확장하는 모습을 지
켜보는 것이다. 중앙집중형 PR 기반의 론칭보다 이 방법이 더 우
수하다. 중앙집중형 PR 기반의 론칭은 용두사미가 되거나 지리,
산업, 인구통계 등에 따라 효과가 분산될 수 있다. 초대장이 있어
야만 하는 방식의 역학관계는 최초로 가입한 수십 명의 사용자에
게 이미 유용한 네트워크 상품을 확대한다. 이러한 초기 설정이
끝나면, 초대장은 계속해서 성장할 밀도 높은 네트워크를 끌어들
일 것이다. 링크드인 초기 팀의 리 하위는 초반에 초대장이 어떤
식으로 폭발적으로 증가했는지에 대해 다음과 같이 설명한다.

리드를 비롯한 창립 멤버들은 모두 론칭하는 날 직업상 관련이 있
는 사람들에게 초대장을 보냈다. 우리는 그들에게 v1 상품을 테스
트하고 있으며 직업적으로 아는 사람들을 초대해달라고 부탁했
다. 모두 합해 아마 2000명 정도 됐던 것 같다. 사실상 첫째 주에
회원 가입을 한 사람 모두가 스타트업 생태계의 일부였고, 직간접
적으로 링크드인 팀과 관련이 있었다(그래서 동료, 친구의 새 프
로젝트를 흔쾌히 살펴봐주었다).[31]

초대장이 있어야만 한다는 요구 조건은 링크드인의 경우 오래

가지 않았다. 두 번째 주에 핵심적인 네트워크는 이미 강력해졌고, 뉴스에서 링크드인에 관해 듣고 온 사람들을 회원 가입 할 수 있게 하자는 결정이 내려졌다. 사용자들은 이제 초대장 없이 회원 가입을 할 수 있었다. 유력한 인맥이 많고, 야심 있는 실리콘밸리의 기업인과 투자자로 구성된 초창기 그룹이 도움이 되어주었다. 그들은 리드가 링크드인의 '진정한 신자'라고 부르는 광범위한 기반을 갖춘 훨씬 더 중요한 사람들을 끌어들일 수 있도록 소문을 내기 시작했다. 베이 지역의 기술 커뮤니티 사람들은 시간이 흐르면서 조금씩 알게 됐지만, 진정한 신자들이 깊숙이 개입하면서 전 세계로 널리 퍼지고 기하급수적으로 성장했다.

몇 주 안에 링크드인은 티핑 포인트에 도달한 것이 분명해 보였다. 링크드인은 사용자를 사로잡았고, 기술업계의 얼리어답터를 뛰어넘는 가치가 있었다. 전 세계의 수많은 네트워크가 빠르게 가입하기 시작했고, 링크드인은 직업 인맥 쌓기라는 카테고리를 재정의하게 될 것이었다. 지배적인 글로벌 소셜 네트워크가 되기 위한 싸움은 마이스페이스, 페이스북, 하이5, 태그드, 비보 등 십여 곳 사이에서 일어났지만, 직업 네트워크 카테고리는 거의 경쟁이 없었다. 링크드인은 경쟁자들이 등장하기 전에 빠르게 시장에 진출했고, 결국 이 카테고리의 승자가 되었다.

물론 링크드인은 하나의 사례일 뿐이다. 초대의 역학관계가 링크드인에만 있는 것은 아니다. 그리고 초대는 신제품을 시장에 들여오기 위한 표준적인 전술의 일부가 되었다. 유명한 이야기지만 페이스북은 처음에 회원 가입을 하려면 'harvard.edu'라는 이메일 주소가 필요했다. 이는 모든 사람이 서로를 신뢰하는 원자 네트워크를 규정하는 동시에 학교별 론칭에 관하여 생각할 수 있는 명시적인 방법을 제공하고 있다. 몇 년 뒤 슬랙은 비슷한 전술을 도입하여 기업 이메일 도메인을 누가 어떤 네트워크에 가입할 것인지 규정하는 방법으로 사용했다. 이는 모두 영리한 방법이며, 초대장 전략은 종종 고립에 대한 공포심을 이용하는 것으로 묘사되는 일이 많지만 사실 그것이 핵심적인 동력은 아니다. 신제품이 네트워크를 신중하게 선택하고, 그런 다음 유사한 네트워크를 복사하여 붙여넣을 수 있도록 초대장을 구현하면, 그 상품은 시장을 접수할 만큼 성장할 수 있다.

환영 체험

초대장의 역학관계는 새로운 사용자들에게 환영 체험을 제공한다. 그 이유를 설명하기 위해 대규모 디너 파티에 참석한다고 생각해보자. 파티장 안으로 들어갈 때 친구들이 반겨준다. 그리고 지인들과 친한 친구들, 매력적인 새로운 사람들을 만난다. 이것이 디너 파티의 손님으로서 할 수 있는 이상적인 체험이라면, 이는 또한 신상품에 대한 체험으로서 몇 손가락 안에 들어가는 최고의 후보에 대한 적절한 은유이기도 할 것이다. 초대장은 이를 수월하게 해준다. 회원 가입을 한 새로운 사용자들은 모두 이미 최소 한 사람, 즉 그들을 초대한 사람에게 연결되어 있기 때문이다. 몇 사람만 있으면 쓸모가 생기는 슬랙이나 줌 같은 상품에 하나 이상의 연결을 보장한다는 것은 콜드 스타트 문제 해결을 향한 약진이다.

수학적으로는 오히려 효과가 큰 경우가 많다. 초반에 초대받은 사람일수록 많이 연결되어 있을 확률이 높고, 결국 초대받은 사람들은 많이 연결된 다른 사람들을 초대한다. 연결이 더 많은 연결을 부른다. 이로 인해 사교적인 사람들의 디너 파티가 열리게 된다. 이는 새로운 네트워크를 론칭할 때 어마어마하게 큰 도움이 된다. 나는 소셜 앱과 우버에서 초대 기능을 작업하면서 이러한 광경을 직접 목격한 적이 있다. 로그인한 상태에서 '친구 찾기'라고 표시되는 초대 과정의 일부로 사용자에게 이메일과 주소록을 가져와달라고 요청하는 경우가 많다.

초창기 네트워크 분석은 흥미진진하다. 초창기 사용자들은 보통 가지고 있는 연락처가 수천 개를 훌쩍 넘어가며, 이를 통해 사람을 초대하는 경우가 많다. 이러한 수학적 성질에 대한 최종 결론은 얼리어답터들이 금세 수십 명의 친구 및 동료와 바로 연결될 수 있다는 것이다. 또다시 사교적인 사람들의 디너 파티가 열린다.

링크드인 역시 시간이 지나면서 초대장의 역학관계를 정교하게 가다듬었다. 초기에 링크드인은 아주 기본적인 것에서부터 시작했다. 사용자에게 '연결'이라고 쓰인 커다란 파란 버튼을 이용하여 서로 연결해달라고 부탁했다. 데이터를 통해 주요 작업을 연결하면 앱 전반에 걸쳐 참여를 촉진하여 중심 작업이 될 것이 분명했다. 새로운 사용자들은 더 많은 사람을 초대하기 위해 이메일 주소를 가져오라는 부탁을 받았다. 각각의 연결 요청 이후에 사용자에게 더 많은 추천 화면이 보였다. 다른 사람의 주소록에 나오는 신입 사용자들에게는, 자신의 주소는 불러오지 않고 건너뛰게 했다 할지라도, 회원 가입 직후에 연결할 대상을 추천했다. 거미줄 같은 연결망을 깊이 파고들어 '알 수도 있는 사람'을 추천할 수 있었다. 이는 오늘날에도 여전히 사용되는 기능으로 네트워크의 밀도를 높여 강력한 네트워크 효과를 구축하는 동력이 된다. 링크드인 네트워크의 밀도가 높아질수록, 신입 사용자들이 멋진 초기 경험을 할 가능성이 높아진다.

과장과 배타성

초대장 메커니즘은 소셜 미디어에서 입소문이 나게 하는 것과도 밀접한 관계가 있다. 배타적인 상품을 사용해볼 수 있는 초대장을 가지고 있는 사람들은 칭찬이나 비판을 비롯해 어떤 평가가 담긴 글을 게시할 것이다. 초대장이 없는 사람들은 초대장을 요구할 것이다. 초대장이라는 희소성과 배타성의 역학관계에 의해 토론, 때로는 논쟁이 벌어진다. 이것은 차례로 더 많은 관심과 참여를 끌어낼 것이다. 됐다!

지메일은 2004년 만우절에 최초로 초대장이 있어야만 가입할 수 있는 상품으로 출시되었다. 지메일은 1기가바이트의 저장 용량을 제공했는데, 당시는 다른 메일들의 저장 용량이 메가바이트 수준인 때였다. 원래 생각은 광고를 하려던 것이 아니었다. 지극히 현실적인 이유였는데, 지메일을 실행하는 인프라가 사용자 수의 급증을 감당할 수 없었다. 따라서 초대장 전략을 이용한 것이었다.

지메일은 결국 누구도 가져가려고 하지 않았던 300대의 낡은 펜티엄 3 컴퓨터에서 운영하게 되었다. 그 정도면 회사가 계획한 제한적 베타 버전을 출시하기에 충분했다. 1000명의 외부인에게 계정을 선물하는 것도 포함되어 있었다. 그들은 각각 두 명씩 친구를 초대할 수 있었다. 거기서부터 서서히 수를 늘려나갔다.[32]

하지만 얼마 지나지 않아 지메일이 큰 인기를 끌 것이라는 사실이 명백해졌다. 초창기 10명의 직원 중 한 명인 조지 하릭은 이렇게 말했다.

지메일이 대박이라는 사실이 분명해지자 초대장은 선망의 대상이 되었다. 제한적인 출시는 어쩔 수 없는 것이었지만, 부작용이 있었다. 모든 사람이 더 받고 싶어했다. 지메일은 기술사에서 최고의 마케팅 의사결정 중 하나로 칭송받고 있지만 어느 정도 의도하지 않았던 것도 있다.

사람들은 지메일을 사용할 수 있는 초대장을 사고팔기 시작했다.

이베이에 올라온 초대장의 가격은 150달러부터 시작해 그 이상으로 치솟았다. 지메일 교환Gmail Swap 같은 사이트가 등장하여 초대장이 있는 사람과 초대장을 간절히 원하는 사람을 연결해주었다. 핫메일이나 야후메일을 가지고 있는 것은 약간 쑥스러운 일이었고, 지메일을 가지고 있다는 것은 아무나 들어가지 못하는 클럽에 속해 있다는 것을 의미했다.

먼저 사용해보기 위해서 다툰다는 것이 어리석어 보일지도 모르지만, 최초 몇 개월 안에 탑승하면 영원히 남을 만한 이점이 있다. 일찍 가입한 사용자들은 자신이 원하는 아이디를 손에 넣을 수 있다. frank@gmail.com 같은 주소를 바로 차지해버릴 수 있는 반면, 늦게 가입한 사람들은 frankthetank2000@gmail.com에 만족해야 한다. 소셜 네트워크에는 이와 유사한 인센티브가 있다. 일찍 가입한 사용자는 언젠가는 높은 지위를 상징할 수도 있는 짧고 간결한 사용자 이름을 가질 수 있다. 수십 년 전 웹 서비스가 시작되었을 때 Insurance.com이나 VacationRentals.com 같은 도메인을 구입한 얼리어답터의 의사결정이 인생을 바꿀 수도 있다. 도메인이 수천만 달러에 팔리고 되팔릴 수도 있기 때문이다.

초대장을 이용하여 가입하는 방식이 그렇게 대단하다면 왜 그 방법을 더 많이 사용하지 않는지 묻는 사람도 있을 것이다. 그럴 만한 이유가 있다. 위험 가능성이 커 보이기 때문인데, 이는 높은 수준의 성장률이 나타날 가능성을 제거할 수 있기 때문이다. 새로 가입한 사람들이 서로 연결될 수 있도록 추가적인 기능을 많이 구축해야 한다. 많은 사람이 초대장 없이 나타났다가 가버릴 수도 있다. 대규모 론칭을 하는 회사의 관점에서 볼 때는 왜 가입자 수를 제한하는지 이해할 수 없을 수도 있다. 새로운 사용자들이 나타나지 않고 다른 사용자들과 교류하지 않는다면 네트워크의 크기가 지나치게 작아질 수도 있다. 콜드 스타트 문제가 생길 수 있다는 뜻이다.

하지만 실제로 많은 상품이 초대 전용으로 론칭했는데, 이는 네트워크 상품의 경우 어마어마한 이점이 있기 때문이었다. 이럴 경우 초창기 네트워크는 하나의 커뮤니티로서 응집력이 생기고, 연결의 밀도가 높아지며 입소문을 타고 자연스럽게 성장하게 된다.

고품질 네트워크의 선별

"별점 5점 주세요!" 지금까지 좋아하는 앱에서 이런 화면을 한 번쯤 보았을 것이다.

마켓플레이스, 데이팅, 앱 스토어, 음식 배달 같은 상품 카테고리에서는 우리에게 리뷰와 평가를 부탁한다. 이 카테고리들은 신뢰와 안전, 고품질이 핵심적인 경험이기 때문이다. 이 중 일부는 네트워크에 있는 사람들을 고른다. 하지만 나머지는 사용자들에게 다른 사람과 교류하는 방법을 가르치고 상품 내부의 '규칙'을 강요한다. 품질은 품질을 낳는다. 이 카테고리 안에 있는 네트워크 상품은 품질 측면에서 소비자들을 강하게 끌어당긴다. 그런 이유로 기업들은 초기 네트워크를 엄선(또 다른 형태의 초대 전용 전술)하기 위하여 그들을 신중하게 고르는 경우가 많다.

(처음에 부르던 대로) 우버캡은 앱에서 버튼을 누르면 리무진이 나타나는 고급 승용차 렌트 서비스로 출발했다. 공동창립자들과 임원들은 운전기사를 네트워크에 투입하기 전에 사적으로 만나서 업무를 효과적으로 하는 방법과 지식을 전해주었다. 당시 우버캡은 면허가 있는 전문적인 리무진 운전기사를 상대하고 있었지만, 그럼에도 우버캡에서는 어떤 식으로 서비스가 돌아가는지, 다른 운전기사와는 어떻게 소통하는지, 문제가 발생하면 어떻게 처리하는지 등에 대해 예상되는 일들을 설명해주었다. 그러자 계약해서 활성화(운전기사가 실제로 현장에서 운행하는 것)하는 비율도 높아졌다. 고위 임원들의 대면 신입사원 교육이 늘 회사 전체로 확대될 수는 없겠지만 신입사원에게 회사의 분위기를 전달할 수 있는 문화적 규범과 고품질의 네트워크를 확립할 수 있게 해준다. 따라서 때로는 그만한 가치가 있다. 이러한 프로세스를 강화하고 확장하기 위해서 리뷰나 고객지원, 평가 등 그 원인을 분석(별점 1점을 누르면 선택지가 나와서 그 원인이 난폭 운전인지, 올바른 경로로 가지 않아서인지 선택할 수 있게 하는 것과 비슷하다)하는 상품의 내부 기능이 추가될 수 있다.

물론 대면 인터뷰를 전체적으로 확장할 수는 없다. 그보다 현실적인 방법은 이 모든 것을 소프트웨어를 이용해서 하는 것이다. 그리고 결국 우버는 소프트웨어로 이를 구현했다. 앱 내부 대기자 명단에 오르는 경험에는 큰 이점이 있다. 예를 들어, 로빈후드Robinhood는 수수료가 없는 온라인 중개업체로 멋지고 널리 기대를 불러일으키며 론칭을 했다. 그리고 론칭할 때 가입한 사용자들을 대기자 명단에 올렸다. 백엔드에서 로빈후드 팀은 서버에 무리가 가지 않도록 페이스를 조절하며 서서히 사람들을 가입시켰다. 로빈후드의 운영자들은 대기자 명단에 있는 사용자들에게 트윗 등의 소셜 미디어에 글을 올려달라고 부탁했고 결국 공개하기도 전에 벌써 100만 명의 사용자가 방문했다. 또 다른 방법으로는 대기자 명단에 있는 사용자들에게 잠재적 사용 용례를 비롯하여 자신에 대한 자세한 정보를 제출하도록 하여 초기 네트워크를 형성하기 위해 선별된 소수의 사용자가 유입되도록 하는 것이다.

초대 전용 상품이 네트워크를 엄선하는 방법

초대 전용 전략은 강력하다. 제대로 실행된다면 초기 원자 네트워크에 있는 사람들은 자석처럼 더 많은 사용자를 끌어들일 것이다. 그들은 네트워크가 스스로 여러 번 복사하고 붙여넣게 하여 시간이 흐르면서 더 많은 인근 네트워크를 끌어들인다.

신상품을 만드는 사람이 무수히 많은 시간을 경험을 설계하는 데 쓰는 것처럼, 네트워크 상품을 만드는 사람에게는 추가적으로 해야 할 일이 있다. 커뮤니티나 시장 혹은 다른 네트워크에 가입하는 신규 회원들이 올바른 경험을 할 수 있도록 적절한 사람들을 선별하는 것. 좋은 상품 설계사라면 기능의 아이디어들이 무작위로 신규 앱의 최종 버전에 더해지는 것을 허락하지 않을 것이다.

그리고 동일한 방식으로 신중한 네트워크 설계자는 초기에 가입하는 사람을 무작위로 선발하도록 허락하지 않을 것이다.

링크드인이 바람직하지 못한 사용자들과 함께 시작했다면 진정한 신자를 위하여 지속적으로 업무를 하는 데 도움을 주는 자석과 같은 존재가 되지는 않았을 것이다. 틴더가 USC 이외의 지역에서 시작했다면(이를테면 작은 시골 도시), 캠퍼스에서 캠퍼스로, 또 대도시로, 계속해서 구축되지는 않았을 것이다. 전체 전략을 바꾸었을 가능성이 크다.

네트워크 상품의 경우, 네트워크의 선별이 그 상품의 설계만큼이나 중요하다. 누가 이 네트워크에 있을까? 왜 이곳에 있을까? 서로 어떤 식으로 소통할까? 누가 우리 네트워크에 최선일지를 생각하는 세심한 관점에서 시작한다면 네트워크의 매력, 문화, 궁극적인 궤적을 정의할 수 있을 것이다.

13
도구 보러 왔다가
네트워크에 빠지다
: 인스타그램

COME FOR THE TOOL ←

'도구를 보러 왔다가 네트워크 때문에 떠나지 않는다'는 네트워크를 론칭하고 확장하는 가장 유명한 전략 가운데 하나다. 시작은 훌륭한 도구다. 도구는 한 명의 사용자에게도 공공재로서 유용한 상품 체험이다. 그리고 시간이 흐름에 따라 사용자를 네트워크를 활용하는 일련의 사용 사례로 바꾼다. 여기서 네트워크는 다른 사용자와 협업하거나, 공유하거나, 소통하거나, 아니면 상호작용하는 부분이다.

이 전략의 최고 사례 중 한 가지를 설명하기 위해 먼저 앱 스토어의 탄생에서부터 시작해야겠다.

아이폰이 처음 출시되었을 때는 앱이 많지 않았다. 처음 2년 동안 약 5만 개의 앱이 공개되었다. 오늘날 700만 개가 존재하는 것에 비하면 매우 적은 수치다. 하지만 이들 앱 중에서도 극히 일부가 갑자기 성장하기 시작했다. 특히 어떤 앱은 2009년 9월 사진에 열정이 있었던 두 명의 젊은 기업인이 디자인과 코딩을 했다.

그 앱은 무엇을 했을까? 글쎄, 그 앱은 어디서나 볼 수 있는 모바일 사진의 스타일을 대중화시켰다. 어떤 사진이라도 최신 유행하는 빈티지 사진 필터를 적용하여 아름답고 소셜 미디어에 공유할 만한 사진으로 바꾸어주겠다고 약속했다. 순식간에 수백만 건이 설치됐고, 〈뉴욕타임스〉에서 크게 다루었으며, 다수의 과장된 리뷰를 받았다. 다음은 포켓린트 블로그에 올라온 한 가지 예시로, 초창기 커뮤니티 관리자 마리오 에스트라다의 말을 인용하고 있다.

첫 한 달 동안 과장 광고가 늘어나면서 몇몇 국가에서는 상위 10위권에 올랐다. 그런 다음 페이스북에 띄워진 사진들을 보기 시작했고, 우리가 이 커뮤니티를 수용하여 사람들이 자신의 사진을 제출하는 콘테스트를 만들어야 한다는 사실을 깨달았다. 반응은 믿기 어려울 정도였고 우리는 그때 이것이 우리보다 더 크다는 것을 깨달았던 것 같다.[33]

새 플랫폼의 등장과 함께 배포된 킬러 앱, 그 앱의 사용자 수는 수백만 명이었고 다른 어느 경쟁자보다 크게 앞서 있었다. 큰 성공을 거둘 수밖에 없었을 것이다. 그렇지 않은가?

이 앱은 바로 힙스타매틱이었다. 인스타그램이 아니라니!

힙스타매틱을 만든 사람들은 위스콘신주 출신의 라이언 도쇼스트와 루카스 뷰익이었다. 그리고 힙스타매틱은 다가오는 미래에 모바일 사진에 대하여 사람들이 갖게 될 어마어마한 욕구를 보여주었다. 2010년 애플은 최초의 '올해의 앱'에서 플립보드Flipboard, 식물 대 좀비 Plant vs. Zombie, 오스모스Osmos[34]와 함께 힙스타매틱을 올해의 앱으로 선정했다. 힙스타매틱은 소비자에게도 사랑받았다. 사람들은 이 앱에서 나오는 사진의 복고적인 분위기를 좋아했다. 그리고 아이폰 최초의 앱으로서 이처럼 올해의 앱으로 인정받게 되자 그 결과 추가로 수백만 건이 다운로드됐다.

그러나 힙스타매틱의 디자인은 이상했고 마찰을 일으켰다. 이 앱을 사용하려면 가상의 카메라와 상호작용을 하고 가상의 렌즈 세트를 찾아다녀야 했고, 필터가 내 사진에 어떤 영향을 미치는지 보여주는 다중 탭이 필요했다. 〈뉴욕타임스〉는 힙스타매틱을 언급한 기사에서 힙스타매틱이 어떻게 "사진을 찍는 사이에 10초 정도 기다리게 하는지, 그래서 사람마다 숫자를 세게 하는지"[35] 설명했다. 이 앱의 가격은 1.99달러였다. 사용자들은 이 앱을 사용하려면 돈을 내야 했다. 그리고 가장 중요한 것은 힙스타매틱은 하나의 도구였다. 사진에 필터를 적용하고 나면 사진은 내 카메라 저장 공간에 저장된다. 다른 소셜 네트워크에는 직접 올려야 했다. 이 모든 문제 때문에 거대한 경쟁자가 등장할 틈을 내주었다.

힙스타매틱이 큰 성공을 거두었던 해에 케빈 시스트롬과 마이크 크리거는 샌프란시스코의 '피어 38'에 있는 사무실에서 버븐Burbn을 인큐베이팅하고 있었다. 버븐은 내가 회사에 있기 전인

2010년 앤드리슨 호로위츠를 비롯한 투자사들에게 초기 투자 자금으로 50만 달러를 지원받았다. 버븐은 위치 찾기, 친구와 함께 계획 짜기, 가장 중요하게는 사진 공유를 위한 브라우저 기반의 앱을 구축하기 위해 열심히 일하고 있었다. 기능은 많았지만 한 가지 문제점이 있다는 것이 점차 분명해지고 있었다.

여러 달 동안 버븐 관련 일을 하면서 케빈과 마이크는 버븐이 너무 복잡해지고 있으며 포스퀘어Foursquare(당시 큰 성공을 거두었던 위치공유 서비스 앱)를 향해 달려가고 있다는 사실을 깨달았다. 다시 집중해야 할 때였다. 힙스타매틱 팀은 그 앱의 가장 좋은 기능을 바라보면서 사진에 집중했고, 나머지는 모두 없앴다. 케빈 시스트롬은 힙스타매틱을 다시 만들게 된 일을 자세하게 설명했다.

우리는 한 가지 일을 정말 잘하는 데 집중하고 싶었습니다. 우리는 모바일 사진을 새로운 아이디어를 테스트하는 하나의 좋은 기회로 보았습니다. 일주일 동안 사진에만 초점을 맞춘 시제품을 만들었습니다. 아주 끔찍했습니다. 그래서 버븐의 원래 버전으로 돌아갔습니다. 실제로 버븐의 전체 버전을 하나의 아이폰 앱으로 만들었습니다만, 어수선하고 기능이 지나치게 많은 것 같다는 기분이 듭니다. 처음부터 다시 시작하기로 결정하기까지 정말 어려웠지만, 우리는 위험을 감수하기로 했습니다. 그래서 사진과 댓글, 좋아요 기능을 제외하고 사실상 버븐 앱에 있는 모든 것을 잘라버렸습니다. 남은 것이 인스타그램입니다. (이름을 바꾼 이유는 인스타그램 ─ 일종의 인스턴트 텔레그램 ─ 이 우리가 하고 있는 일을 더 잘 포착하고 있다고 생각했기 때문입니다. 또한 카메라 같은 소리도 납니다.)[36]

중요한 점은 인스타그램이 처음부터 네트워크를 고려하여 만들어졌다는 것이다. 사용자 프로필, 피드, 친구 요청, 초대장 등을 비롯한 현대 소셜 네트워크의 다양한 기능이 갖추어져 있다. 인스타그램은 인기 피드를 추가해 네트워크 안을 탐색하는 데 도움을 주었고, 완벽한 정사각형의 640×640픽셀 사진이라는 제한을 두었다. 페이스북에 사진을 공유하는 기능이 있었지만, 중요한 점은 공유된 사진마다 인스타그램으로 되돌아오는 링크가 포함되어 있었다는 것이다. 이로 인해 입소문을 탈 수 있었다. 앱에 들어 있는 사진 필터는 힙스타매틱보다 더 직접적으로, 불필요한 디자인적 요소가 덜 가미되는 방식으로 구현되어 필터를 탭하면 즉시 그 효과를 볼 수 있다. 또한 중요한 점은 인스타그램이 무료 앱이 된다는 사실이었다.

인스타그램 팀은 힙스타매틱에서 입증된 장점에 네트워크 효과를 더했다. 그 결과는 환상적이었다. 인스타그램은 2010년 10월 6일 앱 스토어를 통해 출시됐고, 첫 주말 동안 다운로드 횟수만 10만을 넘어섰다. 그로부터 두 달 뒤에는 100만을 넘어섰고 이를 기반으로 성장했다.[37] 오늘날까지 인스타그램은 여전히 가장 빠르게 성장하는 앱 가운데 하나다.

흥미로운 점은 처음 몇 달 동안 중요한 것이 사회적 기능이 아니

었다는 것이다. 론칭한 지 반년이 지났을 때 테크크런치Techcrunch
에 올라온 분석 기업 RJ 메트릭스의 기사는 인스타그램의 APIAp-
plication Programming Interface를 분석하고 사용자의 65퍼센트가 아직까
지 네트워크에 있는 사람들을 팔로잉하지 않는다고 결론지었다.
대신 참여가 일어나는 곳은 사진 편집과 관련된 부분에 집중되어
있었다. 그리고 "인스타그램의 220만 사용자들은 일주일에 360만
점(또는 1초에 6장)의 새로운 사진을 업로드한다"[38]고 언급했다. 바
꿔 말해 인스타그램은 처음에 하나의 도구로 사용되고 있었다는
말이다. 공짜에 디자인도 더 좋은 힙스타매틱! 네트워크는 그 다
음이었다.

이처럼 론칭을 하고 난 이후 인스타그램은 더욱 빠르게 성장하
기 시작했다. 청중이 늘어나면서 유명 인사가 나타나기 시작했다.
예를 들어, 2011년에는 테니스 선수 세리나 윌리엄스와 가수 드레
이크, 저스틴 비버, 브리트니 스피어스 등이 첫 번째 사진을 게시
했다. 귀여운 강아지, 여행지, 모델 등을 다루는 인기 인스타그램
계정은 플랫폼을 규정하는 '인플루언서influencer'가 되었다. 이들 인
플루언서와 유명 인사, 기업, 밈 계정을 비롯한 많은 사람이 모두
콘텐츠를 만들기 위해 합류하여 네트워크 밀도를 쌓고 참여를 높
인다. 론칭 이후 18개월이 흘렀을 때 페이스북은 인스타그램을 주
식과 현금 10억 달러에 인수했다.

포토 필터가 인스타그램 비상의 시작이었지만 지속되지는 않
았다. 이와 유사하게, 시간이 흐르면서 상품의 '도구' 부분(포토 필
터)은 중요성이 줄어들었다. 사용자들이 #nofilter라는 태그를 다는

경우가 많아졌기 때문이다. 최근 한 분석에 따르면 방대한 사진 (82퍼센트[39])이 필터를 전혀 거치지 않는다고 한다. 론칭 이후 8년 이 흐르자 네트워크 효과는 사진편집기의 유용성을 완전히 대체했다. 네트워크는 늘어가고 도구는 줄어든다. 돌이켜보면 이것은 역사상 최고의 기술기업 인수 중 하나로 여겨진다. 독립적인 개체로 보았을 때 인스타그램은 충분히 수천억 달러의 가치를 올리고 있다. 활동적인 사용자가 10억 명이 넘고 페이스북의 한 부분으로서 200억 달러의 매출을 올렸다. 괜찮은데?

훌륭한 도구가 전체 시장에 미치는 영향

힙스타매틱이 훌륭한 도구를 만들었지만, 네트워크 효과를 이용하여 시장을 평정한 것은 인스타그램이었다. 인스타그램과 힙스타매틱의 이야기는 아마도 크리스 딕슨의 2015년 에세이 〈도구보러 왔다가 네트워크 때문에 떠나지 못하네〉로 유명해진 전략의 표준적인 사례일 것이다. 크리스는 다음과 같이 썼다.

> 부트스트랩 네트워크를 위한 인기 전략은 내가 "도구 보러 왔다가
> 네트워크 때문에 떠나지 못하네"라고 부르는 것이다.
> 이 아이디어는 초기에 1인 플레이어 도구를 이용하여 사용자를
> 끌어들인 다음, 시간이 흐르면서 네트워크에 참여하게 하는 것이
> 다. 도구는 초기 임계질량에 도달하는 데 도움을 준다. 네트워크

는 사용자에게는 장기적인 가치를, 기업에게는 대체 불가능성을 창출한다.[40]

사진 앱 이외에도 수많은 분야에 다양한 사례가 존재한다. 구글 워크스페이스는 사람들이 문서, 스프레드시트, 프레젠테이션 등을 제작할 수 있는 도구를 제공할 뿐만 아니라 협업 편집, 댓글 등과 같은 네트워크 기능도 제공한다. 마인크래프트나 심지어 스트리트파이터 같은 고전 게임도 컴퓨터를 상대로 게임을 할 수 있는 1인용 모드나 친구들과 함께 즐길 수 있는 멀티 프레이어 모드에서 플레이할 수 있다. 옐프는 사실 지역 비즈니스를 검색하면 주소와 전화번호를 보여주는 디렉터리 도구로 시작했지만, 결국 사진과 리뷰 데이터베이스를 확장했다.

'도구 보러 왔다가 네트워크 때문에 떠나지 못하네'는 PR, 유료 광고, 인플루언서, 영업, 다수의 신뢰할 수 있는 채널 등을 이용하여 콜드 스타트 문제를 피해서 네트워크를 전체 네트워크에 수월하게 선보이도록 해준다. 네트워크는 원자 네트워크의 크기에 대한 요구조건을 최소화하여 전체 네트워크와의 싸움을 유리하게 해준다. 사진 공유든 식당 정보든, 콜드 스타트 이론의 프레임워크에서 이 전략은 머릿속에 그려볼 수가 있다. 사실상 도구는 네트워크가 작을 때 네트워크 효과 곡선 값이 떨어지지 않게 하는 데 도움을 준다.

개념적으로 볼 때, 우리는 네트워크 효과의 S자 곡선─네트워크가 임계질량 아래에 있으면 작고, 네트워크가 임계질량을 뚫고

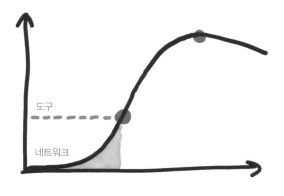

도표 10 | **도구의 역할**

지나가면 높은—을 상상할 수 있다. 도구가 있으면 사실상 이 S자 곡선에 점선을 덮어씌우는 것이다. 도구는 상품의 가치에 대한 지지대 역할을 한다. 네트워크에 아무도 없을 때도 네트워크를 유용하게 하기 때문이다.

도구와 네트워크가 교차하는 지점에서는, 결국 중심점이 생겨야 한다. 기계적으로 이는 여러 방식으로 일어난다. 인스타그램이 다른 사람들의 사진을 보여주는 피드를 앱에 개방하기로 한 결정처럼 단순할 수 있다. 하나의 도구로서 먼저 사진 편집 인터페이스를 보여주는 것이 더 효율적일지도 모르지만, 인스타그램은 피드, 인기 사진, 추천 수 등을 보여주어 네트워크를 강조하고 있다. 좋아요와 팔로우로 채워진 빨간 숫자가 적혀 있는 커다란 공지 아이콘은 네트워크 기능을 더욱 강조하고 있다. 직장의 경우, 메모를 위해 구글 독스를 사용하는 직원이 한 예가 될 수도 있다. 하나의 문서를 링크로 공유하는 것은 쉽기 때문에, 동료들도 간단히 코멘트를 하거나 바꿀 곳을 제안하거나 직접 수정을 할 것이다. 이것이 네트워크의 기능이다.

도구에서 네트워크로의 변화는 특수한 전략이다. 모든 네트워크가 이런 식으로 구축되는 것은 아니다. 틴더는 1인용 모드가 없으며, 슬랙이나 와츠앱 같은 통신 앱도 마찬가지다. 이들은 자신의 원자 네트워크를 빨리 구성해야 하는 상품이다. 이는 임계질량이 작을수록 좋은 이유다. 마켓플레이스는 일반적으로 시작부터 네트워크이며, 도구가 아니다. 하지만 콘텐츠 생성, 구성, 참조 등에 중점을 둔 대규모 상품 클래스의 경우 성공 전략이 될 수도 있다. 그것이 성공한다면 도구는 전체 네트워크를 장악하는 데 도움이 될 수 있으며, 일단 원자 네트워크가 형성되기 시작하면 전체 네트워크가 합류할 것이다.

도구와 네트워크의 잠재된 패턴

더 넓은 범위에 적용되는 패턴이 있다. 인스타그램의 전략을 비롯해 유튜브, 구글 워크스페이스, 링크드인 등의 전략을 조사해보면 어떤 패턴이 보이기 시작한다. 각각은 영상, 사진, 이력서, 문서 등의 콘텐츠 편집과 호스팅에 중점을 둔 도구를 제공한다. 도구는 네트워크와 결합해 사람들이 콘텐츠와, 확장하면 다른 사람과 상호작용할 수 있게 해준다.

도구와 네트워크가 쌍을 이루는 상품을 분류해보라. 어떤 집단이 나타나기 시작한다.

도구, 네트워크
창작 + 사람들과 공유 (인스타그램, 유튜브, 구글 워크스페이스, 링크드인)
구성 + 사람들과 협업 (핀터레스트, 아사나, 드롭박스)
기록체계 + 사람들과 최신 정보 유지 (오픈테이블, 깃허브)
검색 + 사람들과 함께 기부 (질로, 글라스도어, 옐프)

이들 접근 방식은 저마다 미묘한 특유의 차이가 있다. 구성 도구는 먼저 링크, 파일, 업무, 콘텐츠 형식을 더 쉽게 검색하고 찾아볼 수 있는 새롭고 영리한 방법으로 출발했다. 트렐로Trello나 아사나Asana 같은 프로젝트 관리 도구는 도요타 린lean 생산 시스템에서 영감을 받은, 널리 알려진 '칸반kanban 시스템'을 포함하는 다양하고 유용한 인터페이스를 이용하여 '할 일to do' 항목을 추적하는 것을 도와준다. 다양한 기기에 정리해놓은 폴더와 파일을 마법처럼 동기화하는 드롭박스도 마찬가지다. 핀터레스트는 레시피, 살림 아이디어, 기타 항목을 다양한 메모판에 분류하여 정리하는 도구를 제공하는 것으로 출발했다. 대규모 컬렉션을 스캐닝하기 쉽도록 독특하게 배치되어 있다. 이들은 개인이 쓰기에는 유용하지만, 누군가 모은 항목을 정리할 경우, 다른 사람에게 업무를 할당하거나 그들을 태그하거나 초대하여 빈자리를 메꾸는 것은 자연스럽다.

'기록체계' 접근 방식은 (깃허브의 소스 코드 버전 컨트롤 서비스처럼) 도구를 구축하는 데서 나온 것이다. 그 도구는 비즈니스나 업무 흐름에 깊이 내재하여 추적하는 모든 것에 대해 권위 있고 종합적인 버전이 된다. 예를 들어, 깃허브는 개발자 개개인이 자신의 소스코드를 관리하게 하여 개발환경의 핵심이 되게 한다. 그런 다음 다른 소프트웨어 엔지니어도 프로젝트에 초대하여 네트워크를 형성한다. 오픈테이블은 1998년 식당 예약 시스템으로 출발했다. 당시는 펜과 종이로 손님들의 예약을 받던 시절이었다. 한때 일류 식당들은 비즈니스를 관리하기 위하여 예약 시스템을 사용했고, 고객들이 직접 오픈테이블을 통해 예약을 하게 함으로써 네트워크에 뛰어들었다. 안드로이드 폰을 가진 사람들이 소셜 미디어에 올리는 잘 나온 사진뿐만 아니라 모든 사진을 관리, 저장, 백업하기 위해 구글 포토를 사용하기 시작할 때, 공유 사진 앨범을 설정하면서 이것이 네트워크로 바뀌는 것이 소비자의 한 예가 될 수 있다.

아마도 옐프와 글라스도어를 식당 주소나 전화번호, 또는 어떤 회사가 어떤 부문에 속해 있고 본사가 어디인지 같은 정보를 참조하기 위한 도구로서 이용했을 것이다. 거의 언제나 이런 데이터는 다른 곳에서, 질로Zillow의 경우는 제스티메이트Zestimate에서 허가를 받는다. 허가받은 데이터는 알고리즘에 따라 만들어져, 즉시 사용 가능한 콘텐츠의 기반을 제공한다. 하지만 사람들이 직접 찍은 사진과 노트를 비롯한 다른 형식의 사용자-생성-콘텐츠user-

generated-content 등으로 목록을 만들면 이들은 모두 네트워크로 바뀐다. 사용자들이 사이트의 가치가 더욱 크다는 것을 깨닫게 되면서, 옐프에 나와 있는 식당들이 목록에 대한 소유권을 주장하고 예약이나 배달을 허용하게 되면 마켓플레이스로 전환할 수 있다. 글라스도어와 질로는 그들의 네트워크 반대쪽에 있는 도구를 추가했다. 채용 공고와 부동산 중개업자 리드 생성 기능의 형태로 네트워크 반대쪽에 있는 도구를 추가했다. 물론 유명한 것은 구글 또한 검색을 제공하고 광고 마켓플레이스를 추가함으로써 이 전략을 실행했다는 것이다.

이 전략이 효과가 있는 이유, 그리고 그렇지 않을 때

도구/네트워크 콤보를 구축하는 것은 강력한 접근 방식이지만 늘 효과가 있는 것은 아니다. 도구에서 네트워크로 축을 바꾸는 것은 어려운 일일 수 있다. 어떤 때는 소수에서만 그러한 전환이 일어난다. 그러기 위해서는 행동(공지사항을 클릭하기, 새로운 유저 인터페이스, 이것들을 네트워크에 소개하기)이 바뀌어야 하기 때문이다. 많은 사람이 도구에만 집착할 수 있다. 모든 기능이 소셜 네트워크일 수는 없다.

　'도구를 보러 왔다가 네트워크 때문에 떠나지 못한다'를 까다롭게 하는 것은 이 두 단계의 움직임이다. 도구와 네트워크의 긴밀한 결합은 중요하다. 그 스펙트럼의 한쪽 끝에 있는 도구와 네트워크는 다양하다. 인기 있는 도구에 완전히 분리되고 무관한 네트워크 상품을 끼워 넣기만 하면 된다. 이것이 어려운 이유는 도구에서 네트워크로 전환되는 비율이 낮기 때문이다. 인스타그램이 그 방법을 보여준 이후 피드와 프로필, 소셜 기능을 추가하려고 시도하는 수천 가지 사진 앱이 있었다. 스펙트럼의 다른 한쪽 끝에는 고도로 통합된 도구와 네트워크가 있다. 이는 드롭박스의 폴더 공유의 기능처럼 네트워크를 규정한다. 이런 유형의 통합은 너무나도 우아해서 만일 없다면 분명히 누락된 기능이라고 생각했을 것이다. 사용자들은 네트워크를 피하지 않고 상품을 네트워크에 우호적인 방향이 되게 했을 가능성이 높다. 이런 유형의 도구에서 네트워크로의 변환은 매우 많아질 것이다.

하지만 이 전략이 작동하기만 하면 매우 효과적일 수 있다. 네트워크를 널리 퍼뜨리는 것보다 도구를 퍼뜨리는 편이 훨씬 쉽기 때문에 시장의 티핑 포인트에 도움이 된다. 결국 네트워크는 콜드 스타트 문제에 시달리게 된다. 도구를 널리 멀리까지 퍼뜨리고 제대로 성장시킨다면 도구 주변의 네트워크를 기반으로 네트워크를 구축할 수 있을 것이다. 계속 실행하면 전체 시장도 따라올지 모른다.

도구를 구축하는 것은 단지 하나의 접근 방식일 뿐이다. 시장을 티핑 포인트를 향해 밀어주는 모든 전략이 유틸리티와 네트워크의 2단계 접근 방식을 포함하는 것은 아니다. 다음 장에서는 일부 상품의 경우 어떻게 하면 직접 티핑 포인트에 도달할 수 있는

지 논할 것이다. 효과가 나타날 때까지 론칭에 돈을 쓰고, 네트워크 사용에 대한 보조금을 지원하라. 비용은 많이 들지만, 효과가 나타날 것이다.

14
유료 론칭
: 쿠폰

PAYING UP FOR LAUNCH

빠르게 성장하는 스타트업을 향한 흔한 비판 중 하나는 "언제쯤이면 흑자를 낼 수 있을까?"이다. 이 말은 우버를 계속 괴롭혔다. 초기에는 빠르게 성장했지만 IPO Initial Public Offering (기업공개)를 하기 전까지 우버는 매년 수십억 달러의 적자를 기록했다. 아마존 역시 첫 17분기 동안 연속으로 적자를 냈다. 네트워크를 일으켜 세우는 데는 아주 큰 비용이 들어갈 수 있다.

당연한 말이지만 결국 어떻게 하면 수익을 올릴 수 있을지에 대해 고민해야 할 때가 온다. 하지만 네트워크 상품의 경우 종종 초기 단계에 성장을 위해 막대한 돈을 쓰는 것이 합리적이다. 시장을 티핑 포인트에 도달하게 해서 강력한 긍정 네트워크 효과를 유도한 다음 보조금을 회수하려는 것이다. 제대로만 실행된다면 그 결과는 빠른 성장과 고수익을 창출하는 상품이 될 것이다.

여러 형태의 재정적인 인센티브 중 한 가지 사례로, 대단치는 않지만 쿠폰으로 시작해보자. 맞다, 식료품점에서 보내는 우편물이나 신문에 포함된, 혹은 치약이나 시리얼을 사면 1달러나 2달러를 깎아주는 그 쿠폰 말이다.

쿠폰은 1888년 코카콜라 컴퍼니의 공동창립자인 존 펨버턴과 아사 캔들러가 발명했다. 초창기 코카콜라의 쿠폰은 중앙에 고전적인 필기체 로고와 함께 "이 카드가 있으면 코카콜라 한 잔을 마실 수 있습니다"라는 헤드라인이 적혀 있고, 측면 문구는 어디서나 쿠폰을 교환할 수 있으니 코카콜라를 마음껏 즐기라고 권장하고 있다. 역사적으로 이 캠페인은 지역에 따라 다양하게 진행됐던 최초의 전국적인 캠페인 중 하나다. 코카콜라 캠페인은 어마어마한 성공을 거두었다. 쿠폰이 발행되고 나서 첫 20년 동안 미국인 9명 중 한 명이 이 쿠폰으로 850만 잔의 공짜 콜라를 교환해 갔다. 코카콜라는 곧 미국의 모든 주에서 넘쳐났다. 쿠폰은 너무나도 강력한 도구였기에 다른 많은 기업(특히 소비재 기업)도 이를 채택하기 시작했다.

쿠폰이 네트워크 효과와 만나게 되면 특정 기업의 신상품을 식료품점에 들여오는 문제가 생긴다. 식료품점은 결국 다면multi-sided 네트워크를 구체화한 것(쇼핑객이 한쪽에, 식품 생산자가 다른 한쪽에)이다. 그리고 진열대 공간이라는 물리적 제약이 존재한다. 그 결과 소비자들이 신상품을 요구하지 않으면 식료품점들은 그 신상품을 가져다 두지 않을 것이고, 식료품점들이 가져오지 않으면 소비자들은 절대 그것을 맛보지 못할 것이다. 고전적인 닭과 달걀 문제다.

쿠폰은 이 문제의 해결책을 제시했다. 마케팅의 전설적인 인물 클로드 홉킨스는 쿠폰을 최대한 유리한 방향으로 사용했다고 그의 1927년 회고록 《나의 광고 인생》에서 밝힌다. 홉킨스는 고객을 위해 이 문제를 해결한 일을 이야기하는데, 그 고객은 분유를 만드는 밴 캠프스Van Camp's 우유였다.

> 나는 밴 캠프스 우유를 친숙하게 느끼게 할 한 가지 계획을 떠올렸다. 한 광고 페이지에, 어느 상점에서나 10센트짜리 캔을 살 수 있는 쿠폰을 한 장 끼워 넣었다. 식료품점에는 소매가격을 지불했다. 그리고 3주에 걸쳐 이 광고가 보이기 시작할 것이라고 알려주었다. 동시에 우리는 밴 캠프스의 연유 이야기를 적었다. 우리는 이 광고의 사본을 모든 식료품점에 보냈고, 모든 고객이 쿠폰을 받게 될 것이라고 말했다. 모두가 밴 캠프스의 우유를 갖고 있어야 한다는 게 분명해졌다. 쿠폰 하나당 10센트의 매출을 올렸다는 뜻이었다. 만약 놓치면 모두 경쟁자에게 갈 금액이었다. (…) 결과적으로 쿠폰은 거의 모든 곳에 유통됐다. 단 한 번 만에 말이다.[41]

여기서 기발한 부분은 보통 이 시점에서 신문광고를 하는 것이 일반적인데, 네트워크의 하드 사이드, 즉 식료품점에 집중하여 전체 네트워크를 이끌어냈다는 점이다. 쿠폰은 사실상 밴 캠프스 우유가 식료품점에 주는 보조금이었다. 그래서 식료품점에서는 그 상품을 상점에서 판매할 것인지 결정할 수 있을 만큼 충분히 오랫동안 보관할 것이었다. 그리고 이는 효과가 있었다.

홉킨스가 이것이 원자 네트워크의 형성에 효과가 있다는 것을 보여주자 이러한 노력은 두 번째, 세 번째 네트워크 구축으로 계속 나아갔다.

이 계획은 그리 크지 않은 몇몇 도시에서 성공을 거두었다. 그런 다음 우리는 뉴욕에서 시도해보기로 했다. 뉴욕 시장은 경쟁 브랜드가 지배하고 있었다. 밴 캠프스의 유통망은 그다지 크지 않았다. 우리는 3주 안에 유통망의 97퍼센트를 확보했다. 대부분 편지를 이용했다. 식료품점 점주들은 모두 쿠폰을 찾는 사람들에 대비해야 한다는 것을 알고 있었다.

그런 다음 어느 일요일 한 광고 페이지에 쿠폰을 끼워 넣었다. 그 광고는 결과적으로 146만 장의 쿠폰을 고객에게 뿌렸다. 우리는 14만 6000달러를 상점에 지불하고 쿠폰을 교환해주었다. 하지만 146만 가정에서는 우리 이야기를 읽고 밴 캠프스의 우유를 신청했다. 단 하루 만에 일어난 일이었다. 광고비를 포함한 총비용은 17만 5000달러였고, 대부분 쿠폰을 교환해주는 데 썼다. 9개월이 채 지나지 않아 그 비용은 이익으로 되돌아왔다. 우리는 뉴욕 시장을 점령했다.

물론 분유는 앱이나 운영체제, 문서편집기가 아니다. 하지만 다면 네트워크에 도움을 주는 데 성공한 밴 캠프스의 노력에서 배울 점이 있다. 수백 년 전에 효과가 있었던 아이디어가 다른 상황에서도 여전히 효과를 나타내기 때문이다.

이와 유사한 양면 네트워크 문제가 승차 공유 영역에 존재한다. 새로운 도시에서 론칭할 때 승객과 운전기사 중 먼저 어느 쪽과 함께 시작할 것인가? 하드 사이드가 기본 출발점이고, 우버는 (밴 캠프스 우유와 비슷하게) 운전기사 쪽에 보조금을 지급하기 시작했다. 그 시작은 크레이그리스트 구인란의 구인 광고였다. 운행 거리와 상관없이 시간당 30달러를 보장했다. 앱만 실행시키면 됐다. 닭과 달걀 문제는 닭을 선택하는 것이 통념이다.

시급을 보장함으로써 콜드 스타트 문제를 빠르게 해결할 수 있었지만 많은 비용이 들었다. 현금이 미친 듯이 빠져나가고, 시장이 점점 성장하여 더 많은 운전기사가 필요해지면서 안타깝게도 시급을 더 이상 보장할 수 없었다. 이 문제를 해결하기 위해 우버 운영팀은 '수수료 제도를 변경'(시급 보장에서, 요금을 받고 그 일부를 수수료로 가져가는 일반적인 비즈니스 모델로 바꾸는 것)해야만 했다. 이를 촉구하기 위해서 임원들은 운영팀이 얼마나 빠르게 이 전략을 수행하는지 보여주고자 순위표를 만들었다. 각 도시에서 빠르게 시장을 열고, 시급제를 시작하고, 원하는 수의 운전기사와 승객을 유치하고, 지속 가능한 요금 기반 모델로 전환하게 될 것이다. 팀 사이의 우호적인 경쟁은 더욱 빠른 운영을 가능하게 했다. 여기서 티핑 포인트가 작용하기 시작한다.

초기의 견인력을 확장한 다음 해야 할 일은 운전기사를 대규모로 채용하는 것이다. 여기서 네트워크를 활용하는 힘은 추천 프로그램을 이용할 때 어마어마한 도움을 줄 것이다. 우버의 운전기사 앱은 크레이그리스트에 들어가는 지출을 벌게 해주기 위해서 운전기사에게 우버의 추천 프로그램에 가입하라고 할 것이다.("200달러를 내면, 친구 한 명이 가입할 때 200달러를 돌려드립니다.") 친구 추천과 입소문(두 가지 방법 모두 네트워크에 의존한다)은 우버의 운전기사 중 거의 3분의 2를 가입하게 하는 힘을 발휘한다. 운전기사가 도로에 충분히 많아지면, 론칭을 하기 위해서 이제 수요 측면을 다루기 시작한다.

시간이 흐르면서 하드 사이드 관리에서 발생하는 다양한 목표를 성취하기 위해 다수의 다양한 재무구조가 사용되기 시작한다. 시급제를 비롯하여 운전기사 추천, 우버의 악명 높은 가격 인상, '10회를 운행할 때마다 1달러를 추가 지급해드립니다' 같은 초과근무 구조가 구축됐다. 마켓플레이스팀에서 일하는 수백 명(데이터 과학자, 경제학자, 엔지니어 등)이 수요와 공급의 균형을 맞추기 위해 이러한 수단들을 관리한다.

성장을 위한 재무적인 수단

네트워크의 하드 사이드를 보조하는 일은 마켓플레이스와 다수의 다른 카테고리에 걸쳐 효과가 있다. 넷플릭스나 트위치를 비롯한 미디어에서 이와 같은 이유로 콘텐츠 창작자에게 지급을 보증하는 경우를 많이 볼 수 있다. B2B에서는 프리미엄freemium 비즈니스 모델을 직장 내 콘텐츠 창작자와 기획자의 마찰을 줄이는 한 가지 방법으로 생각할 수도 있다. 그리고 콘텐츠 창작자와 기획자는 동료들에게 프리미엄 비즈니스 모델을 전파할 것이다. 물론 무료 사용자에 대한 서비스는 비용이 발생한다. 하지만 프리미엄 사용자는 그것을 만회하는 것 그 이상이다. 마켓플레이스에서는 수익 보장이나 보조금을 통한 수익배분으로 설정되기도 하고, 다른 비즈니스 모델에서는 선불금 지급이나 가격 할인 등으로 설정되기도 한다. 어찌 됐든 길은 다를지라도 이들은 모두 같은 곳을 향해 가고 있다.

성장을 위한 수단으로 돈을 사용하는 것은 위험한 방법처럼 느껴진다. 그리고 적절한 시기에 실행되어야만 한다. 초기에 네트워크를 확립하는 동안 자원이 부족한 스타트업이 처음부터 많은 돈을 물 쓰듯 하는 것은 일반적으로 합리적이지 않다. 그보다는 적절한 표적 시장을 알아내거나 초기 상품의 기능을 만드는 등 기본에 집중하는 편이 좋다. 대출 같은 금융적인 해결책을 찾기보다는 주력 상품을 확정하고 원자 네트워크를 만들 수 있을지 입증해 보여야 한다.

하지만 일단 안정적으로 한 상품의 초기 원자 네트워크가 작동한다면 금융 지원은 시장이 티핑 포인트에 도달할 수 있도록 빠르게 속도를 높일 수 있다. 이러한 수단들은 돈과 밀접하게 관련된 네트워크 상품에 특히 강하다. 벤모venmo 같은 지불 네트워크, 트위치 같은 암호화폐, 마켓플레이스, 소셜 플랫폼에서는 콘텐츠 창작자들이 돈을 버는 것을 허가해준다. 이들 상품은 이미 금융거래의 중심에 있는 경우가 많기 때문에 네트워크에 있는 모든 능동적인 참여자들에게 사용자를 추천하든 상품에 더 많은 시간을 할애하든, 네트워크에 뭔가를 더해달라고 하는 것은 솔직하다고 할 수 있다. 금융 레버리지는 시장을 가속화하여 빠르게 티핑 포인트에 도달하게 하는 강력한 힘이 될 수 있다.

암호화폐와 경제적 인센티브

비트코인 같은 암호화폐는 보조금을 지원하기 위해 기업이 보유한 현금을 직접 사용하기보다 네트워크 경제를 만들어 공유함으로써 '유료 론칭'에 대한 매혹적인 변형을 제시한다. 2008년 비트코인을 최초로 발명한 것은 '사토시 나카모토'라는 가명을 사용하는 어떤 이로 여전히 정체가 알려지지 않고 있으며, 9페이지짜리 간결한 논문 〈비트코인: P2P 전자캐시 시스템〉은 비트코인 프로토콜을 설명하고 있다. 이 논문은 암호학 메일링 리스트 내부에서 보내졌고, 이어서 몇 달 뒤에 오픈소스로 구현된 비트코인이 공개되었다. 오늘날 비트코인의 시가총액은 1000억 달러가 넘는다. 시가총액은 존재하는 비트코인의 수와 비트코인의 현재 가격을 곱한 값이다. 이것은 최근 수십 년 동안 가장 성공적인 네트워크 중 하나다. 그리고 네트워크 효과가 너무나도 강력해서 수백만 명의 비트코인 구매자들이 모인 생태계는 아직 알려지지 않은 프로그래머의 설계 결정을 바탕으로 협력한다.

모든 당사자가 협력할 수 있는 경제적인 인센티브를 만드는 것은 비트코인 프로토콜의 기발한 설계다. 비트코인 보유자들에게는 언제나 수학적으로 보장된 암호화폐의 희소성이 존재하며, 이는 향후 약 100년 동안 점차 증가할 것이다. 암호화폐 지지자들의 주장은 암호화폐는 정부가 발행하는 기존 화폐와는 대조적으로 인플레이션의 영향을 받지 않는다는 것이다. 예를 들어 경제가 좋지 않을 때 아무도 화폐를 더 많이 찍어낼 수 없다. 백엔드에서 비트코인의 설계는 거래를 처리하여 프로토콜을 유지하는 일을 하는 분산된 '채굴자$_{miners}$' 네트워크에 의해 주도된다. 그들은 네트워크에 참가하도록 장려되고 매번 비트코인으로 보상받는다.

처음에는 비트코인 덕분에 네트워크에 가입하는 것이 매력적으로 보였다. 초기 단계에서 채굴자들은 매우 큰 보상을 받았지만, 그 후 시간이 흐르면서 보상은 줄어들었다. 채굴자와 보유자들은 모두 프로토콜에 명시된 희소성의 수준을 명확히 알고 있었기에 희소성을 인플레이션에 대한 대비책으로 취급했다. 또한 암호화폐를 점점 더 심해지는 경제와 정부의 불안정, 민족주의, 닫힌 경제에 대한 하나의 예측으로 생각할 수도 있다. 이들은 모두 현재 국제적으로 벌어지고 있는 유감스러운 경향이다. 약속할 수 있는 것은 초기에 비트코인에 참여하면 막대한 가격 상승을 그에 대한 보답으로 받게 될 것이라는 점이었다. 이는 암호화폐의 가격이 올라갈 때 몇몇 수십억대의 부자들이 암호화폐를 그냥 손에 들고 있는 것으로 증명되었다.

비트코인을 비롯한 암호화폐는 한 네트워크에서 경제적인 이익을 공유하는 아이디어를 구현한 것 중 하나일 뿐이다. 또한 네트워크 참여자들에게 스톡옵션에서 컨설팅 비용, 투자 권리까지 모든 것을 제공하는 새로운 패턴의 스타트업도 등장했다. 단지 초기 네트워크를 활성화하기 위해서 말이다. 특히 이는 인플루언서, 창작자, 개발자, 네트워크의 하드 사이드에 효과적이다. 그런 식으로 기업은 그 네트워크에 맞춰 긴밀하게 협력한다. 네트워크가 성장하고 성공한다면 개인 참가자 또한 성공할 것이다.

대기업과의 파트너십

'지불하다pay up'라는 개념은 재정적인 지출보다 '시간과 노력을 들인다'는 개념에 가깝다. 작은 기업이 큰 기업과 파트너가 될 때 그래야 하는 것처럼 말이다. 이러한 파트너 관계는 대개 한쪽으로 기울어져 있으며, 작은 기업이 유통이나 매출에 대한 접근권을 대가로 파트너를 위해서 상품을 커스터마이징 하거나 구축해야 한다. 일반적으로 이런 파트너십은 효과가 없지만, 마이크로소프트를 비롯한 몇 가지 주요 사례에서 효과를 보이기도 했다. 지금부터 최근 수십 년이 아닌, 1970년대 마이크로소프트가 스타트업이었을 때에 초점을 맞춰 살펴보려 한다.

마이크로소프트도 스타트업이었던 때가 있었다. 마이크로소프트는 뉴멕시코주 앨버커키의 초라한 구역에서 탄생했다. 마이크로소프트의 첫 사무실에는 현재 티셔츠와 보석을 파는 상점이 들어서 있다. 어린 시절 친구였던 빌 게이츠와 폴 앨런이 이끌었던 마이크로소프트는 1970년대 초급 수준의 프로그래밍 언어인 BASIC(말 그대로, 초급자의 범용 기호명령코드Beginner's All-purpose Symbolic Instruction Code를 말한다)을 위한 도구를 만드는 일로 시작했지만, 마이크로소프트가 지배력을 갖게 된 것은 이후에 운영체제에 진입했기 때문이었다. 당시 싹트기 시작한 기술업계에서는 이익의 상당 부분이 개인용 컴퓨터의 하드웨어 판매에서 발생한다고 생각했고, 1981년 IBM이 개인용 컴퓨터 산업에 진출하면서 마이크로소프트의 디스크 운영체제인 DOS Disk Operating System 라이선스 계약을 체결했다. 오늘날 iOS와 안드로이드처럼 DOS는 워드 프로세서, 스프레드시트, 게임 같은 개발자가 만든 IBM의 하드웨어 구성 요소와 애플리케이션을 중개하는 필수적인 소프트웨어 역할을 했다. DOS 운영체제는 사용자와 개발자, 하드웨어 제조사의 네트워크 효과를 한데 모은다. 하지만 당시의 IBM은 이해하지 못했다.

이것이 IBM과 마이크로소프트 파트너십이 마이크로소프트의 콜드 스타트 문제에 대한 해결책으로 작용한 부분이다. 파트너십이 설정된 방식에 따라 IBM 개인용 컴퓨팅 플랫폼을 사용하고 싶은 모든 애플리케이션 개발자와 사용자는 MS-DOS를 채택해야 했다. 그렇다, 마이크로소프트는 IBM에서 실행할 수 있는 맞춤형 OS를 구축해야 했다. 하지만 마찬가지로 치명적이었던 것은 그 거래에서 마이크로소프트는 IBM 이외의 하드웨어 제조사에게 DOS를 판매할 권리를 보유하고 있었고, 따라서 나중에 일단의 제조사들이 IBM의 설계를 리버스 엔지니어링 해서 이른바 IBM 호환 PC를 출시했을 때 마이크로소프트의 운영체제 역시 사용했다.

결국 수십, 수백여 PC 제조업체가 MS-DOS를 주요 플랫폼으로 사용하는 수천 곳의 크고 작은 소프트웨어 스타트업과 함께 모습을 드러냈다. 애플리케이션 개발자와 사용자는 PC의 구입처와는 무관하게 마이크로소프트 DOS에서 실행되는 프로그램을 통해서 교류하고 있었기 때문에 궁극적으로 PC 하드웨어 제조사들을 상품화하여 권력을 이동시키게 된다. 그 권력의 상당 부분은 운영체제에게 돌아갔다.

마이크로소프트의 네트워크 효과는 개인용 컴퓨터 산업이 혼란 속에서 탄생하면서 나타났다. 1980년에는 아미가, OS/2, 애플의 매킨토시 같은 대안적인 생태계가 있긴 했지만, MS-DOS 운영체제는 본질적으로 마이크로소프트 생태계가 앞으로 나아갈 힘을 주는 강력한 네트워크 효과가 있다는 것을 의미했다. 마이크로소프트의 생태계를 구성하는 네트워크는 세 가지 측면(사용자, 개발자, PC 제조사)으로 구성되어 있다고 할 수 있다. 사용자(와 그의 직장)는 MS-DOS(나중에는 윈도)가 실행되는 PC를 구입했다. 왜냐하면 마이크로소프트의 소프트웨어에서 대부분의 애플리케이션이 실행됐고, (가장 저렴한 PC를 포함한) 여러 하드웨어를 선택할 수 있었기 때문이다. 개발자가 마이크로소프트 플랫폼에서 실행되는 애플리케이션을 구축하는 것을 선호했던 이유는 마이크로소프트 플랫폼에 사용자가 가장 많았고, 가장 훌륭한 도구가 있었고, 배급망이 잘 구축되어 있었기 때문이다. 그리고 PC 제조사는 사용자들이 윈도를 원했기 때문에 라이선스를 구매했다. 이러한 모든 요소가 다양한 방식으로 네트워크의 여러 측면에 대한 획득, 참여, 경제적인 네트워크 효과에 기여했다.

우리는 이 이야기가 어떻게 끝날지 알고 있다. 마이크로소프트 생태계가 커질수록, 그 가치는 더 소중해질 것이다. 결국 마이크로소프트는 운영체제 시장의 약 80퍼센트를 지배하며 독점체제가 구축되어 인접한 다른 시장으로 눈을 돌리게 되었다. 수년에 걸쳐 마이크로소프트는 네트워크 효과를 활용하여, 부당할 정도로 반복해서 경쟁업체를 물리쳐왔다고 많은 비난을 받았다. 그 안에는 수천 명의 직원을 둔 탄탄한 기업인 워드퍼펙트WordPerfect, 로터스Lotus, 애시턴테이트Ashton-Tate, 스택Stac, 노벨Novell, 넷스케이프Netscape, 에이오엘AOL, 선Sun 등이 포함되어 있었다. 마이크로소프트는 브라우저나 스프레드시트, 워드프로세서를 처음으로 만든 기업은 아니었지만, 몇 년 뒤에는 이들 시장을 모두 장악하게 되었다.

하지만 설립 초기 마이크로소프트가 티핑 포인트에 도달하여 결국 컴퓨터 산업에서 가장 가치 있는 네트워크를 통제할 수 있게 해준 것은 IBM과의 파트너십이 결정적이었다. 처음에는 맞춤형 상품을 만들어야 했지만 그 일에서 얻은 결과를 이용해서 수백억 대의 PC에서 존재감을 드러냈다. 네트워크 효과는 알려지지 않았거나 과소평가되던 시기였다.

수익이 나지 않는 것이 현명한 이유

이 장에 나오는 사례(쿠폰, 우버, 암호화폐, 마이크로소프트 등)는 전부 네트워크를 활성화하려는 노력이 수반되어야 한다. 네트워크에 이런 식으로 보조금을 주는 것에 대한 한 가지 비판은 '1달러를 90센트에 파는 것과 같다'는 것이다. 이상적으로 네트워크를 성장시킬 수 있으려면 첫날부터 수익을 올려야 하겠지만, 불가능한 경우가 있다. 혹은 수익을 올리기까지 너무 오래 걸릴 수도 있다. 새로운 네트워크 상품은 네트워크에 먼저 보조금을 지원하는 위험을 감수하고, 시간이 지남에 따라 경제성을 개선하는 것이 더 좋다.

수익성 부족이 네트워크가 티핑 포인트를 더 빠르게 지나게 하는 현명한 방법인 이유가 이것이다. 일단 소수의 원자 네트워크를 만들 수 있게 되면 돈을 지출하여 전체 시장에 진입하고 싶어질 것이다. 마켓플레이스의 경우, 구매자에게는 낮은 가격이, 판매자에게는 높은 수익이 모두 핵심적인 가치 제안이다. 사회적인 상품도 그것이 커뮤니케이션이나 콘텐츠 공유이거나 마찬가지다. 여기서 콘텐츠 창작자에게 중요한 것은 청자를 확보하고 수익을 올리는 것 모두다. 출시 계획에서는 상당한 양의 선행 보조금이 지급되어야 할 수도 있다. 그 형식은 시장에서 콘텐츠를 구입하거나 지불을 보장하는 것이 될 수 있다.

일단 시장에서 승리하면 거의 언제나 규모에 맞게 인센티브를 줄이는 것이 목표가 된다. 플랫폼에서 처리 가능한 전체 시장이 활성화되면 더 이상 구매 비용에 지출할 필요는 없을 것이다. 시장을 지배하고 있다면 경쟁사를 겨냥한 할인에 비용을 지출하지 않아도 될 것이다. 또는 너무나도 효율적으로 지출하여 경쟁사가 시장을 떠나야 했을 수도 있다. 단기간에는 수익이 나지 않을 것 같아도, 시장이 내게 유리한 티핑 포인트에 도달한다면 장기적으로 우위를 점하게 될 수도 있다.

15
플린트스토닝
: 레딧

FLINTSTONING

1960년대 애니메이션 〈플린트스톤 고인돌 가족The Flintstones〉은 베드록이라는 도시를 무대로 하는 선사시대 가족 시트콤이다. 이 시트콤은 프레드와 윌마 플린트스톤 부부와 사랑하는 가족을 조명하며 반려공룡들, 동굴집, 프레드가 타이를 매고 출근하는 직장 등을 보여준다. 인상적인 것으로는 돌, 가죽, 통나무로 만든 자동차(프레드가 한동안 발을 구르면 속도가 붙기 시작한다)가 있는데, 가족들을 목적지까지 데려다준다. 야바, 다바, 두!

'플린트스토닝Flintstoning'은 이 자동차를 빗댄 것인데, 소프트웨어는 예외지만 상품에서 빠진 기능을 인간의 노력으로 대체하는 것을 말한다. 초창기 상품의 출시는 계정 삭제, 콘텐츠 조정 도구, 추천 기능 같은 간단한 기능이 없는데도 베타 테스트로 전환되는 경우가 많았다. 이런 기능 대신에 제품은 백엔드에 있는 도구를 사용하여 수동으로 처리해줄 개발자에게 연락할 방법을 제공할 수도 있었다. 질문을 충분히 많이 받게 되면 마침내 기능을 구축하여 사용자들이 직접 할 수 있게 된다. 그러는 동안 플린트스토닝 제품 출시를 통해 개발자들은 앱을 시장에 내놓게 되고 고객들에게 피드백을 받게 된다.

플린트스토닝은 콘텐츠 활성화를 돕거나 초기에 신규 사용자들을 붙잡는 한 가지 방법이 될 수 있다. 예를 들어, 사용자가 영상과 콘텐츠를 만드는 플랫폼에서는, 초기의 영상과 콘텐츠는 유튜브가 초기에 그랬던 것처럼 창립자가 직접 업로드하기도 한다. 직장 협업 도구의 경우, 팀에서 신입직원 교육을 제공하고 실제로 고객 한 명을 전담하게 해서 맞춤 소프트웨어를 개발하게 하고, 아울러 특정 프로젝트를 성공하게 하는 데 도움을 줄 수도 있다. 이러한 초기 네트워크가 형성되면, 플린트스토닝 기법은 가속도가 붙으면서 자동화를 향해 진화한다. 스스로 일어설 수 있을 때까지 네트워크의 중요한 부분을 수동으로 채워 넣는 것이 목표다.

레딧은 플린트스토닝이 초기에 어떻게 쓰일 수 있는지, 수동 업무에서 적절한 규모의 자동화로 어떻게 발전할 수 있는지에 관한 완벽한 예시다. 공동창립자인 스티브 허프먼과 알렉시스 오해니언은 10여 년 전 처음 레딧을 론칭할 때 이 기술을 사용했다. 오늘날 레딧은 자칭 '인터넷의 첫 페이지'로서 세계에서 가장 큰 웹 사이트 중 하나다. 수억 명의 사용자가 10만여 개 이상의 하부 커뮤니티에 가입되어 있으며 수백만 개의 링크를 공유하고 있다. 하지만 2005년 평범하게 론칭을 했을 초기에 레딧은 사용자들이 매일 수집한 링크의 목록이 담긴 단순한 홈페이지로 구성되어 있었다. 레딧의 사용자는 커뮤니티가 서서히 생겨나기 전까지는 두 사람, 그러니까 공동창립자인 스티브와 알렉시스뿐이었다.

a16z는 레딧의 투자사였고, 시간이 흐르면서 나는 스티브와 팀원들을 알게 되었다. 나는 스티브를 분기에 한두 번씩 개인적으로 찾아가곤 했는데, 대개 마크 앤드리슨과 함께 최신 비즈니스 소식을 듣기 위해서였다. 레딧의 사무실은 샌프란시스코의 도심지에 있었고, 실내는 레딧의 마스코트인 작은 외계인 스누Snoo의 다양한 버전으로 유쾌하게 꾸며져 있었다. 최근에 스티브를 찾아갔을 때 그는 사무실 소파에 나와 함께 앉아서 콜드 스타트 문제를 해결하던 초창기 시절을 되돌아보았다.

귀신이 나오는 마을에 살고 싶은 사람은 없습니다. 텅 빈 커뮤니티에 가입하려는 사람도 없습니다. 초창기 시절 첫 페이지에 좋은 콘텐츠가 있는지 확인하는 것이 우리 일이었습니다. 우리가 깡통 계정을 이용해서 직접 포스팅한 것들이었습니다. 그러지 않았다면 레딧은 말라붙었을 겁니다.[42]

이 모든 깡통 계정은 실제 사용자처럼 보였고 실제 사용자처럼 행동했지만, 스티브와 알렉시스가 조종하던 것들이었다. 초창기에는 수동으로 검색을 하고 콘텐츠를 올렸을지 모르지만, 두 사람은 갈수록 영리해졌다. 그들은 이러한 활동을 확장할 수 있게 도와주는 소프트웨어를 만들기 시작했다. 이에 대해 스티브는 다음과 같이 설명했다.

나는 뉴스 웹 사이트를 긁어와 가짜 계정의 사용자 이름을 이용해서 뉴스를 게시하는 코드를 작성했다. 그런 식으로 레딧에는 활성화된 커뮤니티가 있는 것처럼 보였다. 문제는 누군가가 그 프로그램을 보고 있어야 한다는 점이었다. 론칭 후 한 달쯤 뒤인 그해 7월에 가족과 함께 캠핑을 가느라 링크를 하나도 올리지 않았다. 레딧을 확인해보니 홈페이지가 먹통이었다! 헉.

한편으로 그들의 플린트스토닝을 확장하려는 자동화는 효과가 있었다. 스티브의 코드는 다수의 다양한 웹 사이트에서 재미있는 콘텐츠를 찾아 올리는 데 도움을 주었다. 하지만 다른 한편으로는 그 뉴스가 관련이 있는 뉴스인지 확인하는 일은 여전히 스티브가 직접 해야만 했다. 그럼에도 진정한 콘텐츠 제작자들이 나타나서 스티브가 그 프로그램을 쓰지 않을 때까지 레딧 네트워크가 버틸 수 있도록 도와주었다.

네트워크의 하드 사이드 플린트스토닝

레딧의 플린트스토닝은 옐프와 쿠오라 같은 기업이 사용한 전략과 비슷하다. 네트워크의 하드 사이드, 즉 콘텐츠 제작자들을 채위 넣는 것이었다. 여러 업계를 대상으로 플린트스토닝 패턴을 조사해보면 직원, 계약자, 기타 직접적인 노력을 통해 하드 사이드를 복제하는 데 초점을 맞추고 있다는 것을 알게 될 것이다.

음식 배달 앱의 경우 식당을 가입시키기가 어려운 것은 대부분 식당이 수백만 개의 소규모 비즈니스로 존재하기 때문이다. 그리고 대개 새로운 기술에 대해 회의적인 경우가 많다. 게다가 왜 요청하기도 전에 함께 일하겠는가? 도어대시와 포스트메이트 같은 서비스는 실제로 가입 여부와 관계없이 많은 식당이 선택했다는 사실을 보여줌으로써 플린트스톤 했다. 고객이 주문하면 앱은 소규모의 지역 비즈니스는 모르는 상태로 음식을 받아오기 위해 배달원을 보낸다. 배달원들은 고객처럼 행동한다. 음식을 가지고 그 음식을 주문한 사용자에게 배달한다. 나중에 그 수요가 입증되면 배달 앱은 식당과 직접적인 관계를 형성할 것이다.

B2B 사례도 존재한다. B2B 마켓플레이스는 부동산, 화물, 노동을 비롯한 기타 대규모 산업에 존재하며, 플렉스포트Flexport나 콘보이Convoy 같은 수십억 달러 규모의 스타트업이 탄생하고 있다. 업계를 이끄는 대기업들은 수많은 직원을 데리고 대개 운영에만 집중하는 중개자 역할을 한다. 일반적으로 연필과 종이, 팩스만으로 기업 고객과 운송회사, 상업용 부동산 또는 사람들이 필요로 하는 기타 서비스를 연결하는 데 도움을 준다. 목적은 언제나 펜과 종이를 사용하는 업무 흐름을 대체하는 소프트웨어를 구축하는 것이지만, 초기에는 옛날 방식으로 하는 것이 더 쉽다. 하이테크 신생기업은 대개 직원을 투입하는 방법으로 플린트스토닝을

채택하여 기존의 중개자 역할을 하면서도 가장 반복적인 업무를 서서히 자동화하고 있다. 결국 업무 흐름이 자동화되어 마켓플레이스는 기술기업에 가까워지지만, 처음 몇 년 동안은 인력으로 움직인다.

때때로 이런 유형의 기업을 '사이보그 스타트업'이라고 부른다. 이들은 인간(업무를 수동적으로 수행하는 사람들)과 시간이 흐르면서 최대한 자동화하는 소프트웨어 엔지니어팀을 결합하기 때문이다. 이러한 경우 고객들은 소프트웨어라는 얇은 막이 있다는 것을 느낄지 모르지만, 백엔드에는 선사시대의 자동차가 달릴 수 있도록 발을 빠르게 구르는 다리가 있다.

자동화는 플린트스토닝을 확장할 수 있다

플린트스토닝의 단점은 지나치게 수동적으로 보인다는 것이다. 처음에는 사람들을 투입하여 해결하겠지만, 확장이 될까? 내 생각에는 여러분이 생각하는 것보다 훨씬 깊고 멀리까지 확장할 수 있다. 플린트스토닝을 하나의 스펙트럼으로 생각할 수 있다.

- 완전 수동, 인력을 이용한다
- 하이브리드, 소프트웨어는 해야 하는 행동을 추천해주지만 주요 핵심적인 자리는 인간이 차지하고 있다
- 자동화, 알고리즘을 이용한다

스티브 허프먼이 생각한 레딧 출시의 완전한 수동 버전은 손으로 링크를 제출하고, 계약자를 채용하여 콘텐츠를 만드는 것이었다. 그것은 스티브가 처음에 했던 일 중 가장 효과적이었다. 비효율적으로 보일지도 모르지만 옐프와 쿠오라 같은 기업은 각각 리뷰와 Q&A 자료를 구축하기 위하여 직원의 도움을 받기 때문에 이를 완료할 수 있다. 그리고 앞서 언급했던 것처럼 우버 프라이트 Freight 같은 B2B 중개업체도 이런 식으로 시작할 수 있다. 인간이 앞장서고, 소프트웨어가 비효율적인 단계를 자동화하는 것이다.

수동 작업이 효과가 있다면 기술을 계층화하여 활용도를 높일 수 있다. 스티브가 레딧에 적용한 하이브리드 모델은 의미가 있다고 할 수 있다. 스크레이퍼와 봇을 이용하여 잠재적 가치가 높은 콘텐츠를 식별했지만, 실제로 무엇을 포스팅할 것인지를 결정하는 것은 중요한 역할을 담당하는 직원이었다. 마켓플레이스 상품의 경우 수요와 공급이 균형을 이루도록 도움을 주는 것은 여전히 인간 중개업자의 몫일 수도 있지만, 효율성을 높이기 위해 도구를 추가하기 시작한다. 이것은 스펙트럼의 중간을 나타낸다.

완전히 소프트웨어가 중심이 되는 자동화 방식은 관련성이 높은 콘텐츠를 수집하여 알고리즘이 적용된 피드에서 보여주는 봇에서 시작된 것일지도 모른다. 이와 관련하여 가장 가까운 사례는 아마도 오늘날의 틱톡일지도 모른다. 틱톡은 사용자들이 지지하는지 지지하지 않는지를 명시적으로 표시하는 대신 알고리즘을 이용하여 어떤 콘텐츠를 보여줄 것인지 알아낸다. 유명한 예로 페이팔이 이베이에 있는 상품을 자동으로 팔고 사는 봇을 만들었는

데, 페이팔로만 거래할 것을 주장했다. 이는 이베이의 판매자들이 이 서비스를 이용하기 위해 페이팔에 회원 가입 하도록 설득하는 한 가지 방법이 되었다.

플랫폼과 애플리케이션

플린트스토닝은 어디까지 적용될까? 극단적인 전략으로 네트워크는 하드 사이드를 대신하기 위해 전체 팀을 고용해서 전체 회사를 구축할 수도 있다. 레딧의 창립자가 콘텐츠를 제출하는 대신 팀을 구성하여 하루 종일 콘텐츠를 만들어낸다면 어떨까 생각해 보자. 터무니없는 가설 같을지 모르지만 닌텐도 스위치 콘솔 출시에서도 볼 수 있는 것처럼 그것은 비디오 게임 시장의 핵심적인 전략 중 하나다.

2016년 닌텐도는 TV에 연결하여 게임을 할 수 있을 뿐만 아니라 손에 쥐고 들고 다니면서 게임을 할 수 있는 혁신적인 새 콘솔을 출시하기로 했다. 하지만 고객들은 콘솔이 가지고 싶어서 구입하는 것이 아니다. 일반적으로 콘솔을 출시할 때 함께 나오는 새로운 게임을 해보고 싶어서 콘솔을 사는 것이다. 외부의 게임 개발자가 새로운 플랫폼용으로 게임을 만드는 것이 이상적이겠지만, 새로운 기능을 어떻게 이용해야 하는지 모르거나 사용자층이 훨씬 많은 기존의 콘솔에서 실행되는 게임을 만들 수 있다면 굳이 새로운 콘솔을 개발하는 인센티브가 없을 것이다.

이러한 콜드 스타트 문제를 타개하기 위해서 닌텐도는 스위치를 출시하는 데 비용을 아끼지 않는 동시에 닌텐도의 고전인 마리오와 젤다의 최신 에피소드를 공개했다. 두 게임 모두 수천만 장 이상 판매되고 있었다. 극단적인 플린트스토닝 전략을 사용하여 이들 게임은 스위치를 출시하는 데 도움을 주기 위하여 닌텐도에 의해 특별히 개발되었다. 이 전략은 이전 세대부터 내려오는 닌텐도의 주요 전략이다. 최초의 닌텐도는 30여 년 전에 17개의 게임과 함께 출시되었고, 일부는 외부 개발자가 개발했다. 닌텐도 스위치도 마찬가지다.

〈마리오 오디세이〉와 〈젤다: 야생의 숨결〉은 닌텐도의 내부 스튜디오에서 개발되었고, 각각 닌텐도의 크리에이티브 디렉터와 게임 디자이너가 참여했다. 수백 명이 새로운 네트워크를 론칭하기 위해 플린트스토닝을 한다고 상상해보라. 이런 일이 새로운 콘솔의 세계에서 일어나고 있다. 이 전략은 효과가 있었다. 출시하고 나서 몇 년 지나지 않아 스위치는 7000만 장이 판매되어 닌텐도 역사상 가장 인기 있는 상품이 되었다.

게임 업계에서는 이것을 '자사 콘텐츠first-party content'라고 부르며, 이는 중대한 투자가 될 수 있다. 몇 년에 걸쳐 마이크로소프트 엑스박스는 이 전략을 극한까지 밀어붙이면서 다수의 스튜디오를 사 내부로 들여왔다. 이것은 작은 규모의 현금 지출이 아니었다. 마이크로소프트는 2014년 25억 달러에 인수한 마인크래프트Minecraft의 제작사인 모장Mojang을 비롯하여 거의 10여 곳에 달하는 비디오 게임 스튜디오를 소유하고 있다. 비싸 보일 수도 있지만 비디오 게임 콘솔 시장에서 승리하려면 해야 하는 일이다. 때로는 자체적으로 해결해야 하는 것이다.

레딧은 이런 유형의 전략을 추구하지는 않았지만, 그렇게 할 수도 있었다. 레딧이 다수의 내부 스튜디오를 만들고(그중에는 '귀여운' 하부 레딧 커뮤니티, 스포츠, 음악 등이 있을 것이다), 조정자 역할을 할 사람을 스튜디오의 직원으로 채용하여 필요한 콘텐츠를 만들게 할 수도 있었을 것이다. 소셜 네트워크에서 흔히 볼 수 있는 전략은 아니지만, 정신 나간 짓도 아니다. 최근 몇 년 사이에 유튜브가 영상 분야에서, 스포티파이가 팟캐스트 분야에서 서비스를 가속화하기 위해서 자사 콘텐츠에 라이선스를 부여하고 제작하는 모습을 봤다.

출구 전략

플린트스토닝은 시간이 흐르면서 단계적으로 사라질 수도 있다. 그런 식으로 플린트스토닝은 '도구를 보러 왔다가 네트워크 때문에 떠나지 못한다'의 가까운 친척으로 생각할 수도 있다. 플린트스토닝은 사람의 힘을 빌려 네트워크의 하드 사이드를 지원하는 데 초점을 맞추고 있지만 '도구를 찾아라'는 소프트웨어를 지원한다. 도구의 방식처럼 플린트스토닝도 출구 전략을 세우는 것이 중요하다. 플린트스토닝의 경우, 네트워크 상품은 1인용 플레이어에서 멀티플레이어 모드로 전환되도록 설계되어야 한다. 후자의 경

우, 네트워크 상품은 수동에서(그리고 회사의 지원을 받는 것에서)
자동으로 전환되어야 한다.

결국 플린트스토닝 판매자가 있는 시장은 우리가 찾고 있는 네
트워크의 일을 주도하는 자연스러운 판매자에게 길을 내주어야
한다. 새로운 플레이스테이션 게임 콘솔은 제3자 게임 개발자가
성공할 수 있게 해주어야만 생태계가 형성될 수 있다. 레딧이 스
티브와 그의 코드에 의해 조종되는 계정의 수를 늘렸다면 시간이
흐르면서 나타나는 자연스러운 콘텐츠 창작자들을 사라지게 했을
것이다. 소셜 콘텐츠 크리에이터에 대한 가치 제안은 많은 경우
지위와 피드백을 중심으로 이루어지기 때문에(좋아요와 댓글 등)
봇이 이러한 참여를 모두 흡수하지 않도록 하는 것이 중요하다.

바꿔 말하자면, 일단 콜드 스타트 문제가 해결되면 네트워크가
성장하고 스스로의 힘으로 일어설 수 있게 하는 것이 중요하다.
그런 뒤에는 플린트스토닝을 완전히 중단해야 한다.

레딧은 문제를 해결하자 위에서 말한 것과 똑같이 행동했다.
스티브는 이렇게 설명했다.

얼마 동안 매일 링크를 올리다가 하루는 보스턴에 놀러 가느라 레
딧에 아무것도 게시하지 않았다. 나는 홈페이지가 썰렁해졌을까
봐 걱정이 됐지만, 레딧은 링크로 도배가 되어 있었다! 그날 게시
글을 올린 사람들의 사용자 이름을 클릭해보고 나서 나는 이 사람
들이 '진짜' 사람이라는 것을 알 수 있었다.

그때까지 레딧의 회원은 수천 명 정도였고, 자립 가능했다. 스티브가 링크를 올리지 않아도 괜찮았다. 나중에 트래픽이 늘어나면서 홈페이지는 마침내 세 가지 하부 레딧, 정치, 프로그래밍, NSFW Not Safe for Work('후방주의')로 나뉘어졌다. 그런 다음 마침내 스포츠와 몇몇 카테고리가 추가되었다. 하지만 패턴은 반복되었다. 각각의 하부 레딧(레딧의 네트워크의 네트워크로 생각해보라)이 자립하려면 최소한 1000명의 구독자가 있어야 한다. 플린트스토닝 전략은 카테고리별로 차례차례 자립할 수 있도록 네트워크를 지탱해주기 시작하여, 마침내 레딧이 인터넷에서 가장 중요한 온라인 목적지가 될 수 있도록 이끌어주었다.

16

언제나 저돌적으로
: 우버

ALWAYS BE HUSTLIN'

2015년 우버는 회사 콘퍼런스를 열기로 했다. 회사의 규모를 생각하면 이례적인 일이었다. 전 세계 우버 사무실에서 모인 4000명 넘는 직원이 라스베이거스로 날아올 것이다. 이 행사는 회사가 창립된 지 6년 만에 총매출 100억 달러 달성이라는 중요한 사건을 기념하는 자리였다. 이는 지난 몇 년 동안 회사가 기하급수적인 성장 곡선을 따라 성장하면서 있었던 몇 차례의 기념할 만한 날 가운데 하나였다. 첫 번째는 1억 달러, 그 다음 10억 달러, 이번이 100억 달러였다. 이는 각각 10의 8제곱, 10의 9제곱, 10의 10제곱이기도 했다.

결과적으로 그 행사는 은은한 흰색 X자 두 개가 대각선을 이루는 로고와 함께 'X의 X제곱'이라는 이름이 붙었다. 'X의 X제곱'

로고는 티셔츠와 물병, 콘퍼런스가 열리는 지역 도처 표지판에 인쇄되었다. 그래서 일반적인 라스베이거스의 관광객들은 그곳에 있는 수천 명의 우버 직원을 알아볼 수 없었다. 대체로 비밀은 지켜졌다. 극소수의 사진만이 소셜 미디어에 올라왔고, 유일하게 미리 알고 있었던 언론사는 영국의 가십 잡지인 〈데일리메일〉뿐이었다.

회사 콘퍼런스는 우버가 열망했던 것처럼 엔터테인먼트와 업무가 섞여 있다. 주제는 일주일 내내 번갈아 가면서 바뀐다. 낮에는 공식적인 행사와 함께 국제 문제에서 상품 전략, 가격 책정까지 모든 비즈니스를 다루며, 밤에는 라스베이거스 곳곳에 있는 나이트클럽에서 사교 행사가 이어진다. 둘째 날 밤에는 댄스 음악의 전설인 다비드 게타와 디제이 카이고Kygo가 공연한다. 셋째 날 밤의 깜짝 손님은 비욘세였다. 비욘세는 수천 명의 우버 직원을 위해 몇 시간 동안 춤을 추고 노래를 불렀다. 오늘날까지 나는 물병과 티셔츠뿐만 아니라 행사에서 촬영한 사적인 사진 수백 장을 간직하고 있다. 잊을 수 없는 행사였다. 아마도 직원들의 사기도 정점에 다다랐을 것이다.

'X의 X제곱' 행사는 우버의 주요한 승전보를 축하하는 자리였지만, 그 콘퍼런스에 참여한 수천 명 가운데 한 팀은 크게 칭찬을 들을 만했다. 그 팀은 회사의 가장 큰 부서였고 몇 년 동안 가장 큰 영향력을 행사하고 있었다. 새로운 도시들에서 론칭했던 수천 명의 지상군으로 이루어진 운영팀이었다.

트래비스는 정기적으로 상품팀에게 말했다. "상품은 문제를 해결할 수는 있지만 느리다. 운영팀은 빠르게 할 수 있다." 결과적으로 우버는 스스로를 운영팀이 주도하는 회사라고 간주했고, 운영팀이야말로 스타트업의 기업가 정신과 창의적인 문화를 가장 잘 구현한 팀이었다. 운영팀 내부의 활기는 유명하며, 우버가 성공한 근본적인 요소 중 하나다.

상상력의 중요성

지금까지 논했던 훌륭한 전략(시장에 보조금 투입, 초대전용 상품 개발, 도구 구축, 플린트스토닝 등)을 이용해서 티핑 포인트에 다다를 수는 있다. 하지만 이는 모두 다듬어지지 않은 상상력과 기업가 정신 위에 세워진다. 상상력이 중요한 이유는 아이디어만 적절하다면, 시장이 재빠르게 바뀌기 시작하는 순간적인 기회는 자주 찾아오기 때문이다. 이것은 트위터가 SXSW 콘퍼런스 기간 중에 론칭한 것과 비슷한데, 그 행사에는 변화를 일으킬 수 있는 사용자 무리가 참석하고 있었다. 에어비앤비는 주요 지역 행사에서 비슷한 전략을 채택했다. 초기의 상품 리더였던 조너선 골든은 이렇게 지적했다.

> 우리는 될 수 있을 때마다 우리보다 규모가 큰 지역 행사에 매달렸다. "이방인들에게 아파트를 빌려주세요" 같은 일반적인 캠페인보다는 "옥토버페스트 참석자들에게 주말 동안 아파트를 빌려주

고 1000달러를 받으세요" 같은 온라인 캠페인이 공급 측면의 전환지표를 극적으로 개선시켰다. 그리고 공급을 활성화하는 가장 강력한 방법은 수요를 보장하는 것이었기에 우리는 직원들에게 아직 리뷰가 없는 곳에 가보는 것을 권장했다.[43]

일반적으로 이러한 유형의 스턴트와 해킹은 확장이 불가능하며 반복도 할 수 없다. 재미있는 바이럴 영상은 한두 번은 효과가 있을지 모르지만, 장기간에 걸쳐 성장하게 할 유일한 방법은 되지 못한다. 결국 검색엔진 최적화, 유료 마케팅, 바이럴 성장, 파트너십 같은 확장 가능성이 높은 방법에 노력을 기울여야 한다. 하지만 초기에는 새롭게 추가된 각 네트워크를 건드리는 것에 초점을 맞춘다면 도움이 될 것이다.

우버 운영팀은 이러한 창의력을 꾸준하게 제공해주었다. 새로운 도시에서의 론칭은 모두 콜드 스타트 문제였다. 그리고 도시의 팀원들은 자율적으로 구조화되어 있었고, 탈중심적이었으며, 현장에서 새로운 아이디어에 재빠르게 반응할 수 있었다. 목표는 한 번에 하나씩 전체 시장을 바꾸는 것이었다. 예를 들어 론칭팀은 지역 언론과 함께 지역의 유명 인사에게 '0번 승객'(시장에서 첫 번째 우버 승객)이 되어달라고 부탁하는 작전을 자주 펼쳤다. 또한 한 번에 한 시간씩 선호도에 따라 사무실에 강아지나 고양이가 가득한 트럭이 나타나게 하는 '우버 강아지와 우버 고양이' 같은 특별 프로모션을 제안했다. 또한 우버에서는 소프트아이스크림 트럭을 보내주는 우버 아이스크림 서비스도 했다. 공급 측면에서 우버의 운영팀은 리무진 서비스를 제공하는 회사에 한 군데씩 전화를 걸고, 주요 지역행사장 밖에 서서 전단지를 나눠주고, 운전기사에게 문자를 보내 운전을 시작하게 하는 등 수십 가지 고도의 수작업을 수행했다.

단일 네트워크에서 네트워크의 네트워크가 되려면 활기와 상상력이 필요하다. 우버는 샌프란시스코, 뉴욕, 로스앤젤레스 등과 같은 주요 도시에서 시작했고, 도시별로 매우 다른 전술이 필요하다는 것을 알게 되었다. 뉴욕은 허가가 필요한 시장이었고, 이미 전문 운전기사가 운전하는 리무진이 지배하고 있었다. 우버는 지하철과도 경쟁했다. 로스앤젤레스는 제멋대로 뻗어나간 도시이고, 샌프란시스코나 뉴욕과는 달리 모든 사람이 차를 가지고 다닌다. 우버가 모든 도시에서 성공하리라는 보장은 없었다. 하지만 수십여 곳의 도시에서 론칭을 하고 나서는 전술이 명확해졌다. 각각의 새로운 시장은 티핑 포인트의 효과가 나타나기 시작하자 점점 더 쉬워졌다.

시스템으로서의 활기

우버 아이스크림은 재미있지만, 진정한 마법은 이와 같은 아이디어를 끝없이 변주할 수 있는 혁신적인 상향식 조직에서 나온다. 운영팀의 문화는 실험적인 시도에 대해서는 보상을 해주었고, 아이스크림 다음에는 우버 강아지, 우버 마리아치 밴드, 우버 건강

(감기 예방주사), 우버 사자춤(중국의 설날을 축하하기 위하여!) 등을 비롯한 전 세계 곳곳의 수십 가지 변형들이 이어졌다. 운영팀은 성장을 촉진하는 상품의 특징을 특별한 날의 일정에 맞추어, 그들의 노력에 '휴일 기분'이 나도록 했다. '200달러를 기부하면, 200달러를 받을 수 있습니다' 같은 운전기사 추천 프로그램은 금액을 높여서 유명한 새해 캠페인으로 바꿀 수 있었다. ("새해를 기분 좋게 시작하세요. 300달러를 기부하면 300달러를 받을 수 있습니다.") 독립기념일, 추수감사절, 크리스마스 등 휴일을 기념하는 앱 내 알림은 새로운 느낌을 주고 높은 응답률을 유지할 수 있다.

특이하게도 초창기에는 샌프란시스코에 기반을 두고 있는 기술팀과 상품팀이 실제로 지원하는 역할을 했다. 앱에서 설정할 수 있는 레버를 만들어서 도시팀이 그들의 시장을 직접 관리할 수 있도록 통제 도구를 제공했다. 도시팀은 앱 안에 '차량의 등급vehicle classes'을 만들었고, 그 결과 우버 모토Moto, 우버 헬리콥터, 우버 피치(투자자에게 피칭을 해야 하는 스타트업을 위하여!) 같은 아이디어가 론칭될 수 있었다. 샌프란시스코의 프라이드 퍼레이드의 경우 자동차 아이콘에 무지개색 자국을 내서 특별한 날임을 나타냈다.

마지막에 여러분은 이렇게 물을지도 모르겠다. 우버 아이스크림이 실제로 도움이 되었나요? 우버 아이스크림은 개별적인 볼거리로 회사에 큰 영향을 미치지 않았을지도 모른다. 하지만 시장을 제로에서 티핑 포인트까지 끌어올리는 프레임워크 안에서 이러한 유형의 재빠르고 영리한 전술은 시장이 이륙하는 데 핵심적인 역할을 했다고 나는 생각한다. 가장 중요한 것은 우버가 이런 개념을 빠르게 식별하고, 실행하고, 반복할 수 있는 시스템을 만들었다는 점이다. 이러한 시스템을 만드는 데 도움을 준 것은 진취적인 팀 문화, 강력한 소프트웨어 제작 도구, 모든 도시는 그 도시만의 콜드 스타트 문제가 있다는 것에 대한 이해다.

허슬 기업

아이디어는 소비자 카테고리에 있는 네트워크 상품과 기업 고객을 대상으로 하는 신상품 모두에 적용되며, 약간의 차이는 있다. '오늘날 가장 빠르게 성장한 B2B 기업들은 어떻게 첫 열 곳의 고객을 찾을 수 있었나'라는 연구에서 스타트업 전문가인 레니 라치츠키는 슬랙, 스트라이프Stripe, 피그마Figma, 아사나 출신의 초창기 구성원들을 인터뷰했다. 결론은 상당수의 고객이 창립자의 사적인 네트워크에서 온다는 것이었다.

> 모든 B2B 기업의 아주 이른 성장을 설명해줄 수 있는 것은 세 가지 소싱 전략뿐이다. 그것은 사적인 네트워크, 고객 위치 찾기, 언론이다. 따라서 선택은 쉽지만 제한적이다. 거의 모든 B2B 기업은 사적인 네트워크를 구축하여 잠재적 고객이 시간을 보내는 곳으로 향한다. 문제는 이들 중 어느 길로 가야 하는지가 아니다. 나만의 네트워크가 나를 얼마나 멀리까지 데려다줄 수 있는가다.
> B2B에 사적인 네트워크를 구축할 수 있는 강력한 사적 네트워크

가 있다는 것 역시 아주 큰 장점이다. 커넥터 투자자를 데려오거나 와이 콤비네이터Y-Combinator 같은 인큐베이터에 가입하여 여러분도 사적인 네트워크를 구축할 수 있다. 시작부터 언론과 접촉하는 경우는 흔치 않다.[44]

우버 운영팀의 활기가 도시별 콜드 스타트 문제를 해결하는 데 효과가 있었던 것처럼 B2B 스타트업도 그에 상응하는 패가 있다. B2B 스타트업들은 직접 찾아가서 연락을 할 수 있고 친구의 스타트업에서 나온 팀들이 교육을 해줄 수도 있으며, 재빠르게 원자 네트워크를 구축할 수 있다. 슬랙이 론칭하던 초기에 그랬던 것처럼 말이다. 또는 수많은 생산성 상품이 트위터, 해커 뉴스, 프로덕트 헌트 같은 온라인 커뮤니티 내부에서 론칭하면서 시작했다. 이곳에서는 주머니가 가득한 얼리어답터들이 기꺼이 신상품을 써보려고 한다. 최근에는 B2B 상품이 밈과 재미있는 영상, 초대 전용 메커니즘 등 전통적으로 소비자 스타트업과 연관된 전술을 강조하기 시작했다. 나는 기업 제품의 소비자화가 직접 판매를 주도하는 대신 밈을 기반으로 하는 고투마켓go-to-market 전략을 완전히 수용하면서 이것이 지속될 수밖에 없을 것으로 예상한다.

하지만 영업을 배제해서는 안 된다. 영업은 중요한 수단이다. 와이 콤비네이터의 폴 그레이엄은 기업가는 "확장되지 않는 일을 해야 한다"라고 주장한 것으로 유명하다. 여기에는 직접 고객을 한 명씩 찾아가 설득하는 것이 처음 시작할 때는 좋은 방법이라는 의미가 담겨 있다.

우리가 와이 콤비네이터에 하는 가장 흔한 유형의 조언은 확장되지 않는 일을 하라는 것입니다. (…) 창립자가 해야 하는 가장 흔히 볼 수 있는 확장되지 않는 일은 사용자를 직접 선발하는 것이죠. 거의 모든 스타트업이 해야 하는 일입니다. 사용자가 오기를 기다려서는 안 됩니다. 밖으로 나가서 그들과 직접 부딪쳐야 합니다.

창립자들이 밖으로 나가 개별적으로 고객을 만나려고 하지 않는 데는 두 가지 이유가 있습니다. 첫 번째는 부끄럽기도 하고 게으르기도 하기 때문입니다. 창립자들은 나가서 낯선 이들과 이야기하다가 거절당하기보다 집에서 코드나 작성하고 싶어합니다. 하지만 스타트업이 성공하려면 적어도 창립자(보통 CEO) 한 사람은 영업과 마케팅에 많은 시간을 써야 합니다.[45]

그레이엄은 계속해서 스트라이프와 메라키는 물론이고 페이스북과 에어비앤비 같은 소비자 스타트업에서 이런 철학을 채택한 사례를 인용한다.

중요한 것은, 그레이엄 역시 B2B 스타트업들이 자문을 구하는 것을 지지하며, 초기의 고객들을 마치 컨설팅을 받으러 온 것처럼 대한다는 점이다. 고객이 필요한 기능을 즉석에서 구축한 다음 일반화하면, 확장은 되지 않더라도 적합성에 도달할 가능성이 커진다. 수천 명의 고객을 컨설팅한다고 해서 이윤이 크거나 확장이 가능한 스타트업을 만들지는 못할 것이다.

하지만 허슬은 소비자나 B2B 상품에 효과가 있다. 운영 및 판매 중심의 접근 방식을 익히게 된다면 전체 시장을 바꾸는 데 도움이 될 수 있다.

회색지대

승차 공유 산업의 핵심은 때때로 '피어 투 피어peer to peer'라고 불리는데, 이는 일반인들이 운전기사로 등록해서 사람들을 여기저기 태워다주는 것을 말한다. 처음 론칭했을 때 이는 불법이었다. 실제로 이 글을 쓰고 있는 지금도 전 세계 여러 곳에서는 여전히 불법이다. 우버의 역사에는 큰 이해관계가 얽힌 도시와의 분쟁, 전면적인 금지, 경찰의 우버 지역 사무실 급습 등 등골이 서늘해지는 수많은 에피소드가 있다. 허슬이 너무 지나쳤던 것일까?

콜드 스타트 문제에서 가장 흥미로운 딜레마는 초기 네트워크가 여러분을 회색지대로 끌어들일 때 나타난다. 유튜브가 그랬던 것처럼 영상을 호스팅하고 재생하는 네트워크 상품을 만들어야 하는데, 누군가는 어김없이 〈레이지 선데이Lazy Sunday〉를 업로드할 것이다. (〈세터데이 나이트 라이브Saturday Night Live〉에서 공개되어 초기에 수백만 명의 사용자를 끌어들이며 큰 인기를 끌었다.) 페이팔처럼 사람과 사람 사이에 편하게 사용할 수 있는 지불 수단을 만들면 이는 온갖 종류의 불법 거래에 쓰일 것이다. 드롭박스의 폴더 공유 기능은 초창기에는 불법복제 영화와 음악을 저장하는 데 사용됐다. 이것은 생산성을 위해 파일을 공유 및 동기화하려고 만든 클라우드 저장 서비스의 목적을 고려하면 전혀 예상치 못한 결과였다.

이럴 경우, 이러한 허점을 고치려고 하는가? 아니면 통제를 강화해서 상품의 유용성에 잠재적으로 타격을 입히는가? 사용자의 폴더에 있는 콘텐츠를 뒤지는 것이 좋은 생각일까? 혹은 그것을 수용하되 시간을 두고 올바른 방향으로 조금씩 변화를 유도해야 하는가? 이는 매우 어려운 질문이다. 유튜브는 상당한 양의 불법 복제 뮤직비디오와 TV 클립에서 시작하여, 결국 오디오 핑거프린팅(콘텐츠의 소유자 및 구매자의 정보를 추적할 수 있는 기술 – 옮긴이), 모더레이션 도구moderation tool(사용자 콘텐츠를 효과적으로 관리하는 시스템 – 옮긴이) 등을 구현하여 콘텐츠 공급자와 협력하게 된다. 기준 또한 변했다. 요즘에는 사용자가 영상 클립을 유튜브 및 기타 소셜 미디어에 업로드하면 잠재적인 저작권 침해가 아니라 소셜 미디어에 참여하는 것으로 간주된다. 페이팔 역시 마찬가지로 사용하기 쉬운 인터페이스는 유지하면서 혁신(구불구불한 문자를 이용하여 여러분이 컴퓨터가 아니라 인간이라는 것을 입증하는 최초의 캡차CAPTCHA 기술을 구현)을 통해 사기 행위에 대응했을 뿐만 아니라 사기꾼과 싸우기 위해 데이터 과학팀을 조직했다.

우버는 회색지대를 수용하기로 하고, 원래의 허가된 주문형 고급 승용차 및 리무진 서비스(완전히 합법의 영역에서 운영되는)를 오늘날 승차 공유 매출의 대부분을 차지하는 피어 투 피어(P2P) 모델로 전환했다. 너무 신속하고 완벽하게 전환이 일어나면서 내가 우버에서 일했을 때는 직원이 수천 명에 달하는 회사에 기존에 허가받은 자동차 비즈니스를 전담하는 상품 및 엔지니어 직원이 없었다. 모든 사람이 폭발적으로 성장하는 새로운 승차 공유 시장에 알맞게 업무가 재조정되었다. 물론 이 전략에는 부정적인 면도 있었다. 우버 X는 노동법, 안전 요건 및 규제기관에 논란을 불러일으켰다.

많은 콜드 스타트 사례와 마찬가지로 회색지대를 수용하는 것은 초창기에는 문제를 일으킬 것이다. 하지만 네트워크와 시장이 무엇을 원하는지 따라갔던 우버는 (전 세계의 거의 모든 도시에서) 이탈 속도에 도달했다. 콜드 스타트 문제와 씨름하던 수많은 전략과 마찬가지로 초기의 원자 네트워크가 형성되면서 시간에 따라 접근 방식은 진화했다.

우버 1.0 문화적 가치

허슬과 상상력은 시장을 바꾸는 데 도움이 된다. 각각의 원자 네트워크가 모두 다르기 때문이다. 첫 번째, 두 번째, 세 번째 모두 약간씩 다른 전술이 필요할 가능성이 크다. 이것은 승차 공유에서도 마찬가지였다. 우버의 운영팀은 실제로 800곳이 넘는 도시에서 론칭하면서 콜드 스타트 문제를 반복적으로 어떻게 해결할 것인가에 대해 비밀 무기 역할을 해왔다. 운영팀에는 지나치게 문제에 대해 생각하기보다는 (좋거나 때로는 나쁘더라도) 행동과 창의력을 중요시하는 기풍이 있었다.

2015년 'X의 X제곱' 라스베이거스 콘퍼런스에서 주요 행사는 우버의 문화적 가치를 선보이는 것이었다. 스타디움에 우버의 전 사원이 모인 앞에서 트래비스는 당시 최고 상품책임자였던 제프 홀든과 자신이 만나서 어떻게 회사의 14가지 가치를 결정했는지 말해주었다.

우버 1.0의 문화적 가치

- 마법을 걸자
- 슈퍼 펌프드
- 거꾸로 생각하자
- 임대인이 되지 말고 소유자가 되자
- 낙관적인 리더십
- 자기 자신이 되자
- 담대하게 베팅하자
- 고객에 대한 강박
- 언제나 저돌적으로
- 실무자가 제대로 일할 수 있게 하자
- 승리: 챔피언의 마음가짐
- 원칙을 가지고 대하자
- 소신껏 말하자
- 새로운 도시로 확장하자

이들 가치 가운데 다수는 직접적으로 운영팀의 노력에 대해 말하고 있다. 특히 '언제나 저돌적으로'를 비롯해 '새로운 도시로 확장하자', '소유자가 되자', '소신껏 말하자' 등이 그러하다. 이 모든 가치는 글로벌하고, 탈중심화된 특성을 가진 조직에 적용된다.

이 리스트는 우버 문화의 핵심을 말해준다. 도시팀의 허슬과 제너럴 매니저가 자신이 그 도시의 CEO라고 느끼는 주인의식이 결합되었다. 제너럴 매니저와 도시팀 사람들은 대부분 젊었고, 내부적으로 승진했기 때문에 항상 직접적으로 또 간접적으로 다른 비슷한 도시(그리고 우버의 실제 경쟁사)와 모든 주요 지표에서 경쟁관계에 있었다. 이것이 승차 공유 시장의 변화에 도움을 주었던 마법이다.

4부

이탈 속도

ESCAPE
VELOCITY

17

높은 가치의 사용자
: 드롭박스

네트워크 상품이 작동하기 시작하면 제대로 그 효과가 나타난다. 2018년 드롭박스가 기업공개를 할 때 공동창립자인 드루 휴스턴과 아라시 퍼도시는 카테고리에서 가장 먼저(세일즈포스, 워크데이, 서비스 나우 등보다 빠르게) 기업공개를 했으며, 연간 반복매출 10억 달러를 돌파한 사스 스타트업을 설립했다. 수많은 지표 중에서 성장 곡선은 고전적인 하키스틱 곡선과 비슷했는데 8년 동안 5억 명이 넘는 사용자가 더해진 것이었다.

　나는 드롭박스를 초창기 시절부터 주시하고 있었고, 드루 휴스턴과 알게 되어 친구로 지내고 있다. 드롭박스 팀과 함께 조언자 역할을 하며 신상품이나 바이럴 성장을 가속화하기 위해 함께 노력했다. 드롭박스 팀과 사무실에서 자주 만났는데, 드루와 나는 샌프란시스코 페리 빌딩 근처의 사람이 많이 붐비는 인기 딤섬 레스토랑에서 점심을 먹곤 했다. 일요일에는 느긋하게 딤섬을 앞에 놓고 비즈니스와 삶에 대한 이야기를 나누었다. 이런 시간 중 꼭 한 번은 드루와 콜드 스타트 문제에 관해 수다를 떨었고, 드롭박스의 가장 멋진 시기의 이야기를 들을 수 있었다.

매사추세츠 공과대학MIT에 드롭박스가 설립된 지 5년 뒤에야 가장 어려운 부분이었던 콜드 스타트 문제를 해결할 수 있었다. 드롭박스는 그 문제를 고전적인 '도구 보러 왔다가' 전략을 이용해서 해결했다. 한 사람의 컴퓨터 여러 대에 있는 파일을 동기화하는 도구를 제공한 것이다. 그런 다음 동료, 친구, 가족과 함께 공유하는 폴더로 네트워크를 구성했다. 드롭박스는 추천 프로그램을 혁신했다. 사용자들이 친구를 초대하면 저장 공간을 주고받을 수 있게 한 것이다. 사용자는 폭발적으로 증가했다.

2012년 드롭박스는 정상 궤도에 올라 빠르게 성장하고 있었지만, 더 큰 야망이 있었다. 그해 드롭박스는 등록한 사용자가 1억 명을 넘어설 것으로 전망됐다.[46] 일류 벤처캐피털리스트들의 큰 기대에 힘입어 회사의 가치는 40억 달러까지 올라갔다. 이제 실현해야 했다. 200명에 가까운 직원(대부분 엔지니어였다)으로 이루어진 회사는 아이도 아니고, 그렇다고 성인이라고 하기도 어려운 이도 저도 아닌 미숙한 십대 같았다. 상품 사용량은 많았지만, 보통의 성숙한 기업에서 볼 수 있는 대규모 영업팀이나 마케팅, 재무팀이 구축되어 있지 않았다.

이제 드롭박스가 돈을 버는 데 집중해야 할 때였다. 드루는 내게 이렇게 말했다.

초기부터 여러 번 보았지만, 회사를 대기업에 파는 것에 대해서는 정작 아무것도 몰랐다. 어쨌든 우리는 모두 이십대였고 기업이 하라는 대로 하지 않는 문화적 항체도 많았다. 우리는 소비자와 사진에 집중하고 싶었다. 하지만 몇 년 뒤에 마케팅, 영업을 위해 사람을 고용했고, 셀프 서비스가 이루어지도록 했다.[47]

이러한 셀프서비스 비즈니스는 효과가 있었다. 사용자들은 상품을 써보고, 업그레이드하기로 결정한 다음 신용카드를 꺼냈다. 수익화를 최우선으로 하지 않고도 단지 업그레이드 페이지만으로 수천만 달러의 반복매출을 발생시킨 것이다. 당시 드롭박스의 지표들은 드롭박스가 최고의 소비자 상품이라는 것을 보여주었고 (월간 활성 사용자와 가입자 수) 매월 수백만 명의 신규 사용자가 유입되고 있었다.

셀프서비스식 접근 방식의 성공 때문인지 영업팀의 규모는 작았다. 드롭박스의 문화를 느끼게 해주자면, 초창기에 영업팀에 과부하가 걸리면 그냥 웹 사이트에서 영업팀의 이메일 주소를 삭제해버렸고, 사용자들은 연락할 방법이 없었다. 결국 팀원들은 영업사원을 더 채용해야 한다는 것을 깨달았다. 하지만 MIT의 비사교적인 기술지향적 특성에서는 돈을 버는 것이 여전히 '왜 우리가 그것에 관심을 가져야 하는가?'라는 주제로 간주되었다. 수익은 드롭박스답지 않은 것으로 여겨졌다.

하지만 드롭박스는 증가하는 비용으로 인해 기로에 놓이게 되었다. 바로 클라우드 인프라 비용 때문이었다.

드롭박스는 초기에 아마존의 클라우드 플랫폼을 기반으로 구축되었다. 그리고 드롭박스가 너무나도 빠르게 성장하면서 호스팅 비용이 매우 커졌다. 하키스틱 곡선을 따라 성장하면서 두 번째 하키스틱 곡선이 나타나기 시작했다. 그런데 이번에는 파일 호스팅 비용이었다. 내부 인프라를 증축하면 2년 만에 7500만 달러에 이르는 비용을 절약할 수 있었다.[48] 그리고 시간이 흐르면 그 액수는 수억 달러로 커질 것이다.

당연히 해야 할 일이었다. 하지만 데이터 센터를 임대해서 구축하려면 어마어마한 액수의 선행 자본이 필요했다. 이로 인해 드롭박스는 몇 년 만에 처음으로 수익성이 떨어질 것이었다.

수익을 올리기 위해서 여러 기능을 수행하는 성장 및 수익화 팀이 소집되었다. 첸리 왕과 장드니 그레이즈가 이끄는 엔지니어와 디자이너, 정량적이면서도 비즈니스 마인드를 갖춘 상품 리더들이 팀을 이루고 있었다. 이 팀에는 직접 성장과 수익 창출 기회를 주도할 수 있는 권한과 자원이 주어진다. 이들은 드롭박스의 비즈니스에 관한 새로운 통찰을 얻어내고 기회를 식별하고 우선순위를 정하여 상품에 새로운 기능과 업데이트를 제공함으로써 기회를 이용할 것이다.

드롭박스의 '성장팀'이라는 개념이 이제는 업계에서 점점 흔한 것이 되고 있지만 당시에는 회사 전반적으로 논란을 불러일으키는 조치였다. 드롭박스 같은 강력한 상품 중심의 문화는 고객을 끌어모으는 데 중요한 것이 오직 훌륭한 상품이라고 믿는 경우가 많다. 차세대의 위대한 기능을 만들 수 있다면, 왜 랜딩 페이지나 이메일 공지를 최적화하는 데 실력 있는 엔지니어의 재능을 낭비해야 할까? 이와 유사한 반대 의견을, 과거에 고객을 확보했던 기술기업의 마케팅팀에서 자주 들을 수 있다. 왜 일이 많이 겹치는데 똑같은 팀을 만드는 건가요? 하지만 지표의 숫자를 보면 분명해진다. 성장팀이 업계 전반에 등장한 것은 상품을 이탈 속도로 확장하기 위한 방법에 집중하기 위함이었다.

이러한 질문 속에서 새롭게 구성된 팀은 재빠르게 일을 시작했다. 가격 페이지 최적화에서 저장 공간이 한계에 다다르려고 할 때 고객에게 알려주는 넛지에 이르기까지 연달아 빠르게 수익 창출에 성공했다. 초창기에는 디자인의 작은 변화 때문에 수백만 달러가 생길 수도 있다. 이와 동시에 성장팀은 데이터를 살펴보기 시작해서, 어떤 사용자가 다른 사용자보다 더 큰 가치가 있는지에 대한 통찰을 얻고자 했다. 모든 네트워크가 같을 수 없듯이, 모든 사용자가 같을 수는 없다.

이에 대한 드롭박스의 통찰은 깊이가 있었다. 몇몇 사용자는 '도구 보러 왔다가' 전략의 일부로 드롭박스에 가입했지만, 폴더나 문서를 남들과 공유하지 않으면서 참여율이 저조했다. 반대로 협업과 공유(네트워크 기능)에 드롭박스를 이용한 사람들은 시간이 지나면서 훨씬 가치가 높아졌다. 드롭박스의 사용자는 높은 가치의 능동형HVA(High Value Actives)과 낮은 가치의 수동형LVA(Low Value Passives)으로 나눌 수 있었고, 이는 특성을 나타내는 지표로서 쓸모가 있었다. 수동형이 아닌 능동형을 확보하기 위한 마케팅 채널과 파트너십을 위한 전략에도 쓸 수 있었다. 드루는 이러한 생각의 변화에 대해 내게 이야기했다.

원래는 우리 사명이 '인터넷에 있는 모든 사람'에게 도움을 주기 위해 노력하는 것이라고 생각했지만, 모든 전쟁에서 승리하려고 해서는 안 된다는 것을 깨달았다. 우리에게 가장 가치 있는 사용자는 아마도 아직 성장 중인 시장에서 장편영화 한 편을 온전히 공유하기 위해서가 아니라, 비즈니스에서 협업과 스토리지를 위해 드롭박스를 이용할 것이다.

사용자 가치에 대한 이해는 드롭박스의 성장 전략에 영향을 미쳤다. 드롭박스가 사진 백업 서비스를 제공하기 위하여 최대 규모의 모바일 기업과 파트너가 되기로 했을 때, 파트너십 덕분에 수많은 신규 사용자가 생겼지만 모두 수동형이었다. 이로 인해 사용자들을 지원할 때 상당한 비용이 발생했지만, 수동형 사용자는 업그레이드를 할 가능성이 낮아서 반드시 미래의 수익이 될 것이라고 할 수는 없었다. 능동형과 수동형 개념은 드롭박스 팀이 그들의 다양한 노력을 이해하고 우선순위를 정하는 데 도움이 되었다.

높은 가치와 낮은 가치의 사용자가 있는 것과 마찬가지로, 높은 가치와 낮은 가치의 네트워크도 있다. 2012년 1억 명에 달하는 사람들이 드롭박스를 이용하기 위해서 회원 가입을 했다. 이 방대한 네트워크는 더 작은 원자 네트워크로 구성되어 있었고, 크고 작은 수십만의 비즈니스로 이루어져 있었다. 드롭박스 영업팀은 우선 원래 드롭박스를 사용하고 있는 사람이 많은 기업에 접근해서(이메일 도메인을 단서로 이용했다) '홈그라운드에서 영업을 할 수 있었다.' 몇 년 전 페이스북이 대학교 이메일 도메인을 이용하여 더 세밀하게 분류한 다음 네트워크와 관계를 맺고 하버드대에서 다른 대학으로 확장해나간 것처럼, 드롭박스는 닷컴에 적용하여 똑같은 효과를 얻을 수 있었다. 훨씬 더 중요한 신호는 한 기업에서 사용하고 있는 공유 폴더의 수였다. 드롭박스를 통해서 협업을 많이 할수록, 드롭박스에 머무르는 시간이 많았고, 업그레이드 영업을 하기가 쉬워졌다.

때로는 데이터가 오해를 불러일으키기도 한다. 초창기에 드롭박스는 너무나도 빠르게 성장해서 사람들이 폴더에 어떤 유형의 콘텐츠를 저장하는지 분석하기가 까다로운 경우가 많았다. 가장 간단한 분석 중 하나는 무작위로 폴더를 선정해서 파일의 확장자를 세는 것이다. 일부에게는 가장 많은 파일이 사진이라는 것이 당연하게 여겨질 것이다. 특히 휴대전화로 찍은 사진이 가장 많다. 급속도로 전파되는 이러한 유형의 미디어의 특성과 관련하여 드롭박스는 사진 관련 기능의 로드맵에 착수했고 결국 드롭박스에서 사진을 관리하고 볼 수 있게 해주는 별도의 앱인 캐러셀Carousel을 출시하게 되었다. 이 앱은 나쁘지는 않았지만 성능이 기대에 미치지 못해 결국 폐기되었고, 드롭박스는 현재 가장 핵심적인 부분에 투자할 수 있게 되었다. 바로 비즈니스였다.

회사가 주목하는 비즈니스는 여러 방향에서 나왔다. 우선 사용자를 대상으로 설문 조사를 실시했고 상당수의 능동형 사용자가 업무를 위하여 드롭박스 계정을 업그레이드하고 있다는 것을 깨달았다. 특히 추가적인 보안 및 관리 제어 기능, 마이크로소프트 오피스처럼 직장에서 많이 쓰는 업무용 상품과의 통합 등 기업들이 기대하는 기능을 구축하기만 한다면 기업에게 판매하는 것은 더 쉬울 것이었다(이 역시 식은 죽 먹기였다). 나중에 같은 분석을 드롭박스에 저장된 인기 파일에 적용했지만, 사용자 참여의 중심에 어떤 파일이 있는지에 초점을 맞추자 다른 결론이 나왔다.

적절한 질문은 다음과 같은 것이었다. 사람들이 되돌아가서 편집이나 이동을 반복해서 하는 파일은 어떤 파일이었나? 한 네트워크에서 다수의 사용자가 공유하고, 공동으로 편집하고, 상호작용하는 파일은 어떤 유형이었나? 그 답은 분명하다. 문서, 스프레드시트, 프레젠테이션이다.

드롭박스는 기업공개를 몇 년 앞두고 높은 가치의 파일과 상호작용하며 가치가 높은 네트워크의, 가치가 높은 사용자에게 초점을 맞추는 쪽으로 방향을 잡았다. IPO 문서에서 드롭박스는 기업의 사명을 다음과 같은 문장으로 설명하고 있다. "업무를 보다 현명한 방식으로 설계하여 세상의 창의적인 에너지를 분출하라." 드롭박스는 스스로를 '글로벌 협업 플랫폼'이라고 표현했다.

이것은 실제로 기업의 사용 사례가 아닌 소비자의 요구에 따라 주도된 기업의 이야기와는 거리가 멀었다. 드롭박스의 창업 일화는 이제 스타트업 신화의 일부가 되었다. 학생 시절 드루 휴스턴이 USB 드라이브를 두고 오는 일 때문에 고생을 하다가 직접 이 문제를 해결하기 위해 드롭박스를 시작했다는 이야기였다. 드롭박스는 1인칭 내레이션으로 시작하여 자동으로 여러 대의 컴퓨터를 동기화하여 불안한 USB 드라이브가 필요 없는 '매직 폴더'의 모습을 담은 4분짜리 동영상과 함께 출시되었다.[49] 최초 버전에는 공유 폴더가 없었지만 나중에 추가되었다. 이 영상은 2007년 4월에 공개되어 레딧, 해커 뉴스, 디그 등 소셜 미디어 사이트에서 폭발적인 인기를 끌었다.

드루는 나중에 이렇게 회상했다.

그 영상 때문에 수십만 명이 웹 사이트로 몰려왔다. 베타 서비스 대기자 명단이 말 그대로 하룻밤 사이에 5000명에서 7만 5000명으로 늘어났다. 우리는 깜짝 놀랐다.

드롭박스의 창업 일화는 대개 대학 동문인 드루 휴스턴과 아라시 퍼도시가 샌프란시스코로 가서 스타트업 액셀러레이터인 와이 콤비네이터에 합류하여 신속하게 벤처 자본을 지원받는 장면에서 끝난다. 10년 뒤인 2018년 드롭박스는 기업공개 되어 종목 코드 NYSE:DBX, 초기 가치 100억 달러 이상으로 상장했다. 대개 스타트업 이야기는 중간 부분이 생략되고 창업에서 기업공개까지의 이야기가 짧은 몇 개의 문단에 담기게 된다.

2012년 이전과 이후 몇 년은 드롭박스의 스타트업 여정에서 매우 중요한 중간 단계다. 창업에서 기업공개까지 10년에 걸친 긴 여정에서 드롭박스는 가장 가치 있는 사용자의 네트워크와 속성을 알게 되었고, 기업에 호소하기 위해 주요 기능을 도입했으며, 새로운 마케팅 채널을 추가했다. 이 모든 노력이 네트워크 효과를 이탈 속도로 확장하여 성공적인 기업공개로 나아갈 수 있게 도와주었다.

이탈 속도

신제품이 성공하여 확장을 시작하면 이를 '이탈 속도Escape Velocity'에 도달했다고 말하곤 한다. 상품이 하키스틱 곡선을 따라가기 시작해서 영원히 우상향하리라는 믿음은 터무니없다. 하지만 그렇게 간단치만은 않다. 실제로 그 여정은 끝나지 않는 대신 초점이 바뀐다. 이 단계에서의 핵심은 재빠르게 높은 성장률을 유지하고 성공적인 상품의 네트워크 효과를 증대하는 것이다.

　드롭박스의 사례에서 상품은 여러 단계를 거쳤다. 콜드 스타트 단계에서 드롭박스는 하나의 도구로서 USB 드라이브를 대체하는 역할을 하면서 사용자들에게 공유 폴더를 사용하도록 상향판매를 했다. 소비자와 기업에서 사용 사례가 증가하면서 드롭박스는 티핑 포인트에 도달했고, 활성 사용자 수는 수억 명에 이르렀다. 이탈 속도 단계에서 드롭박스는 사용 기반의 확장을 계속해야 했고, 궁극적으로는 수익을 창출하는 비즈니스를 구축해야 했다. 이 단계를 여는 열쇠는 높은 가치의 사용자와 낮은 가치의 사용자를 이해하는 것이었고, 궁극적으로는 회사를 대상으로 삼는 것이었다.

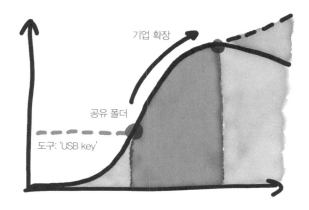

기업 확장

공유 폴더

도구: 'USB key'

도표 11 | 드롭박스 곡선: USB 드라이브, 공유 폴더, 기업

　모든 신제품은 결국 이탈 속도에 도달한 다음 이를 유지해야 한다. 다음 몇 장에서는 성장을 확장하기 위해 노력해야 하는 중간 단계를 이야기할 것이다. 콜드 스타트 프레임워크에서 이탈 속도 단계는 판매가 확립되어 있는 구역에서 일하는 팀들과 밀접한 관계가 있다. 여기서 이미 성공한 상품을 성장시키는 것은, 이 책의 앞부분에서 다루었듯 스타트업이 0에서 시작해서 1을 만드는 노력과는 다르다.

　나는 네트워크 효과를 재정의하고 이를 훨씬 생생하게 보여줄 것이다.

　이어지는 18장에서는 업계에서 네트워크 효과를 두고 어떤 식으로 모호하고 광범위한 용어로 사용하고 있는지 설명할 것이다. 상품팀의 행동에 기준이 될 정도로 생생하게 하려면 세 가지 네트워크 효과인 참여, 획득, 경제에 대해 이야기해야 할 것이다. 다음 몇 장에서는 각각의 효과에 대해 깊이 있게 알아볼 것이다.

'참여 효과engagement effect'는 어떤 상품의 사용자가 늘어나면서 사람들이 그 상품을 사용하는 시간이 점점 길어지고, 그 상품에 관심을 갖게 될 때 일어나는 현상이다. 이는 AT&T의 시어도어 베일이 정의한 네트워크 효과의 고전적인 정의에 가장 가깝다. 하지만 나는 새로운 앱의 성능을 분석할 때 사용하는 리텐션 곡선과 참여지표라는 말을 이용해서 현대적인 용어로 표현할 것이다. 반면 '획득 효과acquisition effect'는 상품의 신규 고객을 획득하는 데 동력을 제공하는 네트워크 효과다. 바꿔 말하면 바이럴 성장이다. 상품은 본질적으로 바이럴하다. 드롭박스, 메신저 앱, 소셜 네트워크가 그런 것처럼 사람들은 단지 그 상품을 사용하는 것만으로 친구나 동료를 네트워크로 끌어들인다. 나는 어떻게 획득 효과가 작동하는지 그리고 그 영향력을 가장 증폭할 수 있는 최선의 방법은 무엇인지 이야기할 것이다. 그리고 마지막으로 세 가지 힘 가운데 세 번째인 '경제 효과Economic effect'를 소개할 것이다. 네트워크 효과는 시간이 흐르면서 발전한 피드 알고리즘, 증가한 전환율, 프리미엄 가격 정책 등의 형태로 비즈니스 모델을 개선하는 데 도움을 줄 수 있다.

18
세 가지 힘

THE TRIO OF FORCES ←

이탈 속도는 많은 경우 한 상품이 시장을 주도하게 되는 순간, 모든 것이 수월해지는 일종의 최종 상태로 설명된다. 이들 기업은 네트워크 효과에 기반을 둔 경쟁 없는 성장을 해야 한다. 그러나 이탈 속도에 도달한 상품팀의 내부를 보면, 뭔가 다른 게 보일 것이다. 외부에서는 그토록 수월해 보이는 일도 내부에서는 쉽지 않다. 수천 명의 직원이 네트워크를 확장하기 위해 일을 하고 있다. 예를 들어, 드롭박스는 높은 급여를 받는 전업 디자이너와 엔지니어, 마케터를 2000명 이상 채용했고, 2018년 기업공개를 앞두고 매년 직원의 임금을 두 배 또는 세 배 인상했다.

적합성을 달성하는 데는 소수의 직원만으로도 충분하지만(인스타그램이 페이스북에 팔릴 때 직원이 13명, 사용자가 3000만 명이었다는 이야기는 유명하다), 상품의 잠재력을 완전히 발휘하기 위해서는 긴밀한 협력이 필요하다. 이는 하키스틱 성장 곡선에 대한 일상적이고 지나치게 단순한 설명과는 큰 대조를 이룬다. "운이 좋았을 뿐입니다." 또는 이 책에서 풀어놓고 있는 여러 기술상품의 경우 (멀티플레이어 게임에서 채팅 앱, 업무용 상품에 이르기까지), 어떤 때는 무성의한 설명이 나오기도 한다. "물론 빠르게 성장하고 있습니다. 네트워크 효과가 있거든요!" 하지만 이는 지나치게 피상적이다.

네트워크를 확장하기 위해서는 어마어마한 양의 에너지가 필요하다. 시장 포화와 경쟁에 대응하는 방어와 시간이 흐름에 따라 네트워크 효과를 증폭하기 위한 공격, 이 두 가지 측면에서 모두 그러하다. 이런 종류의 이야기가 있는 회사가 드롭박스만은 아니다. 핀터레스트, 슬랙, 줌, 우버, 에어비앤비 등도 수천 명(혹은 수만 명)의 전업 직원이 있고 그중 상당수가 단일한 앱 또는 소규모 패밀리 앱의 영역에서 작업을 하고 있다. 이들 가운데 아무 데나 물어봐도 다들 인원이 모자라며, 할 일이 무척 많다고 할 것이다. 이는 이탈 속도의 실제 모습이다. 이탈 속도는 그들의 힘을 증폭하기 위해 네트워크 효과를 구축하는 데 집중하는 새로운 단계를 알린다. 여기서 기업들이 가속도를 높일 수는 없다. 시장 포화와 스팸, 경쟁 등을 비롯한 힘들이 등장하면서 어쩔 수 없이 가속도가 줄어드는 때가 오기 때문이다.

네트워크 효과를 강화하는 것은 말은 쉬워도 실제로 하기는 어렵다. 모두 네트워크 효과를 개선하고 싶어하는데, 그렇다면 그것이 실제로 의미하는 바는 무엇일까? 상품팀은 설계와 상품의 기능 선택, 신상품의 출시 일정 결정, 기술적 복잡도와 기능 사이의 균형 잡기 등 구체적인 일을 한다. 어떤 팀에게 '네트워크 효과를 개선하라'고 추상적으로 말하면 모두 멍한 표정으로 나를 빤히 바라볼 것이다. 다음 몇 장에서는 전략을 실행에 옮기는 방법을 논의할 것이다. 한 상품의 네트워크 효과를 강화하는 계획을 세우려면 추상적인 부분을 구체적인 부분과 연결하여 그 결과물이 프로젝트의 선택과 우선순위를 정하는 데 실질적인 현실을 반영할 수 있어야 한다.

네트워크 효과에 잠재된 세 가지 시스템

우선 업계에서 사용하는 일부 용어와 다른 의미로 쓰이는 개념에 대해 알아보자. 네트워크 효과는 단순히 한 가지 효과를 말하는 게 아니다. 네트워크 효과는 광범위하고 포괄적인 용어이며, 세 가지 잠재된 힘, 즉 '획득 네트워크 효과', '참여 네트워크 효과', '경제 네트워크 효과'로 구분할 수 있다. 각각은 서로 다른 방식으로 비즈니스에 기여할 수 있다. 네트워크가 촘촘할수록 네트워크는 강해진다.

'획득 효과'는 한 상품이 네트워크를 이용하여 신규 고객을 획득하는 능력을 말한다. 어떤 상품이든 페이스북 광고나 구글 광고를 구매할 수 있지만, 바이럴 성장을 이용할 수 있는 건 네트워크 상품뿐이다. 네트워크 상품은 자신의 사적인 네트워크에 있는 사람들에게 이야기할 수 있는 능력을 지니고 있다. 이 능력 덕분에 고객 획득 비용은 시간이 흘러도 시장 포화와 경쟁으로 인한 자연적인 상승에 맞서 낮게 유지될 수 있다. 획득 효과를 증폭하는 프로젝트의 유형은 바이럴 성장을 중심으로 한다. 즉, 사람들을 추천한 사용자에게 보상을 해주는 추천 기능, 주소록을 이용하여 어떤 앱에 추가할 사람을 추천하는 것, 또한 초대 과정에서 중요한 순간마다 전환율을 개선하는 것 등이다. 이러한 기능은 모두 이른바 상품의 바이럴 상수라고 불리는 신규 가입자 수를 증가시키고, 고객 획득 비용Cost Acquiring a Customer과 같은 지표를 감소시키는 데 도움을 준다.

'참여 효과'는 네트워크의 밀도가 높아질수록 사용자가 네트워크에 머무는 시간이 길어지고, 새로운 용도를 찾아내는 것을 말한다. 참여 효과는 이 책을 시작하면서 다루었던 네트워크 효과에 대한 고전적인 설명의 구체적인 형태다. "네트워크에 가입한 사용자가 많을수록, 네트워크는 유용해진다." 하지만 고전적인 정의는 가치를 창출하는 기본 시스템(사용 사례와 '루프'는 사용자가 상품을 사용할 때 가치를 이끌어내는 방법을 정의한다)은 물론이고 네트워크의 밀도가 높아질수록 증가하는 특정 지표를 포함하도록 개선될 수 있다. 예를 들어, 트위터는 플랫폼에 괴짜 친구가 한두 명씩 있던 초창기 시절보다 매스컴, 유명 인사, 정치인 등이 활동하는 지금이 훨씬 재미있다. 네트워크에는 더 많은 유형의 콘텐츠 창작자가 있기 때문에 처음에는 친구들과 연락하기 위한 앱처럼 느껴졌던 것이 정치 뉴스 추적, 업계 소식 팔로업, 내가 좋아하는 유명 인사의 최신 소식 등 다양한 사용 사례로 진화할 수 있는 것이다. 참여가 늘어날수록 사용자 세션의 수나 한 달 중 내가 활동하는 날 등이 직접 드러나기 때문에 이처럼 증가한 주요 사용 사례가 주요 지표를 주도한다. 사람들을 얼마나 오랫동안 네트워크에 머물게 했는지 시각적으로 보여주는 가장 중요한 리텐션 곡선은 사람들을 더 오랫동안 사용하게 만드는 사용 사례가 등장하면 향상될 수 있다.

경제 효과는 네트워크가 성장하면서 네트워크 상품의 수익화를 가속화하고, 비용을 줄이고, 비즈니스 모델을 개선하는 능력이다. 예를 들어, 업무용 상품은 기업 내에서 그 상품을 쓰는 사람이 늘어나면 높은 가격 계층으로 전환되는 경우가 많다. 제품을 선택하는 직원들이 많아질수록, 고급 기능을 업그레이드하고 싶은 직원이 많아질 수도 있다(조직 전반에 걸쳐 모든 사용자의 메시지를 검색하는 기능에 요금을 부과한 슬랙처럼). 특히 그 기능이 본질적으로 협업에 관한 것일 때 이를 사용하려고 하는 직원이 많아질 수도 있다. 마찬가지로 앱 스토어를 비롯한 마켓플레이스들은 목록 수가 증가하면 사용자당 평균 수익이 늘어날 것이다. 고객에게 더 많은 선택권이 생길수록 정확히 자신이 사고 싶은 것을 살 가능성이 높아진다. 그러면 구매 전환율은 증가한다.

성장회계방정식

나는 참여, 획득, 경제 네트워크 효과를 핵심적인 분류체계로 사용한다. 상품팀이 가장 중요하게 생각하는 주요 결과인 활성 사용자와 수익 그리고 이러한 지표의 선행지표를 보여주기 때문이다. 활성 사용자는 신규 가입자와 얼마나 많은 기존 가입자가 참여하고 남아 있는지를 조합하여 구성된다. 수익은 활성 사용자의 부산물이자 사용자 각각이 생성하는 평균 수익이다. 그 수익은 구매에서 올 수도 있고 광고 수익에서 올 수도 있다. 또 다른 중요 지표인 성장률은 시간이 흘러도 항상 이러한 네트워크 효과를 반복해서 확장할 수 있는 능력이다.

이러한 입력과 출력은 단지 산술적인 관계일 뿐이다. 다음은 흔히 '성장회계방정식The Growth Accounting Equation'이라 불리는 것으로, 이러한 주요 지표가 활성 사용자와 어떤 관계가 있는지 보여준다.

활성 사용자의 이득과 손실 = 신규 + 재활성화 − 해지

그런 다음 각각의 시간 주기를 기반으로 활성 사용자를 얻을지 아니면 잃게 될 것인지 알아낼 수 있다.

이달의 활성 사용자 = 지난달의 활성 사용자 + 이득 또는 손실

이 사례는 (소셜 네트워크와 메신저 앱에 적절한) '활성 사용자'를 사용하지만, 드롭박스 같은 사스나 유튜브 레드 같은 소비자 구독 서비스의 경우에서는 '활성 구독자'도 될 수 있다. 이 방정식을 이용해 그 결과물로 대시보드를 만드는 것이 모범 사례가 되었다. 그리하여 주어진 기간 동안 기본 구성 요소의 동향을 알 수 있다. 목표가 매년 3배 성장이고 회원 가입이 크게 줄어든다면, 목표를 지키기 위해서 무엇을 해야 할지는 명확해진다. 간단한 계산 문제다. 매출을 함께 보기도 쉽다. 변수 두 개를 추가한 다음 활성 사용자 수와 활성 사용자 수당 평균 수익ARPU을 곱하기만 하면 된다.

모든 상품은 이런 식으로 생각할 수 있다. 그리고 각 지표를 증가시키는 것이 바로 상품팀의 목표다. 하지만 네트워크 상품이 이들 각 변수의 값을 끌어올리기 위해서 네트워크를 활용하는 방식이 특별하다. 일반적인 상품이 할 수 없는 일이다. 상품이 성장해서 이탈 속도에 도달하면서, 네트워크의 밀도는 참여, 획득, 경제 효과를 더욱 강화하여 입력 지표를 증가시킨다. 바이럴 성장을 바탕으로 신규 사용자가 나타나 탈퇴자 수가 감소한다. 전환율이 증가하면서 수익은 더 증가할 것이다. 네트워크 상품의 성장 방정식에 대한 중앙 입력은 상품의 기능이 아니라 네트워크의 기능으로 자체적으로 개선되어 시간이 흐르면 누적된 이점을 창출한다. 이것이 네트워크 효과다.

네트워크 효과를 따로 설명하고 있지만 실제로는 모두 함께 작동한다. 참여도가 어느 정도 이하로는 떨어지지 않는 집단은 상품을 친구들과 공유할 기회가 더 많아지고 이는 바이럴 성장을 촉진

한다. 더 강력한 획득 효과가 의미하는 것은 기존 커뮤니티에 새로운 얼굴들이 꾸준하게 유입될 것이라는 점이다. 강력한 수익화는 사용자들이 돈을 더 많이 벌게 하고 더 많은 참여를 유도할 것이다. 하나를 증폭하면 다른 사람들도 상승하게 만드는 일이 많아진다.

19

참여 효과
: 괴혈병

THE ENGAGEMENT EFFECT

기술 상품의 충성도와 참여도를 연구하는 데 사용하는 현대적인 기술은 질병 연구에 기원을 둔다.

1753년 스코틀랜드 의사 제임스 린드는 역사상 최초로 보고된 임상시험 중 하나인 〈괴혈병에 관하여〉라는 기념비적인 논문을 발표했다. 이 논문에서 그는 영국 해군의 군함 로열 네이비호에서 선박 외과의사로 복무하면서 수행했던 괴혈병 연구와 실험을 기록했다. 당시 괴혈병은 해군의 수병에게 가장 치명적인 질병 중 하나였다. 괴혈병으로 죽은 수병이 적군을 만나 사망한 수병보다 많다고 할 정도로 괴혈병은 전쟁이나 장거리 무역을 수행하는 데 커다란 걸림돌이 되고 있었다.

린드는 논문에서 역사상 최초로 무작위로 통제된 시험에 대해 설명했다. 괴혈병 증상을 보이는 12명을 두 명씩 여섯 쌍으로 나누어 매일 사과 주스, 묽은 황산, 해수, 식초 등의 혼합물을 주었다. 운이 좋았던 한 팀은 오렌지 두 개와 레몬 한 개도 받았다. 그런 다음 린드는 시간을 두고 수병들이 보이는 행동을 관찰했다. 오렌지와 레몬 등 감귤류에서 비타민 C를 공급받은 두 명은 눈에 띄게 상태가 좋아졌고, 과일이 모두 떨어져 임상시험을 중단할 때까지 거의 완전하게 회복되었다.

이러한 기법들은 너무나도 강력해서 수백 년이 지난 후에 기술 기업들이 자사 제품의 참여도와 회원을 유지하는 능력을 측정하고 최적화하는 방법을 찾는 기초가 되었다.

현대에 와서는 대개 사용자들을 코호트라는 별개의 집단으로 나눈 다음 별도로 측정하게 된다. 괴혈병의 뒤를 추적하는 대신, 상품 내부에서 얼마나 활동적인지 감시한다. 가입하고 하루 동안 얼마나 많은 사람이 남아서 활동하는가? 가입한 지 7일이라면, 30일 후에는 어떻게 달라지는가? 신규 가입자일수록 처음 몇 주 동안은, 버그가 많은 오래된 집단과 비교해서 더 좋은 경험을 하게 되는가?

이러한 그래프(흔히 '코호트 리텐션 곡선cohort retention curve'이라고 한다)는 한 상품이 작동하고 있는지를 이해하기 위한 기본적인 방법이다. 그리고 우리는 제임스 린드와 그의 괴혈병 연구에 감사해야 한다.

신상품의 충성도에 관한 슬픈 진실

리텐션은 어떤 상품을 이해하는 데 가장 결정적인 지표이지만, 대개 데이터는 아름답지 않다. 업계 전체에 대한 참여 데이터를 보면 똑같은 이야기를 반복적으로 하고 있다. 사용자들은 자신의 앱만 고수하지는 않는다. 어느 날[50] 테크크런치TechCrunch라는 기술 블로그에 '거의 네 명 중 한 명은 앱을 한 번 쓰고 나면 사용하지 않는다'라는 제목의 글이 올라왔다. 저자는 3만 7000명의 사용자에서 나온 데이터를 관찰하여 사용자의 상당수가 앱을 겨우 한 번 써본 후에는 더 이상 사용하지 않는다는 사실을 증명했다. 안타깝게도 나는 비슷한 결과를 찾아냈다. 구글 플레이의 상품 매니저였던 앙킷 자인과 함께 '모바일 사용자의 80퍼센트를 잃는 것은 정상이다'라는 제목의 에세이를 발표했다. 이는 신규 사용자가 가입한 직후에 빠르게 감소하는 현상을 설명해준다.

앱을 설치하는 사용자 가운데 70퍼센트는 이튿날 활성화되지 않는다. 그리고 첫 석 달 동안 사용자의 96퍼센트가 더 이상 활성화되지 않는다. 리텐션 곡선의 형태가 매우 중요하다. 이상적으로 리텐션 곡선은 시간이 지나면 수평이 되어야 한다. 아주 적은 사용자라도 꾸준하게 돌아오기 때문이다. 하지만 이것은 일반적인 앱의 경우에는 적용되지 않는다. 그 곡선은 시간이 흐를수록 아래로 떨어지고 마침내 0이 되어 사라진다.

냉정하게 결론을 내리자면 대부분의 앱은 실패한다. 하지만 물론 예외는 있다. 이것이 iOS와 안드로이드에서 실행할 수 있는

500만 개 이상의 앱 중에서 수백 개만이 수많은 사용자에게 선택되고, 불과 수십 가지만이 사람들의 시간과 시선을 지배하게 되는 이유다. 분석 기업인 콤스코어comScore에서 보내준 데이터는 사람들이 단 세 개의 앱만으로 80퍼센트의 시간을 보낸다는 사실을 보여주었다.[51] 나는 여러분이 그 세 개의 앱이 무엇인지 추측할 수 있으리라 확신한다.

앤드리슨 호로위츠에서 스타트업을 평가하기 위한 대략적인 벤치마크로서, 나는 하루가 지났을 때 60퍼센트를 최소한의 기준으로 보았고, 7일 뒤에는 30퍼센트, 30일 뒤에는 15퍼센트를 기준으로 삼았다. 여기서 곡선은 결국 수평이 된다. 이들 수치를 통과할 수 있는 것은 대개 네트워크 상품들뿐이었다. 네트워크 상품은 시간이 흐름에 따라 네트워크에 머무는 시간이 더욱 길어진다는 점에서 고유한 특징을 가지고 있었다. 이는 어쩔 수 없는 고객의 탈퇴를 상쇄시킨다.

드물지만 예외적으로, 리텐션 곡선에 '미소smile'가 생기는 경우가 있다. 이는 시간이 흐르면서 리텐션과 참여도가 실제로 위로 올라가며, 탈퇴한 사용자가 다시 활성화된다는 뜻이다. 스타트업이 미소를 지을 때 투자해보는 것이 좋을 것이다. 대단히 드문 일이다.

참여 네트워크 효과 때문에 이 책에서 사례연구로 쓰인 네트워크 상품은 업계에서 가장 높은 리텐션 곡선을 볼 수 있다. 이것이 그들이 성공할 수 있었던 핵심 요인이다. 참여 네트워크 효과를 이용할 수 있는 그들의 고유한 능력 덕분에 시간이 흐름에 따라 리텐션이 상승할 것이다. 먼저, 네트워크가 발전함에 따라 새로운 사용 사례를 만들고, 그런 다음 상품의 핵심 '루프'를 강화한다. 끝으로, 탈퇴한 사용자를 재활성화시킨다. 나는 이러한 수단이 어떻게 작동하는지에 관해 이야기할 것이다.

어떻게 새로운 사용 사례가 더 많은 참여를 유도하는가

첫 번째 수단은 사용 사례에 리텐션 곡선들을 더해 리텐션 곡선을 높게 하는 참여 효과의 기능에서 나온다. 예를 들어, 한 소규모 팀이 슬랙과 같은 채팅 상품을 최초로 채택하면(회사 내의 다른 어느 팀보다 먼저) 그 팀과 관련된 안건에 관하여 토론할 수 있는 몇 가지 채널을 사용할 수 있을 것이다. 하지만 회사가 더 많은 직원에게 그 상품을 사용할 수 있게 하면서 새로운 사용 사례가 나타난다. 수천 명의 직원이 동시에 임의의 주제에 관해 이야기하던 우버처럼 '풀 파티 Pool Party' 채널이 생길 수도 있다. 또는 샌프란시스코와 뉴욕, 기타 도시의 사무실에서 지역에 따른 행사 등을 공지하는 채널도 있을 수 있다. 앤드리슨 호로위츠에는 가까운 미래에 영향을 미칠 만한 인기 기술 트렌드를 다루는 #2030 같은 채널이나 개개인이 좋아하는 책이나 넷플릭스 콘텐츠를 공유하는 #book, #movie-tv 같은 채널도 있다. 이러한 새로운 채널은 모두 새로운 사용 사례를 보여준다. 회사의 공지, 사회참여 활동, 프로젝트 진행 등이 새로운 사용 사례가 될 수 있다. 슬랙 네트워크에 사람이 많아질수록 이러한 추가 사용 사례가 발전할 가능성이 높아진다.

어쩌다가 한 번씩, 특별한 의도 없이 사용하려고 시작한 것이 매일 사용하는 것으로 발전하는 경우도 많다. 운 좋게도 사용자들을 더 자주 사용하게 하는 것이 프로젝트 설계의 일부일 수 있다. 핵심은 메신저나 인센티브를 이용하거나 적절한 사용자를 대상으로 삼는 것이며, 그것도 아니라면 새로운 사용 사례를 시험해보는 것이다. 이렇게 하면 참여도가 높아진다.

하지만 이를 위해서는 드롭박스가 그랬던 것처럼 가치가 높은 사용자와 낮은 사용자를 분류하는 방법을 알아야 한다. 금전적인 가치는 올바른 분류가 아닐 수도 있다. 빈도, 인생의 가치, 사용 사례, 기타 주요한 특징 같은 것 등이 기준이 될 수 있다.

예를 들어, 링크드인의 사용자 기반은 사용 빈도에 따라 계층화되어 있다. 링크드인에서 성장 부문 부사장을 역임했던 내 친구 아티프 아완은 이렇게 설명한다.

링크드인에서 우리는 사용자를 다음과 같이 분류했다.
- 지난주 7일 내내 활성화 상태
- 최근 6일 동안 활성화 상태
- 최근 5일 동안 활성화 상태

……등등. 이 덕분에 우리는 각각의 세그먼트를 개별적으로 파고

들었고, 그들의 욕구와 동기, 무엇이 그들의 참여도를 높일 수 있
는지에 대해 알게 되었다.[52]

이러한 세그먼테이션을 바탕으로 상품팀들은 참여도의 수준에
변화를 줄 '레버lever'를 찾을 수 있다. 하지만 늘 같을 수는 없다.
사용자의 유형에 따라, 사용자의 동기와 의도에 따라 다양하게 접
근해야 효과가 있을 것이다. 아완은 빈도를 높이려는 링크드인 전
략의 맥락에서 이를 설명한다.

자주 방문하지 않는 사용자의 참여를 높이기 위해 사용하는 레버
는 파워 유저와의 관계를 심화시키는 것과는 다르다. 초창기 사용
자들은 회사 동료와 연결을 약간만 추가하면 될지도 모른다. 파워
유저는 검색과 채용, 동호회를 만들 때 고급 기능이 있다는 것을
알고 새롭고 강력한 방식으로 사람들과 연결해야 한다. 우리 사용
자를 세그먼테이션하면 사용에 영향을 미치는 올바른 기능과 사
용자 교육을 연결할 수 있는 세분성을 우리에게 제공한다.

이러한 통찰은 파워 유저 세그먼트(혹은 드롭박스에서 쓰는 용어
로는 HVA)를 조사하고 드롭박스가 독특한 이유를 이해하려고 할
때 흔히 볼 수 있다. 아마도 드롭박스가 특별한 기능을 사용하고
있거나 어떤 방법으로든 네트워크와 협력하고 있기 때문일지도
모른다. 모든 사용자가 이런 식으로 상품을 사용하라고 강요하고
싶지만 안타깝게도 상관관계가 인과관계를 뜻하지는 않는다. 소

방서와 화재를 연구하고서, 소방서가 화재의 원인이라고 결론 내리고 싶지는 않을 것이다!

이런 점 때문에 A/B 테스트가 너무나도 소중해진다. 제임스 린드가 괴혈병 실험에서 했던 것처럼 사용자들은 무작위로 별도의 집단으로 나뉘어 서로 다른 경험을 하게 된다. '고부가가치 링크드인 사용자들은 저부가가치 사용자들보다 높은 비율로 다른 사용자와 연결된다' 같은 상관관계는 실제 레버로 전환될 수 있다. '링크드인 사용자가 링크드인 초기에 더 많은 사람과 연결되면 나중에 가치가 높아질 가능성이 커진다'라고 말할 수 있다는 것은 설득력이 있다.

그러면 이제 질문은 어떻게 해야 고부가가치 사용자가 되는가다. 이것은 일반적으로 사용자 교육(콘텐츠 외)의 형태 혹은 단순히 새 기능을 소개하고 홍보하는 형태로 일어난다. 링크드인의 사례에서 새로운 기능은 초창기 사용자에게 자신이 다니는 회사 사람들과 연결하여 함께 네트워크를 형성하게 함으로써 중요한 제안이 될 수도 있다. 콘텐츠와 커뮤니케이션은 링크드인의 연결 기능을 효과적으로 사용하는 방법을 가르쳐주는 일련의 영상일 수도 있다. 그리고 사용자가 어떤 행동을 하게 되면 무료 구독권 같은 것이 인센티브로 보일 수도 있다. 한 상품의 로드맵은 이러한 크고 작은 아이디어 수백 가지를 이용하여 만들어지고, 우선순위가 결정된다.

드롭박스의 경우, 우리는 이러한 세그먼테이션을 통해 여러 디바이스(집과 사무실 또는 모바일 디바이스)에 그 상품을 설치한 사용자가 한 가지 디바이스밖에 없으며 그 서비스를 백업을 위한 용도로만 사용하는 사람보다 훨씬 가치가 있다는 사실을 알 수 있다. 더 좋은 것은, 고부가가치 사용자들은 폴더를 공유하고 다른 사용자들과 협업하는 경우, 특히 업무를 목적으로 협업하는 경우가 많았다는 점이다. 앞서 설명한 것처럼 드롭박스는 링크드인의 빈도수 중심의 세분화 방식과는 반대로, 사용자를 가치에 따라 고부가가치 활성 사용자와 저부가가치 활성 사용자로 세분화했다. 사용자들이 고부가가치를 창출하는 행위를 장려하기 위해서 드롭박스는 동기화와 공유 기능을 개선할 수 있었다. 사용자들이 여러 디바이스에 설치하는 가장 빠른 방법을 알려주는 교육 콘텐츠를 보내주거나 보여줄 수 있었다. 또는 인센티브(이를테면 무료 저장 공간)를 이용하여 사용자들이 자신의 계정에 올바르게 설치하게 했다.

참여 루프

앞서 논의한 대로 참여 네트워크 효과 덕분에 상품의 충성도가 높아진다. 하지만 어떤 식으로 그렇게 되는 것일까? 이 과정은 사용자들이 어떤 네트워크에서 사람들로부터 단계적으로 가치를 끌어오는 방식을 설명하는 '참여 루프'로 모델링할 수 있다.

소셜 혹은 커뮤니케이션 상품의 경우, 루프는 콘텐츠를 포스팅하거나 보내주는 콘텐츠 창작자에서 시작하는 경우가 많다. 그런 다음 콘텐츠는 연결되어 있는 모든 이에게 전송된다. 그리고 네트워크의 크기에 따라, 좋아요와 댓글을 받는다. 그것이 그 일을 계속하는 데 대한 보상이다. 마켓플레이스 상품도 비슷한 루프를 가지고 있다. 거기서 판매자들은 그들의 상품을 전시한다. 그러면 구매자들은 전시된 상품을 훑어본다. 고객의 네트워크가 클수록, 관심 있는 구매자가 그것을 볼 가능성이 높아지고, 거래가 일어날 확률 또한 높아진다. 업무용 협업 상품은 비슷한 방식으로 기능한다. 네트워크 하드 사이드의 한 구성원이 프로젝트나 문서를 공유하여 네트워크를 초기화한다. 그리고 동료들은 루프를 정지하기 위해 끼어든다. 이러한 참여 루프는 서로 관계가 있는 일련의 행동에 따라 단계적으로 가장 잘 시각화되는 경우가 많다. 루프의 단계를 개선하면 모든 다운스트림 작업에 도움이 된다.

이런 식으로 네트워크 효과를 개념화하는 것은 사용자의 관점에서 콜드 스타트 문제가 존재하는 이유를 이해하는 데 도움이 된다. 네트워크의 밀도가 너무 낮고, 루프가 고장이 났다면, 사용자들은 탈퇴할 것이다. 이로 인하여 네트워크 문제는 더욱 커질 것이다.

사용자들이 루프에 의지하려면 루프를 믿어야 한다. 네트워크가 너무 작거나 비활동적이고, 루프가 고장 났다면 사용자들이 미래에 루프를 사용할 가능성은 낮아질 것이다. 한 친구에게 새로운 메신저 앱으로 문자를 보냈는데 답장이 없다면, 또는 작업 중인 문서를 공유했는데 응답이 없다면 신뢰는 무너질 것이다. 하지만 긍정적인 경우, 네트워크가 확장하고 연결이 많아지면 루프는 더욱 팽팽해질 것이다. 즉, 콘텐츠 창작자들은 더 많은 사회적 피드백을 받을 것이고, 마켓플레이스 판매자는 더 높은 가격으로 더 많이 팔게 될 것이다. 그리고 업무용 도구를 사용하는 사람들은 동료들과 함께 효과적으로 협업할 수 있을 것이다.

　이탈 속도 단계는 루프의 각 단계를 더 잘 수행하게 하여 이러한 루프를 가속화하는 시기다. 어떻게 하면 마켓플레이스 목록을 더 쉽게 만들 수 있을까? 어떻게 하면 잠재적 구매자들이 목록을 볼 것이라고 확신할 수 있을까? 구매 과정을 원클릭으로 구현할 수 있을까? 그래서 전환율이 높아지고, 구매가 증가하는 것을 볼 수 있을까? 업무용 채팅 상품의 경우 내 콘텐츠를 올리는 채널에 적당한 사람이 있다는 것을 어떻게 확신할 수 있을까? 어떻게 하면 사람들이 계속해서 참여할 수 있게 하는 쉽고 긍정적인 피드백(그것이 이모지든, '좋아요'든, 다른 무엇이든)을 만들 수 있을까? 여러분의 사용자들은 지속적으로 루프에 가까이 다가갈 수 있을 만큼 충분히 관계가 유지되고 있는가? 그렇지 않다면 어떻게 빠르게 사용자 주변의 네트워크 밀도를 유지할 수 있는가? 이러한 질문에 답을 하다 보면 잠재적 실험과 아이디어의 긴 흐름이 만들어진다. 한 번에 한 화면씩 참여 루프를 계획하고, 각각의 단계를 증가시키기 위한 방법을 브레인스토밍하는 것은 믿기 어려울 정도로 유용하다. 이 방법은 일반적으로 스타트업에게 충성도를 높이는 문제에 대해 말할 때 하는 조언의 핵심이다.

환생

참여 네트워크 효과는 탈퇴한 사용자를 재활성화할 수 있는 초능력을 가지고 있다. 이는 결국 활성 사용자 수를 증가시킨다. 스타트업의 데이터를 기반으로, 일반적인 상품은 어느 달이든 가입자의 25퍼센트에서 50퍼센트(활성 사용자 수를 가입자 수로 나눈 수치) 사이에서 활성화 상태다. 바꿔 말해 어느 시점에서든 사용자의 최대 75퍼센트는 비활성화 상태이고, 대부분 다시는 활성화되지 않는다. 사용자를 재활성화할 수 있는 능력은 시간이 흘러가면서 이 비율을 억제하여 이탈에 대한 강력한 균형추 역할을 한다.

이것은 네트워크 상품에만 있는 중요한 도구다. 네트워크가 빠져 있는 기존의 상품은 대개 이것과 충돌할 때가 많다. 그들이 의존하는 것은 스팸 메일, 할인, 사용자들을 되돌아오도록 유인하는 푸시 알림 등이기 때문이다. 일반적으로 이러한 것들은 효과가 없다. 그리고 기업에서 보내는 이메일은 가장 클릭율이 낮은 메시지 중 하나다. 반면에 네트워크 상품은 활성 사용자에게 이탈한 사용자들을 돌아오게 해달라고 요청해서 활성화하는 고유한 능력을 가지고 있다.

앱을 실행하지 않더라도 네트워크에 있는 다른 사용자들이 여러분과 서로 교류(지나간 콘텐츠에 댓글을 달거나, 좋아요를 누르거나, 메시지를 보내거나)할 수 있다. 방금 전에 보스가 폴더를 나와 공유했다는 것을 알리는 이메일 알림은 마케팅 메시지보다 훨씬 사람을 궁금하게 한다. 친한 친구가 방금 내가 한 달 전에 써보려고 했던 앱에 가입했다는 것을 알리는 알림은 새로운 기능에 관한 공지보다 훨씬 흥미롭게 다가온다. 그리고 탈퇴한 사용자 주변의 네트워크 밀도가 높을수록 이러한 유형의 교류를 할 가능성이 높다.

이와 같은 탈퇴한 사용자들은 '어둠의 노드dark node'라고 불리기도 한다. 깊이 관련 있는 동료나 친구가 주변에 있으면 몇 달 동안 활성화 상태가 된 적이 없다고 해도 활성 사용자로 전환되는 경우가 많다. 이처럼 빈번하게 네트워크 중심의 상호작용이 일어나면 시간이 흐르면서 사용자의 추가 투자를 유도하게 되어 결국 비활성 사용자를 활성 사용자로 전환할 수 있다. 처음에는 드롭박스 사용자가 드물게 참여할지도 모른다. 중요한 공유 폴더가 하나뿐이기 때문이다. 하지만 동료들이 수십 개의 프로젝트 폴더를 공유하면 드롭박스는 업무 흐름에서 중요한 부분이 될 것이다. 네트워크가 커질수록, 가끔 방문하던 사용자가 다시 적극적으로 참여하게 될 가능성이 높아지고, 그로 인해 시간이 지나면서 모든 것이 달라질 수 있을 것이다.

재활성화와 관련하여 참여 효과를 증폭시키기 위해 해야 할 핵심적인 질문은 '탈퇴한 사용자는 어떤 경험을 했을까'이다. 비활성화된 사용자는 다른 사용자에게서 어떤 종류의 알림을 받게 될까? 그리고 그 알림은 사용자를 다시 돌아오게 할 만큼 설득력이 있을까? 거의 언제나 탈퇴한 사용자들에게는 따로 특별한 연락이 가지 않는다. 그저 사용자의 네트워크에서 있었던 활동을 짧게 요약해서 주간 단위로 보내주거나, '친구 X가 방금 가입했습니다'라는 알림만 보내주어도 재활성화 성공률을 높일 수 있다. 또 다른 질문은 만일 사용자가 재활성화하길 원한다면, 얼마나 쉽게 할 수 있는가다. 우버에서 우리는 주당 수백만 명의 사용자가 암호를 찾는 데 실패한다는 놀라운 통계를 본 적이 있다. 어떻게 하면 이 과정을 간편하게, 또 회원 가입 과정과 똑같이 중요하게 대할 수 있을까?

재활성화는 일반적으로 신상품에 대한 우려 사항은 아니지만(탈퇴하는 사용자의 수가 크지 않기 때문에 신규 사용자에게 초점을 맞춰야 한다), 이탈 속도 단계에 도달한 상품의 경우 수백만 명의 사용자 풀을 활용할 수 있을 것이다. 그들을 재참여시키는 것은 신규 사용자를 획득하는 것만큼 큰 성장 레버가 될 수 있다.

참여 효과의 영향력

리텐션 비율을 향상시킬 수 있는 방법을 물으면, 사람들은 대부분 마법 같은 개선에 해답이 있을 것이라고 생각한다. 실제로는 참여 네트워크 효과와 근본적인 루프가 문제를 해결하는 체계적인 방법을 알려준다.

괴혈병에 관한 초기 연구는 우리에게 기초적인 도구를 제공했다. 감귤류를 제공하고 영양실조를 측정하는 대신 기술기업들은 유추를 통해 추론할 수 있다. 참여 수준에 따라 사용자 집단을 만들고, 고부가가치 사용자와 저부가가치 사용자의 차이가 무엇인지 분석한다. 이 테스트는 상관관계에서 시작하기 때문에 A/B 테스트를 사용하여 인과관계를 증명한다. 일단 가장 좋은 레버를 찾으면 이와 같은 아이디어의 다양한 변형을 테스트한다. 체계적으로 참여 네트워크 효과를 강화하기 위해서는 이를 반복하면 된다.

좋은 소식은 동료, 인플루언서 및 다른 사람들이 네트워크에 들어오면 참여 효과가 자동으로 시작된다는 것이다. 그러나 이들을 참여시키는 것 자체로 어려울 수 있다.

20

획득 효과
: 페이팔

THE ACQUISITION EFFECT

이 장에서 이야기할 두 번째 힘은 획득 네트워크 효과, 즉 네트워크가 확장하면서 신규 고객을 끌어들이는 능력이다. 이는 곧 기술 세계에서 가장 신비롭고 폭발적인 힘 가운데 하나인 바이럴 성장이다.

페이팔 마피아

10여 년 전에 처음 샌프란시스코 베이 지역으로 이사할 때 내 목표 중 하나는 셀 수 없이 많은 일류 소비자 기업을 탄생시킨 '비법'이 무엇인지 알아내는 것이었다. 듣기로 페이팔 출신 인사들이 그

해답을 쥐고 있었다. 페이팔을 거쳐 갔던 소수이지만 고도의 영향력을 행사하는 이들은 링크드인, 이벤트 브라이트, 유튜브, 옐프, 어펌 같은 거대 기술기업을 설립했다. 상품 출시에 대한 그들의 고유한 접근 방식에 관해 처음 알게 된 것은 초창기 페이팔 창립팀 중 한 명과 나눈 대화를 통해서였다. 그들은 단순히 브랜딩이나 광고처럼 기존의 마케팅 기법을 사용하지 않고 바이럴 성장을 강조하는 체계적이고 정량적인 접근법을 개발했다.

그들은 바이럴 마케팅의 일반적인 형태('버즈buzz'처럼 불명확한 개념을 강조하는 경우가 많다)를 선택했다. 그리고 그것을 과학으로 만들었다. 다수의 페이팔 출신이 만든 스타트업은 바이럴 성장의 일부 형태를 이용하여 수백만 명의 사용자에게 접근했다. 그중 한 가지 사례는 유튜브 영상을 재생할 수 있는 내장 가능한embeddable 플레이어로, 블로그나 마이스페이스 프로필에 추가할 수 있었다. 링크드인은 여러분의 동료에게 연락하기 위해 이메일 주소록을 이용했다. 이벤트 브라이트는 잠재적인 참석자에게 이메일로 초대장을 보냈다. 이러한 역학관계를 통달한 사람이 페이팔 출신이라는 것은 어쩌면 놀랍지도 않다. 지불이란 선천적으로 바이럴한 상호작용이기 때문이다. 결국 누군가 나에게 돈을 주고 싶어한다는 것보다 더 좋은 가치 제안은 없으니까 말이다!

페이팔의 공동창립자 맥스 레브친은 내가 베이 지역에서의 첫해에 만났던 사람 중 한 명이다. 그때 맥스는 이미 페이팔을 이베이에 팔고 다음 모험에 착수하고 있었다. 내가 이 책을 쓰기 위해서 다시 연락했을 때 맥스는 이어서 어펌 관련 일을 시작한 상태

였다. 어펌은 핀테크 스타트업으로 a16z의 포트폴리오 기업이기
도 하다. 어펌은 이후에 기업공개를 하여 시가총액이 수백억 달러
에 달하는 기업이 되었다.

나는 그에게 지불과 바이럴 성장에 관한 초창기 시절의 비법에
관하여 물었다. 놀랄 것도 없이 복잡한 뒷이야기가 있었다. 페이
팔은 팜파일럿Palm Pilot을 비롯한 PDApersonal digital assistants에서 돈
을 보내고 받을 수 있게 해주는 필드링크FieldLink라는 상품으로 시
작했다. 이들은 작지만 재미있는 기기들이었다. 오늘날 스마트폰
의 전신으로 주소록, 노트, 캘린더 등을 갖추고 있었지만 중요한
것은 인터넷에 접속할 수 없었다. 초기에는 이 기기를 가지고 있
는 사람이 많지 않아 이 점이 걸림돌이 되었다. 이게 말이 되기 위
해서는 돈을 보내는 쪽과 받는 쪽 모두 PDA가 있어야 했기 때문
에 필드링크는 작동이 불가능했고 새로운 아이디어를 찾는 과정
에서 페이팔이 탄생했다.

맥스는 다음과 같이 초기 상황을 설명했다.

원래 우리 생각은 사람들이 PDA를 이용해서 돈을 보내주는 것이
었는데, 결국 생각이 진화했다. 핸드헬드 기기는 쓰지 않고 인터
넷을 통해 돈을 보내자. 이게 페이팔이 되었고, 훨씬 바이럴하게
성장할 수 있었다. 링크를 클릭하고, 회원 가입만 하면 인터넷을
통해서 돈을 보내주고 받을 수 있었다. 실제로 돈을 받으려면 회
원 가입을 해야 했기 때문에, 일단 돈을 받게 되면 다른 사람들에
게 돈을 보낼 수 있었다. 그리고 돈을 받은 사람들 덕분에 훨씬 많

은 사람이 회원 가입을 했다.[53]

P2P 방식으로 돈을 지불하는 것은 이론적으로는 훌륭하지만, 초기 페이팔의 성장은 여전히 더뎠다. 웹이 여전히 걸음마 수준에 머물러 있었기 때문에 가치 제안은 불명확했다. 사용자들은 왜 서로에게 지불을 해야 하는지 이해하지 못했다. 이게 모두 상품의 킬러 사용 사례를 찾지 못했기 때문이다. 지금은 벤처투자자인 데이비드 색스는 당시 페이팔의 상품을 이끌고 있었다. 그는 1999년 11월의 상황을 다음과 같이 설명한다. "이상적인 사용자에 대한 명확한 그림이 없어 누구를 타깃으로 삼아야 할지 몰랐다. 그리고 선택은 미지근했다."[54] 그렇다. 인터넷 초창기에는 사람들에게 서로 돈을 보내고 받는 방법부터 가르쳐야 했다. 이것이 유용한 서비스인지 아직까지 분명하지 않았다.

색스는 이베이 파워 셀러가 보낸 인바운드 이메일이 어떻게 모든 것을 바꿔놓았는지 설명했다. 그 판매자는 '페이팔로 결제 가능'이라는 버튼을 자체적으로 디자인해서, 경매 페이지에 그것을 사용해달라고 부탁했다. 데이비드와 그의 팀원들에게 그것은 놀라운 사용 사례였다. 그들은 그 경매 사이트에서 오고 가는 것이 무엇이고, 사람들이 왜 그것을 사용하는지 몰랐다. 이베이 웹 사이트에 '페이팔'을 언급한 다른 자료들을 찾아보니 수백 개 경매 항목에서 페이팔을 지불 수단으로 언급하고 있었다.

자연스럽게 바이럴리티virality가 나타나고 있었던 것이다. 그리고 그것을 촉진시키느냐는 팀의 결정에 달려 있었다. 팀원들은 인바운드 이메일에 페이팔 로고를 사용해도 좋다고 응답했다. 그리고 추가적으로 이 아이디어를 상품 속에 넣어 통합했다. 색스는 이렇게 설명한다.

추가적인 저항을 줄이기 위해서 우리는 판매자들이 이베이의 보증을 입력하면, 모든 경매에 자동으로 버튼이 생성되게 했다. 바꿔 말해 우리는 그 아이디어를 상품화했다.

얼마 지나지 않아 '페이팔 결제 가능' 배지가 이베이 목록 페이지에서 점점 많아지기 시작했다. 구매자들(그리고 다른 판매자들)은 목록을 보고 페이팔에 가입했고, 그 배지를 자신들의 목록에 넣었다. 그리고 이런 일이 반복해서 일어났다. 이것이 효과를 내기 시작하면서 팀원들은 (돈을 포함한) 모든 수단을 사용하여 그 동력을 증폭하기 시작했다.

맥스 레브친은 그 작동 원리를 설명해주었다.

친구를 초대한 모든 페이팔 사용자에게 10달러씩 주면 성장이 시작된다. 또한 가입한 사람 계좌에도 즉시 10달러를 보내준다. 가입하고자 하는 동기도 강했지만, 계속해서 초대하려는 동기도 강했다. 이미 사람들은 서로를 초대하고 있었지만, 이러한 인센티브가 성장을 더욱 촉진시켰다. 많은 돈을 쓴 것처럼 보일지도 모르지만 그만큼 참여 또한 크게 증가했다. 사용자들은 네트워크 안에서 돈을 여기저기 보내고 받았다. 그럴 때마다 우리는 인센티브의 일부를 회수했다. 이 과정은 생각보다 꾸준하게 현금 흐름을 만들어주었다.

이베이 커뮤니티는 유대가 강한 네트워크였기에, 페이팔은 빠르게 확산됐다. 초기에 페이팔은 사용자가 1만 명이 채 되지 않았다. 몇 달 지나지 않아 페이팔의 사용자는 10만 명이 되었고, 그후 몇 달 후에는 100만 명이 되었다. 1년이 지나자 500만 명이 되었다. 페이팔은 모든 신상품이 직면한 가장 중요한 문제를 해결하는 데 바이럴 성장을 이용했고, 오늘날 그 가치가 모기업이었던 이베이의 여섯 배인 3000억 달러가 넘었다. 페이팔의 초기 시절은 참여자들을 활용하여 신규 사용자를 획득하는 획득 네트워크 효과의 완벽한 사례이며, 네트워크가 클수록 더 잘 작동한다.

와츠앱처럼 널리 전파된 바이럴 상품은 유료 광고 없이도 하루에 100만 건 이상 설치되기도 한다. 이를 대개 유료 광고를 해야하고, 파트너십을 체결하고, 더 큰 규모의 사용자를 획득하기 위해 비용을 많이 써야 하는 전통적인 상품과 비교해보라. 사용자마다 비용을 지불해야 한다면 하루에 수십만 명의 신규 사용자를 확보하는 것은 어렵다.

이러한 신규 사용자들은 그 상품의 전반적인 성장에 자극이 되기 때문에 중요하다. 특히 초기 단계의 기업들은, 일종의 트레드밀에 올라와 있는 것과 비슷하다. 트레드밀에서 기업들은 이탈한 사용자를 상쇄하기 위해 매주 혹은 매달 반드시 신규 사용자를 데려와야 한다. 그리고 무엇보다 공격적인 목표를 달성하기 위해 최고 수준의 성장을 구축하기에 충분한 사용자를 끌어와야 한다. 확장 가능하고 반복 가능한 신규 사용자의 원천 없이 문제 해결에 돈을 쏟아붓고 싶지만, 예산이 통제를 벗어나고 결국 광고 채널을 포기해야 할 일이 생긴다. 바이럴 성장은 대개 무료로 사용자를 획득하는 네트워크의 힘을 기반으로 한다.

상품 중심의 바이럴 성장

"바이럴 성장에 관한 상당한 오해가 있다." 이 문장을 읽고 이렇게 생각할지도 모른다. 재미있는 동영상 하나가 급속도로 퍼질 때 벌어지는 일인가? 아니면 수십 명이 동시에 춤을 추기 시작하는 플래시몹 같은, 소셜 미디어에 올리기 위하여 영리하게 계획된 볼거리를 만드는 광고대행사가 떠오를 수도 있다.

하지만 아니다. 내가 언급하고 있는 것은 완전히 다르다. 광고대행사가 '바이럴 마케팅'이라고 부르는 것은 일반적으로 소비재나 서비스(네트워크 효과가 일어나지 않는)를 가지고 공유 가능한 콘텐츠에 기반을 둔 광고 캠페인을 만드는 것이다. 내가 언급하는 것(네트워크 중심의 바이럴 성장)이 훨씬 강력하다.

네트워크 상품이 고유한 이유는 상품 자체의 경험에 바이럴 성장을 내장할 수 있기 때문이다. 드롭박스 같은 상품이 폴더 공유 같은 기능을 내장하고 있으면 자체적으로 확산할 수 있다. 페이팔의 배지와 핵심 사용자 간 결제 기능도 똑같은 역할을 한다. 이것은 상품/네트워크 듀오가 다시 작동하는 곳이다. 여기서 상품은 사람들을 네트워크에 끌어들이는 기능을 하는 반면, 네트워크는 상품에 더 많은 가치를 부여한다. 슬랙 같은 업무 협업 상품은 동료를 채팅에 초대하라고 요청하고, 인스타그램 같은 사진 공유 앱은 페이스북 친구를 초대해서 연결하기 쉽도록 만들었다. 휴대전화 주소록을 이용하여 회사의 내부 직원 연락처를 통합하거나, 휴대전화에 내장된 공유 위젯을 이용할 수 있다. 이것은 단지 시끄럽고 공유 가능한 영상을 만드는 것이 아니라 소프트웨어 자체다.

바이럴 상수 증폭하기: 한 번에 한 단계씩

참여 네트워크 효과를 하나의 단계별 루프로 생각할 수 있는 것처럼, 획득 효과에도 동등한 프레임워크가 있다. 예를 들어, 다음과 같은 과정에 대해 생각해보자. 한 신규 사용자가 어떤 서비스에 관한 이야기를 듣고, 가입을 하고, 가치를 발견하고, 그 상품을 친구 및 동료들과 공유한다. 친구들과 동료들도 가입한다. 그런 다음 이들 신규 가입자도 같은 과정을 반복한다. 이것이 바이럴 루프다. 이 루프는 근본적으로 소프트웨어 엔지니어가 작성한 코드에 의해 상품 경험 내부에서 만들어진다. 이것이 재미있는 바이럴 영상과 다른 점이다. 이것은 소프트웨어이기 때문에 측정 및 추적, 최적화를 할 수 있어 효율적으로 구축될 수 있다. 이로 인해 획득 효과는 매우 강력한 힘이 된다.

이 루프를 상품팀이 실행 가능하게 하기 위해 더 세분화하여 A/B 테스트를 할 수 있다. 예를 들어, 우버의 운전기사를 위한 바이럴 루프에는 교육과정 중에 소개된 추천 프로그램이 포함된다. 운전기사가 가입과정에서 거쳐야 하는 앱은 전화번호를 입력하고, 패스워드를 만들고, 운전면허증을 업로드하는 등 10여 가지의 화면으로 구성되어 있었다. 각 단계는 더 많은 사용자가 통과할 수 있도록 최적화될 수 있을 것이다. 그런 다음 운전기사들은 친구를 추천하는 방법과 그렇게 했을 경우 어떠한 유형의 보너스를 받게 되는지에 관한 설명이 담긴 프레젠테이션을 듣게 된다. 이 역시 개선이 가능하다. 메시지를 통해 가입하면 100달러를 주는 게 좋을까요, 300달러가 좋을까요? 다섯 명을 초대할 경우 보너스를 받을 수 있을까요? 초대 문구에는 초대자의 이름을 언급하는 게 좋을까요, 아니면 우버 앱에만 초점을 맞추는 게 좋을까요? 가입 페이지에서는 운전기사의 이메일이나 전화번호를 입력하게 해야 할까요? 혹은 둘 다 입력하게 해야 할까요?

상품팀은 이러한 아이디어를 브레인스토밍해서 조직적으로 테스트한 다음 전환율과 전송된 초대장의 수를 측정할 수 있다. 이 단계를 A/B 테스트를 이용해서 최적화하는 것은 각 단계의 전환율을 단계에 따라 5퍼센트 혹은 10퍼센트 상승하게 할 수 있을지 모르지만, 이는 복합적인 효과다. A/B 테스트를 수백 번 거친 후 고객 확보에 수백만 달러를 쏠 수 있다면 훨씬 효율적일 것이다.

획득 네트워크 효과 측정하기

획득 효과를 증가시키려면 직접 그 효과를 측정할 수 있어야 한다. 긍정적인 면은 바이럴 성장을 숫자 하나로 나타낼 수 있다는 것이다. 다음은 계산법이다. 여러분이 노트를 공유하는 생산성 도구를 만들었다고 해보자. 이를 출시해서 1000명의 사용자가 이 신상품을 다운로드한다. 이들 1000명 중 일부가 동료와 친구에게 초대장을 보내고, 다음 달이 되자 500명이 다운로드하고 가입한다. 그다음에는 무슨 일이 일어날까? 그 500명이 친구를 초대해 250명이 가입하고, 그들이 다시 125명을 가입시키고…….

각각의 사용자 집합 사이의 비율을 살펴보자. 1000명에서 500명, 500명에서 250명. 이 비율은 흔히 바이럴 상수viral factor라고 불리며, 이 경우에는 0.5가 된다. 각각의 사용자 집단과 다음 집단의 비율이 0.5이기 때문이다. 이 사례에서는 증폭률이 2x나 되니 사정이 좋은 곳인 것 같다. 1000명의 사용자가 바이럴 상수 0.5일 경우 증폭이 끝나면 총 2000명이 된다. 비율이 높을수록 더 좋은데, 각각의 집단이 다음 집단을 데려올 때 훨씬 효율적이라는 뜻이다.

이 지표를 계산했다면, A/B 테스트를 이용하여 지표를 개선하기 위해 새로운 기능을 구현할 수 있다. 여기에는 더 간편하게 소셜 미디어에 공유하기나 초대장을 보내고 나서 여러 차례 SMS 알림을 보내는 것이 포함될 수도 있다. 아마도 랜딩 페이지는 잠재 고객이 클릭 몇 번만으로 가입할 수 있도록 초반에 몇 개의 질문만 던질 수 있게 최적화되어 있을 것이다. 상품의 바이럴 상수를

0.6으로 증가시키면 사용자 수는 2.5배가 된다. 0.7로 하면 데려온 사용자의 수를 3.3배로 증가시킬 것이다. 진정한 마법은 바이럴 상수가 1에 가까워지기 시작하면서 일어난다. 무엇보다 바이럴 상수가 0.95일 때는 1000명의 사용자가 나타난 다음 친구 950명을 데려온다. 그 친구들도 900명을 데려올 것이다. 궁극적으로 증폭은 20배가 될 것이다. 이것은 어떤 상품이 '바이럴'하게 되어 믿을 수 없을 만큼 빠르게 성장하기 시작할 때를 수학적으로 나타낸 것이다. 바이럴 상수는 1보다 커질 수도 있다. 드문 경우이긴 하지만 일반적으로 오래 지속되지는 못한다. 결국 시장 포화와 사용자 인구통계의 변화 때문에 지표가 몰락하기 시작한다.

이처럼 한 지표가 정의되면, 상품의 어떤 변화로 인해 지표가 올라가는지 이해하기가 훨씬 수월해진다. 리텐션은 일반적으로 아주 강력한 수단이다. 페이팔의 사례에서 한 사용자가 몇 주, 수개월, 수년에 걸쳐 계속 돈을 보낸다면 거래를 할 때마다 그들의 플랫폼에 신규 사용자를 확보하는 데 도움이 될지도 모른다. 바꿔 말해, 시간이 흐름에 따라 페이팔의 바이럴 상수가 커지면서 서서히 1보다 큰 마법의 지표를 향해 다가갈 것이다. 반면에 사용자들이 늘 '이번이 마지막 도전'인 상황이라면 상품이 널리 알려지기 위해서는 마치 스팸 메일을 보내듯 수많은 사용자에게 초대장을 보내야 한다. 이는 이상적인 방법은 아니다. 하지만 이메일 주소록을 이용하거나 두둑한 보너스가 걸린 추천 프로그램 등을 이용해서 손쉽게 친구를 초대하거나 많은 사용자를 양산하는 혁신이 도움이 되지 않는다는 말은 아니다. 그런 방법들은 분명히 효과가 있다. 하지만 궁극적으로 큰 바이럴 상수의 수를 이끄는 것은 대규모 바이럴 프로젝트, 수많은 소규모 최적화, 강한 리텐션의 조합이다.

이런 방법으로 바이럴 성장을 측정하고 최적화하는 것이 마치 스프레드시트 프로젝트 같은 기분이 들지도 모르지만, 장담컨대 카피라이팅이나 사용자 심리학, 상품 디자인보다 훨씬 중요한 일이다. 성장을 담당하는 팀들은 과거에 어떤 것이 효과가 있었는지 알고 있어야 한다. 지금까지 생일 알람 시계, 양 이모지 전송, 성격 테스트 결과 비교, 사진 콜라주해서 친구들 이름 태깅하기 등을 기반으로 한 바이럴 루프가 있었다. 이들 아이디어 중 일부는 변하지 않는 사용자 심리에 기반한 것으로, 새로운 제품에 맞게 얼마든지 조정되고 반복될 수 있다.

사실 최고의 바이럴 성장 전략을 모방하기 어려운 이유는 상품의 가치 제안과 결합된 심리학적 요소 때문이다. 심리학적 요소들은 대개 상품 자체적으로 고유하기 때문에 독점적이고 방어적이다. 드롭박스의 폴더 공유 바이럴 루프는 효과적이지만, 유사한 카테고리에 있는 것들만 동일한 유형의 루프를 이용할 수 있다. 줌 같은 화상회의 소프트웨어를 쓰면 소프트웨어 자체적인 링크를 포함하는 상세 회의 정보를 추가하기가 쉬워진다. 다시 말해, 회의와 관련이 없으면 복사하기가 어렵다. 온라인 광고 같은 전통적인 마케팅 채널과 비교해보면, 온라인 광고는 사실상 누구나 살 수 있고 자연스럽게 비용이 높아지며, 시간이 흐를수록 효과가 떨어진다.

획득은 참여 없이는 존재할 수 없다

한 가지 중요한 통찰은 획득 효과가 참여 효과나 경제 효과와 독립적으로 존재할 수 있다는 것이다. 바꿔 말해, 많은 고객을 확보할 수는 있지만, 궁극적으로 충성도가 없다는 뜻이다. 나는 역사적인 사례를 이용하여 이를 설명할 것이다.

'행운의 편지chain letters'(맞다, 여전히 종종 이메일이나 소셜 미디어를 통해 받게 되는 그 편지 유형이다)는 1800년대 말 최초로 대중화된 일반 우편에 그 뿌리를 두고 있다. 그중 가장 성공한 '번영 클럽'은 1930년대 대공황이 끝나고 덴버를 기반으로 시작됐다. 그들은 사람들에게 클럽 명단에 있는 이들에게 10센트짜리 동전 한 닢을 보내달라고 했다. 물론 그렇게 하면 자신도 그 명단에 오른다고 했다. 다음 차례의 사람들이 동전을 되갚아 호의에 보답할 것이다. 그리고 이런 식으로 계속 반복되어 결국 1562.50달러가 생긴다는 약속도 빼놓지 않았다. 이는 2019년의 물가로 환산하면 약 2만 9000달러에 이른다. 괜찮은데! 마지막 문장이 모든 것을 말해준다. "이것이 당신에게 10센트의 가치가 있나요?"

이메일이나 소셜 미디어 등 디지털 매체가 나오기 전의 세상에서 번영 클럽의 행운의 편지가 믿을 수 없을 만큼 확산되어서 실제로 몇 달 만에 덴버와 그보다 먼 곳에 있는 수십만 명에게 전해졌다는 사실에 놀랄지도 모르겠다. 편지의 부피만으로도 압도되었다는 지역 우체국 일화가 전해지고 있으며, 당연하게도 미국 우정청은 결국 이런 종류의 행운의 편지를 불법으로 규정하고 행운의 편지가 전파되는 것을 막았다. 행운의 편지는 "신뢰! 희망! 자선!"을 약속하며 대공황의 시대정신을 명백히 건드렸다.

이는 (당시로서는) 영리하고, 바이럴한 아이디어다. 나는 또한 이것이 1800년대에 나타난 네트워크 효과의 아날로그 버전이라고 생각한다. 전화와 철로가 그랬던 것처럼 말이다. 어째서 그런 건지 묻는다면, 우선 행운의 편지는 하나의 네트워크로서 구성되어 있다. 그리고 참여자마다 복제되고 재복제되는 명단으로 나타낼 수 있다. 이 이름들은 친구나 가족, 커뮤니티 내의 사람들로, 번영 클럽의 신뢰도를 높여줄 가능성이 크다. 따라서 참여 수준이 높아질 것이다. 번영 클럽은 네트워크 효과의 고전적인 정의를 따른다. 행운의 편지에 참여하는 사람이 많을수록 좋다. 동전을 받을 가능성이 높기 때문이다. 그리고 콜드 스타트 문제에 직면하기도 한다. 명단에 미리 사람들 이름이 올라와 있지 않으면, 또 함께 하지 않으면 규모를 키우기 어렵다.

하지만 행운의 편지에서 네트워크 효과가 나타난다 할지라도 바이럴 획득에 지나치게 편중되어 있고, 강력한 리텐션 메커니즘이 없어 어려움을 겪게 될 것이다. 궁극적으로 이 네트워크의 가치는 주로 신규 사용자에 달려 있어 새로운 사람들이 꾸준히 유입되어야 한다. 그렇다. 이런 방식은 마치 다단계 마케팅 캠페인, 폰지 사기 등과 비슷하다. 물론 행운의 편지와 폰지 사기 모두 새로운 사람이 고갈되자 붕괴하고 말았다. 결과적으로 기존 참여자들은 돈을 받지 못했다. 이로 인해 이탈자가 생기기 시작하여 전체 네트워크로 번져나갔다. 네트워크가 크게 성장하려면 리텐션이 필요하다. 계속 새로운 사용자를 추가할 수만은 없다.

획득 효과의 영향력

획득 네트워크 효과를 증폭시키는 토대가 되는 것은 어떻게 한 사용자 집단이 해당 네트워크를 이용하여 다음 사용자 집단을 데려오는지 이해하는 것이다. 이들 사용자 집단은 일반적으로 원자 네트워크 내부에 살기 때문에 네트워크가 다른 원자 네트워크를 끌어오기만 하면 된다. 이 밖에도 다른 방법이 있을 수 있다.

바이럴 성장을 '착륙해서 확장한다land and expand'(새로운 네트워크를 구축하거나 기존 네트워크의 밀도를 증가시킨다)고 하는 데는 이유가 있다. '착륙landing'함으로써 바이럴 성장은 새로운 네트워크를 시작할 수 있다. 한 광고대행사에서 고객에게 보내준 드롭박스의 초대장이 한 새로운 기업을 협업 네트워크로 데려오는 것처럼 말이다. 와츠앱의 집단 채팅 초대장이 이전에는 그 서비스를 써보지 못했던 친구들을 데려올 때처럼 말이다. 하지만 그런 다음 그 상품은 '확장한다expand.' 사무실에 있는 모든 동료가 궁극적으로 드롭박스에 가입하여 네트워크의 밀도가 증가하는 것처럼 말이다.

바이럴 성장을 통해 구축된 네트워크가 일반적인 '빅뱅' 방식(대규모의 폭발적인 방식)으로 출시하는 네트워크(구글 플러스가 몇 년 전에 했던 것처럼)보다 더 건강하고 참여율도 높은 것은 이러한 이유 때문이다. 대규모의 출시는 착륙하기에는 아주 좋을 수 있지만 확장에는 실패하는 일이 많다. 그리고 우리가 논의한 것처럼 밀도가 낮고 참여율이 낮은 네트워크는 실패하는 경우가 많다. 밀도와 참여율이 증가하면 신규 사용자 획득이 수월해질 뿐만 아니라 참여 및 경제 네트워크 효과도 강해진다. 이들 네트워크 효과가 궁극적으로 네트워크의 밀도와 크기에서 비롯하며, 사용자가 많이 가입할수록 자연스럽게 강해지기 때문이다.

지금까지 참여 및 획득 네트워크 효과가 어떻게 작동하는지 논의해왔다. 다음 장에서는 수익화와 비즈니스 모델에 관해 다룰 것이다.

21
경제 효과
: 신용조사기관

THE ECONOMIC EFFECT

마지막으로 논할 힘은 경제 네트워크 효과다. 경제 네트워크 효과
는 한 비즈니스 모델(수익성과 단위경제학 포함)이 시간이 흐름에
따라 네트워크가 성장하면서 개선되는 방식에 관한 것이다. 이는
때때로 데이터 네트워크 효과(네트워크가 성장하면서 한 고객의 가치
와 비용을 더 잘 이해하는 능력)라고 부르는 것에 의해 주도된다. 이
것은 프로모션이나 인센티브, 보조금 등을 네트워크에 지급할 때
효율성을 높이는 데 도움이 된다. 경제 효과는 또한 도구를 위한
도구가 아닌 네트워크를 위한 기능을 구축함으로써, 전환율을 증
가시켜 수익을 키울 수 있다. 이러한 시스템을 이해함으로써 상품
팀은 중요한 힘을 강화할 수 있다.

특히 흥미로운 점은 돈을 빌리는 것이 경제 네트워크 효과의

가장 초기 징후 중 하나라는 것이다. 이를 설명하기 위해 세계 최초의 인류 문명에서 나온 이야기로 시작하겠다.

대출의 네트워크 효과

고대 이후 사람들은 서로 돈을 빌려주었다. 해독 가능한 저작물 중 세계에서 가장 오래된 함무라비 법전을 보라. 함무라비 법전은 수천 년 전인 기원전 1754년에 벌금과 처벌을 통해 상업적인 교류를 통제하기 위해 만들어졌다. 88조에는 다음과 같은 내용이 나온다.

> 한 상인이 곡식을 주고 돈을 빌렸다면, 1GUR에 대한 이자로 100SILA를 가져갈 수 있다. 은을 주고 돈을 빌렸다면 은 1세겔에 대한 이자로 곡식 6분의 1세겔 6곡을 가져갈 수 있다.[55]

바꿔 말해 이것은 최고이자율을 규정하는 법률이다. 고대 바빌론의 측정 단위로 이자율 계산을 하지 못하는 사람들을 위해, 여기서 곡물 대출의 최고이자율은 연 33.3퍼센트, 은 대출은 20퍼센트다. 오늘날 신용카드와 크게 다르지 않다.

우리가 수천 년 동안 대출을 해오면서 지난 수백 년간 바뀐 것이 있다면, 신용에 대한 우리의 사고방식이다. 무엇보다 바빌로니아인의 글에 나타나지 않은 것은 애초에 누구에게 돈을 빌려줘야 하는지 결정하는 방법이다. 소규모 커뮤니티에서는 대개 지역 평판에 따라 결정된다. 하지만 대출의 규모가 커진다면 대출 행위가 더 공식화되었던 1700년대 후반의 런던을 들여다보아야 한다. 산업혁명 덕분에 대량 생산된 재화에 빠르게 접근할 수 있었고 의류, 가구, 기계 등의 재화에 대한 잠겨 있던 지출이 해제되었다. 많은 사람이 경험한 것처럼 대량구매는 할부를 통해 더 쉬워졌고 이는 결국 대출의 대중화를 이끌었다.

잠재 고객이 상점 안으로 들어와 신용으로 엄청나게 많은 재화를 구입하려고 한다면 상인은 어떻게 해야 할까? 1776년에 설립된 사기꾼에게서 사업을 보호하는 수호자 협회가 제안한 한 가지 해결책이 있다. 이 협회는 고객의 평판에 관한 정보를 수집하기 위해 550명의 상인에게서 데이터를 모았다. 이로 인해 불량 고객이 다수의 상인을 속이기가 훨씬 어려워졌다. 협회의 주요 원칙은 '모든 구성원은 신뢰할 수 없는 사람의 이름과 인상착의를 지체하지 말고 협회에 알려주어야 한다'로, 이것은 바꿔 말하면 대출을 받으려는 고객의 신뢰도를 평가하기 위한 수단으로서 신용점수의 시작이었다. 사기꾼이나 협잡꾼은 사절이었다.

수호자 협회가 유일한 신용평가기관은 아니었다. 여러 해에 걸쳐 수천여 곳의 유사한 조직이 나타나기 시작해 개인의 이름을 수집하여 다양한 논평과 소문이 담긴 책을 출판했다. 현대적인 거대 기업 익스피리언Experian과 에퀴팩스Equifax가 이러한 작은 지역사무소에서 성장했다. 익스피리언은 1800년대 초반 맨체스터 수호자 협회로 시작하여 마침내 다른 신용평가기관을 인수하여 세계 최대의 신용평가기관이 되었다. 에퀴팩스는 1800년대 후반 테네시주의 식료품점에서 성장했다. 그곳에서 상점 주인들은 믿을 수 있는 소비자들의 명단을 작성하기 시작했다. 이러한 신용평가기관은 시간이 흐름에 따라 대형 신용평가기관으로 합쳐지는 경우가 많았다. 이는 '데이터 네트워크 효과' 때문이다. 신용평가기관과 함께 일하는 상인들이 늘어날수록 데이터가 많아지게 되고, 이는 대출에 대한 위험 예측이 정확해진다는 뜻이다. 이로 인해 더 많은 데이터를 제공하는 상인들을 새로 가입하게 하는 일이 쉬워진다.

대출에 대한 위험을 정확하게 평가할 수 있게 되면 네트워크의 나머지 부분이 기능할 수 있다. 소비자들은 원하는 재화를 얻을 수 있는 돈을 빌릴 수 있고, 상인들은 상품을 팔아 수익을 올릴 수 있고, 은행은 대출을 인수하는 데 도움을 받을 수 있다. 이러한 네트워크는 소비자의 데이터를 중앙집중화하여 관리하는 에퀴팩스나 익스피리언 같은 신용평가기관에 의해 유지된다. 하지만 대출 위험도를 개선하는 것이 경제 효과를 드러내는 유일한 방법은 아니다. 대신 나는 더 넓은 개념으로 생각한다. 네트워크가 성장하고 강해지면서 인센티브나 위험 감수 등의 비용 개선뿐만 아니라 프리미엄 가격 책정 및 높은 전환율의 형태로 장점을 발전시킬 수도 있다. 계속해서 이러한 네트워크 기반의 다른 장점에 대해 이야기할 것이다.

보조금보다 효율성

앞서 논의한 것처럼 새로운 네트워크를 론칭할 때는 많은 경우 하드 사이드에 대한 보조금이 필요하다. 이는 시간을 두고 갚아야 하는 금액이다. 보조금은 콘텐츠 창작자나 인플루언서를 플랫폼에 참여하게 하기 위해 선지급하는 형태로 구성될 수 있다. 예를 들어, 마이크로소프트가 트위치와 경쟁하기 위해 새로운 라이브 스트리밍 서비스를 내놓았을 때 마이크로소프트는 수백만 명의 팔로워를 거느린 스트리머 닌자Ninja에게 수천만 달러의 가치가 있는 거래를 보장했다. 그 외에 스트리밍 콘텐츠 세계에서는 넷플릭스, 훌루, 아마존 등이 자사의 배타적 구독 콘텐츠 서비스를 놓고 벌이는 전투가 진행 중이다. 이들이 구독자의 기반을 구축하고 있고 10대 호러 영화, 국제 다큐멘터리 등에 경도된 틈새 관객 때문에 그들은 어쩔 수 없이 더욱 효율적으로 선불 투자를 지원해줄 수 있다. 이것은 네트워크가 점점 커지면서 시간의 흐름에 따라 증가하는 어마어마한 장점이 될 수 있다.

우버는 이 전략을 광범위하게 사용했지만 2017년 초 한계점에 다다랐다.

우버는 그해를 '보조금 효율성'의 해로 선언했다. 2016년 우버는 중국에서 2위에 그쳤고, 주마다 5000만 달러에 가까운 금액을 승객 및 운전기사의 인센티브로 썼다. 이후 디디(중국의 승차 공유 서비스를 제공하는 회사-옮긴이)와 합병하는 등 시장 진출을 위한 힘들고 긴 한 해를 보냈다. 이러한 노력은 모두 10억 달러가 넘는 현금 손실로 이어졌다. 우버 직원들의 분위기는 '무슨 수를 써서라도 성장에서 수익으로 가는 경로 만들기'로 바뀌었다. 바로 여기에서 2017년 초에 트래비스는 주간 포럼을 통하여 무엇보다 '보조금보다 효율성'에 치중한 일련의 극적인 새 목표를 발표했다. 이는 우버의 단위경제학을 개선하는 것이었다.

가장 큰 지출은 운전기사의 인센티브였다. 우버의 운전기사 인센티브는 연간 수십억 달러에 이르는 마켓플레이스 보조금의 상당 부분을 차지한다. 특히 승객에게 충분한 가용성을 제공하기 위해서 시간마다 보조금(향후 4주 동안 우버에서 운전을 하면 시간당 30달러)을 보장하고 있다.

이러한 인센티브는 항상 사용됐다. 첫째, 처음 론칭한 시장일 경우 운전기사 측에 보조금을 지급했다. 둘째, 바빠지는 휴가철에 운전기사들이 등록하지 않고 다음 달에 모두 떠나지 않도록, 비수기 특히 휴가가 끝난 직후인 1월에 보조금을 지급했다. 셋째, 운전기사들이 우버의 플랫폼을 떠나지 않게 하기 위한 경쟁 도구로서 보조금을 지급했다. 신입 기사가 시장에 들어오면 더 높은 금액을 보장해주거나 체계적인 인센티브를 이용했다(X번 운행에 Y달러 보장, 우버에서는 이를 DxGy, 'Do X trips and get $Y'라고 부른다). 우버의 마켓플레이스와 관련된 보조금은 다음과 같이 계산한다.

- 운전기사에게 시간당 25달러를 보장한다
- 소규모 네트워크에서는 시간당 1회 운행 가능
- 운전기사가 평균적으로 운행당 10달러를 번다고 가정해보자

- 이는 운전기사가 시간당 10달러를 벌 수 있고, 따라서 보장 금액을 보조해주려면 회사는 시간당 15달러의 보조금을 추가해주어야 한다는 뜻이다
- 이는 한 번 운행할 때마다 손실이 15달러라는 뜻이다. 어이쿠!

반면, 네트워크가 완전히 성장하게 되면 수요와 공급의 밀도는 우버가 운전기사에게 훨씬 많은 운행을 제공할 수 있다는 뜻이다.

- 동일한 개런티: 운전기사에게 시간당 25달러
- 하지만 대형 네트워크는 시간당 운전기사에게 2회 운행할 수 있게 해준다
- 운행당 10달러에서 대형 네트워크는 시간당 20달러가 가능해진다. 훨씬 좋다!
- 시간당 20달러, 시간당 25달러 보장에서 보조금은 겨우 5달러다
- 바꿔 말해 운행당 손실은 2.5달러밖에 안 된다

이것은 경제 효과를 쉽게 이해할 수 있게 하는 사례다. 경제 효과에서는 네트워크가 클수록 효율성이 높아지며, 회사는 운행당 손실이 크게 줄어든다. 시간제를 기반으로 하여 더 많은 수요를 처리할 수 있기 때문이다. 또한 네트워크가 클수록 훨씬 많은 인센티브를 줄 수 있어, 하드 사이드에 있는 운전기사보다 효율적으로 운행할 수 있다. 이 운전기사들은 차례로 이지 사이드에 있는 승객에게 더 좋고 저렴한 서비스를 제공한다. 게다가 네트워크가

클수록 가격을 할인하여 승객들의 관심을 끌 수 있다. 초창기의 우버가 1월마다 그랬던 것처럼 말이다. 파티와 새해맞이 행사가 많았던 연휴가 끝나고 나면 1월의 사용량은 크게 줄어든다. 소비자들은 가격에 민감하기 때문에 가격이 낮아지면 일이 많아진다는 뜻이고, 이는 시간당 운행 횟수를 늘려 결과적으로 시간당 임금이 높게 유지된다. 시장이 조정되는 동안 운전기사들은 일시적인 시급 보장을 받았다. 규모가 작은 네트워크의 경우 운행당 손실액이 너무 높다고 느낀다면 그런 조치를 취하기가 어려울 것이다.

이것은 승차 공유에서 중요한 역학관계다. 하지만 콘텐츠 창작자를 영상 플랫폼으로 가게 하거나, 앱 개발자에게 돈을 지불하여 새로운 API 플랫폼에 대항하여 새로운 제품을 만들게 하는 것을 고려하는 경우에도 마찬가지다. 네트워크가 성장하면서 주변 생태계에 보조금을 지원하는 능력 또한 성장한다. 많은 네트워크에는 현금 유출과 현금 유입을 유도하는 유형의 역학관계가 존재한다. 무엇보다 보조금은 기업이 소비자에게 제공하는 할인, 프로모션 등 다양한 판매 유형의 다른 말일 뿐이다. 이 모든 것은 사용자가 상품이나 서비스를 구매하게 하는 인센티브를 제공한다. 거의 모든 대규모 마켓플레이스 기업은 사용되지 않는 자산을 기반으로 구축된다. 그것이 에어비앤비의 경우 사용되지 않는 부동산, 우버의 경우 타지 않는 자동차, 많은 노동시장의 경우 사용되지 않는 시간이든 말이다. 마켓플레이스는 이러한 유휴자산의 소유자가 네트워크가 성장하면서 자산을 더 효율적으로 수익화할 수 있게 해준다.

이러한 형태의 경제적 네트워크 효과는 참여자가 늘어날수록 강해진다. 추가적인 데이터로 개인화와 타깃팅을 할 수 있기 때문이다. 우버의 경우 전체 네트워크에서 시간당 25달러로 고정된 보조금 대신, 운전기사들은 섬세한 기계학습모델을 기반으로 하는 개인화된 제안을 받을 수 있다. 유튜브의 경우 창작자들은 시청자 참여의 질에 따라 서로 다른 액수를 지급받을 수 있다. 상향식 사스 상품의 경우, 데이터는 언제 어떻게 고객을 상향판매 대상으로 삼을지 결정하는 데 이용될 수 있다. 이들은 모두 네트워크 상품의 확장에 따른 비즈니스 모델을 개선하여 눈에 띄는 변화를 이끌어낼 수 있다.

네트워크 확장에 따른 높은 전환율

많은 네트워크 상품의 경우, 비즈니스 모델의 핵심은 일종의 전환이다. 그것은 운동화나 농구 카드 등의 거래 횟수를 증가시키려는 중고시장일 수도 있고, 혹은 무료에서 유료로 전환시키려는 업무용 상품일 수도 있다. 하지만 경제적 네트워크 효과는, 네트워크 상품의 경우 네트워크가 성장하면서 전환율이 상승할 수 있다고 말한다.

드롭박스의 HVA, 즉 높은 가치의 능동형 사용자들은 하나의 예다. 공유 폴더와 문서 관련 협업 같은, 동료와 협업해야 하는 사례가 있으면 유료 구독으로 업그레이드한다고 한다. 드롭박스에 공유 폴더를 만드는 것이 팀 내에서 표준이 되어간다면 유료 사용자들이 더 많아질 것이다. 그리고 결국 회사 전체가 업그레이드를 할 수도 있다. 프리미엄 기능은 개별적인 용도에 기반하는 것이 아니라, 네트워크가 커가면서 더욱 쓸모가 많아지는 식으로 설계할 수 있기 때문에 네트워크가 클수록 프리미엄으로 전환하는 요인이 늘어난다.

이와 유사하게 슬랙은 가격 정책을 통해 사용자가 '더 좋아진 음성 호출', '검색 가능한 모든 동료의 메시지' 등 다수의 협업 기능을 업그레이드하게 해준다. 이들 각각의 기능은 슬랙을 표준 통신 방식으로 채택하면 훨씬 유용해질 것이다. 이는 결국 무료계정에서 유료계정으로의 전환을 유도할 것이다. 슬랙 초창기에 성장팀을 이끌었던 퍼리드 모사바트는 왜 이런 일이 벌어지는지에 대해 다음과 같이 설명했다.

슬랙을 사용하는 사람이라면, 누구에게나 유용한 고급 기능이 있다면 팀원 누구든(IT 직원이 아니라도) 업그레이드할 이유가 생긴다. 회사에서 슬랙을 쓰는 사람이 많아질수록, 관련자들이 많아진다는 것은 누군가가 신용카드를 꺼내 모든 사람을 위해 고급 기능을 쓸 수 있게 해줄 가능성이 커진다는 뜻이다.[56]

전환율이 높다는 것은 단지 업무용 협업 도구에만 해당되는 것은 아니고, 이유는 다르지만 마켓플레이스나 앱 스토어 같은 네트워크 상품도 전환율이 높다. 마켓플레이스에 판매자가 많아지면 선택지가 많아지고, 구매 가능성이 높아지고, 종합적인 리뷰와 평가가 많아진다. 이 말은 자신이 원하는 것을 발견할 가능성이 커져서 구매로 이어질 확률이 높아진다는 뜻이다.

소셜 플랫폼은 많은 경우 사회적 지위를 제공하여 사용자를 수익화한다. 하지만 지위는 네트워크에 사람이 많을 때 가치가 있다. 예를 들어 틴더에서는 사용자들이 '슈퍼 라이크Super Like'를 보낼 수 있다. 슈퍼 라이크는 잠재적인 경쟁자에게 내가 상대를 정말 좋아한다는 사실을 알려준다. 이와 같은 기능은 잠재적인 구혼자가 많은 네트워크에서 돋보이고 싶을 때 유용하게 쓸 수 있다.

포트나이트Fortnite 같은 멀티플레이어 게임의 가상 재화도 마찬가지다. 이 게임은 플레이어를 차별화해주는 '이모트emote'라는 가상의 춤으로 수억 달러의 매출을 올렸다. 이것은 많은 친구가 내가 구입한 프리미엄 이모트를 플레이하고 그 가치를 인정해야만 가치가 있다. 결과적으로 발전된 네트워크일수록 사람들이 게임 내에서 자신의 순위에 투자하고 싶은 동기를 부여해야 한다. 이것이 경제적 효과다.

경제 효과의 영향력

경제 네트워크 효과는 획득 및 참여 효과와 힘을 합쳐 신생기업에 대해 강력한 방어를 한다. 새로운 경쟁자는 사용자의 대형 네트워크를 획득하고 참여하여, 현상 유지를 넘어 훨씬 잘해야 한다. 게다가 경제 효과가 의미하는 것은 주도적인 네트워크가 좋은 비즈니스 모델을 가지고 있는 경우가 많다는 것이다. 강력한 경제 효과가 있는 상품은 네트워크가 성장함에 따라 프리미엄 가격 정책을 유지할 수 있다. 전환 비용이 다른 네트워크에 가입하려고 살펴보고 있을지 모를 참가자에게는 높아질 수 있기 때문이다. 구글은 광고 플랫폼에 그들의 경매 메커니즘을 이용하여 아주 높은 수수료(때로는 클릭 한 번에 수백 달러나 된다)를 부과할 수 있다. 광고주와 출판인, 소비자로 구성된 그들의 네트워크에는 경쟁자가 없기 때문이다.

상품이 순식간에 널리 알려지는 것은 가격 쇼핑이 시장의 리더와 소규모 경쟁사들에게는 문제가 되지 않는다는 것 또한 의미한다. 드롭박스 같은 상품이 회사 전체에서 아주 널리 쓰이게 되면 비록 모든 기능이 유사하다고 하더라도 사람들에게 강제로 다른 클라우드 스토리지 제품을 쓰라고 하기가 어려워질 것이다.

네트워크 상품이 주류가 되면 일반적으로 대안은 같은 기능을 갖고 있다 해도 대체품으로 간주되지 않는다. 결과적으로 드롭박스는 새로운 경쟁자에게 낮은 가격을 매기는 것에 대해 부담을 느끼지 않을 것이다. 승자에게는 결국 가격을 정할 수 있는 힘이 생긴다. 기능을 복제하기는 쉬울지 모르지만 네트워크를 복제하는 것은 거의 불가능하다. 결국 승자는 가격을 결정하는 힘이 생기고, 막대한 경제적 이득을 창출하게 된다.

프리미엄 가격 정책이 나쁜 것처럼 보일 수도 있겠지만, 마켓플레이스 기업이나 암호화폐, 결제 네트워크 같은 많은 네트워크의 경우 네트워크의 사용자도 사실 승리한다. 이베이가 수집품을 교환할 수 있는 믿을 만한 곳이 된다면 높은 전환율과 높은 가격은 판매자에게 수익을 가져다줄 것이다. 그들은 많은 돈을 벌어 자신만의 비즈니스를 구축할 것이다. 페이트리언Patreon이나 서브스택Substack 같은 스타트업이 창작자가 콘텐츠를 창작하여 생계를 이어나갈 수 있는 능력을 만들어낸다면 모두에게 이익이 될 것이다.

경제 네트워크 효과는 한 상품의 비즈니스 모델을 서서히 강하게 해주는 강력한 힘이다. 이를 통해 주요 네트워크는 더 효율적으로 참여를 지원하고, 전환율을 높이며, 프리미엄 가격 정책을 유지할 수 있다. 소규모 네트워크는 이러한 대규모 네트워크가 이탈 속도에 도달하면 매우 불리한 환경에서 경쟁해야 한다. 획득 네트워크 효과 및 참여 네트워크 효과와 결합하면 이들 세 힘은 시장에서 극복하기 어려운 대단한 이점을 창출할 수 있다.

하지만 이 세 네트워크 효과가 영원히 시장에서 무적일 수는 없다. 대규모 네트워크는 확장 단계에서 몇 년 동안 경쟁 없이 지배하는 세월을 즐기다가 마침내 힘든 시기가 온다. 실제로 너무 힘들어서 성장이 멈추고 만다.

5부

천장

THE CEILING

22

놀라운 경험
: 트위치

TWITCH ←

난관에 도달하는 것은 고통스럽다. 특히 끝없는 성장의 세월이 지나간 뒤라면. 하지만 한 상품이 규모에 도달하면 그 성장 곡선은 마침내 확장과 수축 사이에서 갈피를 잡지 못한다. 어떤 단계에서는 확장, 그러고는 다시 수축. 기하급수적 성장 곡선은 구불구불한 성장 곡선으로. 왜일까? 그것은 네트워크 생명주기의 마지막 단계에 나타나는 부정적인 힘들 때문이다. 시장 포화Market Saturation, 초기 사용자의 이탈, 트롤, 스패머, 사기꾼 등의 불량한 행동. 신규 사용자의 질 낮은 참여 활동, 규제 조치, 너무나도 많은 사용자가 가입하면서 퇴화한 상품 경험. 신규 사용자들이 가입하는 속도만큼 빠르게 네트워크를 떠나는 사용자들이 있을 때 외형적인 성장은 자연스럽게 느려진다.

이것이 최고 상품의 성장 곡선도 좀처럼 순탄치 못한 이유다. 페이스북이나 트위치를 비롯한 기타 최상위 수준의 상품도 커지다 말다를 반복한다. 성장 곡선이 한계에 도달하면 상품팀은 무슨 수를 써서라도 잠재된 원인을 알아내려고 분투한다. 적절한 혁신 기능을 탑재하면 천장이 밀려나지만, 나중에 다른 형태로 돌아온다. 하지만 팀이 이 단계에서 비틀거리면 전체 네트워크가 약해진다. 네트워크 효과는 모인 만큼 빠르게 무너질 수 있으며 획득, 참여, 수익화를 한꺼번에 끌어내릴 수 있다. 천장에 닿으면 아프다.

트위치는 친구 두 명이 성장 천장growth ceiling을 한 번 경험하고 나서 그들의 스타트업(당시에는 저스틴 TVJustin.tv라고 불렀다)을 조종하기 위해 노력한 결과다. 그 과정에서 엠메트 시어와 케빈 린은 그들의 친구인 저스틴 칸, 마이클 시벨, 카일 포크트와 함께 트위치를 지난 10년 중 가장 상징적인 기술 스타트업으로 만들었다. 그들이 아마존에 9억 7000만 달러에 매각한 최종적인 엑시트(투자자의 자금 회수 방법)는 성공의 시작일 뿐이었다. 오늘날 트위치는 수억 명의 활성 사용자가 스트리머들이 게임, 춤, 토크, 그림 그리기 등을 하는 모습을 지켜보고 있다. 지금의 트위치는 그 판매 가격의 몇 배의 가치가 있다.

초기인 2010년에는 미래가 잘 보이지 않았다. 트위치의 전신인 저스틴 TV는 수백만 명의 회원을 유치했지만 한계에 도달하고 말았다. 원래 아이디어의 개념은 단지 게임뿐만 아니라 모든 유형의 스트리밍 영상에 초점을 맞추는 것이었다. 트위치는 잘 성장했다. 하지만 성장이 멈췄고, 팀은 가만히 있을 수가 없었다. CEO이자 공동창립자인 저스틴 칸은 그때 상황을 다음과 같이 설명했다.

2010년 말쯤 회사가 수익을 내기 시작했다. 우리는 수익을 내기 위해서 열심히 일했지만, 교착상태에 빠져 있었다. 우리는 많이 성장하지 않았다. 실제로는 전혀 아니었다. 인터넷에서는 성장하지 않으면 기본적으로 쇠퇴하기 직전이다. 아주 급격하게 말이다.[57]

그때까지 저스틴 TV는 종합적인 스트리밍 네트워크였다. 저스틴 TV에는 CEO 저스틴 칸과 관련된 파란만장한 창립 일화가 있다. 저스틴 칸은 야구모자에 카메라를 장착하고 여기저기 다니면서 백팩 안에 있는 다수의 셀룰러 망에 연결된 노트북 컴퓨터로 자신의 생활을 방송했다. 저스틴은 그 플랫폼 최초의 스트리밍 영상 크리에이터였으며, 시청자는 거의 대부분 그의 생활을 지켜보는 기술관계자들이었다(이것이 이 서비스의 첫 번째 원자 네트워크였다).

나는 저스틴 TV를 시청하면서 저스틴과 저스틴의 공동창립자인 엠메트 시어와 케빈 린을 알게 되었다. 라이브 스트리밍을 통해서, 그들이 하는 작업을 마치 내가 사장이라도 되는 것처럼 지켜보았다. 그들이 저스틴 TV를 구축하는 모습은 인상적이었다. 저스틴이 여기저기 돌아다닐 때 야구모자에 부착한 카메라를 통해 방송을 할 수 있게 한 도구들은 결국에는 용도가 바뀌어 모든 사람이 방송을 할 수 있게 되었다. 이를 통해 최초의 원자 네트워크(저스틴과 기술업계 시청자들)는 네트워크의 다음 단계로 뛰어들 수 있었다.

이 도구를 이용하여 저스틴 TV는 노래, 춤, 스포츠 중계, 비디오 게임에 이르기까지 모든 것에 관한 콘텐츠를 생산하는 사람들을 폭넓게 혼합하여 종합적인 스트리밍 플랫폼으로 진화했다. 모든 미디어 회사에 스트리밍 앱이 있기 전 인기 있던 해적판 NFL 게임을 보았던 기억이 있다. 저스틴 TV는 초기에는 어느 정도 성공했지만, 리텐션이 그리 강하지 않아 결국 수백만 명의 사용자에서 성장이 멈추었다.

사용자 수 수백만에서 정체(특히 수익성 있는 비즈니스가 있음에도)하고 있는 것은 행복한 고민으로 보일 수도 있지만, 새로운 도전을 찾고 있는 야심 넘치는 젊은 팀에게는 지루하게 느껴졌다. 저스틴 TV가 현상 유지 상태로 있었다면 그들은 잠재력이 있는 다른 스타트업에 가서 일을 할 수도 있었을 것이다. 더욱 성장할 것처럼 보이는 성공적인 기술기업에 갈 수도 있었을 것이다. 아니면 저스틴 TV를 발전시켜 더 큰 무언가를 만들려고 노력할 수도 있었을 것이다. 다행스럽게도 이것이 그들의 선택이었다. 천장을 깨부수기 위해서 상품의 규모를 키우고 더 많은 돈을 베팅해야 할 때였다. 하지만 어떻게? 그들은 한꺼번에 몇 가지 기회를 노리기로 했다.

먼저 그들 중 일부는 모바일 영상과 스트리밍 관련해서 일(결국에는 소셜캠Socialcam이라고 불렀다)을 했다. 저스틴 TV의 핵심은 계속 유지했다. 그래서 일부 팀원은 계속해서 그 일을 했다. 둘째, 엠메트 시어와 케빈 린이 이끄는 소규모 팀은 비디오 게임에 집중했다. 게임 콘텐츠가 이미 있었지만, 트래픽의 양은 전체의 2~3퍼센트에 불과했다. 추억의 게임 픽셀 아트 테마 스타일로 메인 웹 사이트의 일부에 존재했지만, 더 많은 기능과 지원을 해달라고 외치는 골수팬들이 있었다. 수십 명의 파워 유저를 인터뷰하고 나서 엠메트와 케빈은 제품과 네트워크를 발전시킬 경로를 제시했다.

그렇게 Xarth.tv(트위치의 원래 이름이다)가 탄생했다. 그들에게는 안타깝지만, 이사회는 그 계획을 싫어했다. 새 계획은 돈벌이가 되는 스타트업을 수백만 달러의 손실을 보는 기업으로 바꾸어 놓을 터였다. 새 계획이 효과가 있을지 여전히 확신할 수 없었다. 그러나 팀은 다시 성장을 하기 위해서는 에너지와 투자가 필요하다는 것을 알고 있었기에 그 계획을 밀어붙였다.

엠메트가 몇 년 뒤에 트위치의 자주색 사무실에서 내게 상세하게 이야기해준 새 계획은 저스틴 TV의 원래 전략과는 몇 가지 중요한 차이가 있었다.

트위치는 저스틴 TV와는 색다르게 운영했다. 가장 다른 점은 트위치가 스트리머에게 집중한 것이다. 원래는 시청자들에게 집중하려고 했다. 이것이 의미하는 바는 우리가 스트리머용 도구에 대해 작업을 했다는 것으로 우리는 서서히 개선을 해나갔다. 돈을 버는 것은 스트리머에게 중요했다. 아무리 액수가 적더라도 말이다. 그래서 우리는 팁을 주는 기능을 추가했고, 이게 대박을 터뜨렸다. 시청자가 많으면 어느 정도의 사회적 지위를 부여했다. 하지만 한 달에 추가로 50달러를 벌 수 있게 하는 것도 대단한 사건이었다. 우리는 또한 가장 있기 있는 스트리머에게 보상을 해주는 방식으로 정렬된 게임에 해당하는 스트리머를 찾을 수 있도록 전체 웹 사이트를 재설계했다. 게임에 집중함으로써 우리는 스트리머와 시청자에게 훨씬 더 좋은 서비스를 제공하는 방식으로 이 모든 변화를 일구어낼 수 있었다.[58]

이들 변화 중 다수는 저스틴 TV의 기능을 조정한 것뿐이었지만, 스트리머에게 이익이 되는 상품에 대한 사려 깊은 투자도 있었다. 예를 들어, 그들 중 다수는 그 시기에 흔했던 저해상도 버전보다는 고해상도 게임플레이 스트리밍을 몰아내고 싶어했다. 누군가가 비디오 게임을 플레이하는 모습을 보는 것은 복잡할 수 있었기에, 해상도가 높을수록 시청자가 액션을 따라 하는 데 도움이 되었다. 또한 자신들이 하는 게임에 따라 콘텐츠가 정리된다면 스트리머들도 손쉽게 찾을 수 있었다. 그래서 팀은 리그오브레전드, 배틀 그라운드, 그랜드 테프트 오토 등을 비롯한 당시 인기작들의 카테고리를 추가했다. 트위치 역시 스트리머의 목록을 스트리밍을 지켜보는 사람의 수로 정렬하기로 했다. 그리하여 가장 인기 있는 스트리머가 더 많은 사용자에게 노출되었다. 이러한 제품의 변화로 인해 최고의 인기 스트리머는 더 빠르게 팔로워를 늘릴 수 있었다.

하지만 변화는 제품에만 국한되지 않았다. 새로운 파트너십 팀 또한 최상위 스트리머 업체와 신생 스트리머 업체에 화이트글러브 서비스를 제공하기 위해 출범했다. 트위치는 대규모 이스포츠_{esports} 토너먼트, 특히 수억 명이 몰려드는 리그오브레전드 대회에 참가하기 시작했다. 트위치 역시 마침내 자체 연례 콘퍼런스인 트위치콘_{TwitchCon}을 시작했다. 이곳은 시청자들이 자신이 가장 좋아하는 스트리머를 만날 수 있는 실제적인 장소가 되었다.

트위치 스트리머들은 여러 곳에서 왔다. 하지만 팀이 처음에 타깃으로 삼은 곳은 유튜브였다.

초기의 가설은 인기 실시간 전략게임 스타크래프트에 집중했던 Day9 같은 창작자들이 영상을 업로드하는 방식에서 실시간 스트리밍으로 전환하여 그들의 팬 수천 명을 새 플랫폼으로 끌어들이는 것이었다. 트위치 팀은 인기 유튜버에게 새 플랫폼을 써보고 싶은 사람들을 추천해달라고 부탁했고, 2011년 E3 론칭에 맞추어 스트리머를 위한 작은 기반을 만들었다. 이 가설은 틀린 것으로 드러났다. 장기적으로는 트위치에서 자생적으로 성장한 스트리머들이 네트워크를 지배하게 될 것이다. 실시간으로 사람들을 즐겁게 하는 데 필요한 스킬과 영상을 업로드하고 편집하는 데 필요한 스킬은 다르다. 이러한 트위치 네이티브 스트리머들은 궁극적으로 비즈니스를 위한 방어용 해자가 될 것이다. 이러한 네트워크가 유튜브를 비롯한 다른 영상 플랫폼이 쉽게 스트리밍 되는 것을 막았기 때문이다.

결국 중요한 것은 트위치가 비록 시청자 수는 적을지라도 스트리머를 위한 아주 매력적인 경험이었다는 것이다. 트위치의 원자 네트워크가 스트리머 한 명과 그의 방송을 보는 시청자 한 명으로 이루어질 수도 있다는 관찰하에 새 기능이 구축되었다. 트위치의 공동창립자이자 전임 COO 케빈 린은 그가 사는 샌프란시스코의 코로나 하이츠 하우스에서 모였을 때 이러한 역학관계를 내게 설명해주었다.

> 단 한 명의 트위치 시청자라도 함께 비디오 게임을 하는 게 혼자 하는 것보다 훨씬 재미있다. 내가 게임을 하고 있을 때 사람들이 그 모습을 보면서 채팅을 하면 다시 게임을 하러 오고 싶게 하는 인간관계가 만들어진다.[59]

물론 시청자가 한 명이라도 있으면 재미있겠지만, 많으면 더 좋을 것이다. 그리고 스트리머에 대한 경험의 깊이는 시청자가 많아지고 경제적 관점이 추가되면서 더욱 강해진다. 케빈은 다음과 같이 덧붙였다.

> 진정한 마법은 트위치에 팔로워가 충분히 많아지고, 내가 스트리밍을 할 때마다 꾸준하게 시청하는 사람들이 있을 때 일어나기 시작한다. 그러면 트위치의 모든 세션이 재미있어진다. 언제나 시청자가 있기 때문이다. 하지만 거기에다가 돈도 벌 수 있으면 더 재미있다. 일단 시청자가 충분히 많아지면 마침내 돈을 받게 된다. 이 순간에 진정한 깨달음을 얻을 수 있다. 우리 스트리머들은 한 달에 20달러에서 50달러밖에 벌지 못한다 해도 그것이 얼마나 놀라운 경험인지에 관해 이야기한다. 하지만 시청자를 충분히 확보하면 마침내 '프로'가 되어 전업으로 스트리밍만 하면 된다.

이러한 라이프 사이클이 나타내는 것은 트위치가 론칭한 지 얼마 지나지 않아 트위치의 최고 스트리머가 1년에 30만 달러를 벌게 되었다는 사실이다.

이러한 모든 노력은 기존의 스트리머가 한계에 도달하여 위기에 처했을 때 새로운 스트리머를 끌어들이는 데 도움이 되었다. 원래 이름인 Xarth는 결국 교체되었지만 전략은 대부분 유지했다. 스트리머에게 모든 것을 집중해야 한다. 스트리머가 콘텐츠를 만들고, 시청자를 찾고, 수익화할 수 있게 도와주는 것이 중요했다.

트위치의 새로운 노력의 결과는 첫해 결실을 맺었다. 새로운 기능, 게임 콘텐츠를 강조, 스트리머의 요구 해결 등을 결합한 전략은 효과가 있었다. 트위치는 초창기 저스틴 TV의 성공을 넘어서는 엄청난 성장을 이룩했다.

트위치는 론칭 이후 한 달이 채 되지 않아 순시청자가 800만 명에 이르렀고, 그 후 1년 만에 두 배가 넘는 2000만 명을 돌파했다. 그리고 다시 두 배가 되고, 계속 성장하여 전 세계에서 가장 트래픽이 많은 웹 사이트 가운데 하나가 되었다. 개별 스트리머들은 500만 명이 넘는 팔로워와 함께 연간 수백만 달러의 수익을 올릴 수 있다. 초창기의 코드네임이었던 'Xarth'도 오늘날 트위치 사무실의 메인보드룸 이름으로 남아 있다.

저스틴 TV 같은 성공적인 상품이 한계에 부딪히고, 팀원들이 열심히 노력하여 더 큰 성공을 거두게 되는 이야기는 감동적이다. 하지만 이것은 시장이 포화되고, 스패머와 트롤 문제를 해결해야 하고, 초기 사용자들의 이탈을 직면해야 하는 모든 네트워크 상품이 겪게 되는 피할 수 없는 도전이다.

페이스북도 한계에 도달하면서 이러한 도전과 싸워야 했다. 〈와이어드〉 기자이자 페이스북에 관한 책을 쓴 스티븐 레비는 소셜 네트워크가 겪게 되는 곤경에 대해 이렇게 설명했다.

> 저커버그는 이렇게 회상한다. "회원 수가 9000만 명 정도가 되자 성장이 멈추었습니다. 사람들이 당시에 1억 명이 넘을 수 있을지 확신하지 못하겠다고 했던 기억이 납니다. 우리는 기본적으로 벽에 부딪혔고, 거기에 집중해야 했어요."[60]

페이스북은 결국 첫 번째 성장팀을 조직했고, 정체를 깨뜨리기 위해서 일련의 프로젝트를 수행했다. 그중에는 검색최적화를 통해서 사용자의 프로필을 구글에서 더 잘 인덱스되게 하고, 친구로 추가할 사람으로 추천하는 기능 등이 포함되어 있었고, 그 외에도 크고 작은 프로젝트들이 있었다.

이런 문제에 직면한 것은 소비자 기업들만이 아니었다. 업무용 제품과 상향식 사스 스타트업은 네트워크 효과를 이용해서 급속도로 성장하지만 결국 스타트업과 얼리어답터의 초창기 시장은 포화되고 만다. 그때 이들이 비즈니스의 다음 단계를 구축하기 위해서는 기업에 판매하는 방법을 배워야 한다. 우리는 앤드리슨 호로위츠에서 늘 이런 모습을 보곤 한다. 동료인 데이비드 울레비치는 이렇게 말한다.

초창기 스타트업들은 대개 다른 스타트업과 소규모 비즈니스가 그들의 상품을 채택한 것을 성공이라 여겼다. 이것은 슬랙, 줌, 드롭박스 등 많은 스타트업에 동력을 제공했던 '상향식' 분배 모델이다. 문제는 소규모 고객이 늘 이탈한다는 것이다. 그 고객들은 가격에 민감하고, 돈이 바닥나고 있고, 비즈니스 모델을 바꾸기 때문이다. 어떤 경우는 세 가지 모두에 해당된다! 반면 더 큰 기업 고객들은 처음에 진입하기가 어렵지만 서서히 회사 안에서 사용자가 늘어나면서 수익을 늘릴 수 있다. 따라서 B2B 스타트업이 상향식 영업 행위로 시작하지만 결국 전문지식을 추가하여 기업에 판매하는 것은 자연스러운 일이다.[61]

B2B 상향식 스타트업이 영업팀을 조직하여 실행하지 못하면 성장은 느려질 것이 분명하다. 슬랙과 드롭박스는 초기에 소규모 비즈니스를 상대로 성공을 거두었음에도 결국 기업 영업팀도 추가해야 했다.

이것은 트위치나 페이스북 같은 소비자 서비스든 B2B 업무용 제품이든 새로운 상품에서 반복되는 패턴이다. 상품은 무섭게 성장하길 바라며 출시되지만 탄력은 떨어지기 마련이다. 미디어는 그 상품을 상대로 끝났다고 선언한다. 사람들은 싫증을 낸다. 하지만 팀이 힘을 합쳐 새 기능을 탑재하고 속도가 느려지는 것에 대응한다면 많은 경우 회복된다.

천장 소개

다음 몇 장에 걸쳐서 상품이 불가피하게 느려지면 어떤 일이 벌어지는지 다룰 것이다. '천장'은 제품의 성장이 정체되고 네트워크 효과가 약해지고 어려운 결정을 내려야 하는 등 지속적으로 문제와 맞부딪치면서 벌어지는 일이다. 이는 시장 포화, 마케팅 채널의 저하, 과밀화, 스팸 등 다양한 이유로 발생한다. 대규모 네트워크 앱이 이러한 부정적인 역학관계와 싸우기 위해 대규모 팀을 고용하는 것은 당연한 일이다. 시간이 흐르면서 한 가지 한계에만 부딪히지는 않는다. 여러 차례 정체기와 만나게 된다.

이어지는 23장에서는 성공을 정의할 것이다. 성공이란 원하는 결과를 이루기 위해 나아가는 것일까, 아니면 최고조에 오르는 것일까. 성공이란 높은 장벽이다. 최고의 기업이 되려면 왜 수백 퍼센트 성장해서 로켓과 같은 궤적을 그려야 하는지 설명할 것이다. 이는 절대 쉬운 일이 아니다! 이러한 공격적인 목표를 추구함과 동시에 반네트워크 효과가 나타나 성장률을 낮추기 때문이다.

성장률을 낮추는 첫 번째 원인 중 하나는 '포화'다. 나는 얼마나 많은 네트워크 상품이 특정 틈새시장(대학, 도시 등 세분화된 시장)에서 론칭해서 확장해나가는지 설명할 것이다. 하지만 어떤 상품이 시장 전체를 포화시켜 다음 단계로 성장하지 못한다면 어떤 일이 벌어질까? 새로운 상품과 세분화된 시장이 조성되지 않는다면 성장은 더뎌질 수밖에 없을 것이다. 이와 동시에 기업들이 성장을 위해 의존하고 있는 마케팅 채널에 질적인 저하가 일어날 것이다.

나는 이것을 '엿 같은 클릭률의 법칙'이라고 부른다. 이 법칙은 시간이 흐르면서 마케팅 채널의 효과가 떨어질 수밖에 없는 이유를 설명한다. 배너광고와 이메일 마케팅이 좋은 예가 될 것이다. 상품의 네트워크 효과가 이러한 채널에 의존하고 있다면(예를 들어 이메일을 통해서 초대장을 주고받고 있다면) 성장은 서서히 느려질 수밖에 없을 것이다.

이와 동시에 네트워크 자체도 변화하고 있다. 네트워크가 성장하면서 네트워크의 하드 사이드에 더 집중하게 되고 강력해져 그에 맞춰 행동하게 된다. 우버의 파워 드라이버는 우버의 가장 중요한 사용자이기 때문에 그들이 한목소리로 임금 인상과 혜택 등의 변화를 요구했을 때 우버는 힘든 상황에 처했다. 26장 네트워크의 반란에서 다룰 테지만, 모든 사람을 행복하게 하는 것은 믿을 수 없을 만큼 힘든 일이다.

하드 사이드가 발전하는 동안 네트워크의 나머지 부분도 변화하고 있다. 초창기 커뮤니티들은 특별하고 엄선된, 매력적이고 고급스러운 것들이 모여 있는 곳이었다. 틴더가 대학마다 다른 전략으로 론칭했던 것처럼 슬랙이 선도적인 스타트업 시장에 진출한 데는 이유가 있다. 27장 영원히 끝나지 않을 9월에 나오는 것처럼, 더 많은 주류 청중에게 다가가는 데에는 안타깝지만 단점이 있다. 점점 더 많은 사람이 참여하면서 초기 커뮤니티가 가지고 있던 특별함이 많은 경우 희석되고 만다.

그리고 마지막으로 적절한 사람과 콘텐츠를 찾는 것이 얼마나 어려워졌는지에 대해 설명할 것이다. 나는 이것을 네트워크 내에서의 '과밀화overcrowding' 역학관계라고 부를 것이다. 사용자와 콘텐츠가 더 많아지려면 검색, 알고리즘을 이용한 피드, 콘텐츠 선정을 위한 도구, 사용자와 콘텐츠를 관리하기 위한 다량의 도구 같은 기능이 필요해진다는 뜻이다. 이 문제를 해결하지 못하면 사용자들은 떠나기 시작할 것이다. 어쩌면 더 작은 규모의 보다 엄선된 경쟁상품을 선호하기 때문일지도 모르겠다.

여러모로 이 단계(천장)는 어렵다. 긍정적으로 생각하자면, 이런 문제에 직면하고 있다는 사실은 어마어마하게 성공적인 상품을 가지고 있다는 뜻이다. 하지만 부정적인 면에서 이러한 이슈는 끝나지 않는다. 스팸이나 시장 포화를 포함해 이 장에서 다루었던 주제를 해결해주는 만병통치약은 없다. 세상에서 가장 큰 네트워크 상품이 이런 문제를 해결하기 위해서 계속 싸우고 있다. 결국 새로운 상품과 혁신만이 미래의 큰 성장 곡선을 시작할 것이며, 이것이 단일제품에서 다수의 제품을 가진 기업으로 성장해갈 수 있는 힘을 줄 것이다. 하지만 단일제품을 확장해야 하는 팀에게 천장은 절대 끝나지 않는 싸움이다.

23
로켓 성장
: T2D3

ROCKETSHIP GROWTH
←

미국에서는 매년 대략 600만 가지의 새로운 비즈니스가 탄생한
다. 그중 소수만이 수만 개로 추정되는 벤처캐피털 투자사에 적합
하다. 그리고 이들 스타트업은 활동 중인 1000여 곳의 벤처캐피털
기업에 추천되고, 각각의 벤처캐피털은 수천여 건의 투자 기회를
평가할 수 있다. 그중에서 다수의 미팅, 피칭 등 많은 시간을 함께
보낸 다음 투자 대상으로 선정되는 기업은 불과 10~20여 곳뿐이
다. 전체 산업을 통틀어 신규 및 초기 단계에 있는 스타트업이 투
자를 받을 기회는 매년 5000건 정도다.

이러한 치열한 수준의 여과과정을 거치게 되면 이들 스타트업
의 성과가 좋을 수밖에 없을 것이라고 생각할지 모르지만, 통계적
으로 그렇지 않다. 호슬리 브리지사(벤처 금융에서 널리 알려진 투자

사)는 산업 전체로 볼 때 벤처투자를 받는 스타트업의 실패율은 50퍼센트가 넘는다고 이야기한다. 벤처투자사들이 한 푼이라도 돈을 벌 기회는 동전을 던졌을 때 이길 확률밖에 되지 않는 것이다. 신문의 헤드라인은 구글이나 애플에 관한 기사로 채워져 있지만 실제로 벤처자금을 지원받은 스타트업 20곳 중에 한 곳만이 업계가 주목하는 10배 이상의 엑시트로 끝나게 된다. 매년 수백 건의 엑시트가 일어나지만 업계를 규정할 정도로 큰 엑시트는 10여 건에 불과하다.

바꿔 말하자면 어떤 팀이 투자사들의 지원을 받을 만큼 충분한 가능성을 보여주었다 할지라도, 엑시트라는 형태에 이르게 되는 경우는 거의 없다. 이런 일이 일어나게 되는 이유는 많지만 보통 결과는 모두 똑같다. 성장을 멈추고, 줄어들기 시작하고, 결국 성공에 이르지 못한다. 엑시트에 이를 가능성이 낮은데도 왜 스타트업에 투자할까? 왜 스타트업에 투자할 기회가 까다로운 기관이나 개인투자자들에게서 매년 850억 달러에 이르는 자금을 끌어들이는 것일까?[62]

어떤 상품이(특히 네트워크 상품이) 전 세계의 10억이 넘는 사용자에게 급격하게 인기를 얻게 되면 돌아오는 수익이 어마어마하기 때문이다. 아마존이나 오라클, 마이크로소프트, 애플, 인텔, 구글 등 거대기업들은 매년 수십만 명이 넘는 사람을 채용하게 된다. 이들은 S&P 500의 거의 20퍼센트를 차지하며, 이 중 몇몇 기업의 기업 가치는 2020년 초에 1조 달러를 넘는 데 이르렀다. 이러한 엄청난 수익은 스탠퍼드대 연구원들이 미국 주식시장 가치의 57퍼센트가 초기에 벤처자금을 지원받은 기업들 때문이라고 주장하는 이유이기도 하다.[63] 이들 기업은 400만 명이 넘는 직원을 고용하고, R&D에 4540억 달러를 투자하고 있다. 믿을 수 없는 일이다.

이것이야말로 수많은 기업인이 꿈꾸는 세계를 뒤바꿀 상품이다.

로켓 성장률

최근의 거대기술기업을 따라잡으려면 얼마나 빠르게 성장해야 하는가? '로켓십rocketship', '효과가 있다it's working', '이탈 속도에 도달했다it's hit Escape Velocity' 같은 표현을 공식적으로 정의하지 않고 아무렇지 않게 사용하게 되었다. 나는 이보다 더 좋은 방법이 있다고 생각한다. 여기에 숫자 몇 개만 추가해보자.

로켓십 성장률은 스타트업이 탈출하기 위해서 성장해야 하는 정확한 속도다. 이 성장 속도를 어떻게 계산할까? 먼저 10억 달러의 가치를 초과하는 것을 목표로 정하고(그러므로 기업공개를 할 수 있는 위치에 있어야 한다) 거꾸로 계산한다.

10억 달러의 평가액을 달성하려면 일반적으로 매년 1억 달러의 최고 매출이 반복되어야 한다. 이것은 대략 시장 수익의 10배 매출에 몇 배인지를 기준으로 한다. 여러분은 7년에서 10년 사이에 그 목표에 도달하려고 할 것이다. 핵심 직원이 계속 남아 있어야 하고, 또한 10년을 주기로 일하는 투자자에게 보상을 해야 하기 때문이다. 이 두 가지 목표 때문에 전체적인 제약이 생긴다.

벤처캐피털리스트이자 B2B 기업의 투자자인 니라즈 아가왈은 사스 기업이 이러한 숫자에 도달하기 위해서 정확한 경로를 따라야 한다고 주장하며 최초로 이러한 성장률을 계산했다.[64]

- 좋은 프로덕트: 마켓 적합성을 확립한다
- 200만 달러의 연간반복수익 달성
- 연간반복수익의 세 배인 600만 달러
- 그 세 배인 1800만 달러
- 그 두 배인 3600만 달러
- 그 두 배인 7200만 달러
- 그 두 배인 1억 4400만 달러

마켓오Marketo, 넷수트Netsuite, 워크데이Workday, 세일즈포스Salesforce, 젠데스크Zendesk 등 사스 기업들은 대략 이와 같은 곡선을 따랐다. 대략적인 타이밍도 이해가 된다. 팀이 처음에 프로덕트/마켓 핏에 도달하는 첫 번째 단계는 1~3년이 걸린다. 나머지 성장 이정표에 도달하는 시간을 더하면 전체 과정은 6~9년이 될 것이다. 물론 10년이 지났을 때도 기업은 여전히 빠르게 성장하고 있을지도 모르지만, 두 배로 늘어나는 경우보다는 연간 50퍼센트 성장하는 경우가 많을 것이다. 네트워크 효과가 있는 상품은 앞서 논했던 다양한 네트워크의 힘을 이용하여 높은 성장률을 보이는 동시에 오랜 기간 이러한 성장률을 악화시킬 수 있다. 데이터를 보면 대략 사실인 것 같다.

　10억 달러의 가치가 있는 기업이 되는 것에는 관심이 없다고 말하는 사람(나는 5억 달러가 목표다)도 있을지 모르겠다. 아니면 100억 달러짜리 기업을 만들고 싶은 사람도 있을 것이다. 하지만 15년이 넘게 해보라. 훌륭하다. 그런 다음 직접 계산을 하고 숫자들을 조정하여 자신만의 경로를 만들자. 이것은 팀의 목표가 될 수 있다. 벤처캐피털을 찾는 사람에게 10년 동안 10억 달러의 가치평가를 받는 것은 꽤 표준적인 최소 기준이지만, 회사를 자체적인 힘으로 개선하거나 엔젤투자만을 이용하는 것이 계획이라면 상황을 완화시키지 못할 이유는 없다.

　로켓 성장률은 원래 구독을 비즈니스 모델의 동력으로 사용하는 사스 소프트웨어 기업을 위해 개발되었기 때문에 드롭박스, 줌, 슬랙, 도큐사인Docusign 같은 기업들은 직접 적용할 수 있다. 이 프레임워크가 초기에는 SaaS/B2B 기업을 위해 고안되었다 하더라도, 수익은 수익이기 때문에 소비자 기업으로도 일반화할 수 있다. 프레임워크는 리버스 엔지니어링을 통해 어떤 유형의 기업에게든 지침서가 될 수 있다. 그러기 위해서는 몇 가지 매개변수가 필요하다.

- 가치평가의 목적
- 입력 지표
- 가치평가에 도달하는 시간(년)
- 초기 성장에 중점을 둔 경험적인 데이터

마켓플레이스의 로켓 성장 비율

마켓플레이스를 예로 들어보자. 이를테면, 새로운 마켓플레이스 상품이 있는데 10억 달러의 가치평가를 받는 것이 목표라고 해보자. 일반적으로 한 가지 주요 지표를 사용하여 가치평가를 나타내려 한다. 마켓플레이스 기업의 경우, 총 거래액GMV(Gross Merchandise Value) 또는 순수익net revenue이 주로 사용된다. 소셜 미디어 같은 경우, 일간 활동 방문자수, 순매출, 또는 다른 무언가가 될 것이다. 어떤 경우든 핵심은 지표를 선택해서 처음으로 되돌아가는 작업을 하는 것이다. 상장된 마켓플레이스 기업의 경우 순매출의 5배로 거래되는 것을 볼 수 있다. 이는 10억 달러의 가치평가를 받기 위해서는 순매출이 반드시 2억 달러가 되어야 한다는 뜻이다. 그리고 여러분은 10년 안에 그렇게 되길 바랄 것이다.

그다음으로는 그 사이에 있는 해의 목표를 세우려고 할 것이다. 1년 차와 2년 차에는 상품 개발에 집중해야 하기 때문에 매출이 없을 것이라 주장할지도 모르겠다. 그리고 3년 차가 되면 콜드 스타트 문제를 해결해야 하고, 4년 차가 되어서야 의미 있는 매출을 올리게 될 것이다. 매출은 연 100만 달러 정도 될 것이다. 이를 추정해보면 4년 차에서 10년 차까지 100만 달러에서 2억 달러로 성장해야 한다. 다시 말해 1년에 266배 성장해야 한다.

여기서 우리는 로켓 성장률이 무시무시하게 보이기 시작한다. 매년 상품의 매출이 2배가 되는 것만으로는 충분치 않다. 6년 동안 두 배씩 성장해도 64배이며, 그러면 제때에 목표를 달성할 수 없게 된다.

　여기서 타깃 성장률을 계산하기 위한 방정식은 쉬워 보인다. 방정식은 다음과 같다.

　로켓 성장률 = {(목표 매출 - 시작 매출) / 시작 매출}^(1/년)

　숫자를 대입한다.

　로켓 성장률 = {(2억 달러 - 100만 달러) / 100만 달러}^(1/년)
　　　　　　 = 2.4x

　다시 말해 1년에 100만 달러로 시작하면 2억 달러에 도달하기 위해서는 6년 동안 평균 2.4배씩 성장해야 한다는 뜻이다. 이것은 평균 성장률이고, 일반적으로 매출이 적은 초기에는 빠르게 성장한다. 5x 4x 3x 2x 1.5x 1.5x 같은 궤적은 4x 3.5x 3x 2x 2x 1.2x 와 같이 작동할 것이다. 보통 한 기업이 이런 분석을 할 때면 한두 해의 데이터를 이미 가지고 있을 것이다. 그래서 이 방정식을 이용하면 나머지 부분이 어떻게 나타날지 알아볼 수 있다. 또는 처음 몇 년간을 추가로 추론할 수 있는 실증적인 데이터를 가져올 수도 있다. 내가 본 바로는 매우 빠르게 높은 성장률에 도달하는 마켓플레이스 기업들은 많은 경우 초기에는 5배 이상의 성장률을 기록하고 나서, 서서히 감소하기 시작했다.

　이 사례는 마켓플레이스의 경우이지만 업무용 협업 앱이나 대규모 멀티플레이어 게임, 메신저 앱 같은 다양한 카테고리에서 동일한 궤적을 알아내는 것은 간단하다. 목표 매출을 정하고, 정해진 시간 동안의 성장률에 대해 역방향으로 계산을 한 다음, 가장 높은 성장률을 기록한 해에 가중치를 주기만 하면 된다. 목표 매출이 기업공개를 기반으로 한 것이든, M&A의 결과든, 단지 영향을 높이기 위한 확장이든 동일한 분석을 적용할 수 있을 것이다. 실질적인 목적으로 다양한 규모의 새롭고 영향력 있는 상품을 만들기 위해서는 연 수백 퍼센트포인트에 이르는 아주 빠른 성장률이 필요하다.

로켓 궤적이 거친 이유

문제를 풀어보면 로켓 성장률 문제가 어렵다는 것은 누구나 알 것이다. 그리고 매해 목표가 대부분 3배나 2배일 때가 많아도 회사는 시장의 포화로 정상이 더뎌지고, 마케팅 채널의 성과가 질적으로 하락하고, 상품 개발은 사용자의 요구를 전혀 따라가지 못하는 길항력에 직면하고 말 것이다. 더 많은 투자가 들어와 직원을 채용하고, 상품을 만들고, 고객에게 서비스를 한다고 해도 시간이 흐르면서 성장률이 서서히 둔화되는 것은 기본적인 법칙이다.

　로켓십 상품을 작업하는 팀의 심리는 혼란스럽다. 그리고 성장이 점점 둔화되는 것에 관해서 상반된 생각을 하고 있다. 한 해 동안 빠르게 성장하면 다음 해에도 빠르게 혹은 더 빠르게 성장하길 기대하기 시작한다. 야심은 커지고 비전은 넓어진다. 대학생을 위한 소셜 네트워크가 세상 모든 사람을 연결해주는 하나의 방법이 되었다. 한때는 리무진을 부르는 한 가지 방법이었던 것이 마치 흐르는 물처럼 세계적인 수송 수단이 되었다.

열기가 넘치는 팀들은 더 많은 자원과 더 많은 사람을 원한다. 그리고 야심은 점점 커진다. 200번째 입사한 직원을 위해 그들은 아직도 스톡옵션에 상승 여력이 있는지 알고 싶어한다. 투자자들은 가치평가에 앞서 회사에 자금을 지원하기 시작한다. 아마도 1년 전에 가격을 두 배 혹은 세 배로 올리지만 때로는 훨씬 많이 올린다. 틈새시장이나 목표로 삼았을 상품이 시장 전체로 가야 한다. 전에는 멍청해 보이는 질문이었지만 자연스러워진 질문. "이게 다음 세대의 페이스북이 될까요?" 혹은 유튜브? 슬랙? 처음에는 진지한 질문도 아니어서 어깨를 으쓱하거나 웃으며 대답했던 것이 마침내 진짜 질문이 되었다. 그리고 이렇게 답하는 게 자연스러워진다. "맞아요. 그리고 그 이유가 바로 여기 있습니다."

냉소적인 사람에게는 지나친 칭찬처럼 보일 수 있다. 하지만 고성장 상품이 계속해서 우상향하는 궤적을 그린다면 사람들은 어디까지 성장할 것인지 알아보기 위해 추론을 시작한다. 투자자와 고문, 페이스북, 구글, 트위터, 세일즈포스 등의 회사를 그만두고 자신의 놀라운 비전을 실현하려는 사람들을 채용하면서 로켓십이 어떻게 생겼는지에 대한 전문지식을 얻는다. 갈수록 기대가 커진다.

이런 이유로 천장에 부딪히는 것이 그토록 위험하다는 것이다.

다시 성장에 불을 붙이지 못하는 상품의 결말은 가혹하다. 스타 제품 디자이너, 소프트웨어 엔지니어, 기술직원을 위한 매우 효율적인 구직시장에서 어떤 상품이 오름세에 있고, 어떤 상품은 갈 데가 없는지 모든 사람이 알고 있다. 고성장하는, 활기 넘치는 스타트업으로 갈아타는 것은 흔한 일이다. 위험을 감수하는 일이 직업인 벤처캐피털 투자자조차 비즈니스가 진행되기 전부터 돈을 지급하는 경우가 많다. 잘 성장한 경우에는 (상대적으로) 자금을 조달하기가 쉽다. 그렇지 않은 경우에는 많은 자본을 끌어오기가 어려워진다. 가치평가는 갈수록 좋아지지도 나빠지지도 않는 평형상태가 될지도 모른다. 아니면 더 나빠져서 심지어 직원에게 악영향을 미칠 수도 있다.

좋은 소식과 나쁜 소식

초반기에 로켓십 성장률을 달성하는 데 성공한 신상품조차 언젠가는 성장이 느려지는 때가 분명히 나타날 것이다. 이것은 자연스러운 패턴이다. 초반기에 미친 듯이 달리고 난 상품은 후반기에 더 느리게 성장할 것이다. 스타트업 피칭 자료를 볼 때 결과값은 같더라도 5배-4배-3배가 3배-4배-5배보다 더 가능성이 있다고 볼 것이다.

그 이유는 간단하다. 처음 몇 년간은 온갖 확실한 성장 수단을 사용하는 경우가 많기 때문이다. 이는 시간이 지나면 급속도로 빠르게 소진된다. 새로운 마케팅 채널을 추가하는 것이 고객 획득 경제학에서 하락에 대처하는 가장 좋은 방법이 분명하다면 가장 확실한 마케팅 계획은 일찍 시작될 것이다. 서비스를 이용하기 위하여 가입을 하는 데 필요한 절차가 너무 복잡하다면 마찰이 가장 심한 부분은 조기에 재설계한다. 결국 쉬운 아이디어들은 남들이 '가로채' 초기의 고성장을 유지하기가 어려워진다. 이것이 바로 상품이 천장을 친다는 것의 의미다.

기대할 만한 것이 있다면 네트워크 상품이 이러한 정체기에 대응할 만한 도구가 네트워크 효과가 없는 상품보다 더 많다는 점이다. 예를 들어, 온라인에서 의류를 판매하는 새로운 소비자 제품 브랜드가 있다고 해보자. 규모가 커지면서 마케팅 효과는 감소할 것이다. 하지만 이 상품의 카테고리에는 네트워크 효과가 없다. 소셜 미디어 광고비가 상승하면서 창의력, 미디어 구매 전략, 제품기능 등을 최적화하려고 노력하겠지만 충분치는 않을 것이다. 마케팅 비용은 그대로 유지하면서 네트워크 효과 없이 매출을 두 배로 늘리는 것은 힘들다. 그 결과 조기에 정체기가 찾아오게 된다. 이는 소비재 기업들에 좋은 기업이 많다고는 하지만, 그 기업들이 수백억 달러의 가치를 지닌 위대한 기업이라고는 할 수 없는 이유 중 하나다.

반면에 네트워크 상품에는 상당히 많은 장점이 있다. 네트워크 효과를 이용해서 더뎌지는 성장과 싸울 수 있다. 예를 들어 마케팅 채널이 꾸준히 감소하는 것이 피할 수 없는 일이라 하더라도 가입 경로, 친구 추천 등을 최적화하는 방법을 이용해서 바이럴 성장을 증폭할 수 있다. 사용자가 많아짐에 따라 검색이 점점 어려워지면서 여기에 맞서 알고리즘을 이용한 추천과 피드를 구현할 수 있다. 네트워크에 사람이 많아지면서 실제로 다수의 네트워크 효과를 가속화하는 데 도움을 준다. 시간이 흘러 추가적으로 네트워크 효과를 개선하기 위해 노력하면서, 전통적인 마케팅 채널이 불안정한데도 성장률의 수명이 늘어나고 있다.

궁극적으로 이것이 바로 세계에서 가장 가치 있는 상품(사용자가 10억 명에 달하는 대부분의 앱과 플랫폼)이 대부분 네트워크 상품인 이유다. 네트워크 상품은 작동하기 시작하면 대개 오랜 시간 동안 계속 작동한다.

다음 몇 장에서는 상품이 필연적으로 성장을 멈추게 되는 구체적이고 근본적인 이유에 대해 이야기할 것이다. 네트워크가 성공하면 나타나는 강력한 힘, 시장 포화에서부터 시작할 것이다.

24
포화
: 이베이

SATURATION ←

성공에는 반드시 문제가 뒤따르는데, 그것은 바로 시장 포화다.

초기에는 고객만 늘어나면 신상품은 성장한다. 즉 네트워크를 성장시키고 싶다면 노드를 추가하면 된다. 하지만 결국 효과가 사라진다. 목표시장에 있는 거의 모든 사람이 이미 네트워크에 합류해, 남아 있는 잠재 고객이 별로 없기 때문이다. 이때부터 새로운 고객을 늘리기보다는 기존의 고객에게 더 많은 서비스와 매출 기회를 제공하는 것으로 초점을 옮겨야 한다.

이베이도 초기에 이런 문제가 있었지만 해결 방안을 찾았다. a16z에서 함께 일하던 제프 조던은 처음 이베이의 미국 사업 본부장이 되고 첫 한 달 동안 있었던 일에 대하여 글과 말을 통해 자주 들려주었다. 2000년 이베이의 미국 사업 부문은 월 기준으로 보았을 때 최초로 성장에 실패했다. 이것이 이베이에 치명적인 이유는 회사의 거의 모든 매출과 수익이 미국 비즈니스에서 나왔기 때문이다. 미국에서 성장이 일어나지 않는다면 전체 비즈니스가 침체될 터였기에 신속한 조치가 이루어져야만 했다.

핵심 비즈니스만 효율적으로 운영하고 싶은 유혹을 느낄 때도 있다. 무엇보다 0에서 다시 시작하는 것보다는 기반이 되는 대규모 매출을 조금이라도 증가시키는 것에 더 마음이 이끌리기 때문이다. 대담한 배팅은 위험하다. 하지만 시장 포화의 메커니즘 때문에 상품의 성장은 빨라지기보다는 느려지는 경우가 많다. 계속혁신하는 것 외에 고성장을 유지하는 방법은 없다.

제프는 회사가 다음 단계로 성장하기 위해 한 일을 공유했다.

당시 이베이는 온라인 경매를 통해서만 사람들이 물건을 팔고 살 수 있게 했다. 하지만 경매는 사용하기 쉽고 단순한 고정가격 형식이 좋다고 했던 수많은 잠재 고객을 불안하게 했다. 흥미로운 점은, 이베이가 실시한 자체 조사를 통해 주요 온라인 경매 이용자가 경쟁적인 측면을 좋아하는 남성이라는 점이 나타났다는 것이다. 따라서 우리가 계속해서 추구했던 첫 번째 주요 혁신은 ebay.com에서 고정된 가격으로 상품을 제공하는 (혁명적인!) 개념을 구현하는 것이었다. 우리는 이것을 '바로구매buy-it-now'라고 불렀다. 바로구매 때문에 이베이 공동체와 이베이 본사 사이에서 놀라울 정도로 큰 논란이 불거졌다. 우리는 받아들이기가 힘들었지만, 위험을 무릅쓰고, 그 기능을 선보였다. 그리고 대박이 났다. 바로구매

는 요즘 연간 총상품판매량의 62퍼센트인 400억 달러 이상의 매출을 차지한다.[65]

'바로구매'를 론칭한 것은 모든 거래에 영향을 미친 커다란 변화였다. 하지만 이베이 팀은 또한 판매자와 구매자 모두를 위한 경험까지 혁신했다.

초기 성공에 힘입어 우리는 성장을 주도하기 위해 혁신에 전념했다. 우리는 이베이에 스토어를 도입했고, 플랫폼에서 판매되는 상품의 양을 대폭 늘렸다. 사이트에서 상품이 눈에 잘 띄도록 옵션 메뉴를 확장했다. 이베이 사이트에서 페이팔을 매끄럽게 통합하는 등 결제 플로를 크게 개선한 결과 거래 후 경험이 향상됐다. 이러한 혁신은 비즈니스의 성장에 힘을 보태주었고 속도가 처지는 걸 피하는 데 도움이 되었다.

몇 년 뒤 제프는 앤드리슨 호로위츠의 무한책임투자자가 되었다. 그곳에서 에어비앤비, 인스타카트Instacart, 핀터레스트 등에 투자하며 네트워크 효과가 있는 스타트업의 시작을 도와주었다. 나는 운 좋게도 그와 함께 일하게 되었다! 제프는 a16z 블로그에 관한 글에서 이베이를 성장시키기 위해서 새로운 매출 층을 추가하는 것이 그의 전략이었다고 이야기했다. 마치 케이크를 겹겹이 쌓아올리듯이 말이다. 다음 그래프에서 이를 시각적으로 볼 수 있다.

이베이 매출

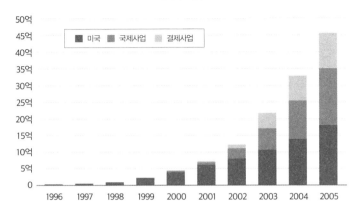

도표 12 | 이베이의 성장 레이어 케이크

미국의 핵심 비즈니스가 하키스틱보다는 직선에 가깝게 보이기 시작하면서, 국제사업과 결제사업을 그 위에 만들었다. 둘을 더하자 전체 비즈니스가 하키스틱처럼 보이기 시작했지만, 실제로 그 밑에는 수많은 비즈니스의 새로운 직선이 있었다.

이베이 이야기에서 이 단계는 고속 성장하는 스타트업에만 있는 것은 아니다. 기하급수적인 성장처럼 보이는 것은 실제로는 일련의 직선들이 서로의 위에 빠르게 층을 형성했기 때문이다. 우버의 인상적인 성장 궤적은 매년 점점 더 많은 도시에서 서비스를 시작한 동시에 새로운 상품(카풀이나 음식 배달 등)을 결합한 것이다. 각각의 직선은 각 시장이 포화되면서 가늘어지지만 층을 추가하면 느려지는 성장에 대응할 수 있다.

네트워크 포화와 시장 포화

많은 경우 이런 현상을 시장 포화라고 부르지만, 네트워크 상품 안에서는 더 미묘한 무언가가 지속되고 있다. 나는 그것을 단순한 시장 포화가 아니라 네트워크 포화라고 생각하며, 이 용어를 다음과 같이 정의했다. 어느 주어진 참가자에 대한 100번째 연결은 처음 몇 개의 연결보다 영향력이 떨어진다. 그리고 네트워크의 밀도가 높아져도 해당 네트워크의 효과는 점차적으로 증가하지 않는 양상을 보인다.

이베이의 경우 '빈티지 롤렉스 데이토나vintage rolex daytona' 같은 것을 검색할 때 처음 몇 개를 추가하면 상품에 대한 경험(그리고 관련 전환율)이 크게 개선된다. 수십 개까지 계속해서 개선될 수도 있다. 하지만 검색 결과 항목이 1000건 혹은 5000건이 나올 때까지 검색을 할 필요는 없을 것이다. 구매자가 그렇게 많이 훑어볼 가능성은 거의 없다. 이와 동일한 아이디어가 우버에도 적용된다. 처음 100대의 차량을 도로에 추가하는 것은 앱을 열어 승차 예약을 할 때 중요하지만, 큰 숫자에서는 수확체감이 일어난다. 그리고 여행 예약 사이트, 앱 스토어 등 다른 마켓플레이스 등이 모두 동일한 문제에 직면한다.

소셜 앱들의 메커니즘도 유사하다. 추가로 연결되는 친구는 처음에 연결되는 친구보다 가치가 크지 않다. 스냅챗 팀의 내부 기록에 따르면 에번 스피걸이 연결의 수확체감에 관해 말한 내용이 이렇게 기록되어 있다.

어느 특정한 주에 여러분의 가장 친한 친구는 전체 스냅 전송량의 25퍼센트를 차지합니다. 친구가 18명쯤 됐을 때 추가된 친구들이 각각 전체 전송량에서 차지하는 비율은 1퍼센트 미만입니다.[66]

이것은 페이스북에서 유명한 '10일 이내에 7명의 친구'라는 문제를 생각하는 또 하나의 방식을 제공한다. 7명의 친구를 얻게 되는 것은 훌륭한 일이지만, 7명이 아니라 14명이면 더 좋은 것이 아닌가? 물론 좋다. 하지만 2배 더 좋다고 할 수 있나? 아마도 아닐 것이다. 그리고 논리적으로 극단까지 몰고 간다면 1만 명의 친구가 있는 사람의 참여가 모두 1000배로 이어지지는 않을 것이다. 실제로는 더 적게 참여하게 될 수도 있다. 과밀 효과가 일어나기 때문이다.

네트워크 포화와 시장 포화는 모두 성장을 늦출 수 있다. 시장 포화는 네트워크에 있는 사람의 총 명수를 제한한다. 결국 자신의 협업 도구에 가입할 수 있는 친구들이나 다중 멀티플레이어 게임을 할 게이머가 바닥날 것이다. 하지만 네트워크 포화 역시 시간이 흐르면서 상호연결의 가치 증가율이 서서히 감소하며 참여에 대한 효율성까지도 제한하게 될 것이다. 이들 두 역학관계는 함께 네트워크의 성장을 늦추는 포화 효과를 유도한다. 이러한 피할 수 없는 힘에 맞서는 방법은 꾸준히 제품과 목표시장, 기능의 집합 등을 발전시키는 것이다. 달리 다른 방법이 없다.

새로운 인접 네트워크

네트워크의 네트워크에서 일부 네트워크는 불가피하게 다른 네트워크보다 참여율이 높을 것이다. 일반적으로 가장 먼저 시작되어 가장 많이 발달한 핵심 네트워크가 효과도 가장 좋을 것이다. 하지만 이 핵심 네트워크와 아주 멀리 떨어진다면 그리 건강해 보이지 않는 일단의 사용자들을 발견할 수 있을 것이다. 그리고 그 너머에 있는 네트워크는 전혀 작동하지 않을 것이다. 초기 이베이의 경우 핵심시장은 미국 수집품 커뮤니티였을지도 모르겠다. 이 상품은 자동차처럼 돈이 많이 드는 항목을 팔고 사는 사용자에게만 효과가 있었을 수도 있다. 당시에는 효과적인 지불 수단이 없었던 국제시장처럼, 전혀 활성화되지 않았을 것 같은 방대한 네트워크가 존재했다. 이러한 인접 네트워크를 이해하는 것이 핵심이다. 따라서 하나씩 차례대로 확장하면 포화 상태에 맞서 싸울 수 있다.

인스타그램의 성장팀을 이끌었던 친구 뱅갈리 카바는 이 아이디어를 '인접 사용자Adjacent Users' 이론이라고 불렀다. 그는 인스타그램에서 겪었던 일을 이야기해주었다. 사이트를 시작한 지 몇 년이 지나 빠르게 성장하고 있었지만 로켓십의 속도는 아니었다.

내가 2016년에 인스타그램에 합류했을 때, 인스타그램은 사용자 수는 4억이 넘었지만 성장률은 정체되고 있었다. 우리는 기하급수적이 아닌 선형적인 성장을 하고 있었다. 많은 상품의 경우, 선형적인 성장은 대단한 성장이라고 볼 수 있었지만 인스타그램 같은 바이럴 소셜 상품에게 선형적인 성장은 만족할 만한 수준이 아니었다. 그 후 3년 동안 성장팀과 나는 인스타그램의 성장이 느려진 이유를 찾아내 문제를 진단하는 방법론을 개발했고, 일련의 문제를 해결해서 성장에 다시 불을 붙였고, 내가 떠날 때까지 사용자 수가 10억 명 이상이 되는 데 도움을 주었다.

이러한 성공은 오늘날 '인접 사용자 이론'이라고 부르는 것에 기반하고 있다. 인접 사용자란 상품에 대해 인지하고 있고 아마 상품을 테스트해본 적은 있으나 참여형 사용자가 되지는 못한 이들을 뜻한다. 일반적으로 현재의 상품 포지셔닝이나 경험의 측면에서 그들을 채용하기에는 너무 많은 장벽이 있어서일 것이다. 인스타그램은 4억 명의 사용자에게 적합한 상품 시장을 가지고 있던 반면, 우리는 인스타그램도 잘 이해하지 못하고 인스타그램이 그들의 삶에 어떤 식으로 어울리는지도 잘 이해하지 못하는 새로운 수십억의 사용자 집단을 발견했다.[67]

뱅갈리와 이 주제에 관해 이야기할 때 뱅갈리는 그의 접근 방식을 인스타그램을 구성하는 네트워크의 네트워크에 대한 체계적인 평가라고 설명했다. 많은 경우 제품에 관한 의사결정을 주도하는 목소리 크고 강경한 소수의 파워 유저로 구성된 핵심 네트워크에 초점을 맞추는 대신, 경험이 별로 없는 인접 사용자들을 꾸준히 파악하는 식의 접근이었다.

정해진 시간에 기능하지 않는 인접 네트워크가 다수 있을지도 모른다. 그리고 각각의 네트워크를 고치려면 서로 다른 접근 방식이 필요할 수도 있다. 일부 네트워크의 경우 그것은 제품의 특징일 수도 있다. 마치 인스타그램이 보급형 안드로이드 제품을 그다지 열성적으로 지원하지 않는 것처럼 말이다. 아니면 네트워크의 품질 때문일 수도 있다. 적절한 콘텐츠 제작자나 유명 인사가 아직 오지 않았다면 말이다. 이러한 사용자들을 위한 경험을 고친 다음, 자신에게 다시 묻는다. 누가 근접한 사용자일까? 그런 다음 반복한다. 뱅갈리는 이 접근 방식을 다음과 같이 설명한다.

내가 인스타그램에서 커리어를 시작했을 때 인접 사용자는 페이스북 계정이 하나 있지만 인스타그램의 가치는 알아보지 못하는 미국의 35~45세 여성이었다. 내가 인스타그램을 떠날 때 인접 사용자는 자카르타의 여성으로, 선불 요금제를 사용하는 구형 3G 안드로이드 폰을 쓰고 있었다. 이 두 지점 사이에서 해결한 인접 사용자는 아마도 여덟 가지쯤 될 것이다.

인접 사용자의 요구 사항을 해결하기 위해 인스타그램 팀은 우선 페이스북 네트워크에서 미국 여성 사용자를 끌어오는 데 집중하기 위해 민첩해져야 했다. 그러기 위해서는 페이스북 프로필과의 연결을 이용한 알고리즘을 통한 추천이 필요했다. 그래야만 인플루언서뿐만 아니라 친구와 가족까지 추천 목록에 뜨게 할 수 있었다. 나중에 자카르타와 다른 개발도상국에서 사용자를 타기팅하기 위해서는 완전히 다른 접근 방식(데이터 연결이 많지 않은 보급형 안드로이드 폰 전용 앱을 개선하기)이 필요할지도 모른다. 인접 사용자가 바뀌면 전략도 바뀌어야 한다.

이러한 인접 네트워크는 마켓플레이스, 소셜 네트워크를 비롯해 다른 어려운 문제를 조사할 때 특히 흥미롭다. 마켓플레이스 상품은 우버의 운전기사나 에어비앤비의 호스트처럼 시간이 갈수록 판매자의 제약을 받는 경우가 많다. 소셜 네트워크와 소셜 네트워크를 만든 사람들, 앱 스토어와 앱 스토어의 개발자들도 마찬가지다. 예를 들어, 우버에서 서비스에 필요한 운전기사가 바닥났을 때 다음 인접 사용자 집단은 임금을 받고 운전기사를 한 적이 없던 사람들이었다. 하지만 결국 이러한 인력도 바닥이 났고, 우버는 자동차를 소유하지 않은 사람들을 등록하는 것에 대해 생각하기 시작했다. 회사에서 자동차를 제공하는 것이었다. 그리고 기타 등등.

케이크에 층을 더하는 프레임워크에서 인접한 네트워크에 서비스를 제공하는 것은 새로운 층을 추가하는 것과 같다. 이를 위해서는 핵심 시장의 강경한 목소리에 귀를 기울이는 대신 새로운 시장에 관하여 생각해야 한다. 하지만 핵심 시장에서 매출의 대부분을 창출하고 있다면 매우 어려운 일일 것이다. 핵심 시장의 경우, 성장을 위한 다른 방법이 있다. 사람들이 서로 연결하고 참여할 수 있는 새로운 형식을 추가하는 것이다.

새로운 형식

이베이의 '바로구매'와 '스토어' 같은 기능의 아름다움은 그것들이 여전히 근본적으로 구매자나 판매자와 동일한 네트워크를 이용하면서도, 새로운 사용 사례를 더 잘 지원해줄 수 있는 새로운 상호작용을 제공하기 때문이다.

이는 새로운 형식이다. 이 새로운 형식은 네트워크에 있는 사람들이 새로운 방식으로 서로 참여하고 소통하게 해준다. 스냅챗의 스토리 형식(사람들이 자신의 사진과 영상을 친구들에게 방송할 수 있게 해주었다)은 핵심적인 사진 메신저 앱과 더불어 사용량을 증가시킨다. 일부 사진은 일대일 소통에 어울리고, 어떤 사진은 방송에 어울린다. 스토리 덕분에 스냅챗은 그 두 가지 형식 중 한쪽만이 아닌 양쪽 모두 가져올 수 있었다.

이베이의 경우, '바로구매' 덕분에 특정 유형의 상품을 훨씬 수월하게 살 수 있다. 바로구매는, 예를 들어 매우 희귀한《반지의 제왕》초판의 적절한 가격을 찾아내는 데 도움이 되는 경매 형식일지도 모르지만 하드커버 형식의 신간을 구입하기에는 불편한 방식이다. 고정가격을 사용하면 동일한 구매자와 판매자가 새로운 유형의 상품에 관여할 수 있기 때문에 네트워크가 성장하지 않아도 활동을 증가시킬 수 있다.

새로운 지역

이베이가 국제 지역을 추가한 것처럼 새로운 지역의 레이어를 추가하는 것은 레이어 케이크를 구축하는 또 다른 방법이다. 이는 특히 오픈테이블이나 옐프, 우버 등 지역을 뛰어넘어 도시에서 활동하거나 틴더나 페이스북처럼 대학에서 활동하는 상품에서 뚜렷하게 찾아볼 수 있다. 어떤 네트워크 상품들은 대륙을 건너가면서 언어와 지불 수단을 추가하여 글로벌한 면을 고려할 수 있다. 이들은 주로 사스나 메신저 앱처럼 순수 디지털 제품이다. 각각의 새로운 지역은 성장할 수 있는 새로운 시장을 제공하지만, 또한 지역마다 콜드 스타트 문제를 다시 해결해야 할지도 모른다.

네트워크가 직접 인접해 있는 네트워크로 성장할 때 지역적인 확장이 더 쉬워진다. 샌프란시스코를 중심으로 하는 세밀한 지역 네트워크가 로스앤젤레스 같은 가까운 도시로 확장하길 원할 때 확장이 잘 되는 경우가 많다. 두 시장이 사용자를 공유하기 때문이다. 틴더에는 두 도시 사이를 이동하는 사용자들이 있을 것이다. 마찬가지로 오픈테이블은 일부 식당 체인이 지역을 기반으로 한다는 사실을 활용할 수도 있을 것이다. 동일한 주인이 샌프란시스코와 로스앤젤레스에 모두 매장이 있을 경우 그 부근 시장에 론칭하기가 수월할 것이다. 다른 유형의 상품일 경우 '인접' 네트워크는 도시를 중심으로 하는 것이 아니라 밀접한 관계가 있는 회사의 네트워크일 것이다. 예를 들어, 한 회사에서 업무용 협업 도구가 널리 쓰이게 되면 상호연결된 파트너 관계에 있는 기업들이 그 도구를 채택할 가능성이 높다. 어느 회계 기업의 고객사들이 모두 드롭박스를 사용한다면 고객사들도 결국 써볼 가능성이 높다.

하지만 실패한 사례도 있다. 샌프란시스코처럼 고도로 도시화된 시장에는 수많은 얼리어답터와 높은 생활비, 도시 환경, 교육 수준이 높은 소비자 시장 등 고유한 요소가 많다. 이는 결국 피닉스나 디트로이트 같은 시장 혹은 각자 특별한 특징이 있는 다른 수많은 시장과는 상당히 다르다. 때때로 두 번째, 세 번째 시장에서 새로운 스타트업이 문을 연다. 이를테면 반려견 산책 시장은 일반적으로 부유한 도시 환경에서는 말이 되지만 대부분 뒷마당이 딸린 단일가족의 주택에서는 합리적이지 않다.

먼 곳에서 성장에 편중하는 것은 훨씬 어려운 일이다. 이를 위해서는 콘텐츠 현지화, 현지 파트너 찾기, 새로운 지불 방식 구현, 제품 자체를 다시 반복하기 등의 추가적인 일 외에도 대개 다시 처음부터 네트워크를 시작해야 한다. 아이디어가 완전히 번역되지 않기 때문이다. 여러분의 제품이 에어비앤비 같은 글로벌 네트워크 효과가 있는 희귀한 유형이 아니려면 각각의 새로운 주요 지역은 시작하는 데 많은 노력을 기울여야 할 가능성이 높다. 다시 시작하는 콜드 스타트 문제다.

완전히 새로운 국제시장을 개척하는 것은 일반적으로 여러 팀 기능이 결합된 노력이 필요하기에 어렵다. 또 다른 시장이 되는 것이 얼마나 다른 것인지 느끼려면, 우버를 떠올리면 된다. 처음에 우버는 미국에서 아이폰용 개인 리무진 앱으로 성공했지만 방콕에서는 거의 알려지지 않은 상품이 되었다. 소비자들은 그들이 가진 보급형 안드로이드 폰으로 전화번호(신용카드나 이메일은 필요 없었다)만 있으면 회원 가입을 할 수 있었다. 그들은 휴대전화를 이용하여 승차를 예약하지만 자동차 대신 우버 모토를 요청한다. 바이크를 탄 어떤 사람이 와서 그들을 선택한다. 그러면 선택된 사람들은 뒷좌석을 꼭 잡아야 한다! 목적지에 도착하면 현금으로 지불한다. 현금은 앱에서 지원한다. 개발도상국은 신용카드 보급률이 낮기 때문이다. 이외에도 방콕의 오토바이, 인도의 툭툭, 궁극적으로 스쿠터와 바이크 대여와 같은 차량 유형에 대한 혁신이 모두 응집된 경험으로 융합되기 위해서는 운영 및 기술에 관한 전문지식이 필요하다. 그것은 핀테크, 파트너십과 함께 기술과 운영의 결합이다.

왜 시장 포화와 싸우는 것이 어려운가

시장 포화에 대한 해결책은 간단해 보인다. 새로운 지역을 추가하고, 더 많은 형식과 비즈니스 모델, 상식처럼 들리는 기타 팁들을 지원하는 것이다. 하지만 어려운 점은 실행하는 과정에서 나타난다. 결코 간과할 수 없는 일이다. 전 세계의 모든 주요 도시에서 론칭을 하는 동시에 핵심 시장에서 고도성장 중인 스타트업의 선두에 있는 것은 쉬운 일이 아니다. 그러나 그것이 바로 이베이가 해야 했던 일이다. 1990년대 가장 가치가 높은 인터넷 기업 중 하나를 만드는 동시에 국제적인 사업을 추가하고, '바로구매' 서비스와 새로운 전문상품 시장을 구축하는 것이었다.

이렇게 확실한 성장 수단이 발견되면, 다음에 해야 하는 일은 무엇일까?

결국 새로운 상품들은 층을 쌓아올리는 역할을 해야 한다. 아무 기반도 없는 상태에서 새로운 상품을 만들어내라고 하는 것은 쉽지 않다. 스타트업에게도 어려운 일이지만 대기업 내에서도 내부 정치, 방해 요인, 자원 부족, 인재 역선택 등 수많은 복잡성이 추가된다. 점진적으로 대규모 다년 영업권을 구축하는 데 이용된 팀들은 한 번도 콜드 스타트 문제와 마주한 적이 없을 수 있기 때문에 잘못된 배경과 도구를 테이블로 가져온다.

회사 내부에서 새로운 이니셔티브의 위험에 대해 생각하는 또 다른 방법은 이렇다. 회사 내부에서 새로운 상품 확률이 벤처캐피털 업계 전반과 비슷하다면, 기껏해야 50 대 50일 것이다. 이 패턴이 스타트업을 반영한다면 20번의 한 번꼴로 예외적인 결과가 나올 것이다.

대기업을 위한 치트키는 이탈 속도에 도달한 스타트업이라면 그냥 사는 것이다. 그리고 기존의 네트워크에 통합하는 것이다. 이베이가 페이팔에 그렇게 했다. 이는 기술 업계에서 최고의 인수였음에 틀림없다. 정말 대단한 발상이었다. 페이팔은 결국 모회사보다 가치가 높아졌다. 하지만 요즘에는 인수하기가 어렵고 비용도 많이 든다. 악성 인수가 만연하고 정부의 독점 금지 우려가 대형 네트워크 상품을 괴롭히고, 스타트업이 엄청나게 비싸진 세상에서 말은 쉽지만 행동하기는 어렵다. 그러나 한계에 도달하는 것은 성공의 필연적인 결과이며, 기업들은 속도가 느려지지 않도록 대응해야 한다.

25
엿 같은 클릭률의 법칙
: 배너광고

THE LAW OF SHITTY CLICKTHROUGHS

엿 같은 클릭률의 법칙은 모든 마케팅 채널은 시간이 흘러가면서 질적인 저하가 나타난다는 것을 의미한다. 이메일이든, 유료 마케팅이든, 소셜 미디어 혹은 영상이든, 클릭률, 참여율, 변환율이 낮아진다는 뜻이다. 이는 상품이 성장의 한계에 부딪히는 핵심적인 이유다. 마케팅 채널이 일을 멈추면 성장 곡선은 아래로 휘어진다.

새로운 상품에는 새로운 사용자가 더해지길 바라는 탐욕스러운 욕구가 있다. 처음에는 회원 가입하는 사람이 늘어가는 것이 유일한, 또 가장 강력한 성장 수단이었다. 계산을 해보면 확실하게 알 수 있다. 업무용 파일 공유 상품의 경우 사용자 수가 적으면 그 집단의 사용자가 100배 많은 파일을 공유하게 하거나, 100배 넘게 로그인을 해달라고 부탁하는 것이 쉽지 않다. 결국에는 자연스러운 사용과 행동의 한계에 부딪히게 된다. 사람들은 일주일에 몇 번 정도 파일을 공유할 뿐이다. 그리고 그보다 많이 늘어나기가 쉽지 않다. 반면에 사람을 더 추가하여 네트워크를 키울 수는 있다. 100배, 1000배의 새로운 사용자를 추가하기만 하면 총 참여(그리고 매출)는 상승할 것이다.

문제는 콘퍼런스와 행사 또는 검색 최적화, 유료 마케팅 등 과거에는 효과가 있었을 수도 있는 방식이 결국 필요한 만큼 빠르게 확장을 멈춘다는 것이다. 로켓십 성장 곡선의 초기 기간에 연간 200퍼센트 이상의 성장을 해야 한다면 사용자 확보 채널 역시 빠르게 확장해야 한다.

하지만 확장하지 않는다. 그 이유를 이야기해보자.

광고가 없는 인터넷을 상상해보라. 믿지 않을 수도 있지만 1989년과 1994년 사이에는 인터넷에 광고 같은 것이 없었다. 웹에 있는 다른 모든 것과 마찬가지로 광고는 새롭게 발명되어야만 했다.

소비자들은 최초의 상업 웹 매거진인 〈핫와이어드Hotwired〉에서 배너광고를 처음 접했다. 〈핫와이어드〉는 '와이어드 벤처스'의 일부로 기술 뉴스와 문화를 다루는 인쇄잡지 〈와이어드Wired〉의 사촌이었다. 광고대행사 유로 RSCG(현재 하바스Havas)의 일원이었던 프랭크 댄절로는 웹에서 첫 번째 광고주가 되기 위해 초기 고객을 확보했다.

당시 고객 가운데 네 곳(MCI, 볼보, 클럽 메드, 1-800-콜렉트)에서 첫 번째 캠페인에 배너광고를 노출했다. 다른 두 곳의 광고주는 AT&T와 지마Zima(탄산이 첨가된 맥주 브랜드)였다. 이때가 1994년이라는 것을 잊지 말아야 한다. 최초의 그래픽 웹 브라우저 모자이크(곧 넷스케이프 내비게이터로 대체된다)가 세상에 나온 지 1년이 채 되지 않았다. 웹에 접속은 어떻게 했냐고? 모두 24.4kbps의 속도로 전화 접속을 통해서 이루어졌다. 운이 좋다면 말이다. 그러니까 로딩하는 속도가 아주 느렸다는 뜻이다. 미국의 온라인 사용자 인구는? 200만 명, 기껏해야 그 정도였다.[68]

광고주들은 배너광고가 포함된 첫 번째 캠페인을 시작했다. 광고는 시청자에게 "마우스로 바로 이곳을 클릭해본 적이 있나요?"라고 묻는다. 그리고 〈핫와이어드〉는 이 작은 배너로 현재 페이스북, 구글 등 세계적인 기술 거대기업의 비즈니스에 동력을 제공하는 산업을 시작했다.

오늘날 배너광고의 클릭률은 일반적으로 0.3에서 1퍼센트 사이를 오가고 있다. 하지만 최초의 배너광고는 78퍼센트라는 믿을 수 없을 만큼 놀라운 참여율을 보였다! 이것은 소비자에게 다가가는 새로운 방법이었고, 사람들은 호기심이 많았고, 그래서 클릭했다. 하지만 20여 년이 지나자 처음의 100분의 1 수준으로 떨어졌다.

온라인 광고만이 이러한 추세를 따른 것은 아니었다. 이메일 역시 이런 트렌드를 따랐다. 처음에는 이메일을 이용하여 소셜 네트워크에 초대를 받거나 동료가 문서를 편집하는 것을 알려주는 알림을 받는 것이 새로웠다. 몇 년이 지나자 우리의 편지함은 읽지 않은 이메일로 채워졌다. 지메일 및 기타 이메일 프로그램들은, 분명 스팸은 아니지만 관심은 없는 '베이컨'(홍보성 이메일)을 손쉽게 걸러내는 방법을 추가하여 유의미한 메시지만 받을 수 있게 되었고, 소비자들은 문자메시지, 슬랙, 와츠앱 등 진짜 소통을 제공하는 서비스로 옮겨 탔다.

이메일의 클릭률 역시 하락하는 추세를 따르는 것도 놀랄 일이 아니다. 업계 블로그인 ClickZ는 거의 10여 년 동안 이메일 마케팅 클릭률이 30퍼센트에서 절반도 채 되지 않는 13퍼센트로 떨어졌다는 사실을 보여주는 한 그래프를 공개했다.

시간이 흐르면서 거의 모든 성장 채널에서 똑같은 현상을 볼 수 있게 되었다. 미시적 수준에서 개별적인 마케팅 캠페인은 일반적으로 시간이 흐르면서 클릭률이 떨어지기 때문에 메신저와 이미지, 채널 등을 새롭게 해야 한다. 조금 더 거시적인 수준에서 이메일이나 유료 마케팅 채널은 (2010년대의 징가 × 페이스북과 같은 플랫폼처럼) 시간이 흐르면서 퇴화하지만, 일부 채널은 몇 년이 아닌 몇 달 사이에 감소하고 만다. 왜 이런 일이 벌어지는 것일까? 소비자들이 특정 브랜드나 마케팅 기법, 메시지 서비스에 적응하고 이들을 무시해버리기 때문이다.

사람들에게 웹 페이지를 보게 하고 정확히 무엇을 보았는지 알아내기 위해 눈이 움직인 궤적을 따라가게 한 연구에서 사람들은 광고를 무시하고 콘텐츠에만 집중하는 놀라운 능력을 보여준다. 이는 일찍이 1998년에 라이스대학교의 사용성 연구자인 벤웨이와 레인이 알아내 '배너광고 회피banner blindness'라고 불렸다. 새로운 광고 형식(현재 영상 광고나 증강현실 같은 새로운 광고가 유행이다)이 꾸준히 소개되고 있지만, 실적이 감소하는 것은 피할 수가 없다.

이는 마케팅 전반의 거시적 수준은 물론이고, 특정한 상품에서도 일어나고 있다. 이것이 엿 같은 클릭률의 법칙이다.

네트워크의 퇴화

마케팅 채널의 퇴화는 상품의 네트워크 효과에 대한 실존주의적인 위협이다. 앞서 논의한 것처럼 획득 네트워크 효과는 초대를 통하여 상품과 만나게 되는, 그런 다음 그 상품을 이용해서 결국 사람들을 초대하는 일련의 단계로 생각할 수 있다. 하지만 상품을 새로운 사용자에게 보여주기 위한 초대 이메일처럼, 이러한 단계 중 하나의 효과가 절반으로 줄어든다면 어떻게 될까?

예를 들어, 문서를 편집하면서 협업을 하게 되는 구글 워크스페이스 같은 업무용 협업 앱에 대해 생각해보자. 사람들을 더 많이 초대하여 더 많이 참여할수록 그 조직은 강해진다. 하지만 의존성이 생긴다. 한 회사에 소속된 사람들은 문서가 편집되면 알림을 받을 수 있도록 이메일을 확인해야 한다. 엿 같은 클릭률의 법칙이 깨진다면 어떻게 될까? 이메일이 너무 많아지면 사람들은 이메일을 무시하기 시작할 것이다. 문서 작성자가 문서 편집에 기여한 것이 동료에게 알려지지 않는다고 느끼기 시작하면 네트워크 효과는 느려지기 시작할 것이다.

이것은 단순히 질적인 결과만을 말하는 것이 아니며, 양적인 결과에도 직접적인 영향을 미친다. 어느 소셜 앱이 입소문을 타고 급속히 성장하고 있다고 생각해보자. 가입자 100명당 75명의 새로운 사용자를 초대한다. 그중 56명이 다시 사용자를 초대하고, 또 그중 42명이 사용자를 초대한다. 이는 앞서 획득 효과를 설명하는 장에서 논한 것처럼 0.75의 건강하고 훌륭한 바이럴 상수다. 하지만 이러한 초대장이 스팸 폴더로 들어가기 시작하고 전환율이 50퍼센트 감소하면 바이럴 상수도 줄어들게 된다. 100명의 사용자는 37명만 초대할 수 있게 되고, 그 다음에는 14명, 또 그 다음에는 5명을 초대하게 될 것이다. 계산을 해보면 그 결과는 놀랍다. 초대의 전환율이 50퍼센트 감소하면 총 신규 가입자는 80퍼센트 감소한다.

이처럼 부정적인 영향은 연쇄적일 수 있다. 신규 사용자는 네트워크에서 다른 사람들과의 소통에 가장 많이 참여한다. 신규 사용자들은 경험 많은 사용자들과 활발하게 교류하고, 경험 많은 사용자들은 전문지식을 사람들에게 알려준다. 신규 사용자 유입이 사라지면 경험 많은 사용자의 참여도 감소할 수 있다.

새로운 성장 전략 추가하기

엿 같은 클릭률의 법칙에 대한 해결책은 필연성을 받아들이는 것이다. 새로운 상품이 출시되면 일반적으로 한두 개의 구매 채널이 작동하지만, 확장하지 않을 수도 있다. 드롭박스의 경우 초기 대기 명단은 상품에 대한 공지 영상을 시청한 사용자들로 구성되었다. 해커 뉴스 및 소셜 미디어의 얼리어답터들이 드롭박스를 보게 되면서 많은 사람이 몰려왔다. 이와 같은 채널은 훌륭하지만 시간이 지나면서 계속 성장하지 못하는 경우가 많다. 마케팅 채널을 통해 주당 수백 건의 다운로드가 일어나고 있다면 다운로드를 두 배로 늘리기 위해서는 어떻게 해야 할까? 또는 10배 늘리려면? 아니면 궁극적으로 1000배 늘리려면 어떻게 해야 할까?

마케팅에 더 많은 돈을 쏟아붓는 것이 일반적인 대응이지만 이런 대응은 많은 문제를 야기한다. 회사에서는 순수한 의도로 매우 효율적인 마케팅 지출을 기대하며, 투자한 돈이 6개월 안에 모두 회수될 것으로 예측한다. 하지만 시간이 흐르면서 비용이 조금씩 증가한다. 더 많은 돈이 마케팅에 투자될수록 실적이 나빠지기 때문에 비용을 회수하는 기간을 12개월로 연장한다. 그런 다음 18개월, 그리고 계속 늘어나고, 그러는 동안 경제는 엉망이 된다. 결국 마케팅 지출에 대한 상한선이 생기고 그 이상 투자하지 못하게 된다. 이때가 성장 곡선이 한계에 다다랐을 때다.

가장 좋은 방법은 네트워크 효과가 있든 없든 꾸준히 새로운 채널을 구축하는 것이다. 소비자 대면 앱은 유튜브, 스냅챗, 인스타그램을 비롯한 기타 광고 플랫폼에서 유료 마케팅에 더 많은 투자를 해야 한다. 하지만 또한 바이럴 성장팀에서도 효과가 있어야 하고, 콘텐츠 창작자들의 마음도 사로잡아야 한다. 또한 콘텐츠 마케팅에 초점을 맞출 수도 있다. 검색 최적화를 구축하여 구글에서 자연스럽게 순위에 오를 수 있게 해야 한다. 신상품의 핵심은 상품이 어느 채널에 적합한지 이해하여 이미 경험이 있는 적합한 사람을 채용하는 것이다. 때로 이들은 잠재적인 정규직 직원이지만, SEO Search Engine Optimization 나 SEM Search Engine Marketing 과 같은 이미 충분히 발달되어 있는 채널을 전문으로 하는 고문/프리랜서, 기업들도 있다.

업무용/B2B 상품의 경우, 모든 것이 통합된 방식으로 작동할 수 있도록 기타 다양한 상향식 소비자 구매 채널과 결합하여 직접 판매 채널을 추가하는 데 초점을 맞추는 경우가 많다. 때때로 과일을 따기 위해 손만 뻗으면 되는 것처럼 쉬운 일도 있다. 회원 가입을 하고 있거나 활발하게 활동하는 사용자를 보면서 그들이 어느 회사에 다니는지 알아내기 위해 이메일 도메인만 확인하면 되는 경우다. 또는 어쩌면 어느 회사에 다니는지 회사 이름과 규모를 알려달라고 부탁만 해도 될 수 있다. 그런 다음 이메일을 보내면 된다. 간단하게 해결할 수 있는 또 한 가지 방법은 가격 페이지에 '문의하세요Contact us'라는 서비스 단계를 추가하는 것이다. 동시에 퍼널 상단 리드top of funnel leads를 더 많이 생성하는 콘텐츠 마케팅, 이벤트 등을 강조하는 병행작업을 실행한다. 개별 계정에 점수를 매기고 수명 주기 트리거life cycle trigger를 추가할 수 있도록 성장팀을 구축하여 제품이 조직 내에서 특정 위치에 도달했을 때 영업팀이 확인할 수 있도록 한다. 이 모든 작업을 수행할 때 다수의 채널을 결합하여 더 폭넓은 전략으로 만들 수 있다.

물론 엿 같은 클릭률의 법칙에서 시간이 흐르면서 마케팅 채널이 감소한다고 할 때, 또 다른 전략은 새로운 마케팅 전략을 조기에 수용하는 것이 될 수 있다. 3년에서 5년마다 실험해야 할 새로운 미디어 형식과 플랫폼이 폭발적으로 늘어나고 있는 것으로 보인다. 최근에는 틱톡, 트위치, 인스타그램 등 고도로 확장된 시각 미디어가 성공하면서 인플루언서, 스트리머 등과 함께 시장에 진출하는 새로운 스타트업들이 있다. 마찬가지로 새로운 B2B 스타트업들도 추천 프로그램, 밈, 이모지, 영상 클립 등 과거에는 소비자 상품에 속했던 전술을 수용하기 시작했다. 환경은 끊임없이 변화하고 있으며, 몇 년마다 새로운 제품과 플랫폼이 등장하여 마케터들에게 남들보다 먼저 뛰어들 기회를 제공하고 있다.

획득 네트워크 효과 이용하기

기존 제품은 영업 및 마케팅 지출에 더 많이 의존적이지만, 네트워크 상품의 경우 바이럴 조직을 최적화하여 지출 없이 성장한다면 더 효율적일 수 있다.

예를 들어, 트위치의 여정에서 트위치 팀은 크리에이터에 깊이 집중하며 더 좋은 도구와 수익 창출의 기회를 제공했다. 이로 인해 크리에이터들은 더욱 적극적이 되었다. 만족한 크리에이터들은 생방송 스트리밍을 더 자주 했고 시청자들은 더욱 많아졌다. 이로 인해 참여가 많아지고 수익도 늘어났다. 단순히 마케팅 지출을 더 늘려야 한다고 생각하기 쉬웠을 것 같지만 트위치 팀은 네트워크 효과를 더욱 확대하는 방법을 모색하여 스트리머들의 관심을 끌었다.

고객 확보를 위해 네트워크 효과를 활용하는 것은 더 성공적인 제품을 위한 표준이다. 그 상품 중 다수는 10억 명 이상의 활성 사용자를 보유하고 있으며, 유료 마케팅을 통하여 이 정도 규모의 사용자를 유지하는 것은 생각하는 것만큼 단순하지 않다. 우버처럼 광범위한 기반의 사용자들을 대상으로 하는 유료 모바일 설치(휴대전화에 기업에서 만든 광고 등의 앱을 설치하는 마케팅 방법 – 옮긴이)는 기기당 10달러는 있어야 한다. 그리고 개인 금융이나 B2B 같은 더 높은 가치의 범주는 그보다 몇 배나 더 많은 비용이 들 것이다. 이 수치에 수십억 명의 설치 비용을 곱하면, 이는 다시 10억 명의 활성 사용자를 뜻하게 된다. 여기서 중요한 결론에 도달하게 되는데, 그것은 마케팅에 수백억 달러를 쓰고 싶지는 않다는 것이다.

엿 같은 클릭률의 법칙에 가장 적절하게 대응하는 방법은 마케팅에 더 많은 돈을 쓰는 것이 아니라 네트워크 효과를 개선하는 것이다.

26
네트워크의 반란
: 우버

WHEN THE NETWORK REVOLTS

어쩌다가 당신의 가장 중요한 고객이 사무실 앞에서 항의하는 지
경에 이르게 된 걸까?

2016년 나는 샌프란시스코 마켓스트리트 1455번지 우버 사무
실에서 가까운 헤이스 밸리의 로프트 아파트에 살고 있었다. 나의
아침 출근 풍경은 골목에 위치한 작은 커피숍에서 산 아메리카노
를 들고, 요즘 유행하는 스타일의 바와 식당, 옷가게가 늘어선 거
리를 지나가는 짧고 상쾌한 산책길이었다.

이 즐거운 산책은 1년에 수 차례 즐겁지 않은 무언가에 의해
방해를 받아야 했다. 화가 난 우버 운전기사 수십 명이 로비 밖에
서 표지판을 들고 목소리를 높이고 있었다. 격분하여 함성을 외치
며 북을 두드리고, 몇 시간씩 원을 그리며 움직이기도 했다. 직원

들이 그곳을 통과해 지나가도록 앞쪽에 경비대가 줄을 서서 공간을 만들고 있었다. 하지만 그 광경은 불안해 보였다.

이런 일은 정기적으로 일어났다. 상황이 안 좋아지면 시설팀은 모든 사람에게 이메일을 보내 밖에서 벌어지는 일 때문에 비상구를 통해 사무실을 떠나야 한다고 말했다. 때로는 좀 더 개인적인 일이었다. 한번은 화가 난 운전기사가 소셜 미디어 프로필을 통해 내가 우버에서 일한다는 사실을 알고 내가 회사에 도착하자 다가와 말을 걸었다. 그가 내 이름을 소리쳐 불렀을 때 나는 평소보다 빠르게 엘리베이터로 걸어갔다.

이 일은 갑자기 내 마음을 바꾸어 놓았다. 건물 안으로 들어가 오전 회의에 참석했을 때, 나의 대화는 한 가지 반복되는 주제를 향하고 있었다. 운전기사들은 우버 네트워크의 가장 중요한 부분이라는 사실이었다. 그들이 우버 네트워크의 하드 사이드이며, 우버 사용자의 5퍼센트를 맡고 있다 하더라도(운전기사당 20~30명의 승객이 있다), 우버의 자원은 대부분 운전기사에게 집중되어야 한다. 신규 활성 승객의 경우 20~50달러를 지불할 수 있지만 활성 운전기사에게는 10배가 넘게 쓸 수도 있다. 샌프란시스코처럼 공급 측면에 제약이 있는 일부 시장에서는 운전기사당 1000달러에서 2000달러까지도 쓸 수 있었다.

이는 소수의 운전기사가 점점 중요해지고 있다는 사실에 의해 악화되었다. 우버의 수백만 명의 활성 운전기사들이 대부분 부업으로 일을 하고 있었지만, 일주일에 40시간 혹은 그 이상 일하는 이른바 파워 드라이버들은 매우 중요했다.

그리고 안타깝게도 그들은 손으로 쓴 표지판을 들고나와 임금 인상에서 복지 혜택과 처우 개선까지 모든 사항을 회사와 승객에게 요구하고 있었다. 나는 운전기사에게 공감했지만 문제는 어떻게 모든 사람이 만족할 수 있는 방식으로 이 문제를 해결할 수 있느냐였다.

하드 사이드의 문제점

우버는 수많은 그들만의 고유한 문제에 직면해 있지만(매우 절제된 표현이다), 어떤 문제의 중요성과 희소성 모두 커지는 동시에 시간이 흐르면서 회사의 방향과 어긋나는 것은 독특한 일은 아니다. 그것은 네트워크 제품의 여러 카테고리의 표준 수수료다. 이베이의 문제는 수수료가 바뀔 때마다 반발했던 판매자들이다. 에어비앤비의 호스트, 인스타카트(온라인 기반의 농작물 배송 서비스)의 노동자들, 아마존의 판매자들 모두 마찬가지다. 이러한 변화는 많은 경우 어렵지 않은 문제를 해결하고, 더 낮은 수수료, 더 많은 구매 보장 등을 제대로 평가하는 구매자에게 도움이 된다. 그러나 다수의 독재는 네트워크의 희소한 부분을 압도한다. 마이크로소프트나 iOS 같은 개발자 플랫폼도 마찬가지다. 이들 플랫폼은 소비자의 욕구를 충족할 제품을 만들기 위해 많은 경우 수년에 걸친 오랜 시간과 수백만 달러의 투자 자금을 들고 앱 개발자에게 의존한다. 마이크로소프트의 경우 넷스케이프, 노벨, 볼랜드, 로터스 등을 비롯한 1980년대와 1990년대의 수많은 기업이 포함된 개발자 파트너와 치열한 경쟁을 벌였다. 마이크로소프트의 문제점은 개인뿐만 아니라 벤처캐피털의 지원을 받는 대규모 공개 기업으로 구성되어 있었다. 징가와 핀터레스트 같은 스타트업을 유치한 개발자 플랫폼을 구축했던 페이스북도 마찬가지다. 페이스북이 알림 메시지의 남발, 콘텐츠의 사회적 공유 및 기타 API 등에 대하여 개발자와 의견 충돌을 일으키기 전까지 이는 좋은 소식이었다. 레딧의 커뮤니티 조정자들(사람과 콘텐츠를 조직하고, 만들고, 엄선하는 레딧의 강경 집단)은 정책에 반대하여 사이트의 참여율과 트래픽을 상당히 감소시켰다.

강경 집단의 주요 구성원이 계획한 조직적인 반발은 한 제품을 완전히 죽일 수도 있다. 트위터에서 바인Vine이라는 앱을 3000만 달러에 사들였다는 보도가 있었다. 바인은 사용자들이 6초짜리 반복 영상을 만들 수 있게 해주는 앱이었다. 바인의 이면에 있는 통찰은 틱톡과 다르지 않았다. 바인이 시대를 앞서갔던 것이다. 다른 수많은 소셜 앱과 마찬가지로 인기 있는 콘텐츠 크리에이터들은 큰 성공을 거두었고, 청중을 끌어모으는 데 중요한 역할을 했다.

안타깝게도 몇 년 전에 최고의 콘텐츠 크리에이터 10여 명이 조직적으로 반발을 일으켰다.

크리에이터 마커스 존스와 피퀘스Piques가 이끄는 집단에서 한 가지 아이디어를 발표했다. 바인이 각각의 스타에게 120만 달러를 지불하고 앱의 특정 기능을 바꾸면 각각의 크리에이터가 매월 12개의 바인을 게시하겠다는 것이었다. 그렇지 않으면 18명 모두 플랫폼을 떠날 터였다. "우리는 떠나기 전까지 수십억 뷰를 올리게 해주었다." 디스톰 파워가 금전적인 요구 사항에 대해 설명했다.[69]

바인은 이를 거절했고, 몇 년 뒤 서비스는 중단됐다. 하드 사이드 측과의 관계를 구축하기 위해서는 수고할 만한 가치가 있다. 하드 사이드 가운데 가장 큰 성공을 거두고 많은 일을 한 구성원들은 또한 최고 수준의 서비스를 제공하고 영향력을 키우기 위해 기꺼이 투자한다. 그들은 궁극적으로 네트워크를 지키는 중추가 되고자 한다(그들이 남아 있을 수 있다는 가정하에). 우버의 경우 파워 드라이버들은 운전기사 중 상위 15퍼센트를 대표했지만, 이들이 운행한 거리는 전체의 40퍼센트가 넘었다. 그들은 또한 가장 안전하고 가장 높은 평점을 받는 운전기사에 속했다. 어쨌든 우버는 그들의 주 수입원이었다.

다른 상품의 범주는 더욱 집중돼 있는 경우도 많다. 최고의 iOS 앱 중 절반은 구글, 페이스북, 마이크로소프트, 아마존 및 기타 엘리트 개발자의 소규모 집단이 개발한 것이다. 불과 20개의 앱에서 발생하는 트래픽이 전체 앱 다운로드의 15퍼센트를 차지한다! 사스 협업 도구에서는 유료 고객의 집중화가 그들의 문제점이 무엇인지 느끼게 해준다. 그것은 지출을 승인하고 도구를 출시하고, 폭넓은 직원의 참여를 조직화하는 데 도움을 주는 IT와 관리자다. 수치가 집중화되어 있는 양상은 비슷하다. 슬랙의 경우, 전체 고객 중 1퍼센트가 되지 않는 이들이 전체 매출의 40퍼센트를 차지했고, 줌에서는 이번에도 고객의 1퍼센트 미만인 344개의 계정에서 매출의 30퍼센트가 발생하고 있었다.

이런 현상은 소셜 플랫폼에서도 보인다. 잘 구성된 유튜브 채널과 인스타그램 인플루언서들의 시작은 개인이었을지 모르지만, 결국 수백만 시청자가 전문적으로 제작된 콘텐츠를 볼 수 있도록 제작 규모를 확장하게 된다. 레딧에는 각각 2000만 명의 구독자로 구성된 대규모 커뮤니티를 관리하는 중재자 사이에 이러한 역학 관계가 존재한다! 하지만 커뮤니티의 목록을 더 자세히 들여다보면 그 수가 기하급수적으로 감소하여 상위 98번째 백분위수 커뮤니티(200만 개가 넘는 서브레딧 중에 2만 번째)는 구독자가 수천 명에 불과하다.

대부분 이러한 집중화는 네트워크의 질이 높아지는 방향으로 이끄는 건강한 피드백의 결과다. 좋은 콘텐츠 제작자가 '좋아요'와 '공유', '팔로우'를 받게 되면, 알고리즘 피드 같은 기능을 통해 콘텐츠가 훨씬 폭넓게 분배된다. 나쁜 콘텐츠 제작자는 그와 같은 일종의 응원을 받지 못하게 되고 그 결과 참여율이 떨어져 단순히 수동적인 관객으로 전락하거나 이탈하게 된다. 좋은 팀의 관리자는 프로젝트를 만들고, 새로운 콘텐츠를 게시하고, 동료들을 일하는 곳으로 초대한다. 나쁜 팀의 관리자는 참여를 유도하지 않는 프로젝트를 만들고 결국 동료가 이탈하거나 떠나간 곳에서 다시 시작할 것이다. 음식 배달 플랫폼에 있는 좋은 식당은 별 다섯 개짜리 리뷰를 받는다. 그리고 배달에 특화된 주방에 투자할 수 있을 만큼 충분한 돈을 벌게 되고 더 많은 시장으로 확장한다. 나쁜 식당은 혹평을 듣고 결국 문을 닫거나 시장을 떠난다. 이런 모든 피드백 루프에 의해 소수의 플레이어에게 집중화되는 현상이 나타나지만, 혜택은 전체 네트워크에 돌아간다.

네트워크 상품은 대개 관련 생태계를 프로화하고 싶어 눈치를 준다. 하드 사이드의 규모 확장에 도움이 되기 때문이다. 이 아이디어는 구멍가게 수준의 판매자들을 파워 셀러로, 단독 앱 개발자를 소프트웨어 기업으로 변신시킨다. 이는 크고 중요한 전환이다. 포화로 인해 수치만 보면 느려지는 하드 사이드의 각 구성원의 역량을 개선하기 때문이다. 회사는 트레이닝, 문서화, 수익 창출 등을 제공할 수 있다. 많은 경우 IT를 이용하여 기업의 내부 네트워크와 도구를 관리하는 능력이나, 소셜 미디어 에이전시가 콘텐츠 제작자나 브랜드에게 측정치를 보고할 수 있도록 하는 분석 기능 같은 엔터프라이즈 기능이 추가된다. 이러한 '프로'나 '엔터프라이즈' 기능은 전담팀을 구성하여 시간을 두고 작업하면 상품의 새로운 계층을 구성하게 될 것이다. 고객 성공팀은 이들 고객에게 고급 서비스를 제공하고, 결과적으로 유리한 경제 환경을 제공하는 계약을 체결한다.

네트워크 개발 초기에 공급 측면을 전문화하려는 선행 투자는 불가피한 위험을 수반한다. 이에 대한 우버의 실수는 잘 알려져 있는 이야기다. 우버는 차량을 소유하지 않은 잠재 운전기사에게 차량 구입자금을 지원해주는 방법을 통해서 공급 측면을 확장하려고 했다. 엑스체인지 리스XChange Lease라고 불렸던 프로그램이었다. 이는 한 가지 가설을 기반으로 하고 있었는데, 운전기사들이 빠르게 파워 드라이버가 되어야 한다는 것이었다. 지원금은 우버에서 지급하는 수익금에서 자동으로 공제될 수 있었고, 운전 서비스에 대한 평점과 운행거리 데이터는 대출금을 인수하는 데 이용할 수 있었다.

엑스체인지 리스는 안타깝게도 5억 2500만 달러의 손실을 입혔고 운전기사를 전문화하는 시도도 실패했다. 돈이라는 목적이 뚜렷한 운전기사들을 끌어들였지만, 운전기사마다 사정이 있어서 신용등급이 낮은 것이 문제였다. 운전기사들은 대출금을 갚지 못하는 경우가 많았고 우버가 제공한 차를 타고 경쟁사를 위해 운전을 해서 대출금을 갚았다. 그들은 자동차를 훔쳐 반값에 팔아치웠다. 우버가 아닌 리프트의 차를 운전해서 자동으로 공제되는 것을 피했다. 꿩 먹고 알 먹는 격이었다. 우버는 차량을 되찾기 위해 대대적인 노력을 펼쳤으나 너무 늦어버렸다. 다수가 불법으로 팔린 상태였고, 일부는 이라크와 아프가니스탄에서 발견되었는데, GPS 기기는 여전히 장착되어 작동하고 있었다. 이는 공급 측면의 규모를 확장하는 방법이 많은 자본과 관여되어 있을 때 얼마나 까다로울 수 있는지에 대한 생생한 사례다.

이러한 사례에도 불구하고 네트워크 내에서의 전문화에는 엄청난 장점이 있다. 성공적인 플레이어가 더 커지도록 응원하면 어마어마하게 성장할 수 있다. 하드 사이드 중 가장 성공한 구성원들이 전문화할 가능성이 크기 때문에 그들은 또한 성공에 대한 전문지식을 갖게 될 가능성이 가장 높다. 그들은 직원을 채용하고 교육할 수 있다. 그리고 회사가 다른 서비스나 다른 카테고리로 확장하는 데 도움을 줄 수 있다. 투자를 유치하고 남들이 하려고 하지 않는 대규모 프로젝트에 지출하여 품질과 일관성을 높일 수 있다. 시간이 흘러 이러한 비즈니스들이 깊은 공생 관계를 구축한 네트워크 최고의 파트너가 되는 경우가 많다.

따라서 네트워크가 확장하면서 하드 사이드는 전문화된다는 역설적인 일이 벌어진다. 아마도 품질과 일관성은 증가할 것이다. 그리고 가장 섬세한 사람들은 적절한 규모에서 이를 수행할 것이다. 역설의 반대편에서 이러한 역학관계에서 주어지는 보상은 결국 어긋나게 될 것이다. 운전기사들, 판매자들, 제작자들은 이의를 제기할 것이다. 앱 개발자들은 불만을 표하거나, 그만두거나, 여러분과 경쟁할지도 모른다. 여러분의 사스 파트너들은 가격을 협상하거나 사용자 맞춤 기능을 요청하거나, 아니면 그만두겠다고 위협을 할 수도 있다.

하지만 내 생각에는 이를 수용하는 것 외에는 선택의 여지가 없다.

전문화는 어떻게 일어나는가

전문화는 자체적으로 성장한 전문가와 외부에서 성장한 전문가 두 가지 방식으로 일어난다. 자체 성장 전문가의 경우, 이베이의 예를 들어보자. 여러분은 돈을 벌기 위해 이베이에서 부업으로 빈티지 의류를 판매하고 있다. 하지만 전업으로도 할 수 있다는 것을 알게 된다. 어느 정도 시간이 지난 후 자신만의 옷가게를 시작해서 직원을 채용한다. 그리고 이베이, 아마존 등 전자상거래 플랫폼에서 판매하는 수백만 비즈니스 중 하나인 '파워 셀러power seller'가 되는 것이다. 이와 유사하게 B2B 버전은 신상품을 써보고 싶은 한 관리자로 인해 시작돼 특정한 팀과 일단의 전문가들을 구축한 다음, 더 폭넓은 생태계를 위해 컨설턴트와 벤더가 전문적으로 신상품을 구현하게 할 수 있다. 이러한 일은 CRM 같은 비즈니스 소프트웨어에서 일어났다.

때로는 이러한 전문화된 대규모 구성은 정말 일이 커질 수 있다. 승자의 규모는 집계의 난이도에 달려 있다. 엄청난 규모의 에어비앤비 호스트가 되는 것보다 대규모 영상 제작자나 앱 개발자가 되는 것이 쉽다. 인기 유튜브 스타는 일부 십대 유튜브 스타들이 그러하듯, 꾸준히 영상을 만들면 인기를 얻을 수 있지만 대규모의 에어비앤비 호스트가 되려면 수백만 달러의 부동산이 있어야 한다. 오픈테이블 같은 네트워크 상품의 문제점은 식당이다. 식당은 그 플랫폼 내에서 대규모로 성장할 가능성이 낮다. 음식은 본질적으로 단편적이기 때문이다. 비즈니스에서 막대한 비율을 차지하는 거대 식당 체인을 볼 가능성은 낮다. 반면 소셜 플랫폼은 많은 경우 규모가 매우 크고 하나에 집중되어 있어 정상에 오를 수 있는 것은 소수의 승자뿐이다.

네트워크의 가장 큰 구성원이 커지면 많은 경우 투자자의 지원을 받는 대규모 스타트업이 될 수 있다. iOS, 인터넷, 윈도 같은 개발자 플랫폼은 역사적으로 투자자와 벤처캐피털을 끌어들일 만한 규모와 강력한 네트워크 효과에 도달했다. 그들의 네트워크 구성원들은 대개 궁극적으로 기업공개를 하거나 대기업이 되는 경우가 많다. 내가 이 책에서 다루는 스타트업들은 이 카테고리에 속해 있다. 유튜브 같은 대규모 네트워크 영상 상품은 내부에서 인플루언서들을 전문적인 제작사로 성장시켰다. 2014년 디즈니가 5억 달러에 인수한 메이커 스튜디오Maker Studio가 그러한 사례 중 하나다. 오버워치, 리그오브레전드, 포트나이트 같은 인기 멀티플레이어 게임은 게임이 주류가 되면 수십억 달러의 가치가 있을 것이라 주장하며, 제2의 뉴욕 양키스가 되기를 갈망하는 프로 이스포츠 팀을 끌어들였다. 더 최근에는 줌 플랫폼에서 운영되는 어린이 교육, 전문 인맥 형성, 이벤트, 콘퍼런스 등 다양한 분야에서 스타트업이 등장하고 있으며, 최상위 벤처 기업의 투자자를 유치하기도 했다. 이들은 모두 전문화의 사례다.

하드 사이드가 전문화하는 방법은 대규모 외부 플레이어를 시간을 두고 합류하게 하는 것이다. 애플의 앱 스토어가 처음 문을 열었을 때 내부 개발자들이 포스퀘어, 우버 등 최초의 앱을 구축하기 위해 등장했다. 하지만 페이스북이나 옐프, 이베이의 선도적인 개발자들도 앱을 출시하여 초기에 성공한 내부 개발자와 어깨를 나란히 했다. 마이크로소프트가 iOS에 자신들의 앱을 올리겠다고 한 것은 불과 몇 년 뒤였다. 신임 CEO 사티아 나델라가 취임한 뒤, 그는 마이크로소프트 오피스를 단지 마이크로소프트 플랫폼뿐만 아니라 모든 플랫폼에서 지원하겠다는 전략 변화를 시도

했다. 닌텐도는 슈퍼 마리오와 젤다 같은 콘텐츠를 자사 네트워크의 생태계에서 중심적인 역할을 해주길 바랐던 자체 하드웨어에만 제공하면서 몇 년을 버텼다. 하지만 무시하기에는 모바일이 너무 커지면서 마침내 iOS 앱이 출시됐다.

네트워크가 커지고 풍부하고 다양해지면 보통 '경제Economy'라고 표현한다. 아마도 긱 경제Gig Economy나 주목 경제Attention Economy, 크리에이터 경제Creator Economy 등에 대해 들어보았을 것이다. 이들은 각각 에어비앤비·우버·인스타카트, 페이스북·구글, 틱톡·유튜브·서브스택 등의 세상을 포함한다. 그리고 차례대로 풍부한 생태계가 등장한다. 이 공간에 있는 기업들을 독점적으로 다루는 콘퍼런스, 이벤트, 기자가 있다. 잠재적인 신입직원을 생태계에 투입하기 위한 교육 프로그램이 등장한다.

기업에 자금을 유치하는 것을 전문으로 하는 벤처캐피털 투자자가 있어, 경제 참여자 자신도 대규모의 기업이 될 수 있다는 것을 보여준다. 이 모든 것은 네트워크가 이제 오랫동안 존재한다는 사실을 믿을 만큼 생태계의 다양한 상품이 충분한 지배력과 안정성에 도달했다는 것을 가리키는 신호다. 이것이 중요해지는 시기는 네트워크가 확장되고 시장이 포화되기 시작하면서 하드 사이드를 성장시키기 위한 일반적인 원천(신규 사용자 확보)이 느려지기 시작할 때다.

확장밖엔 선택지가 없다

네트워크의 하드 사이드는 확장하기가 가장 까다롭고 비용도 많이 든다. 시장이 포화하면서 결국 계속해서 신규 회원을 확보하는 것보다 '확장'이 더 중요해진다.

규모가 작고 확장이 불가능한 방법(허슬을 강조하던 운영팀과 크레이그리스트 광고와 비슷한 전술)으로 운전기사를 확보하며 시작했던 우버에게 이 말은 사실이다. 하지만 노년층 시장에 수만 명의 신규 운전기사가 필요해지자 그러한 전술은 더 이상 효과가 없었다. 초기에는 70달러가 들었을 크레이그리스트 광고비가 결국에는 어떤 식(유료 마케팅, 추천, 심지어 TV나 라디오 광고)으로 광고를 하든 운전기사 한 명당 1000달러 이상이 되었다.

시장 포화가 의미하는 것은 플랫폼에 합류하는 새로운 사람에게 변화가 생긴다는 뜻이다. 결국 우버는 운전해서 돈을 벌어본 적이 없는 사람을 설득해야만 했다. 전문적인 운전기사 시장이 포화가 된 것이다. 시장을 키워야 했고, 주류 사용자의 더 많은 부분을 끌어와야 했다. 주류 사용자 집단은 더 많은 교육 및 신원 조사, 승객과 교류하는 방법에 대한 더 많은 응원 등이 필요했다. 초기에는 리무진 라이선스가 있으면 그 운전기사가 자신이 하는 일이 무엇인지 알고 있다는 것을 충분히 보여주었지만, 이들은 손님을 선택하는 방법, 공항의 규칙에 대처하는 법 등에 대해 도움이 필요한 집단이었다.

네트워크 상품이 성공하려면 네트워크에 있는 사람들이 서로 어떻게 교류해야 하는지 알고 있어야 한다. 콘텐츠 제작자는 특정 플랫폼에서 성공하는 콘텐츠가 틱톡에서 볼 수 있는 귀여운 댄스인지, 팟캐스트에서 연재되는 소설인지 알아야 한다. 마켓플레이스 판매자들은 그것이 에어비앤비의 전문가가 찍은 사진인지, 인스타그램에 올라온 인플루언서가 추천한 상품인지 상관없이 자신의 상품과 서비스를 가장 잘 표현하는 방법을 이해하기 위한 시간이 필요하다.

하드 사이드의 새로운 구성원을 확보했지만 성공할 수 있게 준비하지 않은 것에 대한 벌칙은 매우 고통스럽다. 떠나버리기 때문이다. 혁신가나 얼리어답터와는 달리 그들은 그 제품이 멋지거나 재미있다고 해서 머무르지 않는다. 그들은 문제(대부분 생계유지)를 해결하기 위하여 일을 한다. 약속을 지키지 않으면 그들은 떠날 것이다.

네트워크 상품의 딜레마는 냉혹하다. 하드 사이드의 전문화를 수용하고, 규모가 커졌을 때의 혜택을 누려야 한다. 그러나 이는 권력의 집중, 잠재적인 오류로 이어질 수도 있다. 바라건대 당신의 창밖에는 항의하는 사람이 없기를 바란다. 아니면 트렌드를 거부하고 하드 사이드가 규모와 싸우는 모습을 보라. 나는 전자가, 잘 된다면, 우리가 가야 할 길이라고 확신한다. 하지만 이를 정교하게 다듬는 것은 어렵다. 거의 모든 마켓플레이스 회사가 노동법 문제를 해결해야 하는 것은 당연한 일이다. 그리고 모든 앱 개발자 플랫폼이 앱 개발자와 경쟁해야 하는 것도 당연한 일이다. 그러나 비용보다는 이점이 훨씬 더 크다. 이는 불가피한 성장의 한계를 타파할 수 있는 핵심 수단이다. 그리고 이러한 역학관계를 잘 관리하면 네트워크의 장점이 확장될 것이다.

27
영원히 끝나지 않을 9월
: 유즈넷

ETERNAL SEPTEMBER

스냅챗이나 페이스북, 프렌드스터 이전, 심지어 지오시티나 야후 그룹이 생기기 전에 모든 인터넷 커뮤니티의 할아버지뻘인 유즈넷이 있었다. 유즈넷은 최초의 소셜 네트워크라고 할 수 있다. 1980년 인터넷 초기에 탄생한 유즈넷은 최초의 월드와이드 분산 토론 시스템으로 talk.politics, rec.arts.movies, rec.crafts.winemaking 등 수백 가지의 주제에 대한 뉴스그룹을 호스팅하고 있었다. 웹과 브라우저가 아직 발명되지 않았을 시기에 전 세계에서 모여든 사람들(대부분 초기 인터넷에 연결된 대학이나 연구기관에서 접속한 사람들이었다)이 유즈넷 게시판에서 온라인으로 만난 것이다.

초기 인터넷에서 유즈넷은 중대한 사건(네트워크에서 일어난 역사적인 사건)이었다. 팀 버너스 리와 리누스 토르발스가 각각 월드와이드웹과 리눅스 운영체제의 출범을 알린 곳이 바로 유즈넷이었다. a16z의 공동창업자 마크 앤드리슨의 최신 그래픽 웹 브라우저의 발표도 그곳에서 있었다. 1980년대에 출범하여 수십 년 만에 유즈넷은 레딧이나 트위터를 이끌었던 것과 유사한 네트워크 효과를 이용하여 글로벌 인터넷 커뮤니티의 중심이 되었다. 유즈넷에 가장 많은 사람과 가장 포괄적인 주제가 있었기에 다른 곳에서 토론에 참여할 이유가 없었다.

하지만 그때 무슨 일이 일어났다. 2000년에 유즈넷은 사실상 사망했다. 핵심 참여자들이 다른 곳으로 도망을 가버린 것이다. 유즈넷은 한계에 부딪혔고, 다시는 회복되지 못했다. 유즈넷이 붕괴된 이유는 무엇일까?

유즈넷에 생긴 문제는 오늘날 소셜 네트워크를 괴롭히는 문제와 같다. 하지만 인터넷이 생기고 나서 너무 이른 시기에 발생해 누구도 심각한 문제가 다가오는지 알지 못했고, 하물며 가능한 해결책이 있는지는 말할 필요도 없었다. 예를 들어, 요즘에 '스팸'이라는 말은 누구나 알고 있지만, 그 말이 유래된 것은 유즈넷이었다. 그렇다. 인터넷 초기 시절 스팸이 없는 영광의 시기가 있었고, 사람들은 원래 의도대로만 유즈넷과 이메일을 사용했다. 하지만 얼마 지나지 않아 스팸이 발명됐다. 스팸이 발명된 곳은 유즈넷과 초기 이메일이었다. 사용자의 규모가 상업 활동을 끌어들일 만큼 커지면서 사려 깊지 못한 반복적인 콘텐츠를 유즈넷 뉴스그룹 수십 곳에 보내는 등 사람들은 그 플랫폼을 상품과 서비스를 판매하는 데 이용했다. 돌이켜보면 우리는 유즈넷 같은 커뮤니케이션 네트워크에서의 성공에 본질적으로 스팸이 따라오게 되어 있다는 사실을 알고 있었다. 플레이밍flaming(인터넷에서 상대방을 비난하고 모욕하기 위해 사용하는 말을 뜻하는 속어 – 옮긴이)이나 트롤링trolling(고의로 논쟁을 일으키거나 반응을 유도하기 위한 글을 올리는 행위 – 옮긴이) 같은 말도 마찬가지다. 초기 인터넷 사용자들은 1980년대 유즈넷에서 일어난 악의적인 논쟁을 설명하기 위해 '고드윈의 법칙Godwin's Law'(관찰 결과 열띤 디지털 토론은 모두 상대방을 나치에 비유하면서 끝난다)이라는 용어를 만들기도 했다. 이러한 발상은 수십 년 전에도 그랬지만 오늘날에도 적용 가능하다(또한 해결도 어렵다). 그리고 유즈넷은 이러한 모든 악행을 대규모로 처리해야 했던 최초의 글로벌 인터넷 커뮤니티였다.

유즈넷은 통제가 불가능할 정도로 커졌고, 그로 인해 관리하기가 어려워졌다. 처음에 유즈넷의 최초의 원자 네트워크는 유즈넷을 만들었던 짐 엘리스와 톰 트루스콧이 기반을 두었던 듀크대학교였다. 그때 근처에 있는 노스캐롤라이나대학교가 네트워크에 추가되었고, 벨연구소, 리드대학교, 오클라호마대학교 등이 뒤를 이었다. 네트워크의 다수 초기 조직들이 대학이었기 때문에 해마다 9월이 되면 신입생들이 유즈넷에 합류했다. 그리고 그 후 몇 달 동안 신입생들은 유즈넷의 사회적 규범과 특유의 언어, 문화를 습득한다. 그런 다음 커뮤니티에 통합되거나 그렇지 않으면 네티켓을 실천하지 못한다고 비난하는 사람들 때문에 그만두었다. 초기 유즈넷 참여자 다수는 학문적인 활동을 통해서 알게 되어 서로가 선한 행동을 할 수 있게 도와주는 실생활에서의 관계를 구축했다.

1993년 9월 모든 것이 바뀌었다. 당시 최대의 인터넷 공급자였던 AOL이 수백만 장의 시디롬과 플로피 디스크를 우편으로 소비자에게 보내주는 대대적인 캠페인을 시작했다. 학생들이 유즈넷에 가입하면서 매년 9월이면 늘어나는 예측 가능한 사용자 대신 각계각층에서 수백만 명이 가입하기 시작했다. 이것은 멈추지 않는 물결이 되었다.

몇 달 뒤 초기 유즈넷 개척자였던 데이브 피셔가 이렇게 언급했다.

> 1993년 9월은 네트워크 역사에 절대 끝나지 않을 9월로 기록될 것이다.[70]

오늘날 인터넷 역사에서 이 순간은 한 번도 유즈넷을 경험하지 못한 사용자들이 네트워크에 쏟아져 들어왔던 끝나지 않는 9월로 알려져 있다. 영원히 바뀌고 말았다. 갓 들어온 사용자들이 급속하게 증가하면서 유즈넷의 핵심 문화도 얼마 지나지 않아 어쩔 수 없이 진화해야 했기 때문에 유즈넷 커뮤니티와 그 네티켓도 영원히 바뀌게 되었다. 사용자들과 함께 새로운 용례, 토론 주제, 기능에 대한 요구 사항도 따라 들어왔다. 프로토콜이 빠르게 업그레이드되고, 용량이 확장되고, 무엇보다 사진이나 음악, 영상 같은 바이너리 파일을 지원하게 되면서 이러한 진화 중 일부는 만족스러웠다.

하지만 이와 함께 포르노그래피, 불법 영화와 음악 등을 비롯한 기타 음란물이 나타났다. 이처럼 부적절한 콘텐츠와 스팸, 신규 사용자가 쏟아져 들어오면서 결국 유즈넷을 사용하기 어려워지고 말았다. 네티켓의 실패는 유즈넷 초기 시절을 규정했던 높은 수준의 대화들을 찾아보기 어려워졌다는 것을 의미했다. 사람들은 다른 기술, 즉 온라인 그룹, 메일링 리스트에 이어 마침내 소셜 네트워크로 이주하기 시작했다.

결국 유즈넷 네트워크의 핵심은 붕괴하고 말았다. 유즈넷의 프로토콜이 발명되었던 듀크대학교는 30년이 지난 2010년 서버를 폐기했다. AOL, 버라이즌Verizon, 마이크로소프트, 기타 메이저 ISP에서는 콘텐츠 저작권 침해, 음란물 및 기타 문제와 결합된 사용 부족을 언급하며 거의 같은 시간에 접속을 차단했다. '유즈넷은 몇 년 전부터 죽어가고 있었다'라는 제목의 기사가 발표되었다. 기사에서는 1993년 9월을 유즈넷의 붕괴가 시작된 시점이라고 언급했다.

유즈넷의 흥망성쇠는 네트워크 상품이 언제 확장해야 하는지에 대한 하나의 교훈으로 작용한다. 네트워크 상품은 스팸이나 트롤링 등 남에게 피해를 주는 행동들이 결합된 반네트워크 상품에 시달린다. 그중에서도 가장 중요한 것은 콘텍스트 붕괴다. 이러한 반네트워크 효과는 바이럴 성장과 참여에 대한 강력한 자연의 균형을 제공하여 궁극적으로 이러한 긍정적인 힘을 상쇄시킨다. 충분한 시간이 주어져 치료를 받지 않으면 이들은 전체 네트워크를 붕괴시킬 수 있다.

콘텍스트의 붕괴

어떤 네트워크가 집중적인 원자 네트워크에서 시작되었다면, 모든 네트워크에는 '네티켓' 같은 개념이 있다. 한 네트워크 안에서 무엇을 해야 하고 무엇을 하지 말아야 하는지, 즉 문화에 대한 공통된 콘텍스트다. 하지만 결국 문화는 콘텍스트의 붕괴에 취약해진다. 이는 네트워크 상품에 대한 미묘하고 고유한 문제다. 한 편의 이야기를 통해 어떻게 이런 일이 일어나는지 설명해보자. 이 이야기는 쿼라Quora의 최고경영책임자이자 페이스북의 전 최고기술책임자인 애덤 댄절로가 했던 말이다. 그는 콘텍스트의 붕괴가 사회적 상품과 커뮤니케이션 상품에 어떻게 영향을 미치는지 설명한다.

처음에 가까운 친구와 함께 소셜 네트워크에 가입하면 소셜 네트워크를 자주 이용하게 될 것이다. 아마도 자주 사진을 게시하고 댓글을 달 것이고, 소셜 네트워크에는 둘만 아는 농담과 이야기가 가득해진다. 친구와 나는 매우 만족하여 다른 친구들과 형제자매까지 초대한다. 하지만 그러다 보면 결국 가까운 친구의 사진과 콘텐츠에 내가 잘 알지 못하는 사람들의 댓글이 달리게 될 수도 있다. 부모님을 초대하거나, 어쩌면 선생님, 직장 상사를 초대할지도 모른다. 파티에서 찍힌 사진들이 나를 곤경에 빠뜨릴 수도 있다.[71]

애덤의 지적에 소비자들은 우려할 수 있지만, 업무용 상품일 경우에도 그러한 지적은 적절하다. 가까운 친구나 부모, 선생님을 동료, 관리자, 다른 팀, 임원으로 대체해도 작동한다. 어떤 맥락에서 내가 했던 이야기(동료와 일대일인 상황에서 건설적인 피드백을 해준다거나, 어떤 프로젝트에 대해 분통을 터뜨리는 상황)가 모든 사람이 보고 있을 때는 예의가 없는 것처럼 보일 수도 있는 것이다. 여기에는 내가 올린 게시물의 유형, 내가 사람들과 교류하는 방식, 적절한 지적에 포함되어야 할 것 등이 포함된다.

콘텍스트의 붕괴는 너무나도 많은 네트워크가 동시에 모였을 때 벌어진다. 그리고 붕괴된 콘텍스트는 하나가 된다. 가장 문제가 되는 것은 소셜 네트워크인데, 이러한 맥락의 붕괴로 인하여 콘텐츠 제작자가 더 이상 모든 맥락에서 모든 사람을 만족시키는 사진을 게시할 수 없게 되면서 행동에 제약을 받기 때문이다.

콘텍스트의 붕괴라는 말은 마이클 웨시가 유튜브를 분석하면서 처음으로 사용했다.

> 세상과 미래에 대해 무엇을 말할 수 있을까? (⋯) 문제는 콘텍스트의 결핍이 아니라 콘텍스트의 붕괴다. 무한대의 콘텍스트가 붕괴되면서 서로 하나가 되어 한순간의 기록이 된다. 렌즈에 포착된 이미지와 행위, 말은 지구상의 어떤 곳이라도 전송될 수 있고 영원히 보존된다(실행하는 사람은 반드시 가정해야 한다). 작은 유리 렌즈가 모든 시간과 공간을 그 자체로 빨아들이는 블랙홀의 관문(사실상의 모든 콘텍스트)이 된다. 이제 이러한 콘텍스트의 블랙홀 앞에서 얼어붙은 블로거 지망생이 직면한 것은 자기표현의 위기다.[72]

웨시의 말을 고쳐 말하면, 유튜브에 올라간 영상은 세상 어디서나 그리고 언제나 볼 수 있다. 창작자는 어떻게 그 영상이 자신들의 메시지를 제대로 전달할지 보장할 수 있을까? 어떻게 그 영상이 공격적이지 않은지, 어떻게 그 영상이 잘못된 콘텍스트로 흘러갔다 하더라도 엄중하게 심판을 받을 것인지 알 수 있을까? 이 '자기표현의 위기'가 바로 창작자의 편에서 반네트워크 효과를 이끄는 것이다.

네트워크 사용자에 대한 부정적인 결과는 현실이다. 부모, 선생, 상사 등은 내 인생에 가장 큰 영향력을 미치는 사람들이며, 내가 공유하는 콘텐츠는 알고리즘에 따라 금세 나타날 것이다. 슬랙, 링크드인, 페이스북 같은 실명 네트워크의 경우, 문제는 특히 심각하다. 디지털 콘텐츠는 평판에 직접적인 영향을 미친다. 네트워크가 클수록 많은 사람이 콘텐츠를 볼 수 있어 콘텐츠 제공에 안전이 보장되지 않는다. 댄절로는 이것을 네트워크의 해독unraveling이라고 불렀다. 네트워크의 최고 창작자를 잃으면 다수의 소비자도 떠날 것이다. 소비자들이 떠나가면 창작을 하고 싶은 마음이 줄어들 것이다. 이러한 악순환이 지속되면 하위 커뮤니티 전체가 모두 떠날 수도 있다.

콘텍스트 붕괴가 단지 소셜 네트워크에만 영향을 미치는 것은 아니다. 모든 원자 네트워크는 자체적인 버전의 네티켓과 고립된 사용자 집단에서 시작한다. 이것은 싼 가격과 장식이 없는 크레이그리스트의 문화일 수도 있고, 초기 에어비앤비의 독특한 임대 장소에 대한 집중, 얼리어답터 기술 커뮤니티가 슬랙을 조기 사용한 것 등일 수 있다. 이들은 세 가지 다른 범주, 즉 광고 사이트, 여행 마켓플레이스, 사스 업무용 상품이다. 그러나 같은 지점에 직면해 있다. 네트워크가 성장하면 하드 사이드는 어쩔 수 없이 참가하기가 어려워진다.

협업 도구 사례에서 콘텍스트 붕괴는 제품이 출시되고 확장하면서 직속팀으로 구성된 네트워크에서 훨씬 많은 네트워크로 바뀔 때 나타날 수 있다. 멀리 떨어진 사무실, 더 많아진 관리자, 수백 명의 직원이 더해지면서 말이 줄어들 수도 있다. 부적절한 농담이나 지나치게 격의 없는 말이 우리 팀에게는 재미있을지 모르지만 다른 사람에게는 그렇지 않을 수 있기 때문이다.

마켓플레이스 상품의 경우, 초기 고급 운동화 애호가 커뮤니티가 성장하여 결국 경제성을 더 생각하는 뜨내기 구매자들만 몰려올 수 있다. 그런 사람들이 상품의 진가를 모르거나 틀린 말을 하면 초기의 판매자들은 실망할 수 있다. 반면 새로운 판매자들이 가격만 따지고 멋진 상품은 내놓지 않으면 그들이 원하는 상품을 찾지 못하는 경우가 생길 수 있다. 어떤 콘텍스트에서는 매력적인 상품이 다른 콘텍스트에서는 아닐 수도 있는데 이것은 콘텍스트 붕괴가 마켓플레이스의 중심에서 짝짓기에 피해를 주는 이유 가운데 하나다.

네트워크가 성장하면서 이들 사용자의 경험이 서서히 퇴화하는 동안, 네트워크를 구축하는 상품팀은 계속 성장을 하면서 동시에 강하게 밀어붙이고 있다. 그 중심에 네트워크 효과와 반네트워크 효과 사이의 긴장이 존재한다. 그리고 반네트워크 효과가 팀의 노력을 상쇄할 만큼 강해지면 네트워크는 한계에 도달한다.

네트워크의 네트워크……의 네트워크

그렇다면 어떻게 콘텍스트 붕괴를 막을 수 있을까? 아이메시지나 와츠앱 같은 상품이 우리에게 단서를 제공한다. 메시징 앱은 콘텍스트 붕괴에 저항한다. 사람들은 10여 명의 친구와 가족과 대화를 나눈다. 네트워크에 백만 명이 넘는 사람이 들어와도 내가 경험하는 것은 바뀌지 않는다. 슬랙 채널은 다른 모델을 제공한다. 회사에 점점 더 많은 사람이 들어오면 그들과 가까운 팀원과 교류하기위해 더 작은 공간을 마련한다. 이를 통해 사람들은 회사 전체 네트워크를 팀 전체 네트워크 또는 프로젝트 전체 네트워크로 분할할 수 있다. 이들 채널 중 하나가 너무 커지면 더 작은 채널을 다시 구성할 수 있다.

바꿔 말해 모든 네트워크 상품이 다른 상품처럼 빠르게 콘텍스트 붕괴를 경험하는 것은 아니다. 사용자들이 스스로 집단을 만들수 있을 때 사용자들의 회복력이 특히 강해지는 것으로 보인다. 페이스북 그룹은 메인 뉴스피드에서 떨어진 곳에 더 작고 분리된 별도의 공간을 제공한다. 스냅 스토리가 앱의 일대일 사진 메시지 기능을 보완하는 것과 마찬가지다. 두 경우 모두 자신만의 콘텍스트를 담을 수 있는 네트워크 안의 네트워크를 제공한다. 인스타그램의 사용 패턴에 핀스타(두 번째 혹은 세 번째 계정)가 있는데, 여기서는 원래 계정과는 다른 콘텐츠를 공유한다. 각각의 계정은 서로 팔로워가 다르기 때문에 부모와 상사의 눈을 피해 자유롭게 사진을 올릴 수 있다.

상품의 기능을 사용하면 서로 다른 콘텍스트에서 사용자들이 교류하는 때를 인지할 수 있다. 슬랙 채널에서 메시지를 작성하는 데 수신자 쪽에서 시간대가 다를 수 있다고 경고할 때, 우리의 콘텍스트가 메시지를 수신하는 쪽의 콘텍스트와 서로 다를 수도 있음을 인지하는 데 도움이 된다. 업무와 관련되어 전적으로 적절한 내 메시지가 수신자의 경우 주말 시간대에 전송된다면 그 메시지는 적절치 못한 것이 될 수 있다. 이와 유사하게 구글 독스를 개인, 특정 집단의 사람들, 또는 기업의 이메일 도메인을 사용하는 모든 사람과 공유할 수 있는 권한 및 사생활 보호 기능을 통해 더 작은 공간을 만든 다음 더 큰 공간으로 나아갈 수 있다.

더 작은 사적 공간을 만들 때 나타나는 자연적인 긴장이 존재한다. 그렇게 해서 모든 문제가 해결되지 않기 때문이다. 너무 작은 공간으로 나누면, 얼마 지나지 않아 더 이상 쓸모가 없어지는 일회성 비활성화 채널이나 그룹이 다수 생성될 수 있다. 마찬가지로 검색 용이성이 문제가 될 수 있다. 채널의 수와 다이렉트메시지 대화가 점점 증가하기 때문이다. 아이메시지도 수십 개의 활성 대화나 그룹 채팅이 동시에 일어나면 대처하기가 어려워진다. 콘텍스트 붕괴는 주의 깊게 다뤄져야 하므로 네트워크를 하나로 묶기에 충분한 검색이 가능해야 하지만, 사용자를 소외시키거나 압도해서는 안 된다.

다운보트의 힘

콘텍스트의 붕괴는 시간을 두고 유즈넷을 괴롭혔던 문제인 스팸과 트롤과도 관련이 있다. 별로 놀랍지 않게도 이는 새로운 문제가 아니다.

어떤 익명의 메시지를 받는다고 생각해보자.

선생님, 안녕하십니까? 잘 알지 못하는 사람에게 도움을 청하는 편지를 받게 되어 놀라셨을 것이라 생각합니다.

이 편지는 프랑스 왕실에서 온 것으로 어떻게 일련의 사고를 당하게 되었고 큰돈을 잃게 되었는지 설명하고 있다. 하지만 이 사람들은 그 돈을 되찾을 계획이 있다. 도와줄 사람만 있다면 말이다. 그리고 물론 일이 잘 마무리되면 일정 몫을 공유하는 것이 공정할 것이다.

많이 듣던 소리인가? 다른 이야기와 다른 점은 이것이 이메일이나 링크드인 메시지가 아니라 편지라는 점이다. 보물의 양은 프랑스 금화로 표기되었고, 보물을 잃어버린 곳은 프랑스 마을이며, 이 편지를 쓴 사람은 후작의 하인이다. 이런 편지를 '예루살렘 편지'라고 하며, 범죄자에서 탐정이 된 프랑스의 외젠 프랑수아 비독이 1828년에 출간한 그의 자서전에 기술되어 있다.[73]

이것은 거의 200년 전에 있었던 사기이긴 하지만 오늘날에도 비슷한 형식의 이메일로 존재한다. 그리고 이러한 사기는 혁신을 거듭했다. 로맨스 사기와 비슷한 종류를 비롯해서, 데이팅 앱에서 횡행하던 연애사기가 광범위하게 일어나고 있고, 가상화폐 생태계에서는 가짜 ICO(가상화폐 공개), 주문형 마켓플레이스 앱 내에서는 돈세탁과 사기 등이 일어나고 있다. 네트워크 상품들은 성장하여 규모가 커지면 한계에 다다를 수 있어 어쩔 수 없이 사기꾼과 스패머, 트롤 등의 매력적인 타깃이 된다. 이들은 네트워크의 개방성과 사용자들을 서로 연결해주는 지불, 메시지, 팔로우 같은 네트워크의 기능을 자신의 수단으로 이용하여 수 세기 동안 이어져온 동일한 사기 수법으로 사람들을 사취하는 경우가 많다. 이들은 네트워크의 점들을 연결하는 내부의 통신 채널을 장악하고, 봇에 의해 자동으로 생성되는 상업적인 콘텐츠가 담긴 스팸으로 사용자 사이의 메시지 전달을 봉쇄한다. 크레이그리스트와 데이팅 앱 같은 다면적인 마켓플레이스는 가짜 사용자의 거짓 대답으로 운영되다가 날조된 상품만 가득해진다. 기업 이메일 네트워크는 인증서를 훔치려는 고도로 표적화된 피싱 공격에서 가짜 메시지로 타격을 받는다.

　이러한 해로운 활동은 모두 네트워크의 수준을 떨어뜨리고 상품이 얻고자 열심히 싸우는 네트워크의 이점을 약화시킨다. 진짜 친구가 보낸 걸까? 아니면 그냥 스팸일까? 앱에서 오는 알림 메시지에 의심이 많아지기 시작하면 유지율이 떨어지게 된다. 친구들을 초대하거나 친구들과 공유하지 않으려 할 정도로 경험이 저하되면 사용자 확보는 어려워진다. 사기와 허위 거래가 나타나고 매우 큰 가치를 지닌 사용자가 떠나기 시작하면 비즈니스에 큰 타격을 받는다.

네트워크 자체를 악용과 싸우는 데 활용하는 것은 나쁜 행위에 맞서 싸우는 확장 가능한 방법 중 하나다. 시간이 흐르면서 네트 워크가 커지면 중재할 수 있는 사용자들이 많아질 것이고, 비용 없이도 그렇게 할 것이다. 스팸을 보고하고, 악성 계정이라는 것 을 표시하고, 악성 콘텐츠를 막는 등 여러 능력을 사용자에게 부 여할 수 있다. 그렇게 하면 사용자들은 자신의 경험을 원하는 대 로 개인화할 뿐 아니라 다른 방식으로 중재하는 데 사용될 수 있 는 데이터를 제공할 것이다.

이를 위한 가장 간단한 방법은 사용자가 '지지(좋아요) 투표', '반대(싫어요) 투표', '표시하기' 콘텐츠를 사용하는 것이다. 레딧은 가장 복잡하고 동적인 온라인 네트워크이며, 이 주제에 관하여 수 년에 걸쳐 가장 복잡한 정책 중 일부를 개발해왔다. 공동창업자이 자 최고경영자인 스티브 허프먼은 미국 하원에 제출한 증언에서 레딧의 철학에 대해서 이렇게 설명했다.

레딧이 오늘날 콘텐츠 중재를 처리하는 방법은 업계 내에서도 독 특한 것이다. 우리는 모든 사람이 규칙을 따르고 투표하고 스스로 집단을 조직할 수 있고, 궁극적으로 플랫폼이 작동하는 방식에 대 한 책임을 공유하는 민주주의와 유사한 지배 모델을 이용한다. 사용자는 콘텐츠의 어느 부분이든 수용하거나 거부할 수 있다. 대 부분의 플랫폼에는 지지나 동의를 전달하는 행동인 업보트 기능 의 몇 가지 버전이 있지만, 레딧에서는 다운보트도 중요하게 여긴다. 다운보트는 사회적 규칙을 거부하는 행동이나 저질 콘텐츠의 거부를 통해서 커뮤니티 문화가 구축되는 곳이다.[74]

스티브는 나와의 채팅에서 레딧을 자주 하나의 도시에 비유한다. 그리고 그의 팀이 맡은 역할을 도시기획자의 역할에 비유한다. 목표는 도시에서 일어나는 모든 활동을 운영하는 것이 아니라, 크고 작은 커뮤니티가 번성할 수 있는 공간을 설정하는 것이다. 한 걸음 더 나아가 도시를 관리하려면 법과 문화, 모범적인 사례가 있어야 한다. 그리고 모두 소프트웨어에서 코드로 구현 가능해야 한다. 이런 이유로 다운보트를 하거나 운전기사에게 별점을 하나만 주거나 최근에 나를 아프게 했던 타이 식당에 혹독한 리뷰를 쓰는 것이 모두 관련 있는 것이다. 콘텐츠에 깃발 표시를 하고 차단을 하는 것 역시 중요하다. 더욱 심각하게 처리해야 하는 일이라면 말이다. 이를 통해 네트워크는 스스로를 관리할 수 있지만, 소프트웨어를 구축하는 상품팀이 정해놓은 프레임워크 안에서 이루어진다. 허프먼이 언급한 것처럼 정부에서는 우리가 서로에게 하는 행동을 통제하기 위해서 법률을 이용하지만, 네트워크 상품의 경우 코드와 해당 소프트웨어에 의해 형성된 문화를 통해 통제한다.

사실 나는 소프트웨어가 대규모 인간 네트워크를 다스리고, 악행을 피할 수 있는 유일한 방법이라고 생각한다. 던바의 수Dunbar's number를 기억하는가? 영국의 진화심리학자인 로빈 던바의 이론에 따르면 '영장류의 뇌는 갈수록 커지는 사회적 집단을 조정하고 관리하기 위해 진화했다.' 그리고 던바는 대략 3의 배수에서 시작하는 다양한 크기의 집단을 묘사한다. 집단은 3명에서 5명으로 구성된 가까운 친구와 가족에서 친구로, 무리로, 150명 정도의 씨족으로 그리고 몇 단계를 거쳐 1000명에서 2000명 사이의 부족으로 확장된다. 하지만 물리적 세계의 규칙에 제약받지 않는 네트워크 효과가 있는 기술 상품이 총 15만 명의 디지털 네트워크가 되면 던바의 수는 어떻게 될까? 혹은 1억 5000만 명이라면? 혹은 10억이라면?

이는 현대 인간 네트워크의 규모이며, 던바의 수에 수백만을 곱한 값이다. 이러한 대규모 커뮤니티에서 규범과 자치는 단순히 사람들과 어울리고 서로 대화를 나눈다고 해서 유지되지는 않는다. 대신 이러한 네트워크 상품을 구축하는 사람들이 올바른 방향으로 상호작용을 유도하는 기능을 만들어야 한다. 레딧의 업보트와 다운보트는 재미있고 섬세한 댓글을 이끌어낸다. 구글 캘린더의 '근무 시간'은 다른 시간대에 일하는 동료들에게 사려 깊은 행동을 하도록 응원한다. 트위터 사용자의 계정을 해킹된 것으로 보고하는 기능은 나중에 검토할 수 있도록 표시해놓을 수 있음을 의미한다.

마침내 이것은 머신러닝과 자동화와 결합하여 추가로 사기꾼을 찾아내 차단할 수 있게 되었다. 인간 업보트와 다운보트, 표시하기 기능은 모두 구축 가능한 자동화 시스템에 대한 입력 데이터다. 소프트웨어는 사용자들이 네트워크에서 표준을 만들고 시행하게 한다. 이것이 소프트웨어의 형태로 상품에 내장된 '네티켓'

이다.

네트워크가 확장하면서 인간이 스스로 통제할 수 있는 상품의 기능은 필연적이면서도 필수적이다.

유즈넷의 붕괴, 뒤늦은 깨달음

지난 수십 년 동안 통신 도구와 소프트웨어를 구축하면서 얻은 깨달음을 통해 이런 질문을 던질 수 있을지도 모르겠다. 유즈넷을 구할 수 있었을까?

나는 그럴 수 있었다고 생각한다. 어쨌든 이메일과 웹의 프로토콜이 모두 초기 인터넷 시대에 고안되었고 오늘날에도 여전히 번성하고 있다. 이메일은 본질적으로 더 작은 공간을 계속해서 만들어내는 것(일대일 대화와 그룹 이메일 스레드)으로 구성된다. 그리고 모두 아는 바와 같이 이메일은 규모가 커져 수십억 명이 사용하고 있고, 시간이 흘러 스팸이나 트롤이 등장하긴 했지만 여전히 유용하다. 이메일 클라이언트는 업그레이드되고 진화해야 했지만 (핫메일에서 아웃룩으로, 지메일 등으로), 사람들은 여전히 매일 사용하고 있다. 웹은 똑같이 작동한다. 웹 도메인과 검색엔진, 링크, 브라우징 등의 조합을 통해 작동하는 거의 무한대에 가까운 다양한 개인 공간이 존재한다.

유즈넷을 구하려면 상당한 노력이 필요했을 것이다. 어쨌든 유즈넷은 스팸이나 국가가 후원하는 봇, 트롤 등이 없었고, 인터넷

이 개방적이면서도 믿을 만한 공간이었던 시대에 구축되었다. 누군가는 유즈넷이 알고리즘 피드, 사적인 메시지, 규모가 작은 서브 네트워크 생성 등을 구현했더라면 어쩌면 아직도 번창해 있을 것이라고 주장할지도 모르겠다. 하지만 이것은 무리한 요구가 아니다. 물론 우리의 현대적인 소셜 네트워크 상품조차 이러한 어려움을 완전히 해결한 것은 아니다.

유즈넷은 또한 당시에 흔히 볼 수 있는 탈중심형, 오픈소스 프로토콜로 구축되어 은총과 저주를 동시에 받았다. 네트워크 상품들은 청중의 행동과 욕구에 대응하기 위해 지속적으로 수정하고 반복해야 한다. 여러 면에서 이는 네트워크가 확장하면서 나타날지 모르는 무수히 많은 어려움을 해결하기 위해 중앙집중식 통제가 더 나은 위치에 있는 경우다.

반대로 유즈넷은 한 번도 회사인 적이 없었다. 자금을 유치하지도 않았고, 전업으로 일하는 직원을 수백 명 채용한 적도 없다. 어떤 신제품이든 영원히 끝나지 않을 9월 기간 중 쏟아져 들어오는 수백만 명의 사용자를 처리하기란 어렵겠지만, 이를 해결할 수 있는 자원과 노하우가 뒷받침되지 않는다면 특히 어려울 것이다. 진화하지 않으면 성장은 지연될 것이다. 상품이 한계에 다다르고 있기 때문이다.

28

과잉수용
: 유튜브

"유튜브에 올라와 있는 영상이 수백만 개가 되자, 보고 싶은 영상을 찾기가 어려워졌다."

그렇다. 이것은 어느 네트워크 상품에게는 꿈같은 이야기이지만, 유튜브가 성장하면서 실제로 겪었던 문제다. 나는 유튜브의 공동창업자 스티브 첸과 콜드 스타트 문제를 주제로 인터뷰하면서 시간이 흘러도 계속해서 콘텐츠를 검색할 수 있도록 어떻게 유튜브를 확장했는지 물었다.

유튜브에 영상이 너무 많아진 것은 넓은 의미에서 과잉수용의 한 가지 구체적인 사례이며, 궁극적으로 하나의 상품을 무용지물로 만들 수 있다. 이러한 현상은 내 받은 편지함에 너무나 많은 코멘트와 스레드, 이메일이 있을 때 일어난다. 그리고 소셜 미디어

앱에서 너무나 많은 사람을 팔로우했을 때 혹은 다루어야 할 콘텐츠가 너무 많을 때 발생한다. 또는 멀티플레이어 게임에서 플레이어가 너무 많아 서버 과부하로 이어져 적당한 게임 상대를 구하기가 어려워질 때 일어난다.

스티브 첸은 페이팔에서 소프트웨어 엔지니어로 활동하다 2005년에 유튜브를 공동으로 설립했다. 나는 스티브가 게임, 소셜 미디어, 영상 등의 분야에서 새로운 스타트업에 자주 투자하는 개인투자자라고 알고 있었다. 언제나 이 분야의 미래에 대한 확고한 통찰이 있었다. 그는 베이 지역에서 이십대와 삼십대의 시간 대부분을 보냈지만, 최근에는 가족과 함께 대만으로 이주하여 이 시기 우리의 대화는 대부분 화상회의를 통해서 이루어졌다. 그는 유튜브의 초창기를 떠올렸다. 초기 유튜브는 상당히 달랐다. 데이팅 영상만 업로드할 수 있었다. 맞다, 놀랍게도 유튜브는 데이팅 사이트로 출발했고, 프로필의 일부로서 자신의 영상을 올릴 수 있었다.

영상을 정리하던 초창기

데이팅 사이트로서 유튜브는 오래가지 않았다. 그리고 몇 주가 지나지 않아 공동창업자들(스티브, 채드, 자베드)은 단지 구애를 하는 사람뿐만 아니라 모든 유형의 콘텐츠를 누구나 올릴 수 있게 하는 것이 더 나은 생각이라는 것을 깨닫게 되었다. 동영상 하트 기능은 금세 별 모양의 아이콘으로 바뀌었다. 곧 어떤 영상이든 업로드할 수 있게 되었고, 최초의 영상은 19초 분량의 '동물원에 간 나Me at the zoo'라는 동영상 클립으로, 유튜브의 공동창업자 자베드 카림이 빨간색과 회색의 재킷을 입은 채 코끼리 앞에 서 있는 모습이 등장한다. 자베드는 코끼리를 보고 "정말, 정말, 정말 코가 기네요"라고 언급하며, "할 말은 이게 다예요"라는 말과 함께 영상을 마무리한다.

내가 이 책을 통해 말해온 것처럼 네트워크 상품은 (화려한 론칭보다) 소박하게 시작하는 경우가 많고 유튜브도 별반 다르지 않았다. 자베드의 첫 번째 영상이 좋은 예다. 스티브는 초반 콘텐츠와 콘텐츠가 어떻게 성장했는지 설명해주었다.

초기에는 체계적으로 정리할 콘텐츠가 거의 없었다. 처음 영상이 1000개가 될 때까지가 가장 힘들었다. 그리고 우리는 거기에 집중했다. 처음부터 영상을 정리하려고 했던 것은 아니었다. 우리에겐 최근에 업로드된 영상의 목록이 있었을 뿐이고, 그것을 이용해서 여기저기 훑어볼 수는 있었다. 우리의 아이디어는 영상을 업로드하는 사람은 모두 그 영상을 공유하게 하는 것이었다. 예를 들어 10명이 있고, 그중 5명이 실제로 그 영상을 보고 있다고 해보자. 그런 다음 최소 한 명이 다른 영상을 업로드한다. 주요 기능(영상을 웹 페이지에 임베딩, 실시간 트랜스코딩)을 구축하자 작동하기 시작했다.[75]

바꿔 말해 초기에는 오늘날 유튜브를 유명하게 해준 뛰어난 추천 시스템 알고리즘을 설계한 것이 아니라, 콜드 스타트 문제의 답을 찾는 데만 집중했다. 그리고 영상이 더 많아지더라도 검색 가능성을 높이려는 시도는 상대적으로 기본적인 큐레이션에 집중 했다. 단지 서로 다른 범주나 국가에서 인기 있는 영상을 보여주 는 것이다. 스티브는 이것을 내게 설명해주었다.

영상이 많아지면 최고의 인기 영상을 찾기 쉽게 유튜브를 다시 설 계해야만 했다. 처음에는 사람들이 많이 시청한 100개의 영상을 일, 주, 월별로 정렬하여 보여주는 페이지를 만들었다. 결국 이 순 위는 나라별로 분류됐다. 홈페이지는 유튜브가 하나의 기업으로 서 통제할 수 있는 유일한 페이지였다. 우리가 10개의 영상을 선 택하기 때문이다. 이 영상들은 대개 다큐멘터리나 전문가급의 인 력이 제작한 콘텐츠들이었다. 유튜브 홈페이지를 방문하는 사람 들(특히 광고주)이 유튜브에는 대단한 콘텐츠가 있다고 생각할 수 있도록 하기 위해서였다.

결국 영상을 분류하는 시스템을 만드는 것이 합리적이었지만, 초기에는 모든 것이 함께 분류되어 있었다. 영상의 수가 빠르게 증가하고 있었지만, 다른 모든 형태의 콘텐츠도 마찬가지였다. 유 튜브는 단지 영상만이 아니라 시청자들이 남긴 댓글이기도 했다.

초기에는 시청자가 창작자보다 100배 이상 많았다. 당시 소셜 상 품은 모두 댓글 기능이 있었기 때문에, 유튜브에도 댓글 기능을 추가했다. 댓글은 시청자가 참여할 수 있는 하나의 방법이기도 했다. 지금은 순진하게 보일 수도 있지만, 당시에 우리는 날것의 성장(영상의 수, 댓글의 수)에 대해 생각하고 있었다. 그래서 우리는 품질에 대해서는 많이 생각하지 않았다. 가짜 뉴스 같은 것에 대해서도 생각하지 않았다. 우리 생각은 그저 댓글은 많을수록 좋고 논란도 많을수록 좋다는 것이었다! 명심할 것은, 대다수의 영상에는 댓글이 없었기 때문에 피드백을 받는 것은 일반적으로 제작자에게 좋은 경험이 된다는 점이다. 물론 요즘에는 참여의 정도가 특정 수준 이상에 도달하면 다른 해결책이 필요해진다.

1년이 채 되지 않아 유튜브가 영상, 댓글, 채널, 프로필 등에서 기대를 훨씬 뛰어넘었다는 사실은 명백해졌다. 유튜브는 빠르게 성장했고, 첫해에 팀에서 정한 목표를 모두 깨버렸다. 처음에는 하루에 1000뷰를 달성하려고 했고, 그 다음에는 1만 뷰, 이를 달성하면 10만 뷰를 달성하려고 했다. 1년이 되지 않아 유튜브는 하루에 100만 뷰를 달성했고, 이는 거대한 성장의 시작이었다.

유튜브 팀은 과잉수용을 해결하기 위한 해결책을 계속해서 내놓았지만, 간단한 문제에 먼저 집중했다. 최근 업로드 영상의 목록을 표시한 다음, 인기도 기반으로 정렬하고, 최종적으로는 국가별로 보여주는 데 집중했다. 과잉수용에 대한 유튜브의 해결책은 수동으로 골라내는 방법에서 인기 랭킹, 알고리즘을 이용한 방법으로 발전했다. 이것은 모든 네트워크 상품의 과잉을 해결하기 위하여 반드시 필요한 전환이다.

마켓플레이스 스타트업을 예로 들어보자. 처음에는 비교적 제한된 선택으로 인해 판매자가 과잉수용을 피하면서 서로 경쟁하지 않는다. 소비자들은 어디서 쇼핑을 할 것인지에 더 초점을 맞춘 카탈로그를 선택한다. 일단 사용자가 수백만 명으로 늘어나면 상품마다 수백 명의 판매자가 있어, 가장 좋은 것을 고르기가 쉽지 않을 것이다. 마찬가지로 업무용 통신 앱은 중요한 동료에게 오는 중요한 메시지를 사람들에게 알려야 한다. 우리 팀만 있다면 쉬울 것이다. 하지만 결국 회사의 모든 사람이 하나의 도구를 사용하게 된다면, 알림 메시지가 너무 많아서 해로운 경험을 하게 될 것이다. 이들은 시간을 두고 해결해야 하는 과잉수용 효과의 다양한 변형이다.

유튜브가 수동으로 골라내는 방법으로 시작했던 것처럼, 대다수의 네트워크 상품은 처음에는 수동으로 해결할 수 있다. 이는 편집자의 판단을 따르거나 사용자가 직접 콘텐츠를 선택하게 한다는 뜻이다. 앱 스토어에는 수백만 개의 앱이 있다. 따라서 애플이 앱 스토어에 '올해의 앱' 명단을 발표할 때, 그 명단은 소비자가 검색하는 데 도움이 될 뿐 아니라 앱 개발자가 상품의 디자인과 품질에 투자하도록 영감을 주기도 한다. 또는 플랫폼은 언제나 인기 있는 해시태그로 콘텐츠를 구성하는 사용자 생성 콘텐츠를 활용할 수도 있다. 한 가지 사례가 아마존의 위시 리스트인데, 이는 편집자 없이 사용자가 주도하는 콘텐츠다. 마찬가지로 내재적인 데이터를 이용하면, 그 데이터가 속한 콘텐츠의 속성이든, 창작자와 관련이 있는 회사 혹은 대학의 이메일 도메인 이름 등으로 분류한 것이든, 네트워크에서 구한 데이터를 이용하여 사람들을 분류할 수 있다. 트위터는 하이브리드 접근 방식을 사용한다. 트위터 팀은 네트워크에서 일어나는 활동을 분석하여 이벤트의 추세를 파악하고 이것을 이야기로 편집한다.

부익부 빈익빈

지금까지 유튜브의 시청 경험에 대해서만 이야기했지만, 무시할 수 없는 구성 요소가 또 있다. 바로 창작자들이다. 이들은 유튜브 네트워크의 하드 사이드이며 콘텐츠를 업로드하고, 브이로그와 쇼를 비롯한 기타 형태의 엔터테인먼트를 제공하는 결정적인 역할을 한다. 초기에는 영상 플랫폼의 가장 중요한 콘텐츠는 새터데이 나이트 라이브의 '레이지 선데이' 스케치 영상이었을 것이다. 하지만 나중에는 고유한 영상 콘텐츠를 올리는 창작자의 롱테일이 되고 있다. 고유한 사용자 생성 콘텐츠 라이브러리를 이끄는 것은 이들 집단이다.

과잉수용은 시청자와 제작자에게 서로 다른 방식으로 작용한다. 제작자의 문제는, '어떻게 하면 눈에 띌 수 있을까?' 혹은 '어떻게 하면 내가 만든 영상을 사람들이 보게 할 수 있을까?'일 것이다. 이는 특히 '부익부 빈익빈' 현상에 직면한 신규 제작자에게는 심각한 문제다. 여러 카테고리의 네트워크 상품에서는 초기 사용자가 네트워크에 가입하여 가치를 생산하기 시작하면 알고리즘은 자연스럽게 사용자에게 보상을 해준다. 이것은 좋은 일이다. 사용자에게 잘한 일이 있다면, 별점 5점을 받거나 빠르게 팔로워가 늘어날 것이다. 어쩌면 메인 페이지에 등장하거나 인기 순위 상위에 오를지도 모른다. 이로 인해 소비자들이 원하는 것을 빨리 찾는 데 도움이 될 것이다. 하지만 이미 인기 있는 사람이 더 인기를 얻게 되는 것이 단점이다.

결국 문제는 그 네트워크에 신규 구성원이 어떻게 끼어들 수 있는지가 된다. 다른 사람은 모두 수백만 명의 팔로워 혹은 수천 개의 별 5점짜리 리뷰가 있다면, 끼어들기란 쉽지 않을 수 있다. 훌루Hulu의 전임 CTO이자 상품 이론가로 유명한 유진 웨이는 소셜 네트워크의 맥락에서 '낡은 돈Old Money'에 관해 쓰고 있다. 그는 새로운 사용자가 기존 네트워크에 끼어들기가 어렵다고 주장한다.

초창기의 일부 네트워크는 게시물의 질과는 상관없이 팔로워가 증가할 수 있게 해주는 콘텐츠를 추가하여 다른 사람보다 팔로워가 늘어난 사용자를 보상해준다. 품질의 정의가 무엇이든, 어떤 사용자가 그 콘텐츠를 만들었는지는 중요하게 여기지 않는다. 소셜 네트워크의 열기가 줄어드는 이유에 대한 한 가지 가설은 이런 유형의 '낡은 돈'이 사라지지 않아서 새로운 자본이 정당하게 게임에 참여할 만한 동기부여가 되지 않는다는 것이다.

소셜 네트워크의 미래를 불가피한 정체기로 이끄는 것은 오래된 돈, 즉 오래된 사회자본이 아니다. 하지만 품질의 정의가 무엇이든, 그 콘텐츠를 언제 만든 것이든, 소셜 네트워크는 계속해서 최고의 콘텐츠 배급을 가장 중요하게 여겨야 한다. 그렇지 않으면 사회적 자본의 불평등의 한 형태가 시작되고, 탈출 비용이 현실 세계보다 훨씬 낮은 가상세계에서는, 자신의 일이 제대로 보상받고 지위의 이동성status mobility이 높은 새로운 네트워크로 손쉽게 떠날 수 있다.[76]

소셜 네트워크의 경우 이것은 사실이다. 또한 마켓플레이스, 앱스토어, 다른 네트워크 상품에서도 사실이다. 별점 시스템, 리뷰, 팔로워, 광고 시스템 등은 모두 기존의 네트워크 구성원들이 다른 사람에 대하여 우위를 점할 수 있게 하여 이런 주장을 강화한다.

모두의 관심을 독차지하는 출중한 사용자는 이 문제의 좋은 버전이지만, 나쁜 버전은 문제가 훨씬 많다. 특히 사회적 상품의 경우, 가장 논란이 많고 독선적인 사용자가 긍정적인 피드백으로 보상을 받는다면 무슨 일이 일어날까? 또는 어느 개발 플랫폼에서 (애플 앱 스토어 초기에 흥행했던 방귀 앱처럼) 어떤 저질 앱을 사용자가 다운로드받아 상위권에 오른다면 어떻게 될까? 궁극적으로 이러한 순환 관계는 깨져야 한다. 그렇지 않으면 네트워크는 원하지 않는 방향으로 갈지도 모른다.

이에 대한 멋진 용어가 있는데 이를 우선적 애착preferential attachment이라고 한다. 이에 대한 정의는 "한 노드에 연결이 많을수록, 새로운 링크를 받을 가능성이 크다"는 것이다. 결국 이것이 네트워크 하드 사이드의 성장을 방해한다. 새로운 사용자들이 성공할 수 있는 다른 네트워크를 찾아가기 시작할지도 모르기 때문이다.

그들은 더 평평한 운동장을 원한다. 그러기 위해서 그들은 성공한 네트워크가 원하는 것과 달리 경쟁업체에서 나온 새로운 상품을 꾸준하게 시험해볼 것이다.

데이터와 알고리즘의 힘

과잉수용(시청자와 제작자 모두)에 대한 유튜브의 해결책은 구글에게서 깊은 영향을 받아 만들어졌다. 구글은 마침내 유튜브를 인수했다. 2006년에 문을 연 유튜브는 2년이 채 되지 않아 16.5억 달러에 인수되었다. 당시에는 엄청난 액수처럼 보였지만 놀랄 만한 성장률과 강력한 네트워크 효과로 몇 년 뒤에 일부 애널리스트는 독자적인 기업으로서 유튜브의 가치가 3000억 달러 이상일 것으로 추정했다.

스티브는 인수 이후 몇 년간 회사가 중점에 둔 것에 대해 아주 간단하게 설명했다. "우리는 모든 트래픽을 처리하려고 애썼을 뿐입니다." 유튜브가 인터넷 최고의 영상 플랫폼이 되면서 인프라를 확장하는 데 집중하느라 엄청난 기능이 여럿 출시된 것은 아니었다.

몇 안 되는 기능 업데이트(연관성, 검색, 알고리즘을 이용한 추천)는 한 가지에 집중되었다. 다시 말해 이 업데이트는 유튜브를 혼란스럽고, 파편화된 공간으로 만들지도 모를 과밀화 문제를 해결하기 위한 핵심적인 수단이다. 엄청난 양의 데이터를 처리하는 구글의 전문지식은 이후 몇 년 동안 유튜브의 두 가지 중요한 기능인 '검색'과 '관련 영상'을 개발하는 데 결정적인 역할을 했다. 두 기능 모두 사용자가 빠르게 보려고 하는 영상을 찾을 수 있게 도와주며, 알고리즘 기반이기 때문에 회사가 수동으로 편집하거나 콘텐츠를 선택하지 않아도 된다. 유튜브 팀에서는 초기에 영상 콘텐츠 내의 이미지를 인식하는 기능을 결합하는 은밀한 시도를 했지만 검색어가 주요 키워드를 정확히 추출하는 대신 배경에 있는 무작위적인 텍스트와 일치하는 경우가 너무 많았다.

제작자와 시청자가 서로 좋아할 만한 상대와 짝짓기가 이루어지면 10억 명이 넘게 사용하는 상품에서 자연스럽게 등장하는 과밀화 문제가 줄어들 수 있을 것이다. 새로운 틈새 제작자가 그 작품을 좋아하는 시청자와 빠르게 연결된다면 사실상 그것은 알고리즘 기반으로 네트워크 안에 새로운 네트워크를 만드는 하나의 방법이다. 그것은 네트워크 내의 콘텐츠 공급과 수요의 균형을 유지하는 한 가지 방법이 되어, 인기 제작자가 새로운 작품을 내놓지 않아도 시청자들은 여전히 새로운 관련 콘텐츠를 보게 된다.

지금은 공동창업자인 스티브와 채드를 비롯한 다수의 초창기 팀원이 유튜브를 떠나갔고, 월간 활성 사용자가 20억에 이르는 규모가 되었지만 개선을 위한 콘텐츠 탐색은 계속된다. 유튜브의 최고 인기 영상은 1년이 다 되기도 전에 40억 회 뷰를 돌파했다. 최근 몇 년 동안 유튜브는 구독과 함께 알고리즘 기반으로 매우 매력적인 영상을 찾아내는 피드를 강조해왔다. 자동으로 다음 영상을 재생하는 기능(관련도가 높은 영상을 다음에 재생하면 더 좋다) 덕분에 사용 시간이 더 길어졌다. 구글의 자동 음성인식 기능을 영상 내의 음성에 적용하면 자동으로 자막을 제공하여 사용자가 검색할 수 있다. 행동이나 배경을 묘사하는 부분을 비롯하여 기타 텍스트는 자동으로 다양한 언어로 번역되어 국제적인 행사에서 유용하다. 그리고 (주로 초기 품질에 관한 말이 많았던) 악성 댓글도 놀랄 만큼 개선되었는데, 순위 알고리즘이 최고의 논쟁점을 해결해주었기 때문이다.

머신러닝machine learning이 과밀화를 완화하는 데 도움을 줄 수 있는 상황에 유튜브와 유튜브의 영상 추천 기능만 있는 것은 아니다. 이와 동일한 아이디어도 사용자의 네트워크를 구축하는 데 도움을 줄 수 있다.

이에 대한 한 가지 주목할 만한 사례는 어디에나 다 있는 '알 수도 있는 사람'이나 '친구 추천' 기능이다. 어느 정도 규모가 되는 소셜 플랫폼에서 모두 이 기능을 구현해놓은 데는 한 가지 이유가 있다. 믿기 어려울 정도로 효과가 좋기 때문이다. 링크드인의 성장 부문 부사장이었던 내 친구 아티프 아완(링크드인의 사용자가 수억 명이 될 때까지 확장하고 마이크로소프트가 링크드인을 인수하는 데 앞장서서 도움을 주었다)이 링크드인의 알고리즘이 어떻게 작동하는지 설명해주었다.

'여러분이 알 수도 있는 사람'은 링크드인이 성공하는 데 핵심적인 역할을 했다. 그 성공으로 링크드인은 네트워크 안에 수십억 개의 연결을 생성해냈다. 그 시작은 삼각형을 완성하는 것이었다. 만일 내 친구들이 모두 앨리스와 연결되어 있는데 나만 연결되어 있지 않다면, 나 역시 앨리스를 알고 있을 가능성이 높다. 나중에 우리는 암묵적인 신호를 시스템에 받아들였다. 아마도 앨리스는 나와 같은 회사에서 일하게 되었다고 말하기 위해 프로파일을 업데이트했을 뿐이었을 수도 있다. 어쩌면 며칠 동안 내 프로파일을 여러 차례 보았을지도 모른다. 이들 입력을 모두 머신러닝 모델에 집어넣으면 몇 년에 걸쳐 우리에게 이 기능에 대한 마일리지를 줄 것이다.[77]

이는 링크드인 네트워크의 밀도를 확장하는 데 도움이 되기 때문에 수백 개의 연결을 더한 뒤에도 여전히 여러분과 관련이 있는 사람을 추천해줄 수 있다. 이는 소셜 네트워크의 과밀 역학관계를 완화해주는 직접적인 사례이며, 바로 이러한 이유로 시간이 흐름에 따라 인물 추천, 연관성 기반의 피드, 인기 토픽 등 다른 많은 접근 방식이 소셜 상품의 한 층을 형성하게 되었다.

동일한 접근 방식을 이용하여 음식 배달 앱에서 음식 취향이 같은 사람들을 연결해주거나, 수십억 가지의 콘텐츠 중에서 관련 영상 피드를 추천하는 데 적용할 수 있다. 이 모든 것의 기초는 사용자와의 교류에서 오는 암묵적 신호와 명시적 신호다. 일부 제품은 이러한 알고리즘에 기반하여 주요 가치 제안을 하기도 한다. 틱톡이 좋은 사례다. 틱톡의 '포유For You' 피드는 사용자들이 콘텐츠를 탐색하는 주요 통로다. 피드를 주도하는 것은 사용자에 의한 명시적 행동과 암묵적 행동이며, 이에 대해서는 회사의 블로그에서 설명하고 있다. 다음은 블로그에서 발췌했다.

틱톡에서 포유 피드는 각 사용자의 고유한 선호도를 반영한다. 시스템은 개인화된 '포유' 피드를 형성하기 위한 요소(신규 사용자로서 흥미롭다고 표현한 관심사부터 관심 없다고 표현한 것도 조정하여)의 조합에 기반한 영상의 순위를 이용하여 콘텐츠를 추천한다. 추천은 다음과 같은 것을 포함한 다수의 요소에 기반한다.

- 내가 좋아하거나 공유하는 동영상, 내가 팔로하는 계정, 내가 게시하는 댓글, 내가 만든 콘텐츠와 같은 사용자 상호작용
- 자막이나 사운드, 해시태그 같은 디테일한 영상 정보
- 선호하는 언어, 국가 설정, 기기의 유형 같은 기기와 계정 설정. 이 요소들은 시스템이 성능을 위해 최적화되었다는 것을 확인하기 위해 포함되지만, 상대적으로 우리가 측정하는 다른 데이터 포인트에 비해서는 비중이 낮다. 사용자들이 이들을 선호도로 여기지 않아 적극적으로 표현하지 않기 때문이다.[78]

틱톡의 연관성 알고리즘에 따르면 시간이 흘러 수억 편의 영상이 추가되더라도 영상의 제작자는 자신의 콘텐츠를 소비하려고 하는 시청자와 만나게 된다. 그 반대도 마찬가지다.

'데이터 네트워크 효과'는 대개 시간이 흐름에 따라 네트워크에 나타나는 연관성 및 과밀화 문제를 해결하는 방법의 하나로 호출된다. 신호는 개별적인 행동의 조합이지만, 수억 명 사용자의 행동 조합에 바탕을 둔 알고리즘 기반의 모델이기도 하다. 사용자가 많을수록 행동 데이터가 많아지고, 이로 인하여 세분화된 콘텐

츠 추천이 가능해진다. 내가 앞서 논했던 신용 평가 사례와 모순 되는 데이터 기반 네트워크 효과의 일종이다.

알고리즘은 만병통치약이 아니다

과밀화 문제에 직면해 있는 것은 유튜브, 링크드인, 틱톡뿐만이 아니다. 네트워크의 규모가 커지면서 사용자들이 찾는 것과 사용자를 연결하는 일이 점점 어려워지고 있다. 수백 명의 엄선된 판매자가 있는 마켓플레이스는 수십 혹은 수백만 개의 상품이 제공되면 매우 달라 보일 것이다. 업무용 협업 도구는 찾아야 할 폴더나 사람의 수가 많지 않을 때는 사용자 친화적이지만 회사 전체로 확대되면 수백 명의 프로젝트 사이에서 검색할 수 있도록 사용자 인터페이스가 발전해야 한다. 사용자 인터페이스는 앱 스토어에도 영향을 미친다. 애플은 그 유명한 선언을 해야 했다. "우리는 앱 스토어에 25만 개가 넘는 앱이 있다. 더 이상 '방귀 앱'은 필요하지 않다." 수동으로 엄선하든, 브라우징을 하든, 검색을 하든, 알고리즘 기반의 인터페이스를 이용하든 그 방법은 바뀌어야 했을지도 모른다.

알고리즘이든 아니든 그 어떤 접근 방식도 만병통치약은 아니다. 과밀화에 대한 싸움이 끝난 적이 없기 때문이다. 그리고 사실 피드백 순환구조는 때로 의도치 않은 결과로 이어지기도 한다. 소셜 미디어에서 본 것처럼 무엇에 맞춰 최적화하려고 하는지 주의

해야 한다. 온전히 사용자의 참여만 고려한다면 알고리즘 기반의 피드에는 논란의 여지가 많은 낚시성 콘텐츠만 나타날 수도 있다. 또는 온전히 매출에만 기반을 둔 마켓플레이스에서는 구매할 때 기댓값이 높은, 연관성이 낮고 가격은 비싼 일련의 상품을 보게 될 수도 있다. 하지만 질적으로는 좋아 보이지 않는다.

스티브와 함께 그가 유튜브에서 일하기 시작했던 시절 이야기를 하면서 유튜브 초기에는 주로 콘텐츠(영상, 사용자, 댓글)를 정리하는 것에 집중했다는 것을 알 수 있었다. 하지만 유튜브가 어마어마한 속도로 성장했기 때문에(사용자 0명에서 수백만 명으로 증가했고, 2년도 되지 않아 수십억 달러에 인수되었다) 콘텐츠 검색을 지원하는 기술이 빠르게 바뀌어야 했다. 하지만 이는 몇 년이 지나도 끝나지 않았다. 10년이 지나도 유튜브는 과밀화 문제를 해결하기 위해 계속 씨름하고 있다. 하지만 갈수록 도구들이 정교해지고 있다. 최근 통계에 따르면 유튜브는 웹과 모바일에서 사용자가 수십억 명으로 증가하면서, 분당 600시간의 콘텐츠가 늘어나고 있다.

내가 유튜브 이야기에서 얻은 중요한 교훈은 모든 네트워크 상품이 가야 하는 여정이다. 처음 시작할 때는 조직이 거의 필요하지 않았지만 네트워크가 커가면서(처음에는 편집자, 중재자, 사용자), 데이터와 알고리즘에 의해 갈수록 많은 구조가 적용되었다. 초기의 반복 작업은 정교하지 않았다. 단지 어떻게든 마무리는 했을 뿐이다. 알고리즘은 나중에 나왔다. 심지어 몇 년이 지난 후에 나왔다. 네트워크를 건강하게 유지하는 것은 여전히 일상적인 싸움이다.

6부

해자

THE MOAT

29
윔두 vs. 에어비앤비

우리가 출시한 상품에 네트워크 효과가 있다면 경쟁사 역시 네트워크 효과가 있을 가능성이 높다. 이는 위험한 상황을 만들 수 있다. 이것은 에어비앤비가 2011년, 처음으로 직접적인 경쟁자를 만나게 되었을 때 처하게 된 상황이다. 바로 베를린 출신의 무시무시한 신생 스타트업 윔두Wimdu였다.

론칭했을 때 윔두는 에어비앤비와 섬뜩할 정도로 비슷한 모습이었다. 디자인 때문이었다. 윔두는 웹 페이지에 '아파트 및 아침식사를 제공하는 숙박Apartment&Bed and breakfast'이라고 쓰고, 에어비앤비의 태그라인 '숙소를 찾아보세요Find a place to stay'에서 영감을 받아 '여러분이 가장 좋아하는 숙소를 찾아보세요Find Your Favorite Places to Stay'라고 크게 적어 놓았다. 윔두 홈페이지의 아랫부분에는 이 개념이 〈뉴욕타임스〉에 특집으로 실렸다고 적혀 있다. 하지만 당연하게도 그 기사는 윔두가 아니라 에어비앤비에 관한 기사였다.

윔두는 처음부터 유럽 시장에 초점을 맞춘 에어비앤비의 직접적인 모방 상품이었으며, 출시 첫날부터 무서운 경쟁자로 등극했다. 잠베르 형제와 그들의 스타트업 스튜디오인 로켓 인터넷에 의해 설립된 이 회사는 유럽 출신 스타트업 중 가장 많은 투자금인 9000만 달러의 자금을 가지고 론칭했다. 그리고 100일이 되지 않아 400명이 넘는 직원을 채용했고 수천 개의 부동산 매물을 보유하고 있었다. 이들은 미국의 기업을 복제한다는 명시적인 전략을 따르고 있었는데, 이미 이런 식으로 큰 성공을 거둔 전적이 있었다. 이베이에 5000만 달러에 판 앨란도Alando를 비롯해 그루폰Groupon에 영감을 받아 불과 5개월 만에 1억 7000만 달러에 인수된 시티딜스CityDeals가 있었다. 로켓 인터넷은 대개 색상 구성표, 페이지의 텍스트, 기능 등을 전혀 부끄러움 없이 복제했다. 이들은 이베이를 대상으로 이런 전술을 성공적으로 수행했고, 이제 에어비앤비를 따라갈 준비를 마쳤다.

윔두는 에어비앤비에게 좋은 소식이 아니었다. 에어비앤비의 공동창업자이자 CEO인 브라이언 체스키는 〈블리츠 스케일링Blitzscaling〉에 실린 인터뷰에서 잠베르와 그들의 접근 방식에 대해 언급했다.

기본적으로 이들 형제는 그들이 복제했던 것은 무엇이든 없애버린다. 내가 듣기로는 그랬다. 마치 '클론의 공격'처럼 말이다. 하지만 그뿐 아니라 그들이 만든 것은 가장 빠르게 성장했다. 적어도 당시 그들의 위상으로 볼 때 가장 빠르게 성장한, 가장 성공한 스타트업들이었다.

우리 입장에서는 갑자기 이 거대한 용이 나타난 셈이다. 그 용을 물리칠 수 있을 것 같지 않았다. 그리고 그 시점에 우리는 700만 달러를 유치한 상태였다.[79]

그때 에어비앤비는 이제 겨우 2년 6개월이 되었고, 직원 수는 40명이었다. 그리고 소규모 벤처캐피털을 유치한 상태였다. 에어비앤비는 달러만 사용할 수 있었고 유로화는 사용할 수 없었으며, 영어 이외의 언어로는 번역이 되어 있지도 않았다. 몇 달 되지 않아 윔두는 400명의 직원을 채용했고 9000만 달러의 자금을 유치했다. 말 그대로 서류상으로는 에어비앤비보다 10배가 컸고, 10배가 커질 때까지 걸린 시간은 10분의 1이었다.

위태로운 곳은 유럽 시장만이 아니었다. 여행업계에는 이런 유형의 경쟁이 큰 문제가 되었던 선례가 있었다. 부킹닷컴Booking.com 또한 유럽에서 태어난 회사였고, 결국 익스피디아Expedia, 트립어드바이저TripAdvisor를 비롯한 글로벌 스타트업의 도전을 받아야 했다. 윔두가 유럽을 기반으로 한 강력한 원자 네트워크를 구축할 수 있었다면 전 세계 수많은 시장에서 곧바로 에어비앤비에 도전할 수 있는 글로벌 경쟁자가 되었을 것이다.

에어비앤비에게 이때까지의 경쟁은 간접적이거나 인상적이지 않았기 때문에 이 순간은 중요했다. 이것은 처음으로 겪게 되는 일대일 도전이었다. 에어비앤비가 처음 론칭했을 때 이미 몇몇 기업이 경쟁을 펼치고 있었다. 첫 번째로, VRBO Vacation Rental by Owner는 1995년 창업자의 스키 리조트 콘도를 임대하기 위해 설립되었다. 이는 집주인과 손님을 이어준다는 점에서 사실상 에어비앤비와 아이디어가 같았지만 제품의 사용자 인터페이스는 세련되지 못하고 등록 및 거래에 마찰을 일으켰다. VRBO는 나중에 홈어웨이 HomeAway와 합병되었다. 더욱 중요한 것은 초기 에어비앤비가 인구밀도가 높은 도심지 내의 공유된 공간에 집중했던 것과는 달리 VRBO는 인적 없는 목적지에 위치한 휴가 시설에 집중했다는 점이다. 또 다른 상품인 카우치서핑 Couchsurfing도 이미 존재하는 특이하지만 간접적인 경쟁자였다. 2003년에 설립된 비영리단체 카우치서핑은 사람들이 돈을 내지 않아도 서로의 소파에서 잘 수 있게 했다. 대신 공동체를 중요하게 여기고 회원들이 서로 새로운 도시 주변을 안내하게 했다. (결과적으로 경제적인 투명성과 동기부여가 부재하는 상태에서 원하거나 원하지 않는 로맨틱한 진전이 가끔 있었다.) 그리고 크레이그리스트도 있었는데, 여분의 방을 빌리고 단기 체류를 위한 항목도 있었지만 내가 말한 것처럼 설명이나 재고, 사진, 안전 등에 일관성이 없었다.

2011년 중반까지 윔두는 유럽 시장을 차지하는 데 공격적이었다. 윔두는 빠르게 공급을 확보하기 위해 자동화 및 수동화를 통해 에어비앤비의 목록을 복제하는 데 주력했다. 자동화 측면에서 윔두는 에어비앤비의 목록을 긁어오는 봇을 제작했다. 봇의 역할은 호스트에서 양쪽 플랫폼에 목록을 유지하고 싶으면 쉽게 관리할 수 있도록 설명 및 사진, 숙박 가능 여부를 복사하는 것이었다. 하지만 때때로 항목에 가짜 매물이 섞여 있다는 보고가 있었다. 예약을 시도했는데 실제로 윔두에는 존재하지 않는다면 손님들은 방이 비어 있는 다른 곳으로 가면 그만이었다. 현장에서 윔두는 손님으로 가장하고 에어비앤비 호스트에게 방을 빌리고는 했다. 그리고 그 과정에서 윔두에도 등록하라고 호스트를 설득했다. 이와 함께 유럽 전역에 걸쳐 대대적인 론칭 행사와 PR 공격을 펼치며 윔두는 운영 첫해에 5만 건이 넘는 등록 건수와 1억 3000만 달러의 총매출을 올렸다.

2012년에 나온 한 기사는 윔두가 그동안 어떻게 해왔는지를 설명해준다.

1년 만에 윔두의 웹 사이트는 100개국이 넘는 곳에서 등록된 5만 건이 넘는 부동산 매물을 자랑하는 유럽에서 온 세계 최대의 소셜 숙박 검색엔진이 되었다.

이 신출내기 기업은 현재 한 달에 500만 유로(660만 달러)의 매출을 기록하고 있다. 다시 말해 겨우 1년 만에 2012년 전체 매출은 1억 유로(1억 3200만 달러)를 돌파할 것으로 예상된다.

성장세 또한 매우 빠르다. 윔두에 따르면 실제로 월 매출이 지난 석 달 동안 4배가 늘었다.[80]

이와 같은 빠른 시작 후에 믿을 수 없는 일이 일어났다. 윔두의 가치가 완전히 무너진 것이다.

윔두가 사라지는 데는 2년밖에 걸리지 않았다. 믿을 수 없게도 2014년에 윔두는 직원들을 해고했고, 유럽 시장에서 리더십을 잃었다는 사실을 인정했다. 결국 몇 차례 M&A를 거치면서 2018년 직원을 모두 해고했다.

초창기에 윔두가 택했던 지름길은 서류상으로 공급을 얻는 데는 도움이 되었지만, 호스트를 네트워크의 하드 사이드에 추가하는 것에 관한 중요한 교훈을 무시했다. 에어비앤비의 초창기 직원(17번째)이자, 경쟁적인 대응에서 회사의 국제적인 노력을 주도하던 마이클 섀처는 윔두의 전략에 대해 이렇게 말했다.

공급이라고 해서 모두 같은 것은 아니다. 윔두의 상위 10퍼센트는 에어비앤비의 하위 10퍼센트나 마찬가지다. 윔두는 숫자가 목표이지만, 저급 호스텔의 형태로 수백 채의 숙소를 관리하는 부동산 소유자를 대규모로 모집했다. 그들은 쉬운 길을 선택했고 20명의 부동산 소유주를 통해 1000곳의 목록을 얻었지만, 고객 경험은 실망스러웠다.

에어비앤비 초창기 때 우리는 늘 긍정적인 '기대 격차Expectation Gap'가 있어야 한다고 말했다. 초창기에는 손님들의 기대감이 낮기 때문에 들어오지만, 떠날 때 그 경험에 압도당했다. 이처럼 NPS Net Promoter Score(고객의 충성도를 판단할 수 있는 지표)가 높아야 고객이 친구에게 이야기해서 호스트도 가입할 가능성이 높아진다. 지름길을 선택한 우리 경쟁자는 여기까지는 오지 못했다.[81]

윔두는 재빠르게 인상적인 수치를 발표할 수 있었지만, 네트워크의 하드 사이드는 품질을 반영할 정도로 완전히 형성되거나 조정되지 않았다. 그리고 이렇게 빠르게 유입되는 호스트 목록에 대응하기 위해 윔두는 어쩔 수 없이 수요를 폭발적으로 증가시켜야 했다. 결과적으로 여행객을 끌어들이는 윔두의 수요 측면에서 속도를 줄여서라도 품질을 맞춰야 했다. 사이트가 너무 새로워서 입소문이나 바이럴 마케팅, SEO 등 기타 저비용으로 사용자를 확보하는 채널의 도움을 받기가 어렵기 때문에 여행객을 빠르게 확보하는 것은 유료 마케팅이 주도해야 했다. 양쪽에 촉매작용을 일으키면 원자 네트워크가 빠르게 형성되고 네트워크 효과가 나타나기 시작할 것이다. 하지만 윔두의 네트워크는 품질에 문제가 있었다. 성공하려면 시간이 필요했다. 게다가 에어비앤비의 경쟁적인 대응도 강렬할 것이었다.

에어비앤비의 소규모 팀은 '평시에는 회사였지만, 이제는 전시에 돌입했다'라는 각오로 힘을 모았다. 해야 할 일이 많았다. 에어비앤비 네트워크의 공급 측면은 상당수가 자연스럽게 구축된 것이었다. 계획된 것이 아니었다는 뜻이다. 구글 지도에 주소가 나와 있는 부동산이라면 등록이 가능했고 개방형 플랫폼으로서 국제화된 결제 옵션과 언어 현지화가 되어 있지 않았던 유럽에서도 호스트들이 등장하기 시작했다. 브라이언 체스키를 비롯한 초창기 에어비앤비 팀은 때때로 유럽을 돌아다니며 콘퍼런스에서 연설하고 파티와 이벤트를 개최했지만, 윔두의 빠른 성장세에 대응할 풀타임 직원이 현장에 없었다. 이것이 크게 변하기 시작했다.

긍정적인 측면에서, 에어비앤비의 자연스러운 공급은 이미 여러 해 동안 에어비앤비만의 고품질 숙소를 확보하고 있다는 뜻이었다. 유럽의 네트워크는 비록 미국보다 규모가 작기는 했지만 이미 원자 네트워크를 형성하고 있었다. 미국에서 온 여행객들은 페이팔을 받아주는 곳에서 에어비앤비를 이용하여, 달러로 지불하고 숙소에서 숙박할 수 있었다. 그것은 효과적이었고, 에어비앤비는 유럽에서 성공하기 위하여 이러한 미국에서의 성공을 활용했다. 많은 사람이 이것을 '글로벌 네트워크 효과'라고 부른다. 에어비앤비의 문제는 콜드 스타트 문제 해결보다는 네트워크 확장에 있었다.

윔두가 론칭했을 때 잠베르 형제는 발 빠르게 투자금을 회수하기 위해 그루폰과 이베이에 했던 것처럼 힘을 모으기 위한 논의를 하자며 에어비앤비에 연락했다. 에어비앤비와 윔두의 공동창립자와 투자자들은 몇 차례에 걸쳐 토론을 이어갔다. 여러 번의 회의, 윔두 사무실 견학, 잠재적인 결과에 대해 가장 잘 이해하는 그루폰의 앤드루 메이슨 같은 기타 창업자들에게 확인하는 절차 등이 포함됐다. 결국 에어비앤비는 싸우기로 했다. 브라이언 체스키는 자신의 생각을 다음과 같이 밝혔다.

당시 내 생각은 이랬다. 당신들한테 할 수 있는 가장 큰 복수는 당신들이 이 회사를 오랫동안 운영하도록 하는 거라고. 아이가 있으면 그 아이를 책임져야 한다. 적어도 18년 정도는. 당신들이 회사를 팔아치우고 싶은 속내를 들킨 이상, 팔아넘기려고 할 테니까.

나보다 1년 정도는 일찍 움직일 수 있겠지만, 계속해서 그럴 수는 없을 테니 그것이 우리 전략이었다. 그리고 우리는 오랜 관점을 갖고 회사를 쌓아올렸다. 우리가 승리할 수 있는 비결은 더 나은 커뮤니티를 갖는 것이다. 그는 커뮤니티를 제대로 이해하지 못했다. 더구나 우리에게는 더 좋은 상품이 있었다.[82]

에어비앤비는 그들의 상품팀을 동원하여 빠르게 국제적인 지원을 개선시켰다. 에어비앤비의 첫 상품 매니저 조너선 골든은 그들의 노력을 이렇게 묘사했다.

초창기 에어비앤비의 목록을 만드는 경험은 기본적인 수준이었다. 양식을 작성하고, 사진 한 장(대개는 전문가가 찍은 사진이 아니었다)을 업로드한 다음 사실관계가 분명한 숙소를 편집하여 게시했다. 초기 에어비앤비의 휴대전화 앱은 별 볼 일 없었다. 찾기만 하고 예약을 할 수는 없었다. 당시에는 1건이나 2건만 올라와 있는 시장이 많았다. 예약은 미국 달러만 지원해서 미국인 여행객의 구미에만 맞았고, 호스트의 경우 ACH를 통해 미국 은행으로 이체를 해서 돈을 받거나 페이팔을 이용할 수 있었다.
윔두의 공격을 막아내기 위해서는 이러한 상품의 구조를 국제적으로 작동하는 무언가로 바꾸어야 했다.
우리는 상품을 국제화했다. 에어비앤비에서 사용되는 주요 언어를 모두 번역했다. 한 개국의 통화만 지원했었지만, 32개국을 추가했다. 영국의 웹 사이트에서 사용하는 'airbnb.co.uk'와 스페인에서 사용하는 'airbnb.es' 등 지역 도메인을 모두 구입했다. 유럽에서 기회를 차단하려면 빠르게 움직이는 것이 중요했다.[83]

상품과 더불어 웜두의 영역에서 싸우는 가장 빠른 방법은 페이스북, 구글 등을 비롯한 기타 채널을 이용하여 여러 해에 걸쳐 구축된 기업의 유기적인 채널의 수를 늘려 유료 마케팅의 규모를 빠르게 키우는 것이었다. 가장 중요한 것은, 에어비앤비가 마침내 첫 번째 국제 부문 임원으로 마틴 라이터를 고용하고, 독일의 인큐베이터이자 로켓 인터넷의 동료인 스프링스타와 협력관계를 구축해 국제적 확장을 가속화하기로 결정을 내린 것이었다.

2012년 스페인의 한 임대주택에서 미래의 국제 부문 관리자들이 모여 '유럽의 침공Invasion of Europe'이라는 전략집을 집필하기 시작했다. 그들은 각 지역을 대상으로 언론, 페이스북 광고, 이메일과 기타 접점을 포함하는 통합광고 캠페인과 함께 PR 공세를 시작할 것이었다.

그리고 그것이 유럽에서 승리한 방법이다.

웜두와 에어비앤비의 이야기가 재미있는 것은 네트워크를 기반으로 한 경쟁에서 여러 반직관적인 면모가 드러나기 때문이다. 에어비앤비는 유럽 네트워크에서 규모가 작지만, 더 규모가 크고 고도의 집중력을 갖춘 경쟁자를 물리친다. 이는 지역 네트워크에서 충분히 밀도가 높은 글로벌 네트워크를 차지하려는 싸움이다. 우리는 양보다 질의 중요성을 볼 수 있고 네트워크의 이지 사이드와 하드 사이드에 서로 다른 방식으로 접근한다는 것을 알 수 있

다. 이러한 뉘앙스는 우버 대 도어대시DoorDash, 슬랙 대 마이크로
소프트 팀스 같은 네트워크별 경쟁 상황에도 적용된다. 이러한 사
례연구는 또한 네트워크 효과가 나타나는 두 기업 사이의 경쟁이
몇 가지 근본적인 토대에 의해 좌우된다는 것을 암시한다.

해자 소개하기

이 단계의 프레임워크인 모트moat, 즉 해자(성을 방어하기 위해 성
주위에 파놓은 호)에서는 네트워크가 다른 네트워크와 경쟁하게 되
면 어떤 일이 일어나는지, 왜 이런 형태의 경쟁이 그렇게 고유한
것인지 설명할 것이다. 이 장에서는 크레이그리스트, 우버, 구글
플러스, 이베이, 마이크로소프트를 대상으로 한 사례연구와 이론
을 모두 다룰 것이다.

　네트워크를 기반으로 하는 경쟁의 본질을 소개하기 위해서 패
자는 아무것도 얻지 못하는 반면, 승자는 네트워크 효과를 이용하
여 시장에서 승리를 거두는 경쟁구조(이를 '선순환, 악순환'이라고 한
다)가 왜 고위험인지 설명할 것이다. 하지만 경쟁의 역학관계는
반직관적이다. 네트워크 상품은 모든 경쟁상대가 네트워크 관련
업무를 하는 시장에 존재한다. 그리고 내가 골리앗인지 다윗인지
에 따라 하는 일이 달라진다. 골리앗이라면, 모멘텀이 높은 스타
트업이 나타나면 여러분은 무엇을 하는가? 다윗이라면, 거인이 나
를 빠르게 쫓아올 때 여러분은 무엇을 하는가?

네트워크 기반의 경쟁에서 가장 핵심적인 전략 중 하나는 '체리피킹Cherry Picking'이다. 어떤 기업이 무적으로 보일 수도 있지만, 그 기업을 비롯한 제국은 보통 다수의 작은 기업으로 구성되어 있다. 그중 일부는 상대적으로 취약하다. 크레이그리스트와 에어비앤비를 포함해 그 안에 줄지어 서 있는 수많은 체리피커를 보라. 시장에서 가장 규모가 큰 기업의 관점에서는, 스티브 잡스를 유명하게 만든 규모가 크고 화려한 미디어를 중심으로 한 폭발적인 론칭Big Bang Launch과 함께, 고속 성장하는 스타트업을 하고 싶을 것이다. 구글 플러스는 페이스북을 뒤쫓던 구글의 사례연구다. 그러나 이러한 목표는 네트워크가 결국 흐트러지고, 약해지고, 쉽게 붕괴하게 되면서 '한순간의 실패Big Bang Failure'로 끝나고 만다. 나는 이 장을 마치면서 네트워크 기반의 경쟁에서 반복해서 나타나는 테마를 풀어놓을 것이다. 그것은 비대칭에 관한 것이다. 규모가 작은 플레이어와 규모가 큰 플레이어는 서로 다른 전략을 사용한다. 그리고 가장 가치 있는 사용자를 놓고 네트워크 사이에 경쟁할 때 격렬한 경쟁이 일어나는 경우가 많다. 이것이 바로 '하드사이드를 놓고 경쟁하는 것'이다. 네트워크에서 힘든 일을 하는 운전기사, 크리에이터, 기획자는 믿을 수 없을 만큼 소중하며, 이들을 움직임으로써 현재 잘나가는 기업들이 붕괴하는 동안 새로운 네트워크가 부상할 수 있다. 물론 대규모 플레이어에게는 그만의 움직임이 있으며, 그 무엇도 '번들링Bundling'보다 강력한 것은 없다. 시장에서 주도적인 위치를 확립함으로써 그들은 상품을 결합하기만 하면 인접한 기업을 인수할 수 있다. 나는 1990년대 브라우저 전쟁의 역학관계를 설명할 것이다. 마이크로소프트는 넷스케이프와 싸우면서 그 유명한 '끼워팔기'를 했다. 때로 이러한 움직임이 매우 효과적이었지만 그렇지 않았던 적도 많다.

해자는 콜드 스타트 이론의 마지막 단계다. 이 책의 초반부는 무에서 시작하는 법에 초점을 맞추었고, 그런 다음 확장, 마침내 기존 기업이 산업 내에서의 독점을 확립한다. 해자는 네트워크 효과를 이용하여 시장에 진입하려는 소규모 네트워크와의 끊임없는 전투에서 자기영역을 방어하는 성공적인 네트워크에 관한 이야기다.

30
선순환, 악순환

VIRTUOUS CYCLE, VICIOUS CYCLE

전설적인 투자가 워런 버핏은 그의 투자전략을 설명하면서 경쟁적 해자competitive moat라는 개념을 널리 알렸다.

> 투자의 열쇠는 어떤 산업이 사회에 얼마나 큰 영향을 미치는지, 얼마나 성장할지 평가하는 것이 아니라 특정 기업의 경쟁 우위, 무엇보다 그러한 우위의 내구성을 결정하는 것이다. 주위에 폭넓고 지속 가능한 해자가 있는 상품이나 서비스가 투자자에게 보상을 해주는 상품이나 서비스다.[84]

버핏은 일반적으로 시스 캔디나 코카콜라처럼 기술 수준이 낮은 기업에 투자하기 때문에 그가 언급하는 해자는 대개 강력한 브랜드이거나 고유한 비즈니스 모델인 경우가 많다. 네트워크 효과가 있는 소프트웨어 상품의 경우, 네트워크 효과가 있는 강력한 해자가 의미하는 것은 서로 다른 무엇이다. 얼마나 많은 노력과 시간, 자본이 있어야 상품의 특성과 네트워크를 복제할 수 있을까? 오늘날 소프트웨어의 기능을 복제하는 것은 일반적으로 어려운 일이 아니다. 슬랙이나 에어비앤비의 기능성을 완벽히 복제하는 데 시간이 걸릴지는 몰라도 어렵지 않다. 이런 유형의 상품이 방어력이 높은 것은 그들의 네트워크를 복제하기가 어렵기 때문이다.

나는 한 가지 사례를 이용하여 경쟁적인 해자에 대해 꼼꼼히 살펴볼 것이다. 우선 에어비앤비가 아무런 경쟁자도 보이지 않는 새로운 도시에서 서비스를 론칭한다고 가정하고 첫 번째 원칙에 대해 생각해보자. 초기 에어비앤비 팀이 설명했던 것처럼 콜드 스타트 문제는 새로이 론칭하는 도시에서 300개의 항목과 리뷰 100개 이상의 티핑 포인트에 이르는 것의 어려움에 있다. 최소한의 네트워크의 크기가 꽤 크기 때문에 두세 명이면 시작할 수 있는 통신 앱 같은 유형의 네트워크와는 달리 실질적인 노력이 필요하다. 하지만 일단 에어비앤비가 시장에서 이탈 속도에 도달하면 콜드 스타트 문제는 새로운 진입자에 대해서 방어책을 만든다.

결국 도시에 진입하는 경쟁업체는 모두 콜드 스타트 문제를 해결해서 동일한 밀도를 구축해야 할 것이다. 여러분이 0에서 티핑 포인트까지 가는 데 어려움을 겪었던 것처럼 불리한 조건에서 시작하는 경쟁업체에게는 더욱 어렵게 다가올 것이다.

이러한 이유로 그곳에 이미 기존의 기업이 있을 때 더 흥미로운 일이 일어난다. 신규 경쟁업체는 단순히 에어비앤비가 이미 해놓은 것을 다시 만들어 300개의 명단을 얻는 것만으로는 충분하지 않은 경우가 많다. 일단 네트워크의 규모가 커지고 자연스럽게 성장을 하게 되면, 그들은 품질이 좋고 가장 쉽게 얻을 수 있는 공급과 수요를 많이 차지한다. 새로운 경쟁자는 400개, 500개 이상으로 빠르게 성장하는 네트워크와 경쟁하고 있다. 게다가 에어비앤비가 완전히 무르익은 원자 네트워크를 형성하게 되면, 새롭게 진입한 기업은 일반적으로 손님과 호스트에게 더 좋고 차별화된 경험을 제공해야 한다. 그렇지 않다면 이미 작동하고 있는 것을 왜 쓰지 않겠는가?

이것은 말 그대로 해자다. 그리고 콜드 스타트 문제를 에어비앤비의 경쟁자 입장에서 재구성한다. 어떠한 네트워크든 새로운 네트워크를 괴롭히는 모든 반네트워크 효과는 에어비앤비가 이미 시장에 있을 때 크게 증가한다. 그 곡선이 다루는 범위가 넓고 깊을수록 새로운 기업이 시작하기가 어려워진다.

그러나 경쟁적인 해자는 우버의 경우 주어진 도시의 외곽으로, 슬랙의 경우 한 기업으로 그 효과가 국한되어 있을 수도 있다. 우버가 뉴욕에서 지배적인 위치에 있다는 사실은 샌디에이고에서 우버가 성공하는 데 도움이 되지는 않았다. 네트워크 효과는 주로 개별적인 도시에 국한되어 있기 때문이다. 이는 언제나 우버 비즈니스의 비판이 되어왔고, 잔인한 참호전의 근본적인 원인이었다. 그렇다고 해서 특정 도시에 있는 해자가 만만치 않다는 말은 아니다. 샌프란시스코나 뉴욕에 아무런 기반 없이 새로운 네트워크를 만드는 데는 수십억 달러가 들 것이다. 이는 성숙한 시장에서 더 이상 새로운 경쟁자가 나타나지 않는 이유이기도 하다. 네트워크의 도시별 구조에 기반한 시장의 세분화는 언제나 불가피하다.

반면 에어비앤비 해자는 여행의 특성상 우버보다 훨씬 강하다. 마이애미, 오스틴, 샌디에이고에 호스트를 두게 되면 여행자의 수요 측면을 위한 더 강력한 네트워크를 형성할 수 있다. 반대도 마찬가지다. 결과적으로 개별 도시를 따로 떼어 생각할 수는 없다. 전 세계 어느 곳에서나 올 수 있는 여행객에 모두 대체해야 하기 때문이다. 따라서 에어비앤비는 우버보다 넓고 깊은 글로벌 해자를 가지고 있다. 그리고 핵심 도시를 따로 공략하려면 훨씬 많은 자본이 필요할 것이다. 슬랙, 드롭박스, 구글 워크스페이스 같은 네트워크 상품에 대해서도 똑같이 말할 수 있을 것이다. 이들은 대부분 기업 내부에서 사용된다. 반면 줌의 네트워크는 회사를 연결하는 참여자들에 의해 사용되기 때문에 전반적으로 깊은 해자를 가지고 있다.

콜드 스타트 프레임워크의 마지막 부분인 '해자'는 네트워크 기반의 경쟁에 직면하고 있는 기업의 고유한 도전(다른 점은 무엇인가, 어떤 부분에서 스타트업이 우위를 점할 수 있는가, 기존의 우량기업은 어떻게 대응할 것인가)에 관한 것이다.

시작하기 전에 잠시 왜 이런 역학관계가 그리 중요한지 뒤로 물러나 크게 바라보자.

네트워크의 싸움

네트워크의 싸움은 위험성이 높다. 특히 어떤 제품의 성공이 의미하는 것이 다른 제품의 소멸을 뜻할 때 그러하다. 에어비앤비와 윔두는 물론이고, 슬랙과 힙챗, 우버와 사이드카를 보라. 그 싸움에서 한쪽은 100억 달러짜리 회사가, 다른 한쪽은 고대의 유물이 되었다.

이런 일이 일어나는 이유는 네트워크 상품이 '승자독식'으로 기울어질 수 있기 때문이다. 한 상품이 원자 네트워크에서 승자가 된다면, 그것은 자신이 좋아하는 그룹일 뿐이지만, 그것을 충분히 반복하면 한 상품이 전체 시장에서 승리할 수 있는 전략이 된다. 그리고 이것을 독점이라고 한다. 이는 친구 혹은 동료의 원자 네트워크 내부에서 편의를 위해 단일한 상품으로 표준화하는 일이 흔하기 때문에 일어난다. 예를 들어, 직장 내에서 한 팀 혹은 한 회사 전체가 하나의 상품으로 수렴할 것이다. 사람들은 중요한 문서를 저장하고 동료에게 메시지를 보내고, 스프레드시트를 편집하기 위해 같은 협업 도구를 사용할 것이다. 각각의 카테고리에서 한 가지 앱을 사용하면 다수가 동참하는 일이 많아져 슬랙을 사용하는 팀은 마이크로소프트 팀스를 사용할 때와 같은 시간을 쓰지는 않을 것이다. 둘 중 하나다. 적어도 특정 네트워크 내에서는 결국 한 상품이 우위를 점하게 된다.

어떤 네트워크 상품이 일련의 네트워크에서 경쟁 상품보다 빠르게 승리할 수 있다면 그 상품의 우위는 점점 쌓여갈 것이다. 이러한 우위는 자연스럽게 고객 확보, 참여, 수익화 등에서 네트워크 효과가 증가하는 것으로 나타난다. 네트워크가 점점 작아지게 되면 붕괴되어 사용자를 잃고 사용자들은 다른 상품으로 옮겨갈 수도 있다. 당연한 말이지만, 이처럼 위험부담이 큰 유형의 환경에서 모든 기업은 경쟁하는 법을 알아내는 것이 중요해진다. 하지만 네트워크 효과가 존재하는 세계에서 전술은 어떻게 작용하는 것일까?

먼저, 전술이 효과가 없는 경우에 대해 이야기하겠다. 분명한 것은, 전술은 누가 더 많은 기능을 탑재할 수 있는지 겨루는 대회가 아니라는 점이다. 사실 상품은 언뜻 보기에 모두 똑같아 보인다(음식 배달이나 메시지 앱을 생각해보라). 그리고 그렇지 않더라도 기능이 상대적으로 복제하기가 쉬워 차별성이 없는 경우가 많다. 대신 내재하는 네트워크의 역학관계가 모든 차이를 만드는 경우가 많다. 도어대시 앱이나 우버이츠 앱은 보기에는 비슷해 보이지만, 도어대시는 고가의, 경쟁이 치열하지 않은 교외 지역이나 대학가에 집중하여 차별화를 이루어냈다. 오늘날 도어대시의 시장 점유율은 우버이츠의 두 배다. 약하고 단절된 네트워크를 구축한 구글 플러스의 산발적 론칭에 비하여 페이스북은 대학 캠퍼스에서 시작하여 밀도가 높은 네트워크를 여럿 구축했다. 네트워크 효과를 중심으로 하는 카테고리에서 기능을 기반으로 하여 승리하는 상품은 거의 없다.

또한 이는 누구의 네트워크가 큰지에 대한 것이 아니라 '선점자 우위first mover advantage' 같은 전문용어와 대조를 이룬다. 현실에서 스타트업이 대기업을 무너뜨리는 사례는 항상 볼 수 있다. 많은 기업이 크레이그리스트의 일부를 '번들 해제unbundled'하여 최상의 하위 카테고리를 선별하여 앱으로 만들고 있다. 에어비앤비, 질로, 섬택Thumbtack, 인디드Indeed 등 여러 상품이 이 카테고리에 들어간다. 페이스북은 마이스페이스가 이미 거물이었던 세계에서 승리를 거두었다. 그리고 최근에도 노션이나 줌 같은 협업 도구가 구글 워크스페이스, 웹엑스, 스카이프가 이미 상당한 관심을 끌고 있는 세계에서 성공을 거두고 있다. 실제로 그러한 네트워크들의 품질은 매우 중요하다. 따라서 새롭게 진입하는 기업들이 어떤 네트워크를 선택해야 하는지 알아내는 것이 중요해지고 있다. 이는 관련된 장에서 논할 것이다.

대기업과 스타트업이 경쟁하기 쉽다는 사실을 고려하면 이러한 경쟁적인 움직임에 대처해야 하는 편에서는 무슨 일이 벌어질까? 네트워크 기반의 경쟁은 고유하다. 그리고 자체적인 역학관계가 존재한다. 당신은 스타트업에서 일하며 스타트업의 모든 움직임을 따라 하는 어느 대기업과 경쟁하는 불가능한 역경에 직면하고 있을 수도 있다. 혹은 기존 기업에서 일하고 있을 수도 있는데, 작지만 실력 있는 스타트업이 갑자기 특정 틈새시장에서 일련의 네트워크를 빠르게 성장시켜 내가 다니는 기업을 능가할 만큼 성장하고 있다는 것을 발견할지도 모른다. 이 싸움의 결론이 실존주의적일 수도 있다는 것을 안다면 어떻게 대처할 것인가?

여러분의 경쟁에도 네트워크 효과가 있다

대응책을 찾으려면 방어 가능성과 해자에 관한 일반적인 통념을 인정하는 게 중요하다. 네트워크 효과는 어떤 식으로든 경쟁을 물리치는 데 도움이 된다. 이는 투자자와 기업인을 대상으로 하는 스타트업 피칭 프레젠테이션에서 반복해서 등장하는 하나의 신화다. 신화는 기업인이 스스로에게 하는 거짓말이다.

신화는 사실이 아니다. 네트워크 효과가 있다는 것만으로는 충분치 않다. 내가 파는 상품에 네트워크 효과가 있다면 경쟁자들도 네트워크 효과가 있을 가능성이 높기 때문이다. 내가 마켓플레이스나 소셜 네트워크, 업무 협업 도구, 앱 스토어에 있다면 나는 '네트워크 카테고리'에 있는 것이다. 모든 플레이어는 사람을 연결하는 다면적 네트워크이며, 콜드 스타트 이론의 역학관계에 영향을 받는다는 사실은 이러한 카테고리에서 본질적이다. 효과적인 경쟁 전략은 누가 최선의 방법을 이용하여 네트워크 효과를 확장하고 활용하는가에 관한 것이다.

우리는 작은 기업이 멧커프의 법칙을 어기며 큰 기업을 거꾸러뜨리는 모습을 자주 본다. 이는 놀랄 일이 아니다. 한 카테고리 내의 모든 제품이 네트워크에 의존한다면 처음에 누가 가장 큰 플레이어였는지는 중요하지 않다. 대신 그 질문은 누가 인수, 참여, 경제적 효과를 가장 잘 확대 및 확장하는지가 될 것이다. 시간이 흐르면서 우리는 반복적으로 이러한 현상을 보게 될 것이다. 마이스페이스는 2000년대 중반 가장 큰 소셜 네트워크였지만, 페이스북에

지고 말았다. 그때 페이스북은 작고, 대학 네트워크에 집중하는 강력한 상품 실행력을 가진 새로운 진입자였다. 힙챗은 업무용 통신 분야를 이끌고 있었지만 슬랙에게 역전당하고 말았다. 그럽허브Grubhub는 수십억 달러의 수익을 올리는 성공적인 음식 배달 회사를 만들었지만, 우버이츠와 도어대시에게 밀려 설 자리를 잃고 말았다.

바꿔 말해 마켓플레이스나 메시지 앱, 소셜 네트워크, 협업 도구 등에서 일하는 사람들에게 좋은 소식은 제품에 네트워크 효과가 있다는 것이다. 하지만 나쁜 소식은 경쟁업체도 네트워크 효과가 있다는 것이다. 중요한 것은 그 네트워크를 어떻게 성장시키고 확장하는가에 있다.

네트워크의 붕괴

시장의 성숙도 역시 경쟁의 성격을 결정한다. 제품의 카테고리가 초기 단계이고, 모든 네트워크 상품이 관심을 끌고 있다면 인생이 즐거울 것이다. 소셜 네트워크 분야의 초창기 시절에는 다수의 기업(마이스페이스, 비보Bebo, Hi5, 태그드Tagged 및 기타 10여 곳)이 모두 잡초처럼 성장하고 있는 것으로 보였다. 하지만 시장이 성숙하면서 경쟁은 제로섬으로 바뀌었다.

콜드 스타트 이론은 경쟁이 선순환과 함께 악순환을 생성해, 승자에게는 힘을 주는 동시에 패한 네트워크에게는 강력한 네거티브 효과를 줄 것으로 예측한다. 사용자가 합류하면서 네트워크의 가치가 기하급수적으로 성장한다면, 그 반대 역시 사실이어야 한다. 사람들이 떠나가면서 네트워크의 가치가 기하급수적으로 붕괴한다면, 이는 획득, 참여, 경제에 영향을 미칠 것이다. 이 말은 바이럴 성장이 멈추고 참여가 줄어들고, 수익화는 감소한다는 뜻이다.

어려움을 느낀다면 네트워크는 완전히 붕괴하여 콜드 스타트 문제를 거쳐 정반대의 길을 가게 될 것이다.

때때로 네트워크가 거의 혹은 완전히 사라져버리거나 때로는 훨씬 작은 원자 네트워크가 되어 과거 자신의 모습을 탈피하지 못하기도 한다. 페이스북이 득세하면서 링크드인과 트위터도 결국 성공가도를 걷게 되었지만, 마이스페이스를 비롯해 직접적인 경쟁을 펼치던 경쟁자들은 결국 사용자에게 외면받고 말았다.

악순환은 앞서 콜드 스타트 문제에 관한 장에서 논의했던 중력보다도 훨씬 위험하다. 경쟁으로 인해서 여러분의 네트워크가 완전히 붕괴될 수 있기 때문이다. 바로 윔두에서 일어났던 일이었다. 하나의 원자 네트워크가 붕괴하면 인접한 관련 네트워크들도 무너져 내릴 수 있다. 일종의 도미노 현상이다. 베를린에서 윔두의 공급에 문제가 생긴다면 독일 전역뿐만 아니라 유럽 전체에서도 서비스의 총유용성이 떨어지게 될 것이다. 이는 참여율 하락으로 이어진다. 이것이 실제 벌어지는 악순환이다.

다윗과 골리앗

비대칭성은 네트워크 기반 경쟁의 핵심이다.

네트워크는 크기에 따라 콜드 스타트 프레임워크에서 서로 다른 단계에 위치하며, 서로 다른 수단을 지향하게 될 것이다. 거대 기업은 많은 경우 네트워크가 성장하고 시장이 포화하면서 자주 중력에 맞서게 된다. 이러한 부정적인 힘과 싸우기 위해서는 새로운 사용 사례를 추가하고, 새로운 청중에게 상품을 소개하는 동시에 수익을 창출해야 한다. 반면 신생기업들은 콜드 스타트 문제를 해결하려고 노력하며, 틈새시장에서 시작하는 경우가 많다. 새로운 스타트업에게는 수익성보다는 총매출의 증가에 초점을 맞추어 네트워크를 성장시키기 위해 시장에 지원금을 지급할 수도 있다. 스타트업들이 시장에서 서로 마주치게 되었을 때, 서로의 경쟁적인 움직임은 서로 다른 목표와 자원을 반영하는 게 당연해진다.

스타트업은 자원(자본, 직원, 유통)이 별로 없지만, 새로운 네트워크를 구축한다는 점에서 속도가 빠르고, '신성불가침의 영역sacred cow'이 없다는 중요한 이점을 가지고 있다. 줌과 경쟁하려는 스타트업은 이벤트 같은 더 구체적인 사용 사례를 시도하려고 할 수도 있다. 그리고 그것이 효과가 없다면 신속하게 방향을 바꿔 기업교육 강좌처럼 다른 것을 시도해볼 수도 있다. 유튜브, 트위치, 트위터를 비롯한 많은 상품에는 비슷한 스토리가 있다. 그리고 상품이 개선되고 초기 네트워크가 구축되는 인큐베이션 단계를 거쳤다. 여러 번 시도하고 실패하는 것은 스타트업 여정의 일부다. 시장에 진입하기 위해서는 하나의 원자 네트워크만 있으면 된다. 이를 통해 스타트업은 대개 다음 단계의 여정을 시작할 수 있다. 많은 경우 더 많은 투자와 자원을 지원받게 된다.

자원과 인력, 기존 생산 라인 등의 자원에서 대기업에 우위가 있다는 것은 분명한 사실이다. 하지만 실질적인 단점도 있다. 실행 속도가 느리고, 위험을 회피하며, 새로운 상품을 기존의 비즈니스에 맞추기 위한 전략세strategy tax 때문에 콜드 스타트 문제를 해결하는 것이 훨씬 어렵다. 직원 수가 1만 명이 넘는 기업으로 성장하게 되면 어떤 일이 일어나는 듯하다. 계획 주기, 성과 리뷰 등 모든 것에 엄격한 절차가 생긴다. 부득이하게 말이다. 이것은 팀들의 집중에는 도움이 되지만, 기업가적인 위험 감수에는 더욱 어려운 환경을 만들 수도 있다. 나는 우버에서 이것을 직접 보았다. 우버의 기업가적인 문화는 말년에 이르러 수익성과 수만 명의 노력을 조정하는 방향으로 바뀌었다. 이로 인해 새로운 계획을 시작하는 것은 더욱 어려워졌다. 좋든 나쁘든 말이다.

다윗과 골리앗이 시장에서 만난다면(보통 골리앗과 많은 투자자의 자금을 지원받은 다윗이 동시에 만난다), 그 결과 나타나는 움직임과 그에 따른 반사적인 움직임은 정말 멋질 것이다.

이제 경쟁이 콜드 스타트 이론에 어떻게 부합하는지에 대한 이론적인 토대를 마련했으니, 네트워크 대 네트워크 플레이북에서 가장 강력한 움직임을 설명하고 분석해보겠다.

31
체리피킹
: 크레이그리스트

CHERRY PICKING ←

에어비앤비와 웜두가 있기 전에, 에어비앤비와 크레이그리스트가 있었다.

크레이그리스트는 하나의 역설을 구현한 광고 목록 사이트다. 한편으로, 크레이그리스트는 변함이 없었다. 파란색 링크와 회색 선으로 구성된 1990년대식 웹 디자인을 유지하며 새로운 기능이나 재설계, 꾸준히 신제품이 출시되는 흐름이 없었다. 하지만 크레이그리스트는 거대기업이다. 오늘도 전 세계 570개 도시에서 서비스 중이며, 매년 10억 달러의 매출을 창출하는 것으로 추정된다. 주목할 만한 것은 기술업계에서 가장 절제된 두 사람, 크레이그 뉴마크와 짐 벅마스터가 크레이그리스트의 지분을 모두 소유하고 있다는 점이다. 크레이그리스트는 1995년 지역 소식(말 그대로 크레이그의 목록이다)을 중점적으로 다루는 한 이메일 뉴스레터로 시작해 구인, 부동산, 서비스, 영업 등의 카테고리로 구성된 웹사이트로 발전한 흥미로운 창립 스토리가 있다. 오늘날 크레이그리스트는 수많은 지역 카테고리로 구성된 월 8000만 개의 지면광고와 페이지뷰 200억 회의 거대한 수평 네트워크다. 100대 웹 사이트에 포함되며, 놀랍게도 불과 수십 명의 직원이 이를 운영하고 있다.

그러나 이 모든 성공 요인 가운데, 수많은 스타트업이 '크레이그리스트의 언번들링'으로 잘 알려진 가치 있는 집단을 꼽았다. 2010년 뉴욕에서 활동하던 스타트업 투자자인 앤드루 파커가 크레이그리스트가 새롭게 등장한 스타트업들에 의해 '언번들unbundled' 되고 있다고 말한 적이 있었다.[85] 인디드의 구직란, 스텁허브의 티켓, 엣시Etsy의 미술 공예품 등이다. 몇 년 뒤에 에어비앤비, 틴더, 질로, 레딧을 비롯한 신생기업들은 수십억 달러 가치의 기업으로 성장했다.

크레이그리스트는 이러한 놀랄 만큼 가치 있는 카테고리에 대한 통제권을 가질 수 있었지만, 그러지 않았다. 왜일까?

크레이그리스트는 통합된 지면광고 상품에 구축된 하나의 단일한 획일적 네트워크로 생각하기보다는 네트워크의 네트워크라고 봐야 한다. 시애틀 크레이그리스트를 사용하는 사람들과 마이애미의 사용자들은 완전히 다르다.

또한 한 지역 내에서 시애틀의 구직란은 시애틀 커뮤니티 네트워크와는 다른 네트워크를 가지고 있다. 구직란은 기업과 일자리를 찾는 소비자를 연결하는 네트워크이지만, 커뮤니티는 소비자가 서로 만나는 일에 관한 것이다. 그렇다. 동시에 둘 다 찾아야 하는 사람들이 겹치기도 할 것이다. 하지만 그런 사례는 소수일 것이다. 이러한 하위 네트워크가 분리되면 사람들의 요구 사항을 들어주는 새로운 네트워크 상품의 유혹에 넘어가 한 번에 티핑 포인트에 도달할 기회를 제공한다.

지배적인 네트워크가 모두 무적으로 보일지도 모르겠지만, 네트워크의 네트워크 프레임은 네트워크의 일부는 다른 부분보다 약하다고 주장한다. 일부는 고객에게 서비스를 제대로 제공하고 있고, 다른 일부는 더 좋은 상품을 출시할 준비가 되었다. 신생기업의 이점은 분명 있다. 신생기업은 가장 가치 있고 기존 기업이 제대로 방어하지 못하는 아주 매력적인 사용 사례를 선택할 수 있다. 신생기업이 초기 원자 네트워크를 구축하는 데는 하나의 진입점만 있으면 되지만 기존 기업은 모든 진입점을 보호해야 한다. 기존의 네트워크가 제대로 작동하지 않으면 새로운 참가자가 바로 시장에 자유롭게 진입할 수 있다. 이것이 네트워크 기반 경쟁의 핵심 비대칭성이다.

대규모 네트워크 상품이 거대한 규모에 도달하면(이베이, 크레이그리스트, 링크드인, 유튜브가 그랬다), 어마어마한 수의 다양한 니즈를 포함하는 네트워크의 네트워크를 대표하게 된다. 수집할 가치가 있는 최고급 운동화의 구매자와 판매자들의 니즈는 중고차 판매와는 다르다. 그처럼 수천 가지의 다양한 커뮤니티를 대표하는 네트워크에는 늘 서비스를 제대로 받지 못하는 소수가 존재한다. 이것은 네트워크가 검색이 가능한 상태를 유지하지 못하거나 품질을 일정 수준 이상으로 유지할 수 없거나, 지난 장에서 다루었던 기타 부정적인 영향 때문에 대규모 네트워크가 한계에 도달했을 때 특히 그러하다. 이러한 부정적인 요소에 가장 많은 영향을 받은 부분은 새로이 등장하는 경쟁에 가장 취약하다.

이러한 대규모 네트워크를 분리할 기회를 얻기 위해서는 이러한 분리된 커뮤니티를 지원하는 데 필요한 상품 기능을 구축해야 할 뿐만 아니라, 메시지나 광고 또는 대규모 수평적 커뮤니티의 구성원이 마음을 바꾸도록 설득할 만한 직접적인 조치를 취해야 한다. 에어비앤비는 이 두 가지 모두 잘할 수 있는 사례 중 하나를 보여준다. 크레이그리스트의 카테고리 중 지역 특산물과 서비스에 관한 카테고리 수십 개 가운데 방을 임대하는 소규모 카테고리가 있었다. 하지만 이용해본 사람들의 경험은 형편없었다. 정확한 가격과 사진을 제공하는 곳도 있었지만, 그렇지 않은 경우가 대부분이었다. 중요한 것은 원하는 날짜에 방이 있는지 확인할 방법은 물론이고, 평점이나 리뷰도 없었다는 점이다. 제대로 작동하지 않았다. 에어비앤비는 이 모든 문제를 해결하는 것을 목표로 더 나은 경험을 제공하기 시작했다. 에어비앤비는 크레이그리스트와 마찬가지로 지도와 설명, 가격이 포함된 목록이 있었을 뿐만 아니라 갤러리, 리뷰 및 평점, 통합 결제, 예약, 호스트 프로필 등까지 목록을 크게 확장했다.

2008년 론칭 당시 단순한 웹 사이트 하나가 Airbedandbreakfast. com에 호스팅되었다. 여기에는 가격과 함께 호스트에게 연락할 방법을 포함한 일련의 목록이 있었다. 돌이켜 생각하면 이 웹 사이트는 에어비앤비의 특징이 분명하게 보이는 것 같다. 그리고 이상적으로라면 크레이그리스트가 이 아이디어들을 모두 통합할 수 있었을 것이다. 하지만 크레이그리스트 네트워크의 다른 많은 부분이 언번들링될 때 크레이그리스트의 소규모 팀은 이러한 특정 하위 네트워크에 대처하기가 힘들었을 것이다. 에어비앤비의 등장과 동시에 데이트, 부동산, 아르바이트 등을 찾는 비슷한 네트워크 상품이 있었다. 크레이그리스트 입장에서 특정 기업을 하나의 사업군으로 따라가기보다 사이트 전체에 걸쳐 수평적으로 도움이 될 수 있는 기능에 초점을 맞추었다면 더 자연스러웠을 것이다.

약점 찾기

어찌 보면 이것은 혁신 기업의 딜레마The Innovator's Dilemma의 한 형태다. 경영전략 분야에 큰 영향을 미쳤던 클레이턴 크리스텐센의 저서는 기존 기업들이 가장 수익성 높은 부문과 사용 사례에 집중하느라 무시하는, 바람직해 보이지 않는 틈새시장에서 어떻게 시작해야 하는지 설명한다. 그는 제철소, 디스크 드라이브, 기계식 굴착기를 예로 들면서 결국 기존기업들이 새 기능을 추가했을 때 돌아오는 수익이 감소하기 때문에 고객들을 대상으로 과도한 서비스를 제공하기 시작했다고 주장한다. 신생기업들은 기술적인 혁신으로 무장하고, 틈새시장을 장악하여 결국 주요 시장을 공략하는 경우가 많다. 네트워크 상품의 경우 대부분 이 말은 사실이다. 정확히 말하면 추상적으로는 대부분 사실이지만 파괴 이론을 더욱 강력하게 하는, 논의할 가치가 있는 중요한 추가 사항이 있다.

먼저 원자 네트워크의 개념은 신생기업의 네트워크에 확실한 목표를 제공한다. 모두 분리하기 혹은 아무런 기반 없이 고유하면서도 밀도가 높은 원자 네트워크를 만드는 것이다. 초기에는 크레이그리스트가 고객의 규모와 기능의 성숙도 측면에서 모두 방을 임대하는 소규모 틈새시장보다 거대하게 보였다. 하지만 에어비앤비가 도시별로 밀도가 높은 커뮤니티를 구축하고 얼마 지나지 않아 크레이그리스트보다 숫자는 적지만 더 광범위한 목록을 보유하게 되었다. 네트워크의 밀도는 총수보다 중요하다. 이것은 우리가 이 책을 통해 지금까지 알아본 주제다. 일단 틈새시장의 참여자가 원자 네트워크를 형성해서 새로운 분야로 진출하기 시작하면 네트워크 효과 덕분에 멈추기가 어려워진다. 초기 시장에서는 특히 그 점이 두드러진다.

문제는 어떤 원자 네트워크를 선택하느냐다. 크레이그리스트를 분리한다면, 중고품에 초점을 맞춰야 할까? 일자리? 데이트? 다른 것? 방 임대가 그토록 강력한 시작점이 된 이유는 무엇이었을까? 초기에 시작점이 중요한 이유는 네트워크 효과에 쉽게 접근할 수 있기 때문이다. 에어비앤비의 경우 모든 거래와 사용자의 높은 가치는 결국 여행과 밀접한 관계가 있는 객실에서 비롯되었다. 여행업계에서는 하룻밤 숙박 비용이 대개 수천 달러가 드는 것으로 평가하는 경우가 많기 때문이다. 이처럼 높은 경제적 가치가 뜻하는 것은 에어비앤비가 경제적 네트워크 효과를 이용해서 새롭게 접수되는 각각의 목록을 전환율의 증가로, 개선된 유닛 경제로, 또 총매출로 신속하게 확장할 수 있다는 것이다. 에어비앤비의 평균 주문 금액이 높다는 것은 이 수익을 사업의 다른 분야에 사용할 수 있다는 의미였다.

다른 예로 스냅챗을 살펴보자. 스냅챗의 사진 메시지 기능은 스냅챗보다 규모가 큰 소셜 네트워크 상품의 기능일 뿐으로 보일 수 있다. 당시 사진은 페이스북, 트위터, 마이스페이스를 비롯한 다른 플랫폼에서 공유하던 많은 미디어 중 하나였기 때문이다. 하지만 사진을 주고받는 수단으로 기능을 제한하는 것은 사용자가 더해지면서 스냅챗이 가장 빈도가 높고 체류 시간이 긴 사용 사례(이런저런 이야기로 이어지는)를 찾아낼 수 있다는 뜻이었다. 초창기에는 활성 사용자당 무려 10~20장의 사진이 올라왔는데 다른 소셜 네트워크에서 공유되는 것과는 차원이 다를 정도로 많은 양이었다. 드롭박스의 초기 기능은 신규 사용자를 많이 확보할 수 있게 해주었는데, 폴더 공유가 급속도로 확산되었기 때문이다. 물론 폴더 공유는 이전에도 윈도 운영체제를 비롯하여 여러 제품의 일부였지만, 드롭박스는 체류 시간이 길고, 결국 수익을 창출하며, 본질적으로 공유 가능한 핵심 사용 사례를 만들 수 있었다.

이러한 각각의 사례는 자연스럽게 상승궤도에서 여러 네트워크 효과를 활용할 수 있었다. 이들 각각의 기업은 성공한 기존 기업(또한 다양한 형태의 네트워크 효과를 가지고 있는)에 맞서 혼잡한 시장에서 이를 수행하여, 여전히 확고한 자리를 지키고 있다. 이들 새로운 스타트업은 적절한 진입 지점을 선택하여 빠르게 원자 네트워크에 도달한 다음, 여러 네트워크 효과를 이용하여 확장할 수 있었다.

전체 네트워크 바꾸기

기존 기업에게 체리피킹이 위험할 수 있는 이유 중 하나는 신생기업 네트워크가 기존 기업 네트워크가 모아놓은 모든 사용자에게 접근하여 그들의 정보를 직접 확보할 수 있기 때문이다. 결국 그것은 소프트웨어일 뿐이며 사용자들은 온갖 편리한 커뮤니케이션 및 소셜 도구를 이용하여 기존 기업의 네트워크 내에 경쟁자를 퍼뜨릴 수 있다. 에어비앤비는 이번에도 하나의 사례가 된다. 에어비앤비는 크레이그리스트를 언번들링하여 방 공유를 하나의 온전한 상품으로 바꾸어놓았을 뿐 아니라 실제로 크레이그리스트 사용자들을 이용하여 에어비앤비를 광고했다.

어떻게 그렇게 했을까? 초창기 시절 에어비앤비는 호스트가 목록을 모두 작성하면 사진 및 세부 사항과 함께 '관심 있으시면 이 번호로 전화 주세요'라는 링크를 달아 사용자들을 크레이그리스트에서 에어비앤비로 돌려보내는 기능을 추가했다. 이 기능은 크레이그리스트에서 제공하는 API를 이용해서 만든 것이 아니고, 플랫폼을 역분석하여 그 작업을 자동으로 처리하는 봇을 만들어 이를 이용한 것이었다. 대단한 아이디어였다! 나는 이 이야기를 떠올리며 2012년에 처음 블로그에 '성장 해커가 새로운 마케팅 VP 이다'라는 제목으로 글을 올렸다. 크레이그리스트가 이 기능이 마음에 들지 않는다고 판단하고 비활성화할 때까지 몇 달 동안 에어비앤비는 원자 네트워크를 형성할 수 있었다.

똑같은 일이 소셜 네트워크 초창기에 일어났다. 페이스북, 링크드인, 스카이프 등이 핫메일, 야후 메일을 비롯한 기타 메일 클라이언트에서 불러온 이메일 주소록을 바탕으로 성장한 것이다. 이들은 옥타젠Octazen(나중에 페이스북에 인수됐다) 같은 라이브러리를 이용해서 연락처를 긁어다가 소셜 네트워크가 성장하고 사용자들이 서로 연결될 수 있도록 도움을 주었다. 당시에는 이처럼 새로운 소셜 네트워크가 이메일에 직접적인 위협이 될 것 같아 보이지는 않았다. 이들은 대학과 전문가 네트워크에 초점을 맞춘 전반적인 메시지의 틈새 안에서 운영했기 때문이다. 이메일 제공자들이 그 중요성을 깨닫고 나서 접속을 차단하기까지는 몇 년이 걸렸다.

기존 기업이 네트워크에 있는 정보를 빼내가는 일을 당하게 되면 두 가지 차원에서 더 큰 고통을 겪어야만 했다. 먼저, 정보를 잃어버린 네트워크는 반네트워크 효과가 다시 나타나기 때문에 복구가 어렵다. 두 번째는 시장점유율의 하락으로 이중고를 겪게 된다. 거기에서 그치지 않고 이는 자금을 조달하는 능력에도 영향을 미친다.

자세히 설명하면, 한 네트워크가 다른 네트워크를 희생시키면서 성공을 거둔다면 콜드 스타트 문제가 다시 등장하여 해당 네트워크를 재생하기가 어려워진다는 뜻이다. 하나의 가설로서, 시애틀 시장의 모든 단기 임대 목록이 크레이그리스트에서 에어비앤비로 옮겨졌다고 해보자. 어느 정도 이상 목록이 옮겨지면 크레이그리스트의 반네트워크 효과는 그곳 시장의 유동성을 부족하게 하고 제로 상태로 만들 가능성이 커진다. 이 시장을 크레이그리스트에 돌려주기 위해서는 콜드 스타트 문제를 다시 해결해야 한다. 단, 이 문제에 대응하기 위해서는 인센티브와 제품의 기능을 이용해 대처할 수 있는 경쟁업체와 함께 해결해야 한다.

두 번째는 시장점유율을 통해 보여주는 방법이다. 이것은 우버 팀이 집중했던 지표로, 투자자들이 이것에 집중했기 때문이다. 만약 우버가 주요 시장에서 경쟁자들이 하락하는 동안 점점 더 많은 점유율을 얻고 있다는 것을 보여줄 수 있다면, 다른 참여자들을 덜 매력적으로 보이게 하면서 더 많은 돈을 끌어들일 수 있을 것이다. 그리고 이 지표를 가장 많이 움직인 것은 정면승부였다. 시장이 50 대 50으로 두 참여자에 의해 나뉘어 있고 한쪽이 이를테면 신기능의 도입 덕분에 20퍼센트 앞서고 있다면, 시장은 55 대 45로 재조정할 것이다. 하지만 20퍼센트가 다른 한쪽의 희생에 의한 것이라면(20퍼센트의 증가가 다른 네트워크에서의 20퍼센트 감소와 결합하여) 시장점유율은 60 대 40으로 증가할 것이다. 우버의 경우에 이러한 성공은 순환적이다. 더 많은 투자는 시장에 보조금 지출이 많아지고, 시장점유율이 높아진다는 것을 의미하기 때문이다.

플랫폼 의존의 위험성

물론 체리피킹도 위험성이 없는 것은 아니다. 에어비앤비 대 크레이그리스트가 체리피킹의 성공적인 사례가 되긴 했지만, 그런 결과가 나온 건 에어비앤비가 자신의 목적지가 되었기 때문이다. 체리피킹을 시작한 신제품은 모두 자신만의 독자적인 목적지를 구축하여 확장할 수 있어야 한다.

임대할 방의 목록을 크레이그리스트에 공유하는 것은 에어비앤비를 위한 초기 배포 전술이었지만, 몇 년 뒤에 두 네트워크 사이의 연결은 더 이상 중요하지 않았다. 사용자들이 직접 모바일 앱에 접속하거나 에어비앤비 웹 사이트로 갔기 때문이다. 이로 인해 에어비앤비는 크레이그리스트에 존재하는 역학관계와는 별개로 자체적인 획득, 참여, 경제 네트워크 효과를 개발할 수 있었다.

플랫폼 의존성은 제대로 관리하지 않으면 재앙이 될 수 있다. 기존 네트워크와 너무 유사하게 통합하여 그들이 배포와 참여, 비즈니스 모델을 통제할 수 있게 한다면 기존 네트워크의 기능 중 하나가 될 뿐이다. 에어비앤비가 크레이그리스트의 목록을 관리하는 하나의 도구로만 여겨졌다면 에어비앤비는 그 모체가 되는 플랫폼의 한가한 시간을 메꾸기 위해서 쓰였을 것이다. 지나치게 성장하되 올바른 방향으로 가지 않으면 존재가 위태해질 수 있다. 규모가 큰 네트워크는 사용자가 많아지면 단순히 기능을 확장하고 복제한다. 이는 마이크로소프트가 1990년대에 오피스와 인터넷 익스플로러 등과 함께 실행한 전술이다. 또는 트위터나 페이스북이 결국 그랬던 것처럼, 기본 네트워크가 더 이상 API와 같은 수준의 접속 기능을 제공하지 않으려 한다고 판단한다면 여기에 의존하는 모든 제품은 하룻밤 사이에 가치가 없어질 것이다.

결국 체리피킹은 엄청나게 강력한 행보다. 다윗과 골리앗 사이의 근본적인 비대칭을 노출하기 때문이다. 새로운 제품은 어디서 경쟁을 할 것인지 결정할 수 있고, 한 지점에 집중할 수 있으며, 원자 네트워크를 구축할 수 있다. 반면 규모가 큰 제품은 제품 경험의 모든 부분을 방어하기가 어렵다. 이는 특히 소비자 시장에서 실제로 '승자독식'이 왜 말 그대로 일어나기 어려운지에 대한 이유 중 하나다. 가장 큰 네트워크는 여러 네트워크에서 많은 것을 취할 수 있지만, 체리피킹을 핵심 전략으로 사용하는 신생기업에는 취약할 것이다.

32

빅뱅, 한순간의 실패
: 구글 플러스

빅뱅 론칭은 많은 경우 시장에서 크기와 규모의 이점을 이용해서 재빠르게 상대를 압도하기 위하여 대규모 시장 참여자가 사용하는 전략이다. 한쪽에 주어지는 이점이 너무 크기 때문에 대규모 기업들이 스타트업과 경쟁할 때 특히 유혹을 느낀다. 그러나 이 전략은 직관과는 반대로 네트워크 제품 사이의 경쟁에서 실패하는 경우가 많다.

　빅뱅 론칭이 일어나는 방식은 진부할 정도다. 대체로 이런 식이다. 2007년 1월 검은색 터틀넥을 입은 스티브 잡스가 샌프란시스코의 모스콘 센터에서 수천 명의 관객 앞에 서서 새로운 기기를 세상에 발표했다. 바로 아이폰이다. 아이폰은 수백만 명의 모바일 휴대전화 사용자로 구성된 광범위한 시장을 대상으로 이메일, 문자메시지, 웹 브라우징 등 다양한 사용 사례를 처리하는 획기적인 기능을 갖추고 있었다. 아이폰은 믿을 수 없을 정도로 좋은 반응을 얻으며 열광하는 언론에서 대대적으로 다루어졌다.

새로운 네트워크 제품을 개발하는 스타트업들은 (고전적이든 진부하든) 이러한 형태의 론칭을 보고, 이를 역으로 작업하여 모방하는 경우가 많다. 첫 발표를 콘퍼런스에서 하지 않는다면, 아마도 신문이나 소셜 미디어, 유료 마케팅을 아우르는 대규모 론칭이 될 것이다. 기업의 주요 상품을 수많은 사용자에게 한꺼번에 보내면서 커다란 추진력을 동반할지도 모른다. 대규모 이메일 마케팅 캠페인이 진행될 것이며, 메인 앱의 홈페이지 같은, 새로운 상품으로 이동하는 링크가 눈에 띄기 시작할 것이다. 의도는 똑같다. 최고의 상품으로 대규모 론칭을 하고 최대한 많은 사람 앞에 보여주고, 새로운 사용자와 고객을 끌어들이는 것이다. 언론과 인플루언서, 협력사, 핵심 사용자 등을 흥분하게 하면 중요한 이들 노드에서 개별 사용자의 네트워크가 구축될 것이다.

빅뱅 론칭은 규모가 크고 잘 자리 잡은 기업들이 신제품을 론칭하는 한 가지 방법으로 편리하게 사용할 수 있다. 그러한 기업들에는 보통 유통 채널과 규모가 큰 기술팀, 영업 및 마케팅 지원이 갖춰져 있다. 하지만 직관과는 반대로 네트워크 제품의 경우, 이는 종종 속임수다. 정확히 말해서 네트워크를 구축하기에는 그릇된 방법이다. 광범위한 론칭은 자력으로는 안정화되지 않는 수많은 취약한 네트워크를 만들어내기 때문이다. 기업들이 이러한 미묘한 차이를 이해하지 못한다면 재난이 뒤따를 것이다.

반네트워크 효과,
구글 플러스의 론칭을 강타하다

세계에서 가장 영향력 있는 기술기업의 카리스마 넘치는 경영자가 콘퍼런스에서 신제품을 소개한다.

이번에는 2011년 6월, 웹 2.0 서밋에서 구글의 부사장 빅 군도트라가 소셜 네트워크의 미래에 대해 설명하고 구글 플러스를 론칭했다. 이것은 기업공개가 얼마 남지 않은 페이스북에 대응하기 위한 구글의 야심찬 전략이었다. 많은 기업이 그러하듯, 구글은 새 네트워크 제품에 도움을 주기 위해 그들의 핵심 제품으로 공격적인 업셀링upselling을 주도했다. 구글 홈페이지에 구글 플러스로 가는 링크를 걸었고, 유튜브, 구글 포토를 비롯한 나머지 구글 상품의 생태계까지 광범위하게 통합했다. 이로 인하여 초기 수요가 어마어마하게 많았다. 구글의 발표에 따르면 몇 달 지나지 않아서 9000만 명 이상이 가입했다.

이는 겉으로는 커다란 사용자 기반으로 보일지 모르지만, 실제로는 참여가 저조한 다수의 약한 네트워크로 이루어져 있다. 왜냐하면 신규 사용자는 대부분 친구의 말을 듣기보다는 언론에서 새 상품에 관해 이야기할 때 시험해보기 때문이다. 신제품의 높은 탈퇴율은 구글의 나머지 네트워크가 만들어내는 믿기지 않는 엄청난 양의 트래픽으로 대신할 수 있었다. 비록 효과는 없었을지라도 숫자는 계속해서 늘어났기 때문이다.

원자 네트워크로 구체화되지 않은 네트워크 상품과 상호작용해본 사람들은 친구에게 써보라고 권하지 않았다. 〈월스트리트 저널〉에 실린 한 기사에서 아미르 이프라티는 경영진이 총매출 등에 대해서 이야기하는 동안에도 구글 플러스를 유령도시로 묘사했다.

구글의 최고경영자인 래리 페이지의 말을 들어보면, 구글 플러스는 지난 6월 론칭한 이후 9000만 명이 가입하면서 소셜 네트워킹 분야에서 강력한 경쟁자가 되었다.

하지만 이러한 수치들은 구글 플러스의 현실을 감추고 있다. 구글 플러스는 대대적인 기업공개를 앞두고 있는 경쟁업체 페이스북에 비하면 사실상 유령도시나 마찬가지인 것으로 드러났다. 연구조사기업인 콤스코어가 공개한 새로운 데이터는 구글 플러스 사용자들이 회원 가입은 하지만, 그런 다음 특별히 하는 일은 없다는 사실을 보여준다.

콤스코어에 따르면, 개인용 PC를 사용하는 방문객들은 9월에서 1월 사이에 구글 플러스에서 한 달에 약 3분을 체류하지만, 페이스북에서는 같은 기간 동안 한 달에 6~7시간 동안 머문다고 한다. 모바일 사용자에 관한 데이터는 없었다.[86]

구글 플러스의 운명은 고투마켓 전략에서 정해졌다. 자체적인 성장을 할 수 있는 작은 원자 네트워크에 집중하는 대신 대규모 론칭을 선택함으로써 구글 플러스 팀은 공허한 지표의 희생양이 되었다. 구글 플러스는 전성기에 3억 명의 활성 사용자가 있었다고 주장했다. 주요 지표상으로 구글 플러스는 성공과 가까워지고 있었다. 하지만 네트워크 효과는 단지 성장의 양보다는 질에 의존한다. 결국 취약한 네트워크에 높은 이탈률이 뒤따르자, 2019년 구글 플러스는 마침내 몇 년의 방황 끝에 서비스를 종료하고 말았다.

물론 론칭만이 구글 플러스의 결과에 영향을 미친 것은 아닐 것이다. 제품에서 그들이 한 선택 역시 성공을 가로막았다. 구글 플러스 같은 콘텐츠 플랫폼의 하드 사이드는 시청자들이 그 네트워크를 선택하는 최우선적인 이유가 되는 콘텐츠 크리에이터를 끌어들이는 데 있다. 하지만 상품의 선택이 의심스러웠다. 사적이면서도 공유 가능한 친구들을 만드는 능력은 이론적으로는 듣기 좋았지만, 결과적으로 친구 목록을 구성하는 데 더 많은 작업이 필요했고 또 소수의 친구들에게서 나오는 댓글과 좋아요의 양도 줄어들었다. 사진과 링크에 초점을 맞춘 공유 기능은 페이스북이나 트위터의 기능과 동일했다. 이는 콘텐츠 크리에이터를 위해 10배가 넘는 개선을 한 것에 비하면 현상 유지에 불과했다. 네트워크의 난점을 해결하는 돌파구가 없다면 구글 플러스는 다른 플랫폼과 차별화되는 고유의 콘텐츠를 얻지 못할 터였다.

구글 플러스가 실패한 지점에서 페이스북과 경쟁하여 마침내 성공한 팀과 비교해보라. 스냅은 주류에 진입하기까지 고등학생들 사이에서 성장한 것으로 유명하다. 순식간에 사라지는 사진은 전에 본 적 없는 완전히 고유한 콘텐츠를 포착했다. 일상 속 꾸미지 않은 소통의 모습이었다. 초기에는 일간 활성 사용자가 1만 명이 되지 않았던 스냅챗은 벌써 사진 10장/1일/1인에 이르렀는데,

이는 동급의 서비스보다 몇 배나 많은 수치로, 스냅챗이 네트워크의 난관을 완벽히 극복했다는 사실을 보여주었다. 트위치, 인스타그램, 틱톡은 유사한 방향과 크기로 혁신하여 크리에이터에게 자기 자신을 표현할 수 있는 새로운 도구와 미디어를 제공해주었다.

빅뱅 론칭의 문제점

네트워크 구축에 대한 빅뱅 접근법의 문제는 두 가지다. 첫 번째 문제는 브로드캐스트 채널에 구축된다는 것이다. 언론, 콘퍼런스, 광고 등의 약점은 성공할 경우에는 사용자가 급증할 수 있지만 반드시 그 대상이 되지는 않는다는 것인데, 대신 여러 네트워크에서 온 아주 적은 수의 사용자를 확보할 가능성이 크다. 이로 인해 주변에 네트워크가 구축되어 있지 않다면 탈퇴할 수 있다.

두 번째 문제는 한 상품이 제대로 기능하는 것뿐만 아니라 바이럴 성장(이를테면 공유, 초대, 협업 등)을 하기 위해서는 충분한 시간이 필요하다는 것이다. 상향식 움직임은 일단 바이럴 성장이 작동하기 시작하면 여러 네트워크에 걸쳐 계속될 가능성이 크다는 장점이 있다. 바이럴 성장 없이도 증가하는 총 사용자 수에 관한 산만하고 헷갈리는 정보를 제공하는 빅뱅 론칭과 비교하면 그렇다. 이 데이터를 구체적으로 추적해서 찾지 않으면 네트워크가 제대로 성장하고 있는지 평가하기는 어렵다.

미어캣의 법칙과 이 책의 중심이 되는 프레임워크의 시각을 통해 보면, 대규모 론칭에 의해 결과적으로 생성되는 네트워크가 취약한 이유는 분명하다. 거기에 없는 다수의 네트워크보다는 밀도가 높고 참여가 많은 소규모의 원자 네트워크가 좋다. 네트워크 상품의 쓸모가 다른 사용자 확보에 달려 있다면 목표치 같은 것은 무시하는 게 좋다. 대신 품질은 네트워크 내의 개별 사용자의 관점을 확대할 때만 들여다볼 수 있다. 새로 가입한 어떤 사람이 이미 거기 속해 있는 사람이 얼마나 되는지에 따라 가치를 평가할까? 총수, 특히 첫날에 보이는 숫자는 무시하는 것이 좋다. 에릭 리스는 《린 스타트업》에서 이것들을 '허무 지표vanity metrics'라고 설명한다. 그 숫자들이 기분을 좋게 해줄 수는 있다. 특히 숫자가 증가하고 있을 때라면 말이다. 하지만 사용자의 참여율이 낮아서 탈퇴율이 높아지고 있다면 숫자는 중요하지 않다.

네트워크가 상향식으로 구축되고 있다면 네트워크들은 빽빽하게 상호연결되어 있을 가능성이 크다. 따라서 더 건강해지고 참여율도 높아질 것이다. 여기에는 이유가 여럿 있을 것이다. 최근 기술업계의 성공에서 볼 수 있듯, 신상품은 많은 경우 하위 커뮤니티(대학 캠퍼스, 샌프란시스코의 기술 전문가, 게이머, 프리랜서 등) 내에서 인큐베이팅한다. 다른 분야로 확산되기 전에 집단 내에서 성장하면서 개발자가 초대나 공유 같은 기능을 정비하고 핵심 가치 제안을 다듬는다. 새 네트워크 상품이 입소문을 타고 퍼지게 되면 각각의 사용자는 네트워크에 이미 다른 사람이 적어도 한 사람 이상 있다는 것을 알게 된다. 그것이 더 넓은 의식으로 퍼지게 되면 하나의 현상으로 보일 것이고, 이미 규모가 크고 참여하고 있는 네트워크를 확장하기 위해 언제나 하향식 노력이 더해질 수 있을 것이다.

만일 빅뱅 론칭이 일반적으로 그토록 효과가 좋지 않다면 애플에서는 왜 효과가 나타난 걸까? 그 이유는 애플의 핵심 제품이 일반적으로 새로운 네트워크를 구성할 필요가 없는 고급 제품이자 고효용 제품으로, 독자적으로 설 수 있기 때문이다. 애플은 기껏해야 이메일이나 SMS 같은 기존 네트워크를 이용할 뿐이다. 유명한 이야기이지만 애플은 지금은 사라진 게임 센터나 핑 같은 소셜 제품으로 성공한 적이 없다. 애플이 론칭한 것 가운데 새로운 네트워크 제품에 가장 근접한 것은 내가 보기에 앱 스토어다. 하지만 그조차 처음에는 전화기에 대한 잡스의 비전에 없었다.[87] 여기서 가장 중요한 것은 여러분은 애플이 아니라는 것이다. 따라서 애플과 같은 종류의 제품이 없다면 복제를 시도해서는 안 된다.

소규모 시장의 역설

규모가 크고 확실하게 자리 잡은 기업들은 으레 거대한 시장에서 승리만을 바란다. 결과적으로 이 책의 핵심적인 틀(소규모의 원자 네트워크로 시작해서 네트워크의 힘을 이용해 대규모로 성장하는 것)은 반직관적으로 들린다. 반대 의견은 이러했다. 첫 네트워크 자체가 눈길을 끌 자격조차 없는 작은 시장처럼 보이는 경우가 많다는 것이다.

반면 스타트업은 작은 규모로 시작해서 네트워크의 힘을 이용해 성장한다는 장점이 있다. 이는 이베이, 페이스북, 우버, 에어비앤비, 틱톡 등 업계에서 가장 큰 네트워크 상품 중 일부가 규모가 작은 원자 네트워크로 시작한 이유다. 이들 초기 네트워크는 각각 수집품, 대학생, 부자들을 위한 리무진 서비스, 숙박 공유, 립싱크 뮤직비디오 등의 분야에서 서비스를 시작했다. 이들은 모두 규모가 작은 틈새시장처럼 보인다. 그리고 전통적인 '전체 시장total addressable market' 분석을 적용하면, 절대 규모가 커질 수 없을 것처럼 보일지도 모른다.

하지만 여기에 역설이 있다. 거대한 규모의 네트워크 효과를 창출하는 데 성공하려면, 내 생각에는 일단 작은 규모의 원자 네트워크에서 시작해야 한다. 그리고 첫 번째 네트워크 집합에서의 성공을 이용해서 그다음 네트워크의 집합을 쓰러뜨려야 한다. 이런 단계를 피할 수 있을지 모르겠다.

이베이는 수집품 분야에 뛰어들었다. 그러고는 그 분야에 집중하는 원자 네트워크를 구축했다. 다음은 이베이의 비즈니스에 대한 유명한 말로, 벤처캐피털 기업 베서머 벤처스Bessemer Ventures의 초기 반응이다.

"우표? 동전? 만화책? 농담해?"라고 데이비드 카원은 생각했다.
"뇌가 없나."[88]

역사상 가장 위대한 벤처캐피털리스트 중 한 사람인 유니온 스퀘어 벤처스의 프레드 윌슨은 에어비앤비의 잠재력을 이해하지 못했다. 당시에는 저가 숙박시설(말 그대로 아침 식사를 제공하는 에어베드)에 초점이 맞춰져 있었고, 문을 열 때도 큰 진전이 없었기 때문이다.

> 당시 에어비앤비는 사람들의 아파트 바닥에 있는 에어 매트리스를 거래하는 마켓플레이스였다. 그래서 이름도 그렇게 지은 것이다. 그들은 다른 물건에 대해서도 아이디어가 있었지만 여전히 진척된 것은 별로 없었다.
> 우리는 거실 바닥에 에어 매트리스를 놓은 방이 평범한 호텔 방과 무엇이 다른지 이해하지 못했고, 거래도 하려고 하지 않았다. 다른 사람들은 우리가 본 이들을 놀라운 사람들이라고 하며 투자했다. 그 나머지는 역사책에 나오는 대로다. 에어비앤비는 '공간의 이베이 eBay of spaces'를 구축하기 위한 길을 가고 있다. 나는 그것이 언젠가 10억 달러 규모의 비즈니스가 될 것이라 확신한다.[89]

이것은 저지르기 쉬운 실수다. 네트워크 효과를 이용한 신상품을 구축하려고 하는 스타트업의 특징을 예측하고자 시도하는 것은 아마도 가장 흔하게 볼 수 있는 함정일 것이다. 어떤 상품의 첫 번째 네트워크가 마지막 네트워크일 가능성은 없을 것이다. 인접한 시장과 네트워크를 정복하기 위해 네트워크의 힘을 개선하는 팀이 있다면 말이다. 에어베드 회사처럼 보이는 것은 결국 전체 호텔 산업을 혼란에 빠뜨리게 된다. 소규모의 팀이나 스타트업에서 사용하는 채팅 상품이 결국 팀들이 통신하기 위한 실질적인 방식으로서 전체 시장을 접수한다.

빅뱅 론칭의 매력

규모가 크고 확실하게 자리 잡은 기업들의 역학관계 때문에 대규모 론칭 행사는 유난히 매력적이다. 그들은 0에서 티핑 포인트까지 한 방에 가기 위해 점프하려고 노력한다. 신상품을 내부에서 시작하고 구축하는 데 대한 내부의 압박 때문이다. "왜 우리가 이 새로운 아이디어에 관심을 가져야 하는 거지? 수백만(수십억) 달러를 벌어들이는 XYZ가 있는데 말이야." "이 아이디어에 대한 독특한 견해는 무엇입니까? 왜 우리가 해야 하죠?" "왜 목표를 500으로 잡을 수 있는데, 다섯 학교/고객/도시로 잡은 거죠?" 이 질문들은 모두 대단한 질문처럼 보이지만, 사실은 빅뱅 론칭으로 우리를 이끌고 있다.

하나의 고등학교 또는 하나의 B2B 고객이 있는 곳에서 앱으로 성공하는 것은 별로 대단해 보이지 않는다. 매출이 수백만 달러 혹은 수십억 달러가 들어오는 핵심 비즈니스가 있다면, 모든 신상품은 신속하게 눈에 띄는 성과를 보여주어야 한다. 아니면 자원을 얻지 못할 것이다. 사내의 개별적인 리더들은 아주 야심 넘치는 목표를 정할 것이다. 엔지니어나 자금을 많이 끌어오는 가장 빠른 길은 대규모 론칭을 하는 것이기 때문이다. CEO도 관여할 수 있지만 여러 방면에서 하향식 지시는 압박을 더 가중시킬 뿐이다. 그들의 노고에 보답하기 위해서는, 구글 플러스가 그랬듯, 지나치게 관여를 많이 하는 CEO는 이것이 회사에 매우 중요한 일이라는 사실을 확실하게 해야 한다.

이와 반대로 스타트업의 경우 목표는 작게 시작한다. 틴더가 USC에서 앱을 사용할 몇백 명의 사용자를 끌어모을 방법을 알아냈을 때 어마어마한 성공을 거둔 것처럼 느껴졌다. 무엇이든 없는 것보다는 낫다! 일단 두 번째 학교에서 론칭을 하고 나자 훨씬 큰 성공을 한 것 같아, 직원들에게 더 많은 노력을 하도록 유도했고 결국 학교별로 성장을 하게 되었다. 네트워크 초기에는 많은 경우 임시방편으로 해결하는 데 초점을 맞추었고, 운영상 적극적으로 분위기를 활기차게 하며 초기 네트워크에는 지원금을 아끼지 않았고 초대받은 사람만 오게 했다. 또는 문제에 사람을 투입했다. 이러한 기술이 비전략적이고 확장 불가능한 것처럼 보일지 모른다. 대기업에게는 매력적으로 보이지 않을지라도 스타트업에게는 시작할 때 불균형한 이점을 제공한다.

33
하드 사이드의 경쟁
: 우버

COMPETING OVER THE HARD SIDE

네트워크 효과에 대해 다시 간단하게 이야기해보면, 시장은 승자 독식이라고들 한다. 네트워크의 규모가 클수록 승리하게 되어 있다. 무엇보다 멧커프의 법칙을 믿는다면 네트워크가 커지면서 그 값은 지수함수적으로 증가한다. 이는 리더들로 하여금 더 많은 돈을 투자하게 하고 더 크게 성장하게 하고 마침내 승리하게 한다.

그러나 현실에서 우리가 보는 것은 그렇지 않다. 유럽에서 윔두와 에어비앤비가 벌이는 총력전이든, 우버와 디디, 리프트, 올라, 카림 사이에서 벌어지는 글로벌 경쟁이든, 마이크로소프트가 수십 년에 걸쳐 브라우저와 운영체제, 오피스 스위트 등을 놓고 벌이는 연속적인 전투든 이를 조사해보면 현실과는 거리가 있다. 대신 네트워크 상품의 규모가 클수록 규모가 작은 시장 참여자와 싸워서 이기기 위해 총력전을 벌여야 하는 경우가 많다. 그래도 여전히 패배하는 일이 많다! 소셜 네트워크의 마이스페이스를 보라. 업무용 채팅 앱인 힙챗, 이베이가 만든 페이팔의 경쟁자인 빌포인트도 있다. 이들도 어느 시점에는 가장 큰 네트워크였지만 패배했다. 이 카테고리에서의 최종 승자는 시장에 처음 진출한 것도 아니고 대부분의 기본적인 메커니즘을 발명한 것도 아니지만 여전히 대기업을 넘어뜨린다. 네트워크 효과가 그렇게 강력하다면 왜 규모가 큰 네트워크는 그렇게 취약한가? 그리고 어떻게 해야 신생기업과 대적할 수 있을까?

북미 챔피언십 시리즈

우버의 전 세계적인 경쟁력 싸움이 한 가지 단서를 제공한다. 이 책의 첫 장에서 나는 우버의 워룸에서 긴 시간 동안 벌어지는 심야 전략회의에 대해 설명했다. 이 회의에서 우버의 다양한 지역 비즈니스 유닛을 위한 경쟁 전략이 정해졌다. 운영, 제품, 재정 분야 출신의 고위 임원으로 구성된 다기능 프로젝트팀cross-functional team이 '북미 챔피언십 시리즈NACS'에 합류했다. 북미 챔피언십 시리즈는 일반적이지 않은 시간에 열려 모든 질문에 답이 나올 때까지 지속되었다. 미국에서의 경쟁적인 행보를 주도하기 위해서 회의는 밤 10시 혹은 주말에도 언제든 열릴 수 있었다.

중국과 인도, 남아메리카 등을 비롯한 여러 주요 지역에는 '블랙 골드 차이나Black Gold China', '블랙 골드 인디아' 등으로 불리던 북미 챔피언십 시리즈에 상응하는 노력이 있었다. 이는 이전 여러 해 동안 다른 이름으로 불렸는데, SLOG('Let's make it a hard slog to compete with Uber', 즉 '우버와 경쟁하는 것을 힘들게 하자'라는 뜻으로 힘든 일이라는 의미)라고 불린 적도 있다. 비록 나중에는 'Supplying Long-term Operations Growth'의 약어로 발전했지만 말이다. 이러한 노력은 규모가 크고 벤처캐피털의 자금을 지원받은 사이드카, 하일로, 플라이휠 등과의 경쟁에서 승리하는 데 주된 역할을 했다. 이들 회의는 우버가 승리하는 것만으로는 충분하지 않다는 전제에 초점을 맞추었다. 다른 경쟁업체가 져야만 했다.

우버의 경쟁 전술은 치열했고, 여러 분야가 관계되어 있었다. 수천 명의 엔지니어로 구성된 팀이 구축한 새로운 상품의 기능과 참여도를 높이기 위해 승객과 운전기사 모두를 대상으로 수십억 달러의 인센티브를 투자했다. 경쟁업체가 이러한 전술에 대응하지 않는다면 네트워크가 무너져 내릴 터였다. 어떨 때는 몇 주밖에 걸리지 않았다. 사이드카의 공동창업자인 자한 카나에게 우버와 경쟁하는 기분이 어떠냐고 물었다.

무자비했다. 거의 끝이 났을 때도 우리를 궁지로 몰아넣었다. 사이드카는 무리하게 확장하는 바람에 승객과 운전기사를 이전처럼 붙잡을 수 없었다. 우리는 우버가 하는 대로 승객과 운전기사에게 나눠주던 보너스 지급을 중단하는 힘든 결정을 내렸다. 시장은 스스로 일어서야만 했다. 우리가 보너스 지급을 중단하자 6주 만에 시장이 사라지고 말았다. 인센티브가 모든 것을 주도했다. 그리고 경쟁을 위해서 그것은 당연한 일이었다.[90]

경쟁이 얼마나 무자비할 수 있는지 알게 된 것은 사이드카만이 아니었다. 리프트가 결국 업계 2위가 되자 강렬하고 집중적인 작업의 대상이 되었다. 이는 미세한 지역 서비스나 개인적인 수준에서 일어나는 경우가 많았다. 샌프란시스코 시장의 초창기 시절 우버 팀은, 구체적으로 말하자면 리프트의 운전기사를 '낚아채기'해서 우버의 운전기사가 되게 하려고 애를 썼다. 샌프란시스코 우버의 운영팀원들은 리프트의 운전기사들이 어디에 있을지 생각하며 다수가 고객 지원을 위해 리프트 본사로 갔다는 것을 깨달았다. 우버 직원들은 이동식 광고판을 가지고 그 일대를 돌아다니면서 운전기사들에게 "콧수염(초창기 리프트의 분홍색 콧수염이 등장하는 로고를 말한다)을 밀어라," 그리고 우버를 운전하라고 말했다. 리프트도 그들만의 캠페인을 만들어 광고판을 달고 주위를 돌아다니며 운전기사들에게 "숫자가 전부가 아니다"라고 말했다.

북미 챔피언십 시리즈와 블랙 골드 회의가 이름은 약간 다르지만 그 핵심에는 각 도시와 우버의 시장점유율을 보여주는 대시보드가 있었다. 이러한 수치들은 우버의 의사결정을 주도하는 데 도움이 되었다. 대시보드는 흥미로운 사실을 보여주었다. 이를테면 우버는 미국이나 남미 같은 거대 지역에서 총 75퍼센트의 시장점유율에 이를 수 있지만, 현실에서는 거의 100퍼센트 통제할 수 있는 대여섯 개의 도시와 50퍼센트이거나 그보다 조금 못 미치는 다수의 도시로 구성되어 있었다! 확고하게 자리 잡은 네트워크는 실제로 네트워크의 네트워크다. 그중 일부는 다른 네트워크보다 더 단단히 고정되어 있다.

　신생기업은 경쟁 지역을 선택할 수 있는 반면 규모가 큰 네트워크일수록 다수의 소규모 시장 참여자에 맞서 지켜야 할 표면적이 넓다. 우버의 미국 비즈니스의 경우 리프트가 샌프란시스코, 로스앤젤레스, 샌디에이고, 오스틴 등과 소수의 도시에서 특히 강했다. 뉴욕 같은 도시에서는 우버가 골리앗처럼 보였지만 일부 웨스트코스트 지역 도시에서는 마음대로 사용할 수 있는 도구가 턱없이 부족했다. 에어비앤비, 페이팔과 글로벌 네트워크 효과가 있는 다른 글로벌 네트워크들은 전 세계 모든 곳에 있는 사람들을 하나의 네트워크로 연결한다. 아니면 적어도 대규모 영역 네트워크로 연결해준다. 우버의 네트워크는 이와는 대조적으로 도시별로 분할되어 있었다. 뉴욕에서 거둔 성공이 샌프란시스코에서의 지배력으로 쉽게 이어지지는 않았다. 따라서 이러한 많은 전투가 마치 거의 같은 규모의 시장 참여자 다수가 도시에서 벌이는 참호전처럼 보이기 시작했다. 우버는 이를 열광적으로 받아들였다.

경쟁 수단 찾기

두 네트워크 사이에 싸움이 붙으면 사용자를 한 네트워크에서 다른 네트워크로 이동시키는 경쟁 수단이 존재한다. 그 경쟁 수단은 무엇일까? 승차 공유 시장에서 가장 집중해야 하는 부분은 네트워크의 하드 사이드인 운전기사다. 운전기사가 많아진다는 것은 가격이 낮아져 대개 가격 비교를 하는 대단히 가치 있는 단골 승객을 끌어들일 수 있다는 뜻이다. 승객을 많이 끌어들이면 운전기사가 일하는 시간도 채울 수 있게 된다. 그 역도 마찬가지다. 운전기사를 경쟁사의 네트워크에서 우리 네트워크로 데려오게 되면 두 가지 이득이 발생한다. 경쟁사의 네트워크는 가격이 올라가는 반면 우리 네트워크는 가격이 내려간다.

우버의 경쟁 수단은 금전적인 인센티브(가입을 많이 할수록, 이용 시간이 길어질수록 지원이 늘어난다)에 획득, 참여, 경제력이 개선된 상품을 결합한 것이다. 제품 개선을 통해 더 많은 운전기사를 끌어들이는 것은 쉽게 이해할 수 있다. 승객을 태우고 목적지까지 가는 경험이 개선될수록 앱을 더 많이 사용하게 될 것이다.

더 좋은 상품을 만드는 것은 기술업계의 고전적인 수단 중 하나이지만, 우버는 대상이 정해진 보너스에 집중했다. 왜 보너스일까? 운전기사의 경우 보너스가 앱을 사용하는 주요한 동기였고, 그로 인해 수익이 늘어나면 그들은 떠나지 않을 터였다. 하지만 이러한 보너스는 단순한 보너스가 아니었다. 이 보너스는 다수의 네트워크에서 활동하는 이른바 이중 앱 운전기사를 대상으로 우버의 라이벌 네트워크 중 가장 가치 있는 운전기사의 마음을 신속하게 돌리기 위한 것이었다. 그들에게는 우버에 계속 머물게 할 만큼의 특별 보너스가 주어졌고, 우버에서 운전하는 동안에는 다른 네트워크에서 활동할 수 없었다.

운전기사에게 이중 앱 사용자라는 꼬리표를 붙이려는 치밀한 노력이 있었다. 그러한 노력의 일부는 수동 작업이었다. 우버 직원들은 운전기사들이 다른 서비스에서 운전을 했는지 물었다. 그러면 앱 내부에 있는 특별한 사용자 인터페이스에 수동으로 표기를 할 수 있었다. 또한 운전기사가 두 가지 앱을 실행하고 있으면 행동 신호가 나타났다. 그들은 다른 회사 소속으로 일을 하는 몇 분 동안에는 우버와 통신을 일시 정지해두고, 이후 다시 가동했다. 안드로이드상에는 우버와 리프트를 동시에 실행하고 있으면 이를 알려주는 API가 있었다. 결국 이러한 신호 중 다수가 기계학습모델에 입력되어 운전기사가 이중 앱 사용자인지 점수로 계산해서 받게 되었다. 점수가 완벽할 필요는 없었다. 도움을 줄 정도면 충분했다.

일단 꼬리표가 붙으면 이중 앱 운전기사는 이중으로 운전하지 말라는 강력한 권고를 받는다. 우버는 충성도를 높이기 위해 최대한 경쟁업체보다 더 많은 시간을 우버에서 일해달라며 여러 제안을 한다. 이러한 제안은 때로 'X를 하면 Y를 받는' 단순한 것으로, 운전기사가 일주일에 50번을 운행하면 100달러를 보너스로 받는 식이었다. 보너스는 단계적으로 확장될 수 있어 10회, 25회, 50회, 100회 운행할 때마다 25달러, 50달러, 100달러, 200달러를 받을 수 있었다. 또 다른 보너스는 20번째 운행을 하고 나면 보너스를 대폭 인상해주는 것으로 이후의 운행에 대해서는 1.5배를 지급했다.

운전기사의 인센티브 구조는 다양했고, 새로운 인센티브가 꾸준히 도시별로 테스트되고 있었지만 기본 목표는 늘 같았다. 우버에서 50회 혹은 100회 운행한 운전기사는 너무나도 많은 시간 동안 운전을 해서 다른 네트워크의 운전까지 하기는 어려울 것이다. 운전기사들은 한 주가 시작될 때 제안에 기반하여 앱을 선택해야 했고, 그런 다음 가장 우선순위가 높은 목표를 달성하기 위하여 하나의 네트워크를 고수해야 했다. 인센티브 전략의 절정기에는 주당 5000만 달러가 넘는 운전기사 인센티브가 한 지역에 보내졌다. 중국에서는 한때 그보다 더 비율이 높기도 했다. 그리고 또한 내가 미국 NACS에서 일하는 동안에도 그랬다. 국제적인 경쟁 메커니즘은 우버가 미국에서 더 영리하게 활동하는 데 도움을 주었다. 중국의 경쟁 시장은 매주 인센티브, 때로는 일일 보너스와 결합하여 운전기사에 따라 개인화가 더 깊어지고 있음이 분명해졌다. 그러한 모든 시스템과 지식이 미국의 경쟁에 도입되었다.

우버의 경쟁 전술의 세부 사항은 승차 공유에만 해당되지만 일반적인 접근은 여전히 다양한 제품에 적용되고 있다.

일반적으로 소수인 네트워크의 난점에 초점을 맞추면 경쟁적인 행보에 영향을 미친다. 소셜 네트워크나 비디오 플랫폼의 경우, 콘텐츠 크리에이터에게 경제적인 인센티브를 제공하거나 콘텐츠 배포를 통해 이러한 측면을 추구하는 것이 합리적일 수 있다. B2B 상품의 경우 특별한 기업용 기능과 가격 정책이 될 수 있을 것이다. 핵심 목표는 카테고리에 상관없이 동일하다. 한 네트워크에서 다른 네트워크로 가장 우수하고 중요한 노드를 이동하면 경쟁에서 승리할 수 있다.

경쟁 정보

네트워크 상품이 경쟁을 진지하게 받아들인다면 모든 시장 참여자의 상대적 위치를 알아내기 위해 지표를 수집해야 한다. 이로 인해 상품팀은 결과를 주시하며 실험 및 실행을 할 수 있다. 또한 상품의 성공뿐만 아니라 경쟁사의 하락에 대한 목표도 설정할 수 있다.

우버의 NACS 팀은 모든 도시에서 시장점유율을 이해하고 추적하는 데 상당한 투자를 했다. 어떤 시장에서 경쟁업체보다 뒤처지고 있는 모습이 보이면 우버 팀은 즉각 반응했다. 한 달이나 다음 주가 아니라 최대한 빠르게 시장에서의 역학관계를 뒤집어놓는 것이 목표였다. 이것은 항상 도시와 지역별로 다양한 네트워크에 대한 정량적인 리뷰를 했던 NACS와 블랙 골드 회의의 핵심이 되었다. 네트워크별로 시장점유율을 발표하는 그 주에 우버와 가장 큰 경쟁사의 운행 추정치가 나왔다. 그리고 사용자의 운행이 '급등가'로 처리된 비율과 같은 일련의 비율이 있었다. 이것은 운전기사의 수가 충분하지 않다는 것을 뜻했다. 어떤 경쟁업체가 어느 도시에서 한 주 한 주 지날수록 크게 성장하는 반면 우버는 정체 상태이거나 뒤처지고 있다면, 참석자들로부터 치열한 질문 공세를 받게 될 것이다. 그곳에는 무슨 일이 있었는지 설명하기 위한 지역 총괄 관리자가 늘 대기하고 있었다.

회사에서 가장 중요한 결정 사항 중 일부가 이러한 지표를 통해 내려졌기 때문에, NACS 대시보드는 외부 소스뿐만 아니라 회사 전체의 데이터를 가공하는 데 많은 비용이 들었다. 한 가지 중요한 소스는 주요 카드 회사에 의해 재판매되고 재포장된 익명의 대규모 신용카드 분석 패널이었다. 또 다른 소스는 수백만 소비자의 이메일(과 영수증)에 접근할 수 있는 이메일 분석 회사에서 나왔기 때문에 특정 지역과 운행 유형에 대한 시장점유율 지표를 제공할 수 있었다. 이러한 지표를 소비자 신용카드 지출에 대한 '닐슨 등급'으로 생각하면 수백만 명의 소규모 패널이 훨씬 광범위한 시장에 대한 샘플을 제공할 수 있을 것이다. 더욱 중요한 것은 데이터를 작게 쪼개서 개별적인 도시 혹은 도시 내의 특정 목적지의 지표를 구할 수 있다는 것이다.

한동안 경쟁업체의 API를 리버스 엔지니어링하고 스크랩하는 카운터 인텔리전스Counterintelligence(COIN)라는 팀도 있었는데, 초기에는 중국에 초점을 맞추었다. 예를 들어, 해당 API를 요청하고 도시 전역의 다양한 주소를 입력하면 운전기사의 평균 예상 도착 시간을 수집할 수 있다. 이를 통해 승객이 우버와 우버의 경쟁업체 앱에서 대기 시간이 더 길어질 것인지를 알 수 있다. 수십 명의 데이터 과학자로 구성되어 있는 '글로벌 인텔리전스Global Intelligence'라는 또 다른 팀은 다양한 데이터 소스를 모두 가져와 머신러닝 모델과 자체 '실측 정보ground truth'로 보강하여 최고의 예측 세트를 만들어냈다.

이러한 특정한 방법을 모든 네트워크 상품에 적용할 수는 없지만, 그 핵심에는 중요한 아이디어가 있다. 경쟁 상품과 일대일 대결을 하는 상품은 시장에서 실행하는 동안 결과(시장점유율, 활성 사용자, 참여율 혹은 다른 것)를 추적해서 원인과 결과를 종합해야한다. 마켓플레이스 스타트업은 여러 지역에서 어떤 판매자가 어떤 앱에서 활동하는지 모니터할지도 모른다. 소셜 네트워크는 콘텐츠 제작자가 앱에서 다른 사람들만큼 콘텐츠를 올리는지 확인하고, 시간이 흐름에 따라 어떻게 하면 참여자들이 더 많은 게시물을 올리게 할 수 있는지 그 방법을 알아내려고 할 수 있다. 화상회의 도구는 업무일정표를 보고 사람들이 소프트웨어를 사용하는 시간과 다른 사용자와의 시간 비율을 추적하고 싶을 수 있다. 이러한 모든 노력은 모범 사례를 개발하기 위해 상품팀이 그들의 노력을 결과와 연결하는 데 도움이 될 수 있다.

하드 사이드를 놓고 벌이는 경쟁

우버의 NACS 활동에서 보았던 성공과 한계점에서 우리는 많은 교훈을 얻을 수 있다. 전략의 핵심은 효과가 있었다. 네트워크의 하드 사이드에 초점을 맞추고 정교한 대시보드의 지원을 받는 팀과 함께 재정적인 인센티브를 제품과 결합한 것은 효과적이었다.

　우버의 경쟁력 있는 노력은 오랫동안 효과가 있었지만 이후 몇 년 후에는 중단되었다. 우버의 체계적인 접근 방식에 사이드카, 하일로, 플라이휠 외 다수의 소규모 업체들이 모두 패배하고 말았다. 각 경쟁업체의 인센티브 제도를 파악하고 자금 지원 발표를 참조하면 그 업체가 현재 가지고 있는 현금으로 버틸 수 있는 기간을 추정할 수 있다. 버틸 수 있는 기간이 줄어들면서 인센티브와 제품 개선 등을 이용하여 적절한 순간에 압력을 가해주면, 우버의 경쟁업체는 꾸준하게 성장하기가 어렵다는 사실을 깨닫게 될 것이다. 운전기사가 자리를 옮기고 자금 지원이 막히면서, 결국 수요와 공급의 균형이 무너졌고, 이는 가격 급등의 원인이 되었다. 이런 방법은 우버가 특정 도시에서 가장 큰 시장 참여자였을 때 효과가 있었는데 그 이유는 회사 경영진의 말처럼, '덩치가 클수록 효과적'이었기 때문이다.

경쟁에 쏟아부은 이 모든 시간과 노력에도 늘 효과가 있는 것은 아니었다. 일찌감치 여러 차례 승리를 거두긴 했지만 미국에서 리프트와 도어대시가 기업공개를 하는 데 성공하여 시장 가치가 수십억 달러에 이르게 된 것도 사실이다. 그 외에 다른 지역에서 우버는 열심히 싸웠지만 결국 중국과 동남아시아에서 철수하여 그 지역의 경쟁업체인 디디와 그랩Grab에게 지역을 양도해야만 했다.

이러한 패배에서 우버의 접근 방식의 약점에 관해 무엇을 배울 수 있을까? 근본적으로 경쟁에 대한 우버의 플레이북은 경제적 네트워크 효과에 의존했다. 우버가 도시에서 대규모 시장 참여자일 때 우버는 운전기사 쪽에 효율적으로 보조금을 지급할 수 있다. 우버에서는 운전기사에게 시간당 30달러를 보장하되 우버의 네트워크에서는 시간당 두 번 운행을 할 수 있고 경쟁업체에서는 시간당 한 번만 운행할 수 있다면, 우버는 운행을 할 때마다 손익분기점에 매우 가까워질 것이다. 이런 식으로 수백만 번 운행한다면 규모가 작은 시장 참여자는 시장에서 퇴출될 수밖에 없을 것이다.

하지만 같은 시장에 있는 우버와 경쟁업체가 50 대 50에 가까워진다면, 또는 중국에서 지역 업체 두 곳이 합병해서 디디추싱_滴滴出行(Didi Chuxing)이라는 회사를 만든 것처럼, 우버가 더 규모가 작아진다면 경제 효과는 우버에게 아무런 도움이 되지 않을 것이다. 또한 우버는 같은 시장에 있는 동종업계의 회사보다 효율성이 떨어질 것이다. 이런 경우 우버는 다른 수단을 통해서 차별화해야 한다. 이는 '수송 수단의 목표를 흐르는 물'처럼 표현하고 있는 공리주의자 시장에서는 어려운 일이다. 우버와 리프트의 운전기사가 양쪽에서 활동하고 있다면 소비자 입장에서는 두 상품 사이의 차별점을 찾기가 어렵다.

도어대시는 경제 네트워크 효과의 변형을 통해 성공을 거두었다. 우버가 도시에서 운전기사를 데려다 음식 배달을 시키고 있는 동안 도어대시는 경쟁이 심하지 않은 교외 지역과 시장에서 시작했다. 도어대시는 이러한 시장을 공고히 하고 강력한 경제성을 발견하면서 포스트메이트, 우버이츠, 캐비어 등의 수많은 시장 참여자와 직접 경쟁하기 위해 인근 도시 시장으로 진출했다. 가격 정책과 식당 선정의 혁신을 결합한 교외 네트워크 덕분에 이탈 속도에 일찍 도달할 수 있도록 경쟁업체보다 빠르게 출발할 수 있었다.

하지만 승차 공유 경쟁은 또한 승자독식 시장을 믿는 오류를 보여준다. 대신 상품은 네트워크의 네트워크로 경쟁하기 때문에 우버의 네트워크를 모두 합했을 때 더 크다 하더라도 샌프란시스코와 로스앤젤레스 같은 도시에서 리프트와 경쟁한다고 해도 50 대 50에 불과했다. 우버에는 유사하지만 우월하지는 않은 네트워크 효과가 있었다. 그리고 경쟁 우위를 점하기가 어려워졌다. 네트워크 효과에 관한 이러한 사고모델은 페이스북과 스냅챗, 줌과 수많은 화상회의 업체의 경쟁에서 왜 대규모 네트워크가 경쟁자를 완전히 물리치기가 어려운지 설명해준다.

34
번들링
: 마이크로소프트

BUNDLING
←

네트워크는 규모가 클수록 두려움을 준다. 타고난 규모에 따른 네트워크 효과 때문만은 아니다. 새로운 카테고리와 시장으로 확장할 수 있는 네트워크의 능력 때문이다. 기존의 네트워크를 발사대로 사용하면 적어도 이론적으로는 신속하게 콜드 스타트 문제를 해결하고 신제품에 대한 추진력을 확보할 수 있다. 많은 경우 이것을 번들링bundling(다수의 상품을 하나 가격에)이라고 한다. 하지만 요즘 같은 업무용 프리미엄freemium 앱과 광고의 지원을 받는 소비자 소셜 네트워크 세상에서 번들링은 '슈퍼 앱super app'을 구축한다고 한다. 또는 단순히 사용자를 대상으로 신제품을 상향판매, 교차판매 한다고 말한다. 우버에서는 승객에게 우버이츠를 통해 음식을 주문하게 하는 것을 R2ERider to Eater라고 한다.

번들링은 기술 산업에서 수많은 대규모 전투의 중심에, 특히 마이크로소프트를 둘러싼 싸움의 중심에 있었다. 아마도 가장 악명 높은 사례는 1990년대 말 인터넷 익스플로러가 윈도와 함께 출시되어 결국 넷스케이프를 물리쳤던 브라우저 전쟁의 핵심이 번들링이었다는 것이다. 수십 년 동안 실리콘밸리에서 마이크로소프트는 지구상에서 가장 격렬하고 두려운 경쟁자로 여겨졌다. 비평가들은 대개 마이크로소프트가 네트워크 효과를 이용하여 워드퍼펙트, 로터스, 애슈턴테이트, 스택, 노벨, 넷스케이프, AOL, 선 등 수천 명의 직원을 거느린 안정적인 경쟁사보다 우세해졌다고 비난했다.

나는 왜 번들링이 어떨 때는 효과가 있고 어떨 때는 효과가 없는지 알아보기 위하여 그 근원지를 찾아갔다. 내가 찾아간 인물인 브래드 실버버그는 마이크로소프트에서 10년간 근무하면서 유명한 윈도 95의 출시, 5000만 달러에서 35억 달러로 프랜차이즈 수익 가속화, 인터넷 익스플로러의 조기 출시 등 가장 중요한 상품을 개발하는 일의 일부를 이끌었다. 그는 여러 해 동안 나의 멘토였으며, 몇 년 전 내가 설립한 스타트업의 임원으로 일하고 있었다.

나는 화상회의를 통해서 콜드 스타트 문제에 대해 브래드와 인터뷰했다. 브래드는 일 대부분에서 은퇴한 상태였고 와이오밍주 잭슨 홀에서 가족과 함께 시간을 보내고 있었다. 하지만 1980년대와 1990년대의 경험 덕분에 그는 이 주제에 대한 결정적인 권위자가 되었다. 놀랄지도 모르지만 그는 번들링의 힘에 대해 회의적이었다.

한 상품을 번들링한다는 것은 모두가 생각하는 그런 특효약은 아닙니다. 그렇게 쉬웠다면 인터넷 익스플로러 버전 1.0은 성공했을 겁니다. 윈도와 번들링만 하면 되니까요. 하지만 성공하지 못했습니다. 인터넷 익스플로러 1.0은 3~4퍼센트의 시장점유율이 나왔습니다. 아직 부족한 점이 많았기 때문이었습니다. 빙Bing은 마이크로소프트가 검색을 원했던 또 하나의 예시입니다. 빙은 운영체제 전반에 걸쳐 기본적인 검색엔진이었습니다. 단지 인터넷 익스플로러뿐만 아니라 MSN과 마이크로소프트가 밀어 넣을 수 있는 모든 곳에서 기본 검색엔진이었죠. 하지만 아무런 소용이 없었습니다. 제품이 열등하면 유통망이 아무리 좋아도 이길 수 없지요.[91]

번들링을 통해 제품을 시험해보는 신규 사용자를 여럿 데려온다 해도 기능 면에서 큰 차이가 있다면 그들은 남아 있지 않고 떠날 것이다.

구글 플러스에서 설명한 것처럼 번들링은 설명하기는 쉽지만 실행하기는 어렵다. 네트워크가 크다고 해서 신제품을 번들링하기만 하면 금세 성공으로 이어질까? 이를 통해 기업의 규모가 커도 효과가 없는 사례들을 설명할 수 있을까? 매년 대형 기술기업에서 시작하는 여러 프로젝트가 있는데 대부분은 성공하지 못한다. 번들링은 언제 효과가 있고 언제 효과가 없는 것일까?

킬러 상품의 중요성

마이크로소프트 오피스는 기술 산업 내부에서 또 다른 번들링의 유명한 예다. 나는 또한 이제는 앤드리슨 호로위츠에서 함께 일하는 동료이지만, 과거 수십 년 동안 마이크로소프트에서 여섯 개의 주요 오피스를 출시했던 스티븐 시노프스키와 이야기를 나누었다. 마이크로소프트의 워드프로세싱 및 스프레드시트 응용 프로그램인 워드와 엑셀의 초기 버전은 원래 DOS용으로 제작되었으며 오늘날 익숙한 메뉴, 마우스 포인터 및 창이 없는 키보드 전용 텍스트 기반이었다. 이런 애플리케이션이 곧바로 성공하지 못한 이유를 물었을 때 스티븐은 직설적인 평가를 내놓았다.

> 워드프로세싱과 스프레드시트에 관한 한 마이크로소프트는 지고 있었습니다. 초창기 워드프로세싱과 스프레드시트에서 마이크로소프트는 애슈턴테이트, 로터스, 워드퍼펙트 등 훨씬 좋은 제품들에 이어서 멀찍이 떨어진 2등이거나 3등이었습니다. 마이크로소프트 애플리케이션의 최초 버전은 DOS용(그래픽이 아닌 텍스트 기반)으로 제작되었고, 형편없었습니다. 오피스용으로 번들을 만들어 성공하려면 워드, 엑셀, 파워포인트 등이 좋아야 했고, 기존의 배포판과 결합할 수 있어야 했습니다.[92]

마이크로소프트의 생산성 애플리케이션의 경우 1980년대 중반 텍스트 기반의 DOS 애플리케이션에서 그래픽 유저 인터페이스로 전환되자 중단되었다. 하지만 업계가 텍스트에서 그래픽 인터페이스로 바뀌면서 모든 애플리케이션이 드롭다운 메뉴와 아이콘, 툴바, 마우스 등의 새로운 패러다임을 지원하기 위해 재작성되어야 했기 때문에 틈이 생겼다.

마이크로소프트가 자신들의 애플리케이션을 재디자인하고 재고하는 동안 경쟁자들이 구시대에서 헤어 나오지 못하면서, 워드와 엑셀은 경쟁자들을 뛰어넘었다. 그 후 상품 마케팅의 천재성이 발휘되어 마이크로소프트 오피스에 통합되었고, 이 제품은 순식간에 거대해졌다. 제품군 내의 각 애플리케이션이 다른 애플리케이션과 함께 작동할 수 있게 하는 데 많은 노력을 기울였다. 예를 들어 엑셀 차트를 마이크로소프트 워드 문서 내부에 내장시킬 수 있었는데 이를 OLE, 즉 개체 연결 및 삽입이라고 한다. 이는 제품의 결합을 더욱 강력하게 해주었다.

다시 말해, 상품은 정말 중요하고 번들링은 어마어마한 유통의 이점을 제공할 수 있지만 거기까지가 한계다. 그것은 트위터가 사용자들을 지금은 사라진 라이브 스트리밍 플랫폼인 페리스코프로 이끌거나 구글이 사람들에게 구글밋을 사용하라고 강요하는 인터넷 시대에 우리가 현재 보고 있는 것을 반영한다. 효과는 있지만, 제품이 좋아야만 한다.

1970년대에 맥도날드 해피밀이 시작되었고, 케이블 회사들이 TV 채널을 처음부터 번들링한 것처럼, 이는 번들링의 개념이 왜 영원히 살아남아 있는지를 설명해준다. 하지만 이러한 번들링의 중심에는 시장을 재발명하는 중요하고 상징적인 제품이 있다.

단순한 기능이 아닌 네트워크와의 경쟁

신상품을 기존의 상품에 번들링하는 전술은 비슷하게 보일 수 있다. 브라우저 전쟁 도중 마이크로소프트는 인터넷 익스플로러를 데스크톱에 추가하여 사람들이 링크를 클릭할 때마다 인터넷 익스플로러를 기본 브라우저로 바꾸어 놓았다. 모바일 앱과 비디오 스트리밍, 핀테크, 업무용 도구 등이 주를 이루는 현대는 초기 마이크로소프트 시대와는 번들링이 다르게 작용한다. 마이크로소프트 시대는 한 상품에서 다른 상품으로 클릭을 유도하여 API에 통합하는 것에 가깝다. 이는 워드 설치용 디스켓을 엑셀과 파워포인트 설치용 디스켓과 번들링하는 것과는 다르다. 성공적인 제품을 가지고 사용자들에게 교차 프로모션 할 수 있는 장소를 찾아라. 사용자의 눈길을 끌기 위해 홈 스크린에 대규모 공지 사항을 작성하라. 링크와 버튼, 탭을 모바일 앱의 하단에 추가한다. 사용자들에게 알림 메시지를 이메일로 보낸다. 이러한 전술은 곧 익숙해진다. 기존 제품들이 최근 그들의 노력을 알리기 위해 애쓰는 모습을 보고 있기 때문이다. 그것이 우버이츠를 소개하는 우버든, 페이퍼를 론칭하는 드롭박스든, 화상회의 제품을 홍보하는 구글이든 말이다.

이것이 새로운 사용자들이 늘어나는 데는 도움이 되기는 하겠지만, 원자 네트워크가 빠르게 생성되지 않는다면 콜드 스타트 문제를 해결해주지는 않을 것이다. 일련의 네트워크 효과를 뒷받침하는 기존 기업의 능력은 놀라울 정도로 제한적이다. 참여와 획득, 경제 네트워크 효과를 고려해보라. 신규 사용자의 획득은 한 상품에서 다른 상품으로 교차 판매하는 것으로 뒷받침할 수 있지만 참여와 수익화 효과는 실제로 임계질량이 있을 때 작동하기 시작한다. 구글 플러스는 원자 네트워크에 참여하지 않는 단절된 사용자의 일련의 위험을 보여준다.

그러한 움직임은 단순히 사용자의 획득만이 아닌 이 모든 네트워크 효과를 가속화하기 위하여 다수의 접점에서 대규모 네트워크를 활용하는 것이다. 페이스북이 수년에 걸쳐 실행했던 효과적인 전술은 바로 이러한 움직임이었다. 적절한 규모로 말이다. 인스타그램을 예로 들어보자. 초창기에는 한 제품에서 다른 제품으로 사진을 쉽게 공유하게 해주는 핵심 제품이 페이스북의 네트워크를 활용했다. 이로 인해 새로운 사용자를 유도하는 바이럴 순환이 생성되는 동시에 참여도 가능해져, 좋아요와 댓글이 양쪽 서비스에 모두 나타났다. 페이스북 계정을 이용하여 인스타그램에 가입할 수 있게 되면 전환율도 높아져 마찰 없는 경험과 함께 경험의 후반부에 통합을 설정할 수 있다. 네트워크를 연결하는 직접적인 접근 방식은 매우 확고하게 자리를 잡은 페이스북의 사회적 그래프에 의존하여 더 많은 참여를 이끌어낸다.

인스타그램의 성장 부문 전임 임원인 뱅갈리 카바는 인스타그램이 어떻게 덩치가 큰 부모의 네트워크를 기반으로 자신의 네트워크를 구축했는지 설명한다.

현실의 친구를 팔로우하여 청자가 생기는 것이 장기적인 유지율의 가장 중요한 요소라는 사실을 깨달을 때 페이스북의 소셜 그래 프를 이용하면 매우 강력해진다. 페이스북에는 주소록뿐만 아니 라 수년간 친구와 교류했던 데이터 등을 포함한 매우 다양한 소셜 그래프가 있다. 이 정보를 이용하면 인스타그램 내에서 이전에는 불가능했던 방식으로 가장 적합한 현실의 친구를 추천할 수 있는 능력이 강화되어 유지율이 크게 향상된다. 과거에는 유명 인사나 인플루언서를 팔로우하게 하는 것이 가장 영향력 있는 행동이라 고 생각했지만 이 방법이 훨씬 좋다. 인플루언서들은 맞팔이나 신 규 사용자의 콘텐츠에 댓글이나 좋아요는 거의 하지 않기 때문이 다. 하지만 친구들은 여러분을 다시 앱으로 돌아오게 할 것이다. 페이스북의 네트워크가 없었다면 이런 기능은 만들지 못했을 것 이다.

페이스북을 신규 사용자의 원천으로만 사용하는 대신 인스타 그램은 인스타그램보다 더 큰 페이스북이라는 부모의 네트워크를 이용하여 더 강하고 밀도 높은 네트워크를 구축할 수 있었다. 이 것은 더 강력한 네트워크 효과의 토대다. 인스타그램은 번들링이 잘 된 훌륭한 사례다. 그리고 다른 네트워크 상품을 출시하는 네 트워크 상품에 큰 이점이 있는 이유다. 목표는 단지 기능이나 상 품으로 경쟁하는 것이 아니라, 경쟁 상황에서 늘 '큰 사람big guy'이 되는 것이다. 즉 더 큰 네트워크를 경쟁력 있는 무기로 사용하여 획득, 참여, 수익화의 이점을 극대화하는 것이다.

마이크로소프트로 다시 돌아오면, 마이크로소프트의 경쟁력은 단지 더 많은 기능을 구축하는 것이 아니라 다층적인 수준에서 경쟁하기 위하여 전체적인 생태계(개발자, 고객, PC 제조업체 등)를 움직일 수 있을 때 나타난다. 그리고 이 생태계에서 가장 중요한 부분은 개발자다.

하드 사이드에 갇히다

마이크로소프트는 이 시대의 경쟁에서 단지 기능만을 내세우지 않았다. 마이크로소프트는 자신의 네트워크까지 가져와 뒤섞어버렸다. 특히 네트워크의 하드 사이드인 개발자까지 모두 뒤섞었다. 마이크로소프트는 개발자들을 윈도 플랫폼으로 끌어들여 유지하기 위해 애플리케이션을 만들 수 있게 도와주는 도구, 가능하다면 플랫폼의 안정성, 마지막으로 개발상의 요구에 대한 우선순위 지정(어떤 경우에는 네트워크의 다른 쪽에 손해를 입히기도 한다) 등 어마어마한 노력을 기울였다.

　마이크로소프트의 개발자 도구는 운영체계에서 시작되었다. 처음에는 GW-BASIC과 QBASIC을 이용하여 주로 DOS에서 쓰이는 텍스트 애플리케이션을 만들었고, 그런 다음 비주얼 베이직과 비주얼 스튜디오를 이용해서 윈도에서 그래픽 애플리케이션을 만들었다. 이런 도구가 있다는 것은 중요했다. 마이크로소프트가 궁극적으로 지원하는 사용 사례 때문이었다. 브래드는 특히 윈도 전략에 대한 비주얼 베이직의 중요성을 설명했다.

비주얼 베이직은 윈도용 플라이휠(속도 조절을 위한 무거운 바퀴)의 핵심적인 부분이었다. 모든 비즈니스, 특히 소규모 비즈니스는 일상적인 업무 흐름의 일부인 이와 같은 프로그램이 있다. 이들은 엄청나게 복잡한 프로그램이 아니다. 하지만 필요한 프로그램이다. 비주얼 베이직VB이 그 과정을 단순화했다. 이전에 프로그래밍 경험이 많이 없어도 직접 프로그램을 작성할 수 있었다. 또한 클라이언트를 위해 VB 프로그램을 작성했던 다수의 리셀러와 소규모 컨설턴트가 있었다. 실제로 윈도를 발전하게 한 것은 전체 생태계였다. 그리고 그 생태계는 윈도용만 들어갈 수 있었다. OS/2나 맥을 위한 VB는 없었다. 윈도 생태계의 일원이 되어야만 했다. 윈도 생태계는 이전에 경험이 거의 없는 사람에게 개발자의 권한을 부여했다.

비주얼 베이직을 이용하면 무한히 많은 틈새 사례가, 특히 회사 내부의 사례가 자동화될 수 있었다. 따라서 초창기 마이크로소프트 경영진의 말을 인용하자면, "우리가 VB를 한 장 팔 때마다 윈도 10장이 따라간다."

일단 애플리케이션을 코드로 작성하면, 언제나 실행되어야 한다는 것이 철학이었다. 이를 역호환성reverse compatibility이라고 한다. 이 점을 강조하기 위해 애플이 애플 II와 IBM PC 같은 1세대 개인용 컴퓨터를 가지고 무엇을 했는지 살펴보자. 이들은 주로 화살표키와 상단에 한 줄로 늘어선 기능키로 작동했다. 애플은 마우스와 그래픽 유저 인터페이스가 있는 매킨토시로 변환하면서 호환성을 노골적으로 깨뜨려버렸다. 애플 II 프로그램이 실행되지 않았고 키보드에서 화살표 키를 제거해버렸다. 개발자들이 그래픽 애플리케이션을 '올바른 방식'으로 구축하게 하기 위해서였다. 마이크로소프트는 반대로 행동했다. 굉장한 고통을 감수하며 역호환성을 보장하여 새로 출시되는 DOS와 윈도는 개발자들이 작성한 코드를 실행할 수 있게 했다. 오늘날까지도 20년이나 30년이 지난 애플리케이션 코드를 여전히 최신 버전의 윈도에서 실행할 수 있다. 이것은 OS의 새로운 버전이 실행할 수 있는 총 애플리케이션의 수를 늘릴 뿐 줄이지는 않는다는 것을 의미했다. 기업의 네트워크 효과의 핵심에 힘을 실어주는 주요한 움직임이었다. 마이크로소프트는 개발자들에게 애플리케이션을 꾸준히 업데이트하는 비용을 떠안는 것을 요청하는 대신, 오래되어 버전이 지난 애플리케이션을 지원하는 비용을 스스로 떠안았다.

마이크로소프트는 하드 사이드가 고정된 상태에서 개발자의 생태계를 이용하여 창의적으로 경쟁에 접근할 수 있었다.

마이크로소프트가 웹을 접수하다

넷스케이프가 1994년 첫 번째 브라우저를 출시하자 브래드 실버버그와 그의 팀원들은 진심으로 감명받았다. 그는 찬사를 아끼지 않았다. "웹이야말로 차세대의 컴퓨팅이 될 것이다. 그래픽 유저 인터페이스가 매킨토시와 윈도로 세상을 바꾼 것과 마찬가지로 웹도 똑같은 일을 할 것이다." 넷스케이프 내비게이터는 곧 자바스크립트와 쿠키, 자바 등을 업데이트하여 오늘날 우리가 사용하는 리치 웹 애플리케이션rich web application의 기반을 구축한다. 불가피하게 데스크톱의 본격적인 경쟁자가 될 수밖에 없었고, 이는 마이크로소프트의 문젯거리였다. 문제는 마이크로소프트에 아직 브라우저가 없다는 것이었다. 마이크로소프트는 재빠르게 브라우저를 하나 만들어서 인터넷 익스플로러 1.0으로 출시했다. 순전히 학습을 위해서였다. 문제는 다양한 방법으로 윈도와 함께 번들로 제공되는 무료 제품이었음에도 그 제품이 형편없다는 것이었다. 사람들은 농담으로 인터넷 익스플로러는 넷스케이프를 다운로드받을 때만 사용하고 버린다고 말할 정도였다. 이러한 인터넷 익스플로러 초기 버전은 시장점유율이 고작 몇 퍼센트에 불과했다.

마이크로소프트는 브라우저를 넷스케이프와 비슷한 수준으로 만드는 데 투자하면서 개발자 생태계도 참여시키는 전략을 시작했다. 마이크로소프트는 어느 애플리케이션에도 웹을 내장시키는 것을 간단하게 만들어, 어떤 제품도 브라우저와 비슷한 기능을 포함할 수 있게 했다. 예를 들어 한 개발자가 이메일 클라이언트를 만드는 경우, 일부 라이브러리를 추가하여 웹을 통해 이미지가 포함된 HTML 기반의 메시지를 쉽게 볼 수 있게 했다. 또는 한 게임 개발자가 만드는 애플리케이션에 인터넷 토론 게시판과 도움말 시스템을 보여주는 영역이 있다고 해보자. 브라우저를 통해 인터넷을 실행하는 대신, 마이크로소프트는 모든 윈도 애플리케이션에 인터넷을 가져오게 하려고 했다. 브래드는 이 전략이 얼마나 직관적이지 않은지 이야기했다.

AOL은 당시 우리와 격렬한 경쟁을 치르고 있었다. 그리고 그들은 우리와 파트너가 되고 싶지 않았다. 우리 역시 그 어느 쪽도 원하지 않았다. 마이크로소프트가 콘텐츠와 커뮤니티, 인터넷 접속 등을 제공하는 경쟁업체인 MSN을 가지고 있었기 때문이다. 하지만 우리는 모든 것을 제쳐두고 그들의 제품에 인터넷 익스플로러를 통합할 수 있도록 최선을 다했다. 결과적으로 성공을 거두었고 AOL은 미국의 모든 가정에 보내는 수많은 CD에 포함된 화이트 라벨 브라우저 white-labeled browser(AOL 라벨이 붙었지만 인터넷 익스플로러의 코드가 들어간 브라우저)를 제공했다.

AOL과 윈도 애플리케이션의 각 세션은 공식적으로 인터넷 익스플로러의 시장점유율에 기여했다고 기록될 것이다. 당시 목표는 시장에서 승리하는 것이 아니었지만, 5퍼센트 미만의 점유율로 시작하여 모든 웹 개발자가 인터넷 익스플로러로 웹 사이트를 테스트해야 하는 정도까지 성장하는 것이었다. 만약 웹 개발자들이 인터넷 익스플로러와 넷스케이프 내비게이터 사이에 공통 표준을 목표로 삼기 시작한다면 넷스케이프는 자체 개발자 주도의 네트워크 효과를 구축하기가 훨씬 더 어려울 것이었다.

우리는 이 이야기가 어떻게 끝났는지 알고 있다. 마이크로소프트는 거대한 생태계와 자원을 경쟁에 투입했고 마침내 제품의 기능에서 동등한 수준에 도달하게 구축되었다. 또한 인터넷 익스플로러도 윈도에 번들로 포함시켰다. 10년 뒤 인터넷 익스플로러는 브라우저 시장의 거의 90퍼센트를 지배하게 되었다. 마이크로소프트는 브라우저나 스프레드시트, 워드프로세서를 발명하지는 않았지만 몇 년 뒤에는 각각의 시장을 통제하게 될 것이었다.

번들링의 단점

번들링은 물론 효과적이다. 최소 첫 사용자가 될 사람을 찾기 어려울 수도 있는 제품이나 기능 앞에 사람을 데려올 수는 있을 것이다. 그러나 문제는 분명한 단점이 있을 때도 무적의 전략으로 인식된다는 것이다. 번들링은 몇 년에 걸쳐 그것을 시행하는 기업들에 도움과 상처를 동시에 주었다. 마이크로소프트의 보안 문제, 불안정성, 우아하지 못한 인터페이스 등 많은 부분은 개발자에 초점을 맞추기로 한 결정으로 거슬러 올라갈 수 있다. 특히 그들은 역호환성이 필요한 맞춤형 소프트웨어에 막대한 투자를 한 기업 고객들이다.

소비자 모바일 앱의 경우 스냅챗 스토리, 틱톡 또는 기타 인기 앱과 경쟁하기 위해 새로운 기능을 번들로 묶는 것은 일반적으로 디자인에 혼란을 더하는 단점이 있다. 새로운 탭, 팝업, 푸시 알림 및 기타 전략을 이용하여 새로운 번들 기능을 사용자에게 알려야 한다. 일부 트래픽을 초기에 처리하는 데는 효과가 있지만 제품이 더 나빠질 수 있다.

번들링은 결국 마이크로소프트에 효과를 내지 못했다. 반독점 조사 이후 마이크로소프트는 PC 운영체제 시장에서는 지배력을 유지했지만 다른 많은 시장에서는 통제력을 잃었다. 결국 업계는 PC에서 동선을 바꿔 모바일에 뛰어들었다. 마이크로소프트는 이전에 윈도 모바일을 실행하기 위해 라이선스 비용을 지불했던 하드웨어 제조업체와 거기에 어울리는 앱 개발자 및 소비자의 생태계를 똑같이 재현하려고 했지만, 이번에는 성공하지 못했다. 대신 구글은 안드로이드 모바일 OS를 공짜로 쓰게 하여 휴대전화 제조사들의 채택을 이끌어냈다. 안드로이드의 막대한 도달률은 앱 개발자들을 끌어들였고, 새로운 네트워크 효과가 구축되었는데, 이는 OS가 무료이지만 검색과 광고 수익을 이용하여 생태계를 수익화한 비즈니스 모델에서 비롯되었다.

마이크로소프트는 또한 브라우저 시장을 구글 크롬에 빼앗겼고, 크고 작은 수많은 스타트업 경쟁자들에게 오피스 스위트에서 도전을 받고 있다. 마이크로소프트는 계속해서 번들링을 전략으로 사용하여 팀Team을 통하여 업무용 채팅을 추가했지만 슬랙을 상대로 명확한 승리를 거두지는 못했다.

번들링이 마이크로소프트에 확실한 전략이 아니었다면 다른 기업에는 훨씬 약한 전략일 것이다. 구글이 어떻게 구글 플러스를 지도 및 지메일 등 여러 곳에 번들로 포함하여 실질적인 유지 없이 수억 명의 활성 사용자를 달성해냈는지 조사할 때 그 결과는 훨씬 확실하지 않아 보인다. 우버는 승차 공유 앱 내부의 많은 터치 포인트에 우버이츠를 번들로 제공했지만, 여전히 음식 배달에서 도어대시에게 뒤처지고 있다. 번들링은 업계의 거물들이 희망하는 만큼의 묘책이 아니었다.

네트워크 효과의 미래

2018년 말 우버는 CEO와 경영진이 바뀌면서 문화적인 가치와 수익성을 새롭게 강조했다. 워룸이 평화의 방으로 이름이 바뀌었으며, 이는 '우버 2.0'의 우선순위를 반영한 결과다. 많은 것이 바뀌었다. 운송업계에 혁명을 일으키려는 공격적이고 진취적인 스타트업은 이제 2만 5000명의 직원을 두고 있고, 여러 핵심 시장에서 매출 성장이 둔화되고 있다. 가장 치열했던 전투에서 함께 싸웠던 수백 명의 초기 직원들이 회사를 떠나 새로운 기업을 시작하거나 투자자가 되거나 몇 년간의 휴가를 보내기 위해서 뿔뿔이 흩어졌다. 특히 마이애미에는 풍부한 햇볕과 돛단배, 유리한 세금제도 등과 함께 파견대가 나가 있었다.

회사를 떠난 지 1년 정도 지났지만 메신저 앱, 화상회의, 페이스북 그룹을 통해 기라성 같은 우버 동문들에게 연락했다. 믿기 어려울 정도로 멋진 우버에서의 승차 뒤에 많은 이가 가까운 친구로 남았다. 초창기 시절 이야기를 나누고, 특히 기업공개를 앞두고 있는 해에 상황이 어떻게 돌아가고 있는지 듣는 것은 즐거운 일이었다. (이때는 우버가 기업공개를 하기 전이었다. 기업공개는 2019년에 했다.) 10월에 나를 웃게 하는 이메일을 한 통 받았다. 우버를 거쳐 간 수천 명에게 전달된 메일로, 모두가 만나서 회포를 풀 행사가 열릴 계획이라는 소식이었다. 진정한 우버의 방식으로 시드니, 싱가포르, 뉴델리, 두바이, 암스테르담, 런던, 뉴욕, 멕시코시티는 물론 샌프란시스코에서도 열릴 것이었다. 윌리엄 반스와 조슈아 모러 두 사람은 로스앤젤레스와 뉴욕 사무실을 운영하는 데 도움을 주었던 초기 운영 임원들로 우버 이후 활동의 일환으로 이 모임을 주도했다.

샌프란시스코 동문 모임은 노스 비치 지역에 있는 '1920년대 올드 할리우드에서 영감을 받은 아르데코 양식의 라운지'라고 묘사되는 먼로에서 개최되었다. 파티는 흥겨웠다. 나는 사람들이 하는 말에 주의를 기울이면서 밤새도록 끊임없이 찾아오는 오랜 친구들과 만나 회포를 풀었다. 행사가 시작된 지 한 시간쯤 지나자 음악이 멈추고 간단한 인사의 말이 있었다. 공동창업자이자 전 CEO인 트래비스 캘러닉이 그곳에 와 있었다. 트래비스가 마이크를 잡자 방이 조용해졌다.

여러분이 하는 일 덕분에 저는 자랑스럽게 이 자리에 와서 여러분과 함께 시간을 보냅니다. 정말 가슴이 벅차오릅니다.

저는 여러분이 정성을 들여 하는 새로운 일에 대해 듣는 게 좋습니다. 여러분이 새로운 장소에 가져다주는 열정을 사랑합니다. 우리는 이런 모임을 자주 해야 합니다. 그냥 뭉치는 겁니다. 이런 사람들을 우리가 다시 볼 수 있을지 모르겠습니다. 저는 새로운 회사에서 열심히 노력하고 있습니다. 여러분도 마찬가지라는 것을 잘 알고 있습니다. 여러분의 꿈을 따르십시오. 큰 꿈을 꾸십시오. 큰일을 하십시오. 오늘이 끝나지 않았으면 하는 밤이 되었으면 합니다.[93]

그는 그 말과 함께 마지막으로 연설을 했다. 트래비스는 미소를 지으며 방을 둘러본 다음, 마이크를 건네주었다.

그 이후 우버 동문들은 기술 산업 전반에 진출했다. 다음과 같은 카테고리에 새로운 스타트업이 수십 가지 생겼다. 몇 가지만 예로 들자면, 스쿠터, 가상 부엌, 자동차 대여, 지불, 데이터 인프라, 대마초, 가구 등이었다. 많은 이가 실리콘밸리의 신세대 스타트업의 인기 스타 임원으로 합류했다. 그리고 일부 나와 비슷한 사람들은 차세대 우버와 드롭박스, 슬랙 같은 기업에 투자하는 벤처캐피털 기업에 들어갔다. 실리콘밸리에서의 삶은 이렇듯 돌고 돈다. 작지만 에너지 넘치는 스타트업이 마침내 다루기 힘들 정도로 크게 성장하고, 가장 진취적인 직원이 노하우와 돈, 에너지를 새로운 회사에 전파하는 것이다. 유튜브와 인스타그램, 링크드인, 와츠앱, 세일즈포스 같은 기업들은 페이팔, 구글, 야후, 오라클 출신의 사람들이 설립했다. 그리고 우버 출신들도 똑같은 패턴을 반복하고 있다.

우버 출신들은 네트워크 효과에 대하여 우리가 배웠던 가장 큰 교훈 중 일부를 전파하고 있다. 새로운 시장 개척, 초고속 성장을 통한 확장, 제품에 대한 큰 배팅, 경쟁사와의 치열한 경쟁 등. 우버를 주도한 네트워크 효과는 기술 산업의 많은 상품에 매우 적합하고, 이것은 기술이 전체적으로 세상을 변화시킴에 따라 네트워크 효과가 상품 카테고리, 지역 및 산업 전반에 걸쳐 중심이 될 것임을 의미한다.

하지만 우버 출신들만이 이를 지켜보고 있는 것은 아니다.

지난 10년 동안 기술 업계에는 경제의 모든 부분에서 믿을 수 없을 만큼 엄청난 양의 혁신이 있었다. 네트워크 제품은 웹 브라우저, 스마트폰, 영상 및 통신을 주도하면서 소프트웨어를 그 근본에서 재창조했다. 하지만 또한 네트워크 효과가 소프트웨어와 어마어마한 양의 물류 작업(전자상거래, 일자리 마켓플레이스, 트럭 운송)이 결합하는 방식으로 전체 산업을 재구성하는 것을 보았다.

암호화폐는 떠오르는 가장 중요한 신기술 중 하나로 보이며, 그 핵심에 네트워크가 있다. 비트코인은 전통적인 화폐에 대안을 만들었지만 내가 보기에는 암호화폐가 소프트웨어의 모든 측면에 스며드는 추세를 살펴보는 것이 훨씬 흥미롭다. 이것은 게임, 소셜 네트워크, 마켓플레이스를 비롯한 많은 상품 카테고리를 재정의할 것이다. 따라서 모든 소프트웨어 개발자들은 네트워크 효과를 상품 구축의 일부로 생각해야 할 것이다.

이러한 모든 추세 때문에 나는 전화, 신용카드, 쿠폰 등 먼 과거의 예와 현대의 메신저 앱, 마켓플레이스, 협업, 소셜 네트워크 등과 같은 네트워크 상품의 예를 기반으로 구축된 아이디어의 프레임워크를 통합하려고 했다. 앞으로 네트워크 효과에 의해 매우 광범위한 제품이 재정의될 것이다.

이러한 임무를 책임지고 이끌 사람은 우버 출신들이 아니라 바이럴 성장과 새로운 시장의 시작, 참여의 가속화, 네트워크 효과가 막대한 이점을 제공하는 방식 등의 힘에 대해 알게 된 이 책에서 언급된 모든 기업(슬랙, 드롭박스, 트위치, 마이크로소프트, 줌, 에어비앤비, 페이팔 등 수십여 곳의 회사) 출신들이다. 이들은 이러한 아이디어를 산업 전반을 변화시킬 다음 세대의 네트워크 상품에 전파할 것이다.

1. Uber Inc., "Form S-1," filed April 11, 2019, https://www.sec.gov/Archives/edgar/data/1543151/000119312519103850/d647752ds1.htm.

2. American Telephone & Telegraph Company, "Annual Report for the Year Ending December 31, 1900," filed March 26, 1901, Google Books.

3. Bob Metcalfe, "Metcalfe's Law Recurses Down the Long Tail of Social Networking," August 2006, https://vcmike.wordpress.com/2006/08/18/metcalfe-social-networks/.

4. W. C. Allee and Edith S. Bowen, "Studies in animal aggregations: Mass protection against colloidal silver among goldfishes," *Journal of Experimental Zoology*, February 1932.

5. M. Kathryn Davis, "Sardine oil on troubled waters: The boom and bust of California's sardine industry 1905–1955," University of California, Berkeley, 2002.

6. Naval Ravikant, Twitter post, June 2017, https://twitter.com/naval/status/877467713811042304?lang=en.

7. Reid Hoffman, "The Big Pivot," Masters of Scale, Podcast audio, July 2019, https://mastersofscale.com/stewart-butterfield-the-big-pivot/.

8. Stewart Butterfield, interview with the author over videoconference, April 2020.

9. First Round Review, "From 0 to $1B—lack's Founder Shares Their Epic Launch Strategy," February 2015, https://review.firstround.com/From-0-to-1B-Slacks-Founder-Shares-Their-Epic-Launch-Strategy.

10. Eric Yuan, interview with the author, San Jose, February 2020.

11. Jonathan Golden, "Lessons Learned Scaling Airbnb 100X," Medium, August 2017, https://medium.com/@jgolden/lessons-learned-scaling-airbnb-100x-b862364fb3a7.

12. Chris Nakutis Taylor, interview with the author over videoconference, January 2019.

13. William Barnes, interview with the author over videoconference, January 2019.

14. Alex Rampell, "The Fresno Free-for-All Behind the Original Credit Card," September 2019, https://a16z.com/2019/09/18/history-of-the-credit-card/.

15. Joseph Nocera, *A Piece of the Action: How the Middle Class Joined the Money Class*(New York: Simon & Schuster, 1994).

16. Chris Dixon, "The next big thing will start out looking like a toy," January 2010, https://cdixon.org/2010/01/03/the-next-big-thing-will-start-out-looking-like-a-toy.

17. Wikipedia, "Wikipedia: Size comparisons," accessed May 2021, https://en.wikipedia.org/wiki/Wikipedia:Size_comparisons.

18. CBS News, "Meet the man behind a third of what's on Wikipedia," January 2019, https://www.cbsnews.com/news/meet-the-man-behind-a-third-of-whats-on-wikipedia/.

19. Bradley Horowitz, "Creators, Synthesizers, and Consumers," February 2006, https://web.archive.org/web/20210225130843/https://blog.elatable.com/2006/02/creators-synthesizers-and-consumers.html.

20. Evan Spiegel, remarks during the DLD conference, January 2020, Germany.

21. Sean Rad, interview with the author over videoconference, March 2019.

22. Jahan Khanna, interview with the author, San Francisco, December 2018.

23. Eric Yuan, interview with the author, San Jose, February 2020.

24. Rohan Seth and Paul Davison via email, February 2021.

25. Bubba Murarka via email, March 2021.

26. Marc Andreessen, "The only thing that matters," June 2007, https://pmarchive.com/guide_to_startups_part4.html.

27. Sean Rad, interview with the author over videoconference, March 2019.

28. Jonathan Badeen, interview with the author over videoconference, April 2019.

29. Bianca Bosker, "Here's One of the College Kids Helping Tinder Take Over Campuses," *Huffington Post*, July 2013, https://www.huffpost.com/entry/tinder-app-college-kids_n_3530585.

30. Reid Hoffman, interview with the author over videoconference, December 2020.

31. Lee Hower, "How did LinkedIn get its initial traction?" Quora, August 2010, https://www.quora.com/How-did-LinkedIn-product-get-its-initial-traction/answer/Lee-Hower?comment_id=69849&comment_type=2.

32. Harry McCracken, "How Gmail Happened: The Inside Story of Its Launch 10

Years Ago," *Time*, April 2014, https://time.com/43263/gmail-10th-anniversary/.

33. Libby Plummer, "Hipstamatic—ehind the Lens," Pocket-Lint, November 2010, https://www.pocket-lint.com/cameras/news/lomography/106994-hipstamatic-iphone-app-android-interview.

34. M. G. Siegler, "Apple's Apps of Year: Hipstamatic, Plants vs. Zombies, Flipboard, and Osmos," Techcrunch, December 2010, https://techcrunch.com/2010/12/09/apple-top-apps-2010/.

35. James Estrin, "Finding the right tool to tell a war story," *New York Times*, November 2010.

36. Kevin Systrom, "What is the genesis of Instagram?" Quora, January 2011, https://www.quora.com/What-is-the-genesis-of-Instagram/answer/Kevin-Systrom.

37. Josh Constine, "Instagram hits 1 billion monthly users, up from 800M in September," Techcrunch, June 2018, https://techcrunch.com/2018/06/20/instagram-1-billion-users/.

38. Robert J. Moore. "Instagram Now Adding 130,000 Users Per Week: An Analysis," Techcrunch, March 2011, https://techcrunch.com/2011/03/10/instagram-adding-130000-users-per-week/.

39. Shutterstock, "What the Most Popular Instagram Filters Tell Us About Users," March 2018, https://www.shutterstock.com/blog/instagram-filters-user-study.

40. Chris Dixon, "Come for the tool, stay for the network," published as a blog post, January 2015, https://cdixon.org/2015/01/31/come-for-the-tool-stay-for-the-network.

41. Claude Hopkins, *My Life in Advertising*(New York: McGraw-Hill Education, 1966).

42. Steve Huffman, interview with the author, San Francisco, March 2020.

43. Jonathan Golden, "Lessons Learned Scaling Airbnb 100X," Medium, August 2017, https://medium.com/@jgolden/lessons-learned-scaling-airbnb-100x-b862364fb3a7.

44. Lenny Rachitsky, "How today's fastest growing B2B businesses found their first ten customers," Substack, July 2020, https://www.lennysnewsletter.com/p/how-todays-fastest-growing-b2b-businesses.

45. Paul Graham, "Do things that don't scale," published on paulgraham.com, July 2013, http://paulgraham.com/ds.html.

46. Dropbox Inc., "Form S-1," filed February 2018, https://www.sec.gov/Archives/edgar/data/1467623/000119312518055809/d451946ds1.htm.

47. Drew Houston, interview with the author, San Francisco, February 2020.

48. Cade Metz, "The Epic Story of Dropbox's Exodus from the Amazon Cloud Em-

pire," *Wired*, March 2016, https://www.wired.com/2016/03/epic-story-drop-boxs-exodus-amazon-cloud-empire/.

49. Drew Houston, "Dropbox Demo," YouTube video, September 2008, https://www.youtube.com/watch?v=7QmCUDHpNzE.

50. Sarah Perez, "Nearly 1 in 4 people abandon mobile apps after only one use," Techcrunch, May 2016.

51. Dan Frommer, "You really only use three apps on your phone," Quartz, September 2015, https://qz.com/508997/you-really-only-use-three-apps-on-your-phone/.

52. Aatif Awan, interview with the author, Menlo Park, California, April 2019.

53. Max Levchin, interview with the author via email, April 2021.

54. David Sacks, "The Sharp Startup: When PayPal Found Product-Market Fit," Medium, November 2019, https://medium.com/craft-ventures/the-sharp-startup-when-paypal-found-product-market-fit-5ba47ad35d0b.

55. K. V. Nagarajan, "The Code of Hammurabi: An economic interpretation," *International Journal of Business and Social Science* 2, no. 8(May 2011): 108.

56. Fareed Mosavat, interview with the author over videoconference, May 2020.

57. Mike Wehner, "The unlikely father of esports streaming," Daily Dot, September 2015, https://web.archive.org/web/20201117135049/https://kernelmag.dailydot.com/issue-sections/features-issue-sections/14010/justin-tv-twitch-xarth/.

58. Emmett Shear, interview with the author, San Francisco, March 2019.

59. Kevin Lin, interview with the author, San Francisco, February 2020.

60. Steven Levy, "The Untold Story of Facebook's Most Controversial Growth Tool," Medium, February 2020, https://marker.medium.com/the-untold-history-of-facebooks-most-controversial-growth-tool-2ea3bfeaaa66.

61. David Ulevitch, interview with the author over videoconference, March 2021.

62. Eric Feng, "A stats-based look behind the venture capital curtain," Medium, September 2018, https://efeng.medium.com/a-stats-based-look-behind-the-venture-capital-curtain-91630b3239ae.

63. Ilya Strebulaev and Will Gornall, "How Much Does Venture Capital Drive the U. S. Economy?" Stanford GSB, October 2015, https://www.gsb.stanford.edu/insights/how-much-does-venture-capital-drive-us-economy.

64. Neeraj Agrawal, "The SaaS Adventure," Techcrunch, February 2015, https://techcrunch.com/2015/02/01/the-saas-travel-adventure/.

65. Jeff Jordan, "A Recipe for Growth: Adding Layers to the Cake," a16z.com, January 2012, https://a16z.com/2012/01/18/a-recipe-for-growth-adding-layers-to-the-cake-2/.

66. Josh Constine, "9 highlights from Snapchat CEO's 6,000-word leaked memo on survival," Techcrunch, October 2018, https://techcrunch.com/2018/10/04/chat-not-snap/.

67. Bangaly Kaba, interview with the author, Menlo Park, California, December 2019.

68. Frank D'Angelo, "Happy Birthday, Digital Advertising," *AdAge*, October 2009, https://adage.com/article/digitalnext/happy-birthday-digital-advertising/139964.

69. Hannah Orenstein, "21 Vine Stars Formed a Secret Coalition and Quit the Platform Together Last Year," *Seventeen*, October 2016, https://www.seventeen.com/life/tech-social-media/news/a43519/21-vine-stars-formed-a-secret-coalition-and-quit-the-app/.

70. Walter Isaacson, *The Innovators: How a Group of Inventors, Hackers, Geniuses, and Geeks Created the Digital Revolution*(New York: Simon & Schuster, 2014).

71. Adam D'Angelo, interview with the author over videoconference, April 2020.

72. Michael Wesch, "YouTube and You: Experiences of Self-awareness in the Context Collapse of the Recording Webcam," *Explorations in Media Ecology*, 2009.

73. Eugene Francois Vidocq, *Memoirs of Vidocq: Principal Agent of the French Police*(E. L. Carey and A. Hart, 1834).

74. Reddit Inc., "Comments of Reddit, in the matter of Section 230 of the Communications Act of 1934, before the Federal Communications Commission," filed September 1, 2020, https://ecfsapi.fcc.gov/file/10902008029058/Reddit%20FCC%20Comment%20RM%2011862.pdf.

75. Steve Chen, interview with the author over videoconference, March 2020.

76. Eugene Wei, "Status as a Service (StaaS)," published on eugenewei.com, February 2019, https://www.eugenewei.com/blog/2019/2/19/status-as-a-service.

77. Aatif Awan, interview with the author, Menlo Park, California, April 2019.

78. TikTok Inc., "How TikTok recommends videos #ForYou," published on Tiktok.com, June 2020, https://newsroom.tiktok.com/en-us/how-tiktok-recommends-videos-for-you.

79. Reid Hoffman and Chris Yeh, *Blitzscaling: The Lightning-Fast Path to Building Massively Valuable Companies*(New York: Currency, 2018).

80. Robin Wauters, "After one year, Airbnb rival Wimdu is big. How big? $132 million a year big," TheNextWeb, March 2012, https://thenextweb.com/news/after-one-year-airbnb-rival-wimdu-is-big-how-big-132-million-a-year-big.

81. Michael Schaecher, interview with the author, San Francisco, January 2020.

82. Brian Chesky, "Blitzscaling 18: Brian Chesky on Launching Airbnb," YouTube video, November 2015, https://www.youtube.com/watch?v=W608u6sBFpo.

83. Jonathan Golden, interview with the author over videoconference, February 2019.

84. Warren Buffett and Carol Loomis, "Mr. Buffett on the Stock Market," *Fortune*, November 1999, https://archive.fortune.com/magazines/fortune/fortune_archive/1999/11/22/269071/index.htm.

85. Andrew Parker, "The spawn of Craigslist," Tumblr, January 2010, https://thegongshow.tumblr.com/post/345941486/the-spawn-of-craigslist-like-most-vcs-that-focus.

86. Amir Efrati, "The Mounting Minuses at Google+," *Wall Street Journal*, February 2012, https://www.wsj.com/articles/SB10001424052970204653604577249341403742390.

87. 9to5Mac, October 2011, https://9to5mac.com/2011/10/21/jobs-original-vision-for-the-iphone-no-third-party-native-apps/.

88. Bessemer Venture Partners, "The Anti-Portfolio: Honoring the companies we missed," accessed June 2021, https://www.bvp.com/anti-portfolio/.

89. Fred Wilson, "Airbnb," posted on avc.com, March 2011, https://avc.com/2011/03/airbnb/.

90. Jahan Khanna, interview with the author, San Francisco, December 2018.

91. Brad Silverberg, interview with the author over videoconference, December 2020.

92. Steven Sinofsky, interview with the author over videoconference, November 2020.

93. Travis Kalanick, Uber Alumni Investing Club event, San Francisco, November 2018.

콜드 스타트
기업 가치를 결정짓는 네트워크의 과학

1판 1쇄 발행 2023년 4월 7일
1판 2쇄 발행 2023년 5월 26일

지은이 앤드루 첸
옮긴이 홍경탁

발행인 양원석 편집장 김건희 책임편집 곽우정
디자인 남미현, 김미선 영업마케팅 조아라, 이지원, 정다은, 백승원

펴낸 곳 ㈜알에이치코리아
주소 서울시 금천구 가산디지털2로 53, 20층 (가산동, 한라시그마밸리)
편집문의 02-6443-8932 도서문의 02-6443-8800
홈페이지 http://rhk.co.kr
등록 2004년 1월 15일 제2-3726호

ISBN 978-89-255-7678-7 (03320)